Institutionalisierte Kooperationsformen zwischen staatlichen und nichtstaatlichen Akteuren im internationalen Bereich

Beiträge zum nationalen und internationalen öffentlichen Recht

Herausgegeben von Prof. Dr. Burkhard Schöbener

Band 20

Zu Qualitätssicherung und Peer Review der vorliegenden Publikation

Die Qualität der in dieser Reihe erscheinenden Arbeiten wird vor der Publikation durch den Herausgeber der Reihe geprüft.

Notes on the quality assurance and peer review of this publication

Prior to publication, the quality of the work published in this series is reviewed by the editor of the series.

Michael Rafii

Institutionalisierte Kooperationsformen zwischen staatlichen und nichtstaatlichen Akteuren im internationalen Bereich

Internationale Public-Private Partnerships und ihre rechtlichen Herausforderungen für das Völkerrecht und das deutsche Verfassungsrecht

PL ACADEMIC RESEARCH

Bibliografische Information der Deutschen Nationalbibliothek
Die Deutsche Nationalbibliothek verzeichnet diese Publikation in der Deutschen Nationalbibliografie; detaillierte bibliografische Daten sind im Internet über http://dnb.d-nb.de abrufbar.

Zugl.: Köln, Univ., Diss., 2013

Gedruckt auf alterungsbeständigem,
säurefreiem Papier.

D 38
ISSN 1613-8406
ISBN 978-3-631-64810-0 (Print)
E-ISBN 978-3-653-03676-3 (E-Book)
DOI 10.3726/978-3-653-03676-3

PL Academic Research ist ein Imprint der Peter Lang GmbH.

Peter Lang – Frankfurt am Main · Bern · Bruxelles · New York ·
Oxford · Warszawa · Wien

Dieses Buch erscheint in einer Herausgeberreihe bei
PL Academic Research und wurde vor Erscheinen peer reviewed.

www.peterlang.com

Für Hannah

Vorwort

Die Erscheinungsform der Zusammenarbeit von staatlichen und nichtstaatlichen Akteuren auf der internationalen Ebene im Rahmen einer eigenständigen Organisation hat bislang aus der rechtswissenschaftlichen Perspektive nur in einem sehr geringen Umfang Aufmerksamkeit erhalten. Die vorliegende Schrift soll einen Beitrag dazu liefern, die Diskussion über die Schaffung eines sinnvollen juristischen Rahmens für diese Organisationsformen anzuregen. Die Untersuchung wurde von der Rechtswissenschaftlichen Fakultät der Universität zu Köln im Sommersemester 2013 als Dissertation angenommen. Rechtsprechung und Literatur befinden sich auf dem Stand vom Sommer 2013.

Einen großen Dank schulde ich meinem Doktorvater Prof. Dr. Bernhard Kempen, der den Entschluss in mir weckte, mich überhaupt an dem Schreiben einer Doktorarbeit zu versuchen und mich in der Wahl des Themas bestärkte. Zudem zeigte er durchgängig ein großes Interesse an der Arbeit und stand mir insbesondere in kritischen Situationen mit wertvollen Hinweisen zur Seite.

Weiterhin möchte ich mich ganz herzlich bei meinem Zweitkorrektor Prof. Dr. Burkhard Schöbener bedanken, der während der Entstehung der Arbeit jederzeit ein offenes Ohr für sämtliche meiner juristischen wie auch nichtjuristischen Probleme hatte und damit in wesentlichem Umfang zu der erfolgreichen Fertigstellung beitrug.

Besonders erwähnt werden sollen an dieser Stelle meine Kollegen Vincent Brenner, Christoph Czaplik und David Kuchen, die mich während der gesamten Zeit der Erstellung der Arbeit freundschaftlich begleitet und darüber hinaus durch ihre kritischen Anmerkungen zu frühen Entwürfen des Textes erheblich deren Fortschritt gefördert haben. Ebenfalls ganz herzlich bedanken möchte ich mich bei meinen Kolleginnen Kathrin Meschede, Anna Müller und Julia Schünemann sowie sämtlichen Mitarbeitern und Mitarbeiterinnen des Lehrstuhls für Öffentliches Recht, Völker- und Europarecht der Universität zu Köln für die schöne gemeinsame Zeit.

Meiner gesamten Familie, vor allem meinen Eltern Anne-Dore Strehlow-Rafii und Reza Rafii, danke ich für ihre Unterstützung und ihren ständigen Rückhalt während jedes Abschnitts meiner Ausbildung und besonders bei der Anfertigung der Dissertation.

Mein größter Dank gebührt meiner Freundin Hannah Frasch-Melnik. Sie nahm nicht nur die mühevolle Aufgabe auf sich, eine abschließende Korrektur des Textes vorzunehmen. Vor allem ihr Beistand während jeder Phase der Entstehung der Arbeit und ihr unermüdlicher Zuspruch gerade in schwierigen Zeiten waren für mich von unschätzbarem Wert. Ihr sei die Arbeit in großer Liebe gewidmet.

Düsseldorf, im Juli 2013 Michael Rafii

Inhaltsverzeichnis

Abkürzungsverzeichnis

a.A. – Andere Ansicht

AJIL – American Journal of International Law

AöR – Archiv des öffentlichen Rechts

AsianSIL – Asian Society of International Law

AVR – Archiv des Völkerrechts

BDGV – Berichte der Deutschen Gesellschaft für Völkerrecht

Begr. – Begründer

BMI – Bundesministerium des Innern

BMVBS – Bundesministerium für Verkehr, Bau und Stadtentwicklung

BYIL – British Yearbook of International Law

bzgl. – bezüglich

CCM – Country Coordinating Mechanism

DÖV – Die Öffentliche Verwaltung

DVBl. – Deutsches Verwaltungsblatt

EGMR – Europäischer Gerichtshof für Menschenrechte

EJIL – European Journal of International Law

EMRK – Europäische Menschenrechtskonvention

EuGRZ – Europäische Grundrechte-Zeitschrift

FIFA – Fédération Internationale de Football Association/Weltfußballverband

FS – Festschrift

gem. - gemäß

ggf. – gegebenenfalls

GRUR – Gewerblicher Rechtsschutz und Urheberrecht (Zeitschrift)

GS – Gedächtnisschrift

h.M. – herrschende Meinung

Hrsg. – Herausgeber

IGH – Internationaler Gerichtshof

ILA – International Law Association

IMF – International Monetary Fund

IOC – Internationales Olympisches Komitee

ItYIL – The Italian Yearbook of International Law

JURA – Juristische Ausbildung

JuS – Juristische Schulung

JZ – JuristenZeitung

MPEPIL – Max Planck Encyclopedia of Public International Law

N.C.J. Int'l L. & Com. Reg. – North Carolina Journal of International Law and Commercial Regulation

NGO – Non-Governmental Organizations

NJW – Neue Juristische Wochenschrift

NOK – Nationales Olympisches Komitee

NTIR – Nordic Tidsskrift for International Ret

NVwZ – Neue Zeitschrift für Verwaltungsrecht

NWVBL. – Nordrhein-Westfälische Verwaltungsblätter

OECD – Organisation für wirtschaftliche Zusammenarbeit und Entwicklung

ÖZöRV – Österreichische Zeitschrift für öffentliches Recht und Völkerrecht

PPP – Public-Private Partnerships

RBM – Roll-Back Malaria Partnership

sog. – sogenannte

SpuRt – Sport und Recht

TNC – Transnational Corporations/Multinationale Unternehmen

u.a. – unter anderem

UCI – Union Cycliste Internationale/Internationaler Radsportverband

UN – United Nations/Vereinte Nationen

UNESCO – Organisation der Vereinten Nationen für Bildung, Wissenschaft und Kultur

VerwArch – Verwaltungs-Archiv

vgl. – vergleiche

VVDStRL – Veröffentlichungen der Vereinigung der Deutschen Staatsrechtslehrer

VwVfG – Verwaltungsverfahrensgesetz

WADA – Welt-Anti-Doping-Agentur

WADC – Welt-Anti-Doping-Code

WHO – Weltgesundheitsorganisation der Vereinten Nationen

z.B. – zum Beispiel

ZaöRV – Zeitschrift für ausländisches öffentliches Recht und Völkerrecht

ZG – Zeitschrift für Gesetzgebung

ZGR – Zeitschrift für Unternehmens- und Gesellschaftsrecht

ZLW – Zeitschrift für Luft- und Weltraumrecht

ZRP – Zeitschrift für Rechtspolitik

Einleitung

Das Phänomen der Zusammenarbeit zwischen staatlichen und privaten Akteuren zur Erfüllung gemeinsamer Ziele ist seit längerer Zeit im innerstaatlichen Bereich bekannt.[1] Kooperationen zwischen staatlichen und privaten Akteuren werden allerdings längst nicht mehr nur auf nationaler Ebene gebildet, sondern entstehen in zunehmender Anzahl auch auf der internationalen Ebene. Sie können in Anlehnung an die innerstaatliche Terminologie als internationale Public-Private Partnerships (PPP) bezeichnet werden.[2]

Für die PPP im innerstaatlichen Bereich ist charakteristisch, dass sie „an der Schnittstelle zwischen öffentlichem und privatem Sektor platziert sind und durch ihre Erscheinungsformen und Wirkungsweisen die klassische Dichotomie ‚Staat versus Privat/Markt„ aufheben."[3] Aus rechtlicher Sicht agieren sie in einer Grauzone, da es keinen einheitlichen Rechtsrahmen gibt und der Anwendungsbereich der PPP auf verschiedene Rechtssektoren verteilt ist, so dass auch von einem „juristischen Flickenteppich" gesprochen wird.[4] Dementsprechend besteht eine erhebliche Rechtsunsicherheit bezüglich der Zulässigkeit und Grenzen des Einsatzes von PPP.

Vor diesem Hintergrund drängt sich die Frage auf, ob eine vergleichbare Herausforderung auch von der Erscheinungsform der PPP auf internationaler Ebene ausgeht oder ob diese Kooperationen ohne Probleme von dem Ordnungsrahmen der völkerrechtlichen oder der innerstaatlichen Rechtsordnungen erfasst werden. Die Untersuchung hat zum Ziel, eine Antwort auf diese Frage zu geben.

A. Grundlagen

Bevor eine Untersuchung der rechtlichen Auswirkungen der Gründung von internationalen PPP erfolgen kann, ist zunächst zu erläutern, welche genaue Form der Kooperation zwischen staatlichen und privaten Akteuren in der Arbeit mit dem Begriff der PPP bezeichnet werden soll. Aufgrund der Offenheit des Begriffes[5] wird insbesondere in der Politikwissenschaft eine Vielzahl an Erscheinungsformen mit höchst unterschiedlichen Strukturen und Kompetenzen unter

---

1 Siehe unten unter A. I. 2.

2 *Peters*, in: Mastronardi/Taubert (Hrsg.), Staats- und Verfassungstheorie im Spannungsfeld der Disziplinen, S. 109. In der Literatur werden auch abweichende Begriffe verwendet, siehe dazu Kapitel 1 unter A. I.

3 *Schuppert*, Grundzüge eines zu entwickelnden Verwaltungskooperationsrechts, S. 6 ff.

4 *Stober*, in: Wolff/Bachof/Stober/Kluth, Verwaltungsrecht, Band 2, § 93 Rn. 34 f.

5 Siehe dazu unten Kapitel 1 unter A.

der Bezeichnung der PPP zusammengefasst. In den meisten Fällen beruhen diese Kooperationsformen lediglich auf einer freiwilligen, rechtlich unverbindlichen Grundlage, so dass sie für eine juristische Analyse wenig ergiebig sind. Neben diesen informellen Partnerschaften wurden aber auch auf rechtsförmigen Vereinbarungen basierende, von ihren Gründungssubjekten rechtlich unabhängige Institutionen gebildet, in denen staatliche und private Akteure gleichberechtigt an der Entscheidungsfindung mitwirken. In diesen hybriden Organisationsformen können Privatakteure somit direkt an der Steuerung der internationalen Beziehungen partizipieren.

Um besser nachvollziehen zu können, wie es zu der Entwicklung dieser unterschiedlichen Formen von PPP gekommen ist, ist es nützlich, sich die Umstände und Motive der staatlichen und privaten Seite vor Augen zu führen, die zu ihrer Bildung beigetragen haben. Obwohl das Konzept der PPP seinen Ursprung im nationalen Recht hat und die Erfahrungen auf der innerstaatlichen Ebene die Entwicklung der internationalen PPP ohne Zweifel beeinflusst haben, sind insbesondere die politischen Rahmenbedingungen auf der internationalen Ebene für die Entstehung der PPP entscheidend gewesen.

I. Begriffliche Vorüberlegungen

Eine Erklärung der Erscheinungsform der internationalen PPP setzt zunächst voraus, dass Klarheit darüber besteht, wie die einzelnen Begriffselemente der Public-Private Partnerships in der Arbeit verwendet werden. Daher ist es notwendig, sich zunächst mit den Begriffen der staatlichen bzw. nichtstaatlichen Akteure und der Partnerschaft auseinanderzusetzen.

1. Staatliche und nichtstaatliche Akteure auf der internationalen Ebene

Auch wenn die Abgrenzung zwischen staatlichen und privaten Akteuren auf den ersten Blick keine größeren Probleme aufzuwerfen scheint, hängt ihre genaue Bestimmung letztlich von der Definition der Begriffe ab.[6] Zu den staatlichen Akteuren könnten zum einen ausschließlich die Staaten bzw. deren Repräsentanten gezählt werden. Dementsprechend müsste auch bei von Staaten gebildeten Einrichtungen, wie z.B. den internationalen Organisationen, von nichtstaatlichen Akteuren gesprochen werden, soweit die Einrichtungen eine rechtlich von ihren

6 Die Begriffe stammen ursprünglich aus der Politikwissenschaft sowie der Soziologie und sind keine juristischen Fachtermini, siehe *Peters/Koechlin/Fenner Zinkernagel*, in: Peters, u.a. (Hrsg.), Non-State Actors as Standard-Setters, S. 14.

Mitgliedstaaten separierte Einheit bilden.[7] Es ist dagegen ebenfalls möglich, ein abweichendes Begriffsverständnis zugrunde zu legen und nur solche Personen oder Einrichtungen als nichtstaatliche Akteure anzusehen, die aufgrund des Fehlens eines staatlichen Organisationsaktes nicht zum organschaftlich mit dem Staat verbundenen Bestand an Personal oder Einrichtungen gehören.[8] Zu den nichtstaatlichen Akteuren dürften somit nur dem privaten Bereich zuzuordnende Akteure gerechnet werden, vor allem die Individuen, die nichtstaatlichen internationalen Organisationen (NGOs) sowie die multinationalen Unternehmen (TNCs).[9]

Im Zusammenhang mit der Bildung von Public-Private Partnerships muss dem zweiten Ansatz gefolgt werden. Kennzeichnend für diese Kooperationen ist die Herkunft zumindest eines Partners aus der Sphäre des Staates sowie eines anderen Partners aus der Sphäre der Gesellschaft.[10] Im Gegensatz zu privaten Akteuren unterliegen die Staatenverbindungen in wesentlichem Umfang dem Einfluss der staatlichen Regierungen, so dass eine Zuordnung zur privaten Sphäre ausscheidet. Dementsprechend sind auch die internationalen Organisationen oder andere allein von Staaten gebildete Einrichtungen zu der Gruppe der staatlichen Akteure zu zählen.

---

7 *Peters/Koechlin/Fenner Zinkernagel*, in: Peters, u.a. (Hrsg.), Non-State Actors as Standard-Setters, S. 14. *Wagner*, „Non-State Actors", in: MPEPIL, Rn. 1, will daher nur die Staaten als umfassende Völkerrechtssubjekte, im Gegensatz zu den beschränkten Völkerrechtssubjekten, als staatliche Akteure anerkennen. Zur Abgrenzung zwischen unbeschränkten und beschränkten Völkerrechtssubjekten siehe unten Kapitel 2 unter A. I. 1. b.

8 *Kees*, Privatisierung im Völkerrecht, S. 33; so auch *Abott*, „Public Private Partnerships", in: MPEPIL, Rn. 1; *Kämmerer*, Privatisierung, S. 555.

9 *Hobe*, AVR 37 (1999), S. 253 (262). In der Politikwissenschaft wird innerhalb der so definierten Gruppe der nichtstaatlichen Akteure zwischen Akteuren der Privatwirtschaft sowie der Zivilgesellschaft differenziert und dementsprechend neben dem staatlichen Sektor von zwei privaten Sektoren ausgegangen (Drei-Sektoren-Modell). Diese Unterteilung soll zum Ausdruck bringen, dass sich Akteure der Privatwirtschaft nicht aus altruistischen Motiven, sondern aus Geschäftsinteressen an Partnerschaften beteiligen, siehe *Tesner with Kell*, The United Nations and Business, S. 70 f.; *Börzel/Risse*, in: Grande/Pauly (Hrsg.), Complex Sovereignty, S. 199. Für eine rechtliche Untersuchung ist diese Unterscheidung allerdings irrelevant, da die Profitorientierung als Handlungsmotiv keine Änderung an der Zuordnung einer Rechtsperson zum staatlichen oder privaten Bereich bewirkt, vgl. auch *Schäferhoff/Campe/Kaan*, International Studies Review 11 (2009), S. 451 (453 f.).

10 Siehe dazu unten unter A. I. 2.

2. Die Herkunft des Konzepts der Partnerschaften aus dem innerstaatlichen Recht

Kooperationen zwischen staatlichen und nichtstaatlichen Akteuren bestehen in unterschiedlichen Formen bereits seit Jahrhunderten, deshalb leuchtet nicht unmittelbar ein, warum die Bildung von Partnerschaften eine neue Entwicklung darstellen sollte.[11] Der Begriff der Public-Private Partnership (PPP) bezieht sich allerdings auf eine bestimmte Form der Zusammenarbeit, deren Besonderheit im Einsatz von vereinten Anstrengungen zwischen dem öffentlichen und dem privaten Sektor zur Erfüllung öffentlicher Aufgaben liegt.[12]

Die Erscheinungsform einer solchen Partnerschaft zwischen öffentlicher Hand und privaten Akteuren wurde zum ersten Mal in den 1940er Jahren in den USA und England realisiert.[13] In einigen Regionen reichten die Mittel der öffentlichen Haushalte nicht aus, um notwendige Infrastrukturmaßnahmen zu finanzieren, weshalb alternative Beschaffungsmethoden gefunden werden mussten. Weil der wirtschaftliche Niedergang einer Region sowohl für die öffentliche Hand als auch für die lokale Geschäftswelt ein Problem darstellt, entstand der Gedanke, die Privatwirtschaft an der Finanzierung zu beteiligen.[14] Eine erfolgreiche Zusammenarbeit ist von diesem Standpunkt aus gesehen für beide Seiten von Vorteil.

In der Bundesrepublik Deutschland wurde diese Idee erstmals in den 1970er Jahren aufgegriffen. Den endgültigen Durchbruch schaffte das Konzept dennoch erst nach der Wiedervereinigung, als sich abzeichnete, dass die Haushaltsmittel der Gemeinden nicht für sämtliche gemeinwohlorientierte Aufgaben ausreichen würden.[15] Auf der Suche nach Alternativen wurden Privatakteure an der Erfüllung öffentlicher Aufgaben beteiligt. Für die privaten Akteure erschlossen sich im Gegenzug neue Geschäftsfelder. Während Kritiker in dieser Entwicklung die Gefahr sehen, dass die Erfüllung staatlicher Gemeinwohlziele hinter die Gewinnerzielungsabsichten der privaten Akteure zurücktreten könnte, wurde die

---

11 *Stober*, in: Wolff/Bachof/Stober/Kluth, Verwaltungsrecht, Band 2, § 93 Rn. 1; *Müller-Terpitz*, ADV 43 (2005), S. 466 (467).

12 Vgl. *Savas*, Privatization and Public-Private Partnerships, S. 105 f.

13 *Bonk*, in: Stelkens/Bonk/Sachs, VwVfG, § 54 Rn. 43.

14 http://wirtschaftslexikon.gabler.de/Archiv/6046/public-private-partnership-v7.html, letzter Abruf am 01.06.2013.

15 *Uechtritz/Otting*, NVwZ 2005, S. 1105; *Weinzierl*, Zur Zusammenarbeit zwischen den Vereinten Nationen und der Privatwirtschaft, S. 95.

Bildung von PPP-Projekten vor allem in der Politik als „win-win-Situation“[16] und als das Modell der Zukunft für die Verwaltungsorganisation gefeiert.[17]

II. Die Entstehung von Public-Private Partnerships (PPP) auf internationaler Ebene

Ob die PPP wirklich die hohen Erwartungen erfüllen können, die in sie gesetzt werden, lässt sich derzeit nicht abschließend beurteilen. Jedenfalls haben die praktischen Erfahrungen im nationalen Bereich und das positive Bild der PPP einen bedeutenden Einfluss auf die Bildung von Partnerschaften auf der internationalen Ebene ausgeübt.[18] Die Anfänge dieser Entwicklung sind seit etwa 20 Jahren zu beobachten.[19] Um die Entstehungsbedingungen zu verdeutlichen, soll im Folgenden ein Überblick über den politischen Hintergrund sowie die Motive und Ziele der Kooperationen gegeben werden.

1. Der Bedeutungsgewinn privater Akteure bei der Steuerung der internationalen Beziehungen

Neben den innerstaatlichen Entwicklungen haben vor allem Verschiebungen in der Machtbalance zwischen staatlichen Hoheitsträgern und privaten Akteuren seit Anfang der 1990er Jahre die Grundlage für die Bildung von Partnerschaften gelegt. Bis zu dieser Zeit war die Steuerung der internationalen Beziehungen in der multilateralen Weltordnung des „Westfälischen Systems“ vorrangig den Staaten vorbehalten.[20] Die nichtstaatlichen Akteure hatten in diesem System keine große Bedeutung, sie waren dem Willen der Staatengemeinschaft klar un-

---

16 Eine „win-win-Situation“ liegt vor, wenn die Partnerschaft für alle beteiligten Parteien Vorteile mit sich bringt und gemeinsame Ziele verfolgt werden, siehe *Tesner with Kell*, The United Nations and Business, S. 72.

17 Siehe Leitfaden I des BMVBS „Chancen und Risiken von PPP in den neuen Bundesländern“, S. 11: „PPP steht für modernes und effizientes Verwaltungshandeln und verfolgt das Ziel, durch eine langfristig angelegte Zusammenarbeit zwischen Öffentlicher Hand und privater Wirtschaft über den gesamten Lebenszyklus öffentliche Infrastrukturprojekte effizienter zu realisieren, als dies bisher der Fall war.“

18 *Weinzierl*, Zur Zusammenarbeit zwischen den Vereinten Nationen und der Privatwirtschaft, S. 70 f.

19 *Martens*, Multistakeholder Partnerships, S. 11, begründet den Beginn dieser Entwicklung mit dem Ende des Kalten Krieges und der Ablösung des staatlichen Sozialismus sowie der Zunahme globaler Problemlagen.

20 Vgl. *Hobe*, Völkerrecht, S. 59 ff. Siehe zum „Westfälischen System“ und zum indirekten Charakter des Völkerrechts *von Arnauld*, Völkerrecht, Rn. 25 und 49 ff.

tergeordnet und mussten sich auf eine indirekte Einflussnahme durch ihren jeweiligen Heimatstaat beschränken.[21]

In den letzten Jahrzehnten ist es den privaten Akteuren gelungen, in zunehmendem Maße einen direkten Einfluss auf die internationalen Entscheidungsfindungsprozesse auszuüben und damit eine Lockerung der dominierenden Stellung der Staaten zu erreichen.[22] Der Aufstieg der privaten Akteure wurde durch eine Reihe unterschiedlicher Entwicklungen begünstigt, die regelmäßig unter dem Begriff der Globalisierung zusammengefasst werden.[23] Dazu zählt insbesondere die Öffnung der internationalen Märkte für den grenzüberschreitenden Handel, die den privaten Akteuren größere wirtschaftliche Perspektiven in Aussicht stellte und einen stärkeren Austausch zwischen den Bevölkerungen der Staaten bewirkte. Des Weiteren verbesserte der technische Fortschritt sowohl die Kommunikationsmittel als auch die Fortbewegungsmöglichkeiten und senkte deren jeweilige Kosten erheblich. Somit konnten internationale Sachverhalte wirksamer in das Bewusstsein der Öffentlichkeit gerückt werden.

Diese Umstände führten zum einen zu einer Stärkung der wirtschaftlichen Position vieler Privatakteure, insbesondere der grenzüberschreitend agierenden Konzerne, deren Umsätze die Budgets vieler Staaten bei weitem übertreffen.[24] Zum anderen stieg das Engagement von Privatpersonen für globale Themen und führte zu einer nachhaltigen Zunahme der Anzahl[25] und des Einflusses der international tätigen NGOs. Ein deutliches Zeichen dieses Bedeutungsgewinns der NGOs ist der Erfolg ihrer öffentlichen Kampagnen, die einen wesentlichen Bei-

---

21 Eine Ausnahme stellte die internationale Arbeitsorganisation (ILO) dar, die bereits im Jahre 1919 gegründet wurde. *Hummer*, in: BDGV 39 (2000), S. 45 (92), sieht gerade im sog. „tripartiten“ System der ILO – und der dadurch ermöglichten Beteiligung von NGOs – den Schlüssel für den Erfolg, dass die ILO als einzige Institution des Völkerbundes bis in die Gegenwart fortbesteht. Siehe zur ILO auch unten Kapitel 2 unter B. I. 1. c.

22 *Hobe*, Völkerrecht, S. 59 ff.; *Bull/McNeill*, Development Issues in Global Governance, S. 2 f.

23 *Weinzierl*, Zur Zusammenarbeit zwischen den Vereinten Nationen und der Privatwirtschaft, S. 88.

24 *Weilert*, ZaöRV 69 (2009), S. 883.

25 *Brühl*, in: Schirm (Hrsg.), Globalisierung, S. 170, geht derzeit von mindestens 11.400 international aktiven NGOs aus.

trag zum Abschluss der „Ottawa Convention to Ban Landmines“ von 1997[26] und der „Convention on Cluster Munitions“ von 2008[27] geleistet haben.[28]

Als Folge dieser Entwicklungen treten die nichtstaatlichen Akteure heute selbstbewusster auf der internationalen Ebene auf und fordern immer weitergehende Beteiligungsrechte an globalen Entscheidungsprozessen. Sie wurden „von Zaungästen zu Entscheidungsträgern“.[29] Internationale Normen und Regeln werden vielfach nicht mehr allein von staatlichen Akteuren aufgestellt bzw. implementiert, mittlerweile wirken nichtstaatliche Akteure an diesen Prozessen maßgeblich mit.[30]

2. Private Legitimationsvermittlung und „governance gaps“

Neben dem Machtzuwachs privater Akteure besteht ein Eigeninteresse der staatlichen Akteure an den Kooperationen. Wurde der Hauptnutzen einer Zusammenarbeit mit privaten Akteuren zunächst allein in deren Beitrag zur finanziellen Unterstützung staatlicher Projekte gesehen,[31] erhofft man sich mittlerweile darüber hinaus, von derem Sachverstand zu profitieren, der sich im Falle der NGOs z.B. aus ihrer Nähe zu den Menschen „vor Ort“ ergeben soll und diesen effektiv in politische Willensbildungs-, Entscheidungs- und Umsetzungsprozesse einbinden zu können.[32] Freilich wird zum Teil bezweifelt, ob die Einschätzung generell zutreffend ist, dass die privaten Akteure „in der Gesellschaft verankert sind“[33] und kritisiert, sie würden lediglich eine politische Elite interessierter Kreise bilden.[34] Dennoch versprechen sich staatliche Akteure, unter ihnen

---

26 Convention on the Prohibition of the Use, Stockpiling, Production and Transfer of Anti-Personnel Mines and on Their Destruction, UNTS Vol. 2056, No. 35597, in Kraft getreten am 01. März 1999.

27 The Convention on Cluster Munitions, in Kraft getreten am 01. August 2010. Abrufbar unter: http://treaties.un.org/doc/publication/CN/2008/CN.776.2008-Eng.pdf, letzter Abruf am 01.06.2013.

28 *Yasuaki*, A Transcivilizational Perspective on International Law, S. 71.

29 *Brühl*, in: Schirm (Hrsg.), Globalisierung, S. 170 f.; *Peters*, in: Mastronardi/Taubert (Hrsg.), Staats- und Verfassungstheorie im Spannungsfeld der Disziplinen, S. 101, nennt das Phänomen eine „Globalisierung individueller Aktion“; *Hobe*, „Non-Governmental Organizations“, in: MPEPIL, Rn. 53.

30 *Brühl*, in: Schirm (Hrsg.), Globalisierung, S. 169.

31 *Bull/McNeill*, Development Issues in Global Governance, S. 14.

32 *Grande/König/Pfister/Sterzel*, in: Schirm (Hrsg.), Globalisierung, S. 137. Vgl. auch *Schulze*, in: Volger, Lexikon der Vereinten Nationen, S. 397.

33 *Schirm*, in: Schirm (Hrsg.), Globalisierung, S. 27.

34 *Anderson*, EJIL 11 (2000), S. 91 (117 f.); kritisch auch *Yasuaki*, A Transcivilizational Perspective on International Law, S. 76 ff.

vor allem die internationalen Organisationen, von ihrer Einbeziehung eine höhere moralische Legitimation und damit Autorität ihrer Handlungen.[35]

Neben der Legitimierungsfunktion wird die Annäherung an private Akteure als eine Reaktion der Staaten auf sog. „governance gaps" gesehen.[36] Mit diesem Begriff wird eine Begleiterscheinung der Globalisierung bezeichnet, dass Staaten mit neuen Herausforderungen durch grenzüberschreitende Sachverhalte konfrontiert werden, die sich der Reichweite ihrer nationalen Hoheitsgewalt entziehen.[37] Als Beispiele lassen sich der Umweltschutz, die Regulierung der Finanzmärkte oder die Bekämpfung von globalen Epidemien anführen. Eine wirkungsvolle Adressierung dieser Themen und zugleich die Verhinderung von staatsfreien Räumen machen eine Kooperation der einzelnen Staaten mit anderen Akteuren auf internationaler Ebene erforderlich. Den „klassischen Eckpfeilern zwischenstaatlicher Kooperation"[38], der Gründung und Nutzung intergouvernementaler Kooperationen, insbesondere von internationalen Organisationen,[39] wird allerdings von einigen Staaten mit zunehmender Skepsis begegnet, da sich diese Kooperationsformen in der Vergangenheit oftmals als wenig wirksam erwiesen haben.[40] Kritisiert werden vor allem der mühsame Verhandlungsprozess aufgrund der Dominanz einzelstaatlicher Interessen bei der Aufstellung von Regelungen[41] sowie das Fehlen von effektiven Durchsetzungsmechanismen, weshalb die Regelungen darüber hinaus faktisch keine große Wirkung erzielen konnten.[42] Die Vorteile einer Einbeziehung von privaten Akteuren in die Koope-

35 *Anderson*, EJIL 11 (2000), S. 91 (113); dasselbe Argument greift von der anderen Seite auch für die TNCs, diese können ihre Reputation in der Öffentlichkeit durch ein Engagement bei der Lösung globaler Probleme erhöhen, vgl. *Tesner with Kell*, The United Nations and Business, S. 61 f.

36 Vgl. *Schäferhoff/Campe/Kaan*, International Studies Review 11 (2009), S. 451 (456).

37 *Morrison/Wilde*, The Effectiveness of Multi-Stakeholder Initiatives in the Oil and Gas Sector, S. 2; ebenso *Koechlin/Calland*, in: Peters, u.a. (Hrsg.), Non-State Actors as Standard-Setters, S. 84.

38 *Kaul*, in: Kaul/Conceicao (Hrsg.), The New Public Finance, S. 244.

39 *Schuppert*, in: Hoffmann-Riem/Schmidt-Aßmann/Voßkuhle (Hrsg.), Grundlagen des Verwaltungsrechts, Band 1, § 16 Rn. 167, 170, stellt den internationalen Organisationen als weitere zwischenstaatliche Koordinationsmechanismen die transnationale Verwaltungsorganisation bzw. transnationale Behördenvernetzungen gegenüber.

40 *Brühl*, in: Schirm (Hrsg.), Globalisierung, S. 174 f.

41 Für *Van Asbeck*, International Society in Search of a Transnational Legal Order, S. 394 f., sorgt die Abhängigkeit der nationalen Vertreter von ihren staatlichen Regierungen dafür, dass in den Organen der internationalen Organisationen eine Verfolgung gemeinsamer Ziele regelmäßig nicht möglich sei, weil die Repräsentanten einem offensichtlichen Interessenkonflikt unterliegen würden.

42 Vgl. *Martens*, Multistakeholder Partnerships, S. 6, der Boom in globalen Public-Private Partnerships sei ein Zeichen der Krise der intergouvernementalen Diplomatie.

rationen werden zum einen in einer Lösung des intergouvernementalen Verhandlungsprozesses von einzelstaatlichen Interessen und damit einer stärkeren Ausrichtung auf die Erfüllung der gemeinsamen Ziele gesehen.[43] Zudem wird es als sinnvoll erachtet, die privaten Akteure als Regelungsadressaten schon bei der Aufstellung der Vorschriften direkt zu beteiligen, da auf diese Weise deren freiwillige Befolgung bzw. zumindest eine größere Akzeptanz der Regelungen ermöglicht werden könne.[44]

3. Interdependenz von staatlichen und privaten Akteuren

Diese neue Kompetenz privater Akteure, auf der internationalen Ebene an der Entstehung der sie betreffenden Regelungen mitzuwirken, wird in der Politikwissenschaft unter dem Stichwort „Global Governance" untersucht.[45] Das Konzept der „Global Governance" erfasst neben den Interaktionen von Staaten und internationalen Organisationen auch die Steuerungsversuche von NGOs und TNCs.[46] Da die Staaten früher die einzigen Akteure auf internationalem Parkett gewesen sind, kann von diesem Ausgangspunkt im Globalisierungsprozess ein Bedeutungsverlust des Staates festgestellt werden.[47] Einige Autoren denken bereits weitergehend darüber nach, ob sich das staatszentrierte multilaterale System im Rückzug befindet und ob eine effektive Steuerung jenseits der Nationalstaaten durch private Akteure erfolgen könnte.[48]

---

43 *Eifert*, in: Trute, u.a. (Hrsg.), Allgemeines Verwaltungsrecht, S. 328; siehe auch *Peters/Förster/Koechlin*, in: Peters, u.a. (Hrsg.), Non-State Actors as Standard-Setters, S. 523.

44 *Bull/McNeill*, Development Issues in Global Governance, S. 5.

45 Für die Governance-Forschung ist nicht entscheidend, ob die ausgeübte Regelungshoheit auf einer rechtlichen Grundlage erfolgte, sondern inwiefern staatliche oder private Akteure tatsächlich in der Lage sind, das Verhalten einer bestimmten Zielgruppe effektiv zu regeln, siehe *Rosenau*, in: Rosenau/Czempiel (Hrsg.), Governance Without Government, S. 4 ff. Neben der Beschreibung der globalen Steuerungsprozesse umfasst das Konzept normativ das Ziel der Förderung des „universalen, kosmopolitischen Gemeinwohls" mittels politischer Steuerung, vgl. *Pfeil*, Globale Verrechtlichung, S. 24.

46 Vgl. *Peters/Koechlin/Fenner Zinkernagel*, in: Peters, u.a. (Hrsg.), Non-State Actors as Standard-Setters, S. 18.

47 *Keller*, in: BDGV 43 (2008), S. 39 (40, 56).

48 *Rosenau*, in: Rosenau/Czempiel (Hrsg.), Governance Without Government, S. 1 ff.; *Fuchs*, in: Schirm (Hrsg.), Globalisierung, S. 152 ff.; *Kleinwächter*, Loyola of Los Angeles Law Review 36 (2003), S. 1103 (1125). Abweichend *Slaughter*, A New World Order, S. 262 f. *Slaughters* Konzept einer zukünftigen Weltordnung weicht von diesen Bestrebungen ab. Ihre Idealvorstellung wäre eine Ordnung, die von aufeinander abgestimmt handelnden Netzwerken von Regierungsvertretern bestimmt wird, die zwar mit anderen Gruppen interagieren, aber die Steuerungsmacht in eigener und alleiniger Verantwortung ausüben.

Soweit wird man derzeit allerdings noch nicht gehen können. Eine vollständige Ablösung der Nationalstaaten durch Akteure der „globalen Zivilgesellschaft“ ist nicht zu erkennen.[49] Als ein wesentliches Argument sei genannt, dass sich die Mehrzahl der Menschen mit einem Nationalstaat identifiziert und nicht als „Weltbürger“ bezeichnen würde.[50] Vor allem gilt es aber zu bedenken, dass die nichtstaatlichen Akteure trotz ihres gestiegenen Einflusses weder die notwendige Legitimität besitzen, um rechtlich verbindliche Normen zu erlassen,[51] noch über dem staatlichen Gewaltmonopol entsprechende Machtmittel verfügen, damit sie ihre Anliegen effektiv gegen Widerstand durchsetzen können.[52] Insofern sind die Privatakteure weiterhin auf die Ordnungsfunktion der Staaten angewiesen. Auf absehbare Zeit werden letztere daher weiterhin die zentralen Akteure der kollektiv verbindlichen Rechtsetzung bleiben.[53] Das Eingehen von Partnerschaften mit privaten Akteuren ist für die Staaten auch nicht zwingend mit einem Machtverlust verbunden. So kann es den Staaten auf diese Weise gelingen, Einfluss auf private Akteure in Bereichen zu gewinnen, die ihnen sonst vollständig verschlossen blieben.[54] Zudem sind die Staaten in finanzieller Hinsicht trotz der Zunahme der privaten Wirtschaftsmacht im Zuge der Globalisierung weiterhin für den deutlich höheren Anteil an Unterstützungen für grenzüberschreitende Kooperationen verantwortlich.[55]

Letztlich ergibt sich aus den vorangegangenen Überlegungen, dass infolge der Auswirkungen der Globalisierung die staatlichen und die privaten Akteure bei der Steuerung der internationalen Beziehungen zunehmend in gegenseitiger Abhängigkeit zueinander stehen.[56] Das lässt die Bildung von Kooperationen

---

49 *Rosenau*, in: Held/McGrew (Hrsg.), Governing Globalization, S. 73.

50 Nach *Keller*, in: BDGV 43 (2008), S. 39 (57, 62 f.), bietet der Staat dem Einzelnen „ein Stück Heimat“, während dem Begriff des „kosmopolitischen Weltbürgers“ die identitätsstiftende Funktion fehle.

51 *Yasuaki*, A Transcivilian Perspective on International Law, S. 41.

52 *Börzel/Risse*, in: Grande/Pauly (Hrsg.), Complex Sovereignty, S. 196.

53 *Grande/König/Pfister/Sterzel*, in: Schirm (Hrsg.), Globalisierung, S. 136; *Yasuaki*, A Transcivilian Perspective on International Law, S. 52 ff.

54 Vgl. denselben Gedanken im Hinblick auf die Beteiligung von Staaten in internationalen Organisationen bei *Alvarez*, International Organizations as Law-makers, S. 617.

55 *Bull/McNeill*, Development Issues in Global Governance, S. 167.

56 *Peters*, in: Mastronardi/Taubert (Hrsg.), Staats- und Verfassungstheorie im Spannungsfeld der Disziplinen, S. 126: „In der globalisierten Welt können die öffentlichen Aufgaben weder vom Staat alleine, noch von irgendeiner anderen Instanz alleine bewältigt werden.“ Vgl. auch *Seiler*, Der souveräne Verfassungsstaat zwischen demokratischer Rückbindung und überstaatlicher Einbindung, S. 180, Interdependenz stelle den Regelfall in den internationalen Beziehungen dar.

sinnvoll erscheinen, um die Anstrengungen der staatlichen und privaten Akteure zur Erfüllung eines gemeinsamen Zieles kombinieren zu können.[57]

III. Funktionen und Tätigkeitsfelder der PPP

Mittlerweile finden sich in vielen Bereichen Kooperationen zwischen staatlichen und privaten Akteuren auf internationaler Ebene, zu ihnen zählen u.a. der Klimaschutz, der Umweltschutz, der Arbeitnehmerschutz und die Regulierung des Internets.[58] Die PPP üben in diesen Feldern ein weites Spektrum an unterschiedlichen Funktionen aus, die vom gemeinsamen Austausch von Erfahrungen in Lernforen („coordination") und der Erhöhung der Aufmerksamkeit für internationale Problemlagen („advocacy") über die Erschließung finanzieller Ressourcen („financing"), bis hin zur Aufstellung von harmonisierenden Vorschriften („standard setting") sowie der Unterstützung bei der Umsetzung völkerrechtlicher Verträge („implementation") reichen.[59] Eine PPP kann dabei auch mehr als eine dieser Funktionen übernehmen.[60]

Ein besonders wichtiges Betätigungsfeld der Partnerschaften ist der internationale Gesundheitsschutz. Das zeigt sich bereits an dem Umstand, dass die in diesem Sektor tätigen internationalen Organisationen, wie die Weltgesundheitsorganisation (WHO) oder das Kinderhilfswerk UNICEF, kaum noch eigenständig Programme durchführen, sondern vorrangig ihre Ziele in Zusammenarbeit mit privatwirtschaftlichen Akteuren verfolgen.[61] Nach Angaben des UN-Department for Economic and Social Affairs beschäftigen sich derzeit von ins-

---

57 In diesem Sinne könnten die PPP eine Form der „Interdepedenzbewältigung zwischen staatlichen und gesellschaftlichen Akteuren" darstellen, den Begriff verwendet *Schuppert*, in: Trute, u.a. (Hrsg.), Allgemeines Verwaltungsrecht, S. 173.

58 *Kingsbury/Casini*, International Organizations Law Review 6 (2009), S. 319 (345 f.); *Benner/Reinicke/Witte*, Government and Opposition 39 (2004), S. 191 (192). Nach *Uerpmann-Wittzack*, German Law Journal 11 (2010), S. 1245 (1262), zählt die Kooperation zwischen Staaten und privaten Akteuren zu den Grundprinzipien des internationalen Internet-Rechts. In besonders großem Umfang in die Bildung von Partnerschaften eingebunden sind die Vereinten Nationen, vor allem über ihre Sonderorganisationen. Nach der Angabe von *Tesner with Kell*, The United Nations and Business, S. 69, war im Jahr 2000 jede Organisation der Vereinten Nationen in einer Form von Partnerschaft mit dem Privatsektor involviert.

59 *Nelson*, Building Partnerships, S. 76; *Abott*, „Public Private Partnerships", in: MPEPIL, Rn. 10; Martens, Multistakeholder Partnerships, S. 21; *Benner/Reinicke/Witte*, Government and Opposition 39 (2004), S. 191 (196 f.).

60 *Börzel/Risse*, in: Grande/Pauly (Hrsg.), Complex Sovereignty, S. 200.

61 *Brühl*, in: Schirm (Hrsg.), Globalisierung, S. 182.

gesamt mehr als 300 PPP auf internationaler Ebene[62] über 100 Partnerschaften mit dem internationalen Gesundheitsschutz.[63]

Bei der Übernahme dieser Zahlen ist allerdings Vorsicht geboten, da die Angaben zwischen den Autoren stark variieren.[64] Das ist im Wesentlichen auf die uneinheitliche Verwendung der Terminologie, unter welchen Umständen eine Interaktion zwischen staatlichen und privaten Akteuren als eine PPP bezeichnet wird, zurückzuführen.[65] Abgesehen von der Notwendigkeit einer Beteiligung von staatlichen und privaten Akteuren lässt sich keine gemeinsame Basis erkennen.[66] Eine allgemein anerkannte Quelle der Anzahl von globalen Partnerschaften kann es daher nicht geben.

IV. Informelle und formelle Varianten der Zusammenarbeit zwischen staatlichen und nichtstaatlichen Akteuren

Die einheitliche Bestimmung der Anzahl der PPP wird weiterhin durch den Umstand erschwert, dass die Partnerschaften in sehr verschiedenen Umgebungen[67] und mit unterschiedlichen Zielvorgaben agieren. Entsprechend hat sich eine große Vielfalt an divergierenden Formen der PPP entwickelt.[68] Für die Zwecke der Untersuchung ist zu beachten, dass die große Mehrzahl der PPP lediglich auf informellen Vereinbarungen beruhen,[69] womit sie keine rechtlichen Verpflichtungen für dic Parteien begründen. Nur in wenigen Fällen haben sie eine formelle, die Parteien rechtlich bindende Grundlage.[70]

62 http://www.un.org/esa/dsd/dsd_aofw_par/par_csdregipart.shtml, letzter Abruf am 01.06.2013.

63 http://webapps01.un.org/dsd/partnerships/public/partnerships/stats/partnership_themes.jpg, letzter Abruf am 01.06.2013.

64 Siehe *Schäferhoff/Campe/Kaan*, International Studies Review 11 (2009), S. 451 (453); *Kaul*, in: Kaul/Conceicao (Hrsg.), The New Public Finance, S. 222, geht z.B. von dem Bestehen von 400 PPP aus.

65 Siehe zu den unterschiedlichen Definitionsansätzen unten Kapitel 1 unter A. III.

66 *Martens*, Multistakeholder Partnerships, S. 8.

67 *Koechlin/Calland*, in: Peters, u.a. (Hrsg.), Non-State Actors as Standard-Setters, S. 85.

68 *Schäferhoff/Campe/Kaan*, International Studies Review 11 (2009), S. 451 (457); *Kaul*, in: Kaul/Conceicao (Hrsg.), The New Public Finance, S. 22.

69 *Kaul*, in: Kaul/Conceicao (Hrsg.), The New Public Finance, S. 244.

70 *Schäferhoff/Campe/Kaan*, International Studies Review 11 (2009), S. 451 (453); *Fuchs*, in: Schirm (Hrsg.), Globalisierung, S. 147 (151).

1. Informelle Kooperationsformen

Informelle Kooperationsformen werden insbesondere zum Aufbau von Netzwerken verwendet, die als Verhandlungsplattformen alle beteiligten Akteure eines Bereiches zusammenführen und einen Austausch der unterschiedlichen Positionen auf freiwilliger Grundlage bezwecken.[71] Die Strukturen der Kooperationen sind sehr unterschiedlich ausgestaltet worden, vielfach stellen sie nur adhoc-gebildete Zusammenschlüsse für einen vorher festgelegten Zeitraum dar, zum Teil dienen sie auch der langfristigen Koordination der gemeinsamen Beziehungen.[72]

Ein Paradebeispiel für eine rechtlich unverbindliche Kooperation stellt der Global Compact dar. Bei dem Global Compact handelt es sich um eine Initiative der Vereinten Nationen, deren Unterstützer, in erster Linie privatwirtschaftliche Unternehmen, sich zur Achtung von zehn Prinzipien aus den Bereichen des Schutzes der Menschenrechte, der Einhaltung von Arbeitsstandards, des Umweltschutzes und der Korruptionsbekämpfung bekennen. Konkrete Handlungspflichten folgen aus der Unterzeichnung des Global Compact für die Unternehmen jedoch nicht.[73] Die Prinzipien sind der allgemeinen Erklärung der Menschenrechte von 1948, der Erklärung der Internationalen Arbeitsorganisation über grundlegende Prinzipien und Rechte bei der Arbeit von 1998, der Rio-Erklärung über Umwelt und Entwicklung von 1992 und dem Übereinkommen der Vereinten Nationen gegen Korruption von 2003 entnommen.[74] Der Global Compact dient ausdrücklich nicht dazu, einen Ersatz für die staatliche Verpflichtung zur Einhaltung dieser völkerrechtlichen Vorschriften zu bilden, sondern soll die staatlichen Maßnahmen lediglich ergänzen, um eine größere Normwirkung zu erzielen.[75]

---

71 *Fuchs*, in: Schirm (Hrsg.), Globalisierung, S. 151.

72 *Martens*, Multistakeholder Partnerships, S. 4.

73 In der Selbstverpflichtung zur Einhaltung der Prinzipien soll ein wesentlicher Vorteil des Global Compact liegen, vgl. unter: http://www.unglobalcompact.org/HowTo Participate/Business_Participation/the_importance_of_voluntarism.html, letzter Abruf am 01.06.2013.

74 http://www.unglobalcompact.org/AboutTheGC/TheTenPrinciples/index.html, letzter Abruf am 01.06.2013.

75 Art. 2.3 Global Compact Government Framework, abrufbar unter: http://www. unglobalcompact.org/docs/about_the_gc/gc_gov_framew.pdf, letzter Abruf am 01.06.2013. *Brühl*, in: Schirm (Hrsg.), Globalisierung, S. 178. Der Global Compact stellt daher in der Charakterisierung von *Hörtreiter*, Die Vereinten Nationen und Wirtschaftsunternehmen – zwischen Kooperation und Kontrolle, S. 93, 99, „ein weiches Dialog- und Lernforum, zur informellen und unhierarchischen Normverwirklichung“ dar.

Während die informellen Formen der PPP einen beachtlichen faktischen Einfluss bei der Steuerung der internationalen Beziehungen ausüben können, ergeben sich aus ihnen aufgrund ihrer freiwilligen Basis keine rechtlich verbindlichen Verpflichtungen für die Kooperationspartner.

2. Formelle Kooperationsformen

Für die weitere Untersuchung sind daher nur solche PPP von Interesse, bei denen die Rechte und Pflichten aller beteiligten Akteure in einem verbindlichen Vertragswerk festgelegt wurden. Auf einer solchen Grundlage wurden einige PPP mit einer festen Organstruktur ausgestattet[76] und als separate, von ihren Gründungsparteien rechtlich unabhängige, Rechtspersönlichkeiten gegründet.[77] Diese hybriden Organisationsformen werden als „eine der ambitioniertesten institutionellen Innovationen unter dem Stichwort ‚Global Governance„ bezeichnet.“[78]

Die Besonderheit dieser Organisationsformen liegt vor allem darin, dass sie eine gemeinsame Willensbildung von Vertretern des staatlichen und des nichtstaatlichen Sektors in ihren Hauptorganen ermöglicht.[79] Dieser gemeinschaftliche Prozess der Willensbildung wird in der Literatur auch als „Co-Regulierung“ bezeichnet.[80] Damit ergibt sich eine neue Rolle für die privaten Akteure in den internationalen Beziehungen.[81] Sie geben nicht nur Anregungen zu staatlichen Aktionen, sondern können gleichberechtigt mit den staatlichen Akteuren auf den Ausgang von Entscheidungen durch eigene Argumentationen und die Ausübung von Stimmrechten bei Verhandlungen Einfluss nehmen.[82]

V. Vorteile der Kooperationen zwischen staatlichen und nichtstaatlichen Akteuren

Optimistische Einschätzungen erwarten von diesen Kooperationsformen, dass sie eine Bündelung der gemeinsamen Stärken (Synergieeffekte) bewirken und die allgemeine Fähigkeit zur Lösung von globalen Problemlagen verbessern

---

76 *Martens*, Multistakeholder Partnerships, S. 4.

77 *Nelson*, The Future of Partnerships; Hamamoto, „Joint Undertakings“, in: MPEPIL, Rn. 1 ff.

78 *Benner/Reinicke/Witte*, Government and Opposition 39 (2004), S. 191.

79 *Witte/Reinicke/Benner*, Internationale Politik und Gesellschaft 2000, S. 176 (179).

80 *Fuchs*, in: Schirm (Hrsg.), Globalisierung, S. 147, sieht in der Co-Regulierung das wesentliche Merkmal einer PPP; *Schäferhoff/Campe/Kaan*, International Studies Review 11 (2009), S. 451.

81 *Abbott*, International Affairs 88 (2012), S. 543 (548).

82 *Grande/König/Pfister/Sterzel*, in: Schirm (Hrsg.), Globalisierung, S. 137; *Börzel/Risse*, in: Grande/Pauly (Hrsg.), Complex Sovereignty, S. 204.

werden.[83] Im Idealfall könnten sie die Autorität und die Gemeinwohlverantwortung der staatlichen Akteure[84] mit der Expertise und den Organisationsfähigkeiten der privaten Akteure zusammenführen.[85] Das demokratische Legitimationsdefizit der privaten Akteure werde dabei durch die Ableitung der Legitimität von den staatlichen Akteuren ausgeglichen.[86] Zudem seien die PPP dynamischer, flexibler und schneller als konventionelle zwischenstaatliche Entscheidungsprozesse.[87] Insofern hätten sie Vorteile im Vergleich zu den internationalen Organisationen.[88]

Kritiker der PPP weisen dagegen darauf hin, dass die vermeintlichen Vorteile lediglich auf Vermutungen basierten und es keinen Beleg für die Überlegenheit der PPP gegenüber den internationalen Organisationen gebe.[89] Sie sehen insbesondere die Gefahr, dass demokratisch gewählte Vertreter ihren Einfluss zulasten von global-agierenden privaten Eliten, z.B. großen einflussreichen Unternehmen, aufgeben könnten und die PPP letztlich ein Mittel zur Förderung von privaten Einzelinteressen darstellen würden.[90] Aus Gründen der demokratischen Legitimation sei zudem nicht einzusehen, warum private Akteure Entscheidungsrechte erhalten sollten und damit in die Lage versetzt werden, auch über die Vergabe öffentlicher Gelder mitzuentscheiden.[91] Schließlich seien die normativen Rahmenbedingungen zu schwach ausgebildet, es fehlten vor allem

---

83 *Nelson*, The Future of Partnerships; *Kaul*, in: Kaul/Conceicao (Hrsg.), The New Public Finance, S. 244.

84 Dass Regierungsvertreter mit dem Allgemeininteresse verbundener sind als die privaten Akteure, betont *Seidl-Hohenveldern*, AVR 39 (2001), S. 116 (118), der aus diesem Grund endgültige Entscheidungen nicht den NGOs übertragen möchte.

85 Der IMF betont insbesondere das bessere Management und die größere Kapazität für Innovationen des Privatsektors, der zu einer größeren Effizienz führen könne, siehe IMF, Public-Private Partnerships, S. 4.

86 *Schirm*, in: Schirm (Hrsg.), Globalisierung, S. 27 f.; siehe auch *Börzel/Risse*, in: Grande/Pauly (Hrsg.), Complex Sovereignty, S. 209.

87 Vgl. *Abott*, „Public Private Partnerships", in: MPEPIL, Rn. 33.

88 *Kaul*, in: Kaul/Conceicao (Hrsg.), The New Public Finance, S. 244.

89 Vgl. *Börzel/Risse*, in: Grande/Pauly (Hrsg.), Complex Sovereignty, S. 200 (14 f.), die darauf verweisen, es würden vornehmlich die erfolgreichen Kooperationen untersucht und damit kein umfassendes Bild der Effektivität der PPP gegeben.

90 *Bull/McNeill*, Development Issues in Global Governance, S. 168, sind der Ansicht, dass man sich für den Schutz der Ärmsten auf global tätige Wirtschaftsunternehmen nicht verlassen kann; so auch *Richter*, „We the Peoples" or „We the Corporations", S. 16. *Kingsbury/Casini*, International Organizations Law Review 6 (2009), S. 319 (346 f.), sehen dagegen das Hauptproblem in der fehlenden Verantwortlichkeit der PPP für ihre Handlungen. Vgl. zu den demokratischen Problemen der NGOs auch *Hobe*, „Non-Governmental Organizations", in: MPEPIL, Rn. 44 f.

91 Vgl. *Martens*, Multistakeholder Partnerships, S. 8.

Richtlinien für die Auswahl geeigneter privater Akteure[92] oder Mechanismen, die die Erfüllung der Aufgaben der PPP sicherstellen könnten.[93]

VI. Zwischenfazit

Die vorangegangen Ausführungen haben gezeigt, dass sich eine besondere Art von Kooperationen zwischen staatlichen und privaten Akteuren in den internationalen Beziehungen gebildet hat, die unabhängige hybride Organisationsformen mit einer institutionellen Organstruktur auf der Grundlage eines verpflichtenden Vertragswerkes darstellen. Aufgrund von eigenen Stimmrechten in den Hauptorganen sind die privaten Akteure insoweit zu gleichberechtigten Partnern der staatlichen Akteure bei der Gestaltung der internationalen Beziehungen geworden. Für die Befürworter der PPP bieten sie gegenüber klassischen Zusammenschlüssen von Staaten, wie den internationalen Organisationen, bestimmte Vorzüge, die sie zur Erfüllung der Herausforderungen der Globalisierung besser geeignet erscheinen lassen. Zu diesen zählen vor allem eine Einbindung privaten Sachverstandes und eine stärkere Ausrichtung auf die Erfüllung der gemeinsamen Ziele.[94]

Die PPP sind Ausdruck der gewachsenen Bedeutung der privaten Akteure sowie der zunehmenden Kooperationsnotwendigkeit im Zuge der voranschreitenden Internationalisierung. Ob der Bildung dieser Organisationsformen darüber hinaus eine größere Bedeutung beizumessen ist, wonach sie ein Zeichen für die Ablösung der allein auf die Staaten fixierten multilateralen Weltordnung durch ein System, an dem private Akteure beteiligt sind, darstellen,[95] kann an dieser Stelle nicht beurteilt werden. Die Hintergründe ihrer Entstehung geben aber Anlass zu der Vermutung, dass die PPP eine dauerhafte Erscheinungsform in den internationalen Beziehungen bilden werden.[96]

---

92 Im deutschen Recht setzt z.B. der § 97 Abs. 4 GWB bei der Vergabe öffentlicher Aufträge voraus, dass die Privaten über die erforderliche Fachkunde, Leistungsfähigkeit und Zuverlässigkeit verfügen, siehe *Stober*, in: Wolff/Bachof/Stober/Kluth, Verwaltungsrecht, Band 2, § 93 Rn. 36.

93 *Abott*, „Public Private Partnerships", in: MPEPIL, Rn. 38.

94 *Hamamoto*, „Joint Undertakings", in: MPEPIL, Rn. 27 ff.; kritisch *Börzel/Risse*, in: Grande/Pauly (Hrsg.), Complex Sovereignty, S. 208 ff.

95 *Bull/McNeill*, Development Issues, S. 3 f. bezeichnen dieses System als „Market Multilateralism"; siehe auch *Kaul*, in: Kaul/Conceicao (Hrsg.), The New Public Finance, S. 246.

96 *Kaul*, in: Kaul/Conceicao (Hrsg.), The New Public Finance, S. 220; *Abott*, „Public Private Partnerships", in: MPEPIL, Rn. 39; *Nelson*, „The Future of Partnerships"; *Triponel*, N.C.J. Int'l L. & Com. Reg. 35 (2009/2010), S. 173 (232).

B. Gang der Untersuchung

In der Arbeit soll gezeigt werden, welche Vorgaben der völkerrechtlichen sowie der innerstaatlichen Rechtsordnung im Hinblick auf diese Organisationsformen zu entnehmen sind und ob innerhalb dieses rechtlichen Rahmens eine effektive internationale Zusammenarbeit zwischen staatlichen und privaten Akteuren erfolgen kann. Die Untersuchung ist in drei Kapitel unterteilt. Im ersten Kapitel wird eine abstrakte Definition des Begriffes der PPP aufgestellt, um den Untersuchungsgegenstand für die weitere Arbeit möglichst präzise festzulegen. Diese Definition wird im Anschluss exemplarisch anhand zweier praktischer Erscheinungsformen für internationale PPP veranschaulicht. Im zweiten Kapitel liegt der Fokus der Bearbeitung auf dem Völkerrecht als dem Recht der internationalen Beziehungen. Dabei wird auf die Fragen eingegangen, ob die PPP als steuerungsfähige Akteure der internationalen Beziehungen auch Aufnahme in die völkerrechtliche Rechtsordnung gefunden haben und wie ihr Rechtsstatus im Vergleich zu den bekannten Organisationsformen auf internationaler Ebene, den internationalen Organisationen und den nichtstaatlichen internationalen Organisationen (NGOs), zu beurteilen ist. Im dritten Kapitel soll schließlich aus der Sicht der deutschen Rechtsordnung erläutert werden, welche Auswirkungen die gleichberechtigte Mitwirkung von staatlichen und nichtstaatlichen Akteuren bei der Entscheidungsfindung in den PPP für die Beteiligung der Bundesrepublik Deutschland an diesen Organisationsformen aufweist. Insofern ist zu klären, welche Vorgaben die deutsche Verfassung für eine Beteiligung an der Errichtung und Tätigkeit einer PPP aufstellt.

1. Kapitel: Definition des Untersuchungsgegenstandes und konkrete Erscheinungsformen

Das Ziel des ersten Kapitels liegt darin, eine möglichst präzise Definition der internationalen PPP aufzustellen. Diese Darstellung ist erforderlich, da es aufgrund der Unbestimmtheit des Wortlauts nicht gelingen kann, dem Begriff der PPP einen eindeutigen Inhalt beizumessen, sondern dieser eine Vielzahl an unterschiedlichen Interpretationen zulässt. Dennoch soll im Folgenden gezeigt werden, dass durch eine Aufstellung einschränkender Kriterien der Begriff zum Zwecke der Ableitung rechtlicher Erkenntnisse hinreichend präzise festgelegt und somit für eine juristische Untersuchung verwendet werden kann.

Im Anschluss sollen als Beispiele für die PPP zwei hybride Organisationsformen, der Global Fund to Fight AIDS, Tuberculosis and Malaria und die Welt-Anti-Doping Agentur, vorgestellt werden, denen als Erscheinungsformen internationaler PPP bei der Beurteilung der rechtlichen Auswirkungen der PPP im weiteren Verlauf der Untersuchung eine wesentliche Bedeutung zukommen wird.

A. Definition des Begriffes der Public-Private Partnerships auf internationaler Ebene

Als Ausgangspunkt ist festzustellen, dass es zwar eine Vielzahl an verschiedenen Definitionsansätzen für die Erscheinungsform einer grenzüberschreitend agierenden PPP gibt, aber keine allgemein anerkannte Definition vorhanden ist.[97] Dieser Befund überrascht nicht, denn der Bezeichnung Public-Private Partnership kann bei einer unbefangenen Herangehensweise nur entnommen werden, dass eine Beteiligung von staatlichen und privaten Akteuren vorliegen muss und dass diese Akteure miteinander kooperieren.[98] Folgerichtig wird der Begriff für die verschiedensten, formellen und informellen Varianten der Zusammenarbeit zwischen staatlicher und privater Seite benutzt,[99] obwohl aus rechtlicher Sicht zwischen diesen Formen große Unterschiede bestehen können. Das lässt zweifelhaft erscheinen, ob es mit der Verwendung des Begriffes der PPP über-

---

97 *Richter*, Schweizerisches Jahrbuch für Entwicklungspolitik 24 (2005), S. 197; *Abott*, „Public Private Partnerships", in: MPEPIL, Rn. 1.

98 *Tettinger*, NWVBl. 2005, S. 1 (2).

99 *Schäferhoff/Campe/Kaan*, International Studies Review 11 (2009), S. 451 (453).

haupt möglich ist, das juristische Erfordernis von „klar abgrenzenden Definitionen als unbestrittenem Standard“[100] zu erfüllen.[101]

I. Alternative Bezeichnungen für die hybriden Organisationsformen

Die Schwierigkeit, dem Begriff der PPP einen festen Inhalt zu entnehmen, wirft die Frage auf, ob für die Untersuchung nicht eine alternative Bezeichnung gewählt werden könnte. Die Literatur bietet dazu ein reichhaltiges Angebot an unterschiedlichen Ausdrücken; zu diesen zählen z.B. (global) partnerships, tri-sector partnerships, multi-stakeholder partnerships, new social partnerships, voluntary initiatives, cross-sectoral collaboration, multi-stakeholder initiatives/processes, inter-sectoral cooperation, co-operative management regimes, global public policy networks[102] oder „Quasi NGO“ (QUANGO).[103] In der Encyclopedia of Public International Law wird schließlich speziell für die institutionalisierten Zusammenschlüsse von staatlichen und nichtstaatlichen Akteuren der Begriff der „Joint Undertakings“ vorgeschlagen,[104] während der Eintrag zu den Public-Private Partnerships Kooperationen zwischen staatlichen und nichtstaatlichen Akteuren in einem weiteren Umfang erfasst.[105]

Mit der Verwendung eines dieser Ausdrücke wäre allerdings im Ergebnis nichts gewonnen, denn eine größere terminologische Klarheit bieten auch diese Begriffe nicht. Letztlich sprechen pragmatische Gründe für die Verwendung der Bezeichnung der PPP. Wie bereits ausgeführt wurde,[106] bilden den Gegenstand der Arbeit institutionalisierte Kooperationen auf rechtsförmiger Grundlage, in denen die nichtstaatlichen Akteure gemeinsam mit ihren staatlichen Partnern einen bestimmten Zweck verfolgen und diesen dabei auf gleicher Stufe begegnen. Genau dieses kooperative und gleichberechtigte, eben partnerschaftliche

---

100 Vgl. die Formulierung bei *Di Fabio*, JZ 1999, S. 585, im Hinblick auf den Begriff der „Privatisierung“.

101 Ob eine Definition im Allgemeinen für eine rechtliche Analyse hilfreich ist, bewerten *Budäus/Grüning*, in: Budäus/Eichhorn (Hrsg.), Public Private Partnership, S. 25 (48 f.), nach den Kriterien Präzision (inwiefern bei einem beliebigen Sachverhalt beurteilt werden kann, ob die Merkmale des zur Diskussion stehenden Begriffes erfüllt sind), Konsistenz (wird ein Begriff einheitlich verwendet) und Validität (erfasst der Begriff wirklich, was er bezeichnen soll).

102 Aufzählung bei *Meckling*, Netzwerkgovernance, S. 15.

103 *Hummer*, in: BDGV 39 (2000), S. 45 (56).

104 *Hamamoto*, „Joint Undertakings“, in: MPEPIL, Rn. 1 f.

105 Abott, „Public Private Partnerships“, in: MPEPIL, Rn. 1.

106 Siehe oben Einleitung unter A. IV 2.

Handeln wird von dem Begriff Public-Private Partnership gut erfasst.[107] Des Weiteren ermöglicht der Begriff der PPP eine Anknüpfung an die Terminologie im deutschen Verwaltungsrecht, wo ihm bestimmte Konturen verliehen wurden und er als Sammelbegriff für bestimmte Formen der Zusammenarbeit zwischen der öffentlichen Hand und privaten Akteuren rechtliche Bedeutung erhalten hat.[108]

II. Die Verwendung des Begriffes der PPP in der deutschen Verwaltungsrechtswissenschaft

Bezüglich der Unsicherheit bei der Verwendung von PPP als Rechtsbegriff ist es instruktiv, in einem kurzen Überblick auf den entsprechenden Diskurs in der deutschen Verwaltungsrechtswissenschaft einzugehen. Im deutschen Verwaltungsrecht ist die Erscheinungsform der PPP im Zusammenhang mit der Privatisierung von Verwaltungsaufgaben schon seit geraumer Zeit bekannt[109] und lange war hoch umstritten, ob die Bezeichnung PPP überhaupt als Rechtsbegriff verwendet werden sollte. Die Debatte im deutschen Verwaltungsrecht hat allerdings gezeigt, dass es gelingen kann, den Begriff der PPP trotz seiner Unschärfe für die juristische Handhabung nutzbar zu machen.

1. Die Offenheit des Begriffes der PPP

Der breite und offene Terminus PPP ermöglicht einen großen Spielraum für Interpretationen.[110] Die Literatur unterscheidet zwischen einem weiten Begriffsverständnis, das sämtliche, ggf. informelle, Formen eines Zusammenwirkens von Hoheitsträgern mit privaten Wirtschaftssubjekten erfasst[111] und einem engen Verständnis, das nur solche Interaktionen zwischen Vertretern der öffentlichen Hand sowie Akteuren des privaten Sektors als PPP ansieht, bei denen komplementäre Ziele verfolgt werden und der jeweiligen Zusammenarbeit vertragliche Absprachen mit echter Bindungswirkung zugrunde liegen.[112] Diese beiden Positionen zeigen bereits deutlich, dass ein weites Spektrum von – aus rechtlicher Sicht – höchst unterschiedlichen Gebilden unter den gemeinsamen Oberbegriff PPP eingeordnet werden können. Diese Offenheit bietet den Vorteil, die vielfältigen Erscheinungsformen und den weiten Einsatzbereich von Koope-

---

107 Ebenso *Boyle/Chinkin*, The Making of International Law, S. 54.

108 Siehe dazu unter II. 2.

109 Siehe oben Einleitung unter A. I. 2.

110 *Kment*, VerwArch 103 (2012), S. 63 (66 f.).

111 *Schmitz*, in: Stelkens/Bonk/Sachs, VwVfG, § 1 Rn. 281.

112 Vgl. *Kopp/Ramsauer*, VwVfG, § 54 Rn. 40c; *Weinzierl*, Zur Zusammenarbeit zwischen der Privatwirtschaft und den Vereinten Nationen, S. 98.

rationen zwischen öffentlich-rechtlicher und privater Seite einbeziehen und neue Erscheinungsformen aufnehmen zu können.[113]

Dem Vorteil der begrifflichen Offenheit auf der einen Seite steht allerdings der Nachteil gegenüber, dass die Konturen der Bezeichnung vage sind und eine exakte juristische Subsumtion ohne vorangegangene Konkretisierungen nicht erlauben. Gerade in der weiten Auslegung verliert der Begriff „restlos an Schärfe".[114] Der Verdacht, diese Unschärfe könne „unbehebbar" sein,[115] führte bei einigen Autoren zu der Ansicht, es handele sich um einen „plakativen Begriff ohne Erkenntnisgewinn",[116] der „von Unklarheit geprägt und letztlich entbehrlich ist, wenn andere – präzisere – Begriffe den gleichen Sachverhalt umschreiben."[117]

2. Einschränkende Kriterien in der deutschen Verwaltungsrechtswissenschaft

Trotz dieser Einwände hat sich die Verwendung der Bezeichnung mittlerweile durchgesetzt[118] und sogar Aufnahme in das Gesetzgebungsverfahren gefunden.[119] PPP wird verbreitet als „notwendiger Schlüssel- und Sammelbegriff" verstanden, dem als Standardbegriff große praktische Bedeutung zukommt und der als Rechtsfigur „Ausgangspunkt für rechtliche Lösungen der Voraussetzungen und Rechtsfolgen von Public-Private-Partnerships sein muss".[120]

---

113 *Stober*, in: Wolff/Bachof/Stober/Kluth, Verwaltungsrecht, Band 2, § 93 Rn. 5.

114 *Budäus/Grüning*, in: Budäus/Eichhorn (Hrsg.), Public Private Partnership, S. 25 (46).

115 *Schuppert*, Grundzüge eines zu entwickelnden Verwaltungskooperationsrechts, S. 4, vertritt die Ansicht, „eine genaue Definition könnte sich als Versuch erweisen, einen Pudding an die Wand zu nageln."

116 *Burgi*, NVwZ 2001, S. 601 (602).

117 *Kämmerer*, Privatisierung, S. 58. Vgl. auch *Bauer*, in: Hoffmann-Riem/Schmidt-Aßmann/Voßkuhle, Grundlagen des Verwaltungsrechts, Band 2, § 36 Rn. 43, m.w.N.

118 *Stober*, in: Wolff/Bachof/Stober/Kluth, Verwaltungsrecht, Band 2, § 93 Rn. 4; *Kopp/Ramsauer*, VwVfG, Einführung I Rn. 89 b; *Bauer*, in: Hoffmann-Riem/Schmidt-Aßmann/Voßkuhle, Grundlagen des Verwaltungsrechts, Band 2, § 36 Rn. 43; *Schuppert*, Grundzüge eines zu entwickelnden Verwaltungskooperationsrechts, S. 5, „eingebürgerter und daher nicht zu ignorierender Begriff".

119 In der deutschen Bezeichnung „Öffentlich Private Partnerschaft" findet sich der Begriff in § 4 Nr. 9 GrEStG und § 3 Abs. 1 S. 3 GrStG.

120 *Stober*, in: Wolff/Bachof/Stober/Kluth, Verwaltungsrecht, Band 2, § 93 Rn. 4. Auf dieser Grundlage werden vier Typen von PPP unterschieden, das Betriebsführungsmodell, das Betreibermodell, das Konzessionsmodell und das Kooperationsmodell, vgl. *Ruthig/Storr*, Öffentliches Wirtschaftsrecht, S. 299. Das letztgenannte Modell (auch institutionalisierte PPP genannt) liegt vor, „wenn öffentliche Hand und Private in einem gemischtwirtschaftlichen Unternehmen organisiert sind, um die gestellten Aufgaben zu er-

Um der Kritik an der Unklarheit des Begriffes zu begegnen, hat man sich verbreitet darauf verständigt, seinen Inhalt genauer festzulegen und bestimmte kennzeichnende Merkmale mit dem Vorliegen einer PPP in Verbindung zu bringen.[121] Zu diesen Merkmalen zählen eine Interaktion zwischen öffentlicher Hand und Akteuren aus dem privaten Sektor, ein Fokus auf die Verfolgung komplementärer Ziele, die Erzielung von Synergiepotenzialen bei der Zusammenarbeit, Prozessorientierung, die Intaktheit der Identität und Verantwortung der Partner und eine (gesellschafts-) vertragliche Formalisierung der Zusammenarbeit.[122] Letzteres Kriterium dient dabei zur Abgrenzung, ob von einer PPP im engen oder im weiten Sinne gesprochen werden sollte.[123] Zusammengefasst lässt sich eine PPP (im engeren Sinne) als „eine längerfristige, in der Regel vertraglich geregelte wirtschaftliche Zusammenarbeit zwischen öffentlicher Hand und Privaten zur gemeinsamen Erfüllung öffentlicher Aufgaben" beschreiben.[124] Für die Zwecke der Untersuchung ist an dieser Stelle der Hinweis von *Kment* von besonderem Interesse, dass ein solches Verständnis nicht allein in der deutschen Rechtsordnung zugrunde gelegt wird, sondern in seiner Grundausrichtung auch mit den Rechtsauffassungen anderer Rechtsordnungen übereinstimmt.[125]

3. Zwischenergebnis

Die Verwendung des Terminus PPP hat das deutsche Verwaltungsrecht vor Schwierigkeiten gestellt, dennoch hat sich PPP als Oberbegriff für die Erscheinungsformen der gemeinschaftlichen Zusammenarbeit von staatlicher und privater Seite durchgesetzt. Allerdings mussten zunächst einschränkende Definitionskriterien etabliert werden, um eine ausufernde Verwendung des Begriffes zu

---

füllen. Der private Beitrag besteht in dieser PPP in der aktiven Teilnahme an der Ausführung der Aufgabe und/oder der Geschäftsführung in der Gesellschaft."

121 *Ziekow*, Verankerung verwaltungsrechtlicher Kooperationsverhältnisse (Public Private Partnerships) im Verwaltungsverfahrensgesetz, S. 79; *Kment*, VerwArch 103 (2012), S. 63 (67); kritisch gegenüber einer abschließenden Umschreibung des Begriffes *Stober*, in: Wolff/Bachof/Stober/Kluth, Verwaltungsrecht, Band 2, § 93 Rn. 5; ebenso *Tettinger*, NWVBl. 2005, S. 1 (2).

122 *Budäus/Grüning*, in: Budäus/Eichhorn (Hrsg.), Public Private Partnership, S. 25 (54).

123 *Budäus/Grüning*, in: Budäus/Eichhorn (Hrsg.), Public Private Partnership, S. 25 (54).

124 *Ruthig/Storr*, Öffentliches Wirtschaftsrecht, S. 298; ähnlich *Bauer*, in: Hoffmann-Riem/Schmidt-Aßmann/Voßkuhle, Grundlagen des Verwaltungsrechts, Band 2, § 36 Rn. 44. Vgl. auch *Kment*, VerwArch 103 (2012), S. 63 (67), m.w.N., der als zusätzliche Voraussetzungen fordert, dass die erforderlichen Ressourcen in einen gemeinsamen Organisationszusammenhang gestellt und vorhandene Projektrisiken angemessen verteilt werden.

125 *Kment*, VerwArch 103 (2012), S. 63 (67), m.w.N.

verhindern. Damit stellt sich die Frage, ob dieser Weg auch auf der internationalen Ebene gegangen werden kann.

III. Die Verwendung des Begriffes der PPP in den internationalen Beziehungen

Die Schwierigkeiten bei der Festlegung des Begriffsinhalts der PPP bestehen parallel zum innerstaatlichen Bereich ebenfalls auf internationaler Ebene. Wie im nationalen Recht fungiert die Bezeichnung PPP im internationalen Bereich als Sammelbegriff für die vielfältigen Kooperationen, die zwischen staatlichen und privaten Akteuren gebildet wurden.[126] Aufgrund des Fehlens eines allgemeinverbindlichen Begriffsverständnisses gibt es eine Vielzahl an Definitionsansätzen von internationalen Organisationen und anderer Autoren,[127] die den Begriff jeweils für ihre eigenen Zwecke festzulegen versuchen. Folglich hat sich eine unüberschaubare Anzahl an einzelnen Definitionen entwickelt, die zu einem „verwirrenden Gesamtbild“ geführt haben.[128]

Damit stellt sich die Frage, ob eine dieser Definitionen für die Untersuchung übernommen werden kann. An dieser Stelle soll allerdings keine Auseinandersetzung mit sämtlichen der bislang vorgeschlagenen Definitionen erfolgen. Die Darstellung wird sich darauf konzentrieren, exemplarisch anhand der Definitionen der Generalversammlung der Vereinten Nationen, der Organisation für wirtschaftliche Zusammenarbeit und Entwicklung (OECD) und des Internationalen Währungsfonds (IMF) auf der einen Seite sowie einem differenzierten Verständnis aus dem Schrifttum auf der anderen Seite aufzuzeigen, dass wie in der deutschen Verwaltungswissenschaft auch auf der internationalen Ebene ein weites und ein enges Verständnis des Begriffes der PPP unterschieden werden kann. Des Weiteren wird in Anknüpfung an die Kritik an der Offenheit des Begriffes der PPP darauf eingegangen, welche Vor- und Nachteile mit der Verwendung der einzelnen Definitionen verbunden wären.

---

126 *Burci*, International Organizations Law Review 6 (2009), S. 359 (360); die Bezeichnung gehört u.a. zum festen Bestandteil des UN-Jargons, vgl. *Meckling*, Netzwerkgovernance, S. 15, der von einer „Partnerschaftsrhetorik“ spricht.

127 Z.B. *Börzel/Risse*, in: Grande/Pauly (Hrsg.), Complex Sovereignty, S. 199; *Casini*, International Organizations Law Review 6 (2009), S. 421 (423); *Fuchs*, in: Schirm (Hrsg.), Globalisierung, S. 151.

128 Vgl. *Richter*, Schweizerisches Jahrbuch für Entwicklungspolitik 24 (2005), S. 197 ff., mit entsprechenden Nachweisen.

1. Die Definition der Generalversammlung der Vereinten Nationen

Zunächst soll auf die – rechtlich nicht verbindliche – Definition der Generalversammlung der Vereinten Nationen aus dem Jahr 2005 eingegangen werden,[129] auf die insbesondere in der Literatur vielfach Bezug genommen wird.[130] Danach ist eine PPP gegeben, wenn „eine freiwillige und gemeinschaftliche Beziehung zwischen verschiedenen Parteien, sowohl von staatlicher als auch von nichtstaatlicher Seite, vorliegt, in der sich alle Teilnehmer darauf verständigen zusammenzuarbeiten, um einen gemeinsamen Zweck oder eine spezifische Aufgabe zu erfüllen und dabei die Risiken und Verantwortungen, sowie die Ressourcen und Vorteile zu teilen."

Würde man dieser Definition folgen, könnte nahezu jede Interaktion zwischen staatlicher und privater Seite als PPP eingeordnet werden.[131] Für die Zwecke der UN, die eine Einbindung von privaten Akteuren zur Förderung ihrer Ziele erreichen wollen, ist die Verwendung eines so weiten Begriffsverständnisses durchaus von Vorteil, um die starke Anziehungskraft des Begriffes nutzen zu können.[132] Dagegen wäre es auf diese Weise nicht möglich, den in der Einleitung umschriebenen Untersuchungsgegenstand hinreichend genau festzulegen. Es würde, entsprechend der Kritik an der Verwendung des Begriffes PPP im nationalen Verwaltungsrecht,[133] das Problem entstehen, dass viele unterschiedliche Kooperationsformen unter einem gemeinsamen Oberbegriff behandelt werden müssten.[134]

2. Die Definition der Organisation für wirtschaftliche Zusammenarbeit und Entwicklung (OECD)

In der Definition der OECD wird eine PPP als „eine Vereinbarung zwischen der Regierung und einem oder mehreren privaten Partnern" bezeichnet, „nach der

---

129 UN General Assembly 2005, Enhanced cooperation between the United Nations and all relevant partners, in particular the private sector. Report of the Secretary-General (A/60/214), para. 8).

130 *Koechlin/Calland*, in: Peters, u.a. (Hrsg.), Non-State Actors as Standard-Setters, S. 87; *Peters/Koechlin/Fenner Zinkernagel*, in: Peters, u.a. (Hrsg.), Non-State Actors as Standard-Setters, S. 2; *Richter*, Development 47 (2002), S. 43 (44); *Martens*, Multistakeholder Partnerships, S. 10; *Zammit*, Development at Risk, S. 51; ähnlich auch *Nelson*, Building Partnerships, S. 46.

131 Vgl. *Martens*, Multistakeholder Partnerships, S. 4: "In Fact the term now covers virtually every interaction between state and non-state actors." So auch *Weinzierl*, Zur Zusammenarbeit zwischen den Vereinten Nationen und der Privatwirtschaft, S. 100.

132 *Zammit*, Development at Risk, S. 52 ff.

133 Siehe oben unter II. 1.

134 Siehe oben Einleitung unter A. IV.

die privaten Partner eine Dienstleistung in einer Weise bereitstellen, bei der das Bereitstellunginteresse der Regierung mit der Gewinnerzielungsabsicht der privaten Partner in Einklang steht und die Effektivität der Verbindung von einem ausreichenden Risikotransfer auf die privaten Partner abhängig ist."[135]

Bei der Beurteilung dieser Definition ergeben sich dieselben Bedenken, wie sie bei der Definition der Generalversammlung der Vereinten Nationen geäußert wurden. Es wäre nämlich ebenfalls nicht möglich, zwischen den PPP auf formeller Grundlage und solchen, die auf lediglich informeller Basis beruhen, zu unterscheiden.

3. Die Definition des Internationalen Währungsfonds (IMF)

Nach Auffassung des IMF bezieht sich der Begriff der PPP auf „Vereinbarungen, bei denen der Privatsektor Infrastrukturgüter und –dienstleistungen bereitstellt, die traditionell von der Regierung erbracht wurden."[136]

An dieser Definition ist für die Zwecke der Untersuchung bereits zu kritisieren, dass keine Begründung dafür ersichtlich ist, die Definition lediglich auf einen einzelnen Themenbereich, die Bereitstellung von Infrastrukturleistungen, zu reduzieren. Des Weiteren unterscheidet auch diese Definition nicht zwischen formellen und informellen Organisationsformen und umfasst damit rechtlich höchst unterschiedliche Gebilde.

4. Engere Definitionsansätze in der Literatur

In der Literatur werden demgegenüber zum Teil mit dem Begriff der PPP nach präziseren Kriterien bestimmte Kooperationen zwischen staatlichen und nichtstaatlichen Akteuren bezeichnet. Nach der Auffassung von *Aziz* ist eine PPP eine „transnationale institutionalisierte Zusammenarbeit zwischen einer Gruppe von staatlichen und nichtstaatlichen Akteuren, die ein bestimmtes gemeinsames Ziel verfolgen."[137] Eine Institutionalisierung der Zusammenarbeit in diesem Sinne

---

135 OECD, Public-Private Partnerships, S. 17. Die Definition lautet in der englischen Originalversion: „The OECD defines a public-private partnership as an agreement between the government and one or more private partners (which may include the operators and the financers) according to which the private partners deliver the service in such a manner that the service delivery objectives of the government are aligned with the profit objectives of the private partners and where the effectiveness of the alignment depends on a sufficient transfer of risk to the private partners."

136 IMF, Public-Private Partnerships, S. 4. Die Definition lautet in der englischen Originalversion: „Public-private partnerships (PPPs) refer to arrangements where the private sector supplies infrastructure assets and services that traditionally have been provided by the government."

137 *Aziz*, International Organizations Law Review 6 (2009), S. 383 (385).

liegt vor, wenn die Kooperation auf Dauer angelegt ist und die nichtstaatlichen Akteure in den Hauptorganen der Organisation als gleichwertige Partner anerkannt sind.[138]

Insbesondere durch die Forderung nach einer Institutionalisierung der Zusammenarbeit enthält diese Definition gegenüber den zuvor genannten Definitionen ein einschränkendes Merkmal, das es ermöglicht, die informellen von den formellen Formen der Zusammenarbeit zwischen staatlichen und privaten Akteuren zu unterscheiden. Anhand dieser Begriffsbestimmung zeigt sich des Weiteren, dass auch auf der internationalen Ebene Ansätze existieren, die dazu geeignet sind, einem ausufernden Verständnis des Begriffes der PPP entgegenzuwirken.

5. Zwischenergebnis

Die drei erstgenannten Definitionen haben gemeinsam, dass sie aus rechtlicher Sicht höchst unterschiedliche Formen der PPP erfassen und damit keine präzise Festlegung des Gegenstandes der Untersuchung ermöglichen. Bei ihrer Übernahme für die Zwecke der Untersuchung würde sich daher dasselbe Problem stellen, dass bei Teilen der Lehre in der deutschen Verwaltungsrechtswissenschaft zu einer Ablehnung von PPP als Rechtsbegriff geführt hat, nämlich dass der Begriff aufgrund seiner Offenheit uferlos verwendet werden könnte und damit eine Ableitung von rechtlichen Zusammenhängen ausgeschlossen wäre.[139]

Dagegen zeigt der letztgenannte Definitionsversuch in der Literatur, dass auch für die PPP mit internationalem Tätigkeitsfeld bereits der Versuch unternommen wurde, ein engeres Begriffsverständnis zu erarbeiten. Dieser Ansatz macht zugleich deutlich, dass es ähnlich wie im nationalen Recht auf der internationalen Ebene ebenfalls gelingen kann, einschränkende Kriterien für den Begriff der PPP zu entwickeln. Unter Verwendung solcher Kriterien erscheint es möglich, den Begriff der internationalen PPP hinreichend präzise festzulegen, um eine Abgrenzung der auf formeller Grundlage bestehenden Formen der PPP, die den Gegenstand der Untersuchung bilden, von den lediglich informellen Kooperationsarten vorzunehmen. Diese Definition soll daher als Ausgangspunkt für die Erarbeitung eines eigenen Begriffsverständnisses dienen.

---

138 Die Forderung nach einem gewissen Maß an Institutionalisierung, wie u.a. das Kriterium der Dauerhaftigkeit, enthält auch die Definition von *Schäferhoff/Campe/Kaan*, International Studies Review 11 (2009), S. 451 (455). Nach *Kämmerer*, Privatisierung, S. 58, ist die Dauerhaftigkeit der Zusammenarbeit sogar dem natürlichen Wortsinn des Begriffes „Partnerschaft" zu entnehmen.

139 Siehe oben unter II. 1.

IV. Eigener Definitionsansatz

Ausgehend von dem engen Begriffsverständnis sollen im Folgenden die kennzeichnenden Merkmale der internationalen PPP herausgearbeitet werden, wobei für die Zwecke der Untersuchung einige weitergehende Präzisierungen erforderlich sind. Diese Definition soll nicht für sich beanspruchen, eine allgemeinverbindliche Festlegung des Begriffes der PPP auf der internationalen Ebene aufzustellen. Ihr Ziel besteht lediglich darin, eine möglichst präzise inhaltliche Festlegung des Untersuchungsgegenstandes für die Analyse der rechtlichen Auswirkungen der internationalen PPP zu erreichen.

1. Grenzüberschreitende Zusammenarbeit zwischen staatlichen und nichtstaatlichen Akteuren

Keiner näheren Begründung bedarf zunächst die Forderung, dass die PPP von staatlichen und nichtstaatlichen Akteuren gebildet werden muss. Darüber hinaus ist für eine internationale PPP erforderlich, dass sie über einen grenzüberschreitenden Tätigkeitsbereich[140] verfügt. Eine weitergehende Beschränkung der Definition auf spezifische Handlungsbereiche, wie sie z.B. die Definition des IMF enthält,[141] ist nicht notwendig.

2. Institutionalisierte Zusammenarbeit mit gleichberechtigter Teilnahme von staatlichen und nichtstaatlichen Akteuren

Wie bereits erwähnt wurde, liegt die Besonderheit der internationalen PPP in ihrer Fähigkeit staatliche und nichtstaatliche Akteure gleichberechtigt in die Entscheidungsfindung der Organisation einzubinden und somit eine gemeinsame Steuerung der internationalen Beziehungen zu ermöglichen.[142] Damit eine solche Form der Zusammenarbeit gewährleistet ist, muss die Kooperation eine institutionalisierte Struktur aufweisen.[143] Sie muss auf Dauer angelegt sein und über zumindest ein handlungsbefugtes Organ verfügen, in dem die wesentlichen Entscheidungen der Organisation getroffen werden. In diesem Organ müssen die beteiligten staatlichen und nichtstaatlichen Parteien zur aktiven Mitarbeit be-

---

140 Vgl. zum Begriff der „Grenzüberschreitung" *Hummer*, in: BDGV 39 (2000), S. 45 (58).

141 Die Definition des IMF bezieht sich z.B. nur auf Infrastrukturmaßnahmen, IMF, Public-Private Partnerships, S. 4. Vgl. auch *Burci*, International Organizations Law Review 6 (2009), S. 359 (361), der seine Definition ausschließlich auf die Gesundheitsvorsorge bezieht.

142 Siehe oben Einleitung unter A. IV. 2.

143 Siehe auch oben unter III. 4.

rechtigt sein[144] und mittels eigener Entscheidungsrechte auf das Ergebnis der Willensbildung der Organisation Einfluss nehmen können. Diese Strukturen müssen in einem grundlegenden Vertragswerk vorgesehen sein, um eine rechtliche Beteiligungsgarantie für die staatlichen und nichtstaatlichen Akteure entfalten zu können.

Dieses Erfordernis erfüllen lediglich auf freiwilliger Basis bestehende Kooperationen, wie z.B. der Global Compact, nicht.[145] Durch diese Definition werden zudem Organisationen wie die Internet Corporation for Assigned Names and Numbers (ICANN) ausgeschlossen, bei denen sich der Beitrag der staatlichen Akteure auf eine bloße Beratungsfunktion reduziert, während die Entscheidungsbefugnisse allein den nichtstaatlichen Mitgliedern überantwortet sind.[146]

3. Verfolgung eines komplementären Zieles

Weiterhin müssen sich die beteiligten staatlichen und nichtstaatlichen Partner auf die Erfüllung eines komplementären Zieles verständigt haben. Mit der Formulierung „komplementäres Ziel“ wird es möglich, Kooperationen zu erfassen, in denen die eigentliche Absicht der nichtstaatlichen Akteure in der Erzielung eines finanziellen Gewinnes liegt und in diesem Fall von dem staatlichen Interesse abweicht, das der Erfüllung von Gemeinwohlzielen verpflichtet ist.[147] Es ist insofern nicht erforderlich, dass beide Seiten übereinstimmende Hauptziele verfolgen, wenn der nichtstaatliche Akteur als „notwendiges Zwischenziel“ das-

---

144 Vgl. für das nationale Verwaltungsrecht diese Anforderung bei *Ruthig/Storr*, Öffentliches Wirtschaftsrecht, S. 299.

145 Siehe oben Einleitung unter A. IV. 1. Vgl. auch *Boyle/Chinkin*, The Making of International Law, S. 54.

146 Im Hauptorgan der ICANN, dem Board of Directors, verfügt das Governmental Advisory Committee (GAC) über keine Stimmrechte, siehe Art. VI Section 9 Number 1a), Art. XI, Section 2 Number 1a) ICANN-Bylaws. Des Weiteren muss das Board of Directors zwar die Empfehlungen des GAC berücksichtigen, kann sich aber unter Angabe einer besonderen Begründung dafür entscheiden, den Rat des GAC nicht zu befolgen, Art. XI, Section 2 Number 1j) ICANN-Bylaws. In neuerer Zeit wird von einigen Staaten der Versuch unternommen, eine stärkere Mitwirkungsbefugnis der Staaten zu erreichen, siehe The Economist, Ausgabe vom 01.10.2011, S. 55 f. Daher könnte sich die ICANN in der Zukunft zu einer PPP im Sinne der Definition entwickeln. Die Bylaws der ICANN sind abrufbar unter: http://www.icann.org/en/about/governance/bylaws, letzter Abruf am 01.06.2013.

147 Ebenso für das deutsche Verwaltungsrecht *Ziekow*, Verankerung verwaltungsrechtlicher Kooperationsverhältnisse (Public Private Partnerships) im Verwaltungsverfahrensgesetz, S. 73: „Kooperative Aufgabenerfüllung bedeutet nicht Ehrenamtlichkeit auf Seiten des Privaten, der vielmehr regelmäßig eigene Interessen durch die Kooperation verfolgt.“

selbe Resultat wie der staatliche Partner anstrebt, ein Gemeinwohlziel zu fördern. Die Zielsetzungen müssen lediglich miteinander kompatibel sein.[148]

4. Eigene Rechtspersönlichkeit

Als weiteres Kriterium ist die Verleihung einer separaten, von ihren Gründungssubjekten verschiedenen Rechtspersönlichkeit für die PPP zu verlangen.[149] Dieses Merkmal soll sicherstellen, dass die PPP zur eigenständigen und unabhängigen Wahrnehmung ihrer Aufgaben berechtigt ist.[150] Die Sicherstellung der Unabhängigkeit und Unparteilichkeit ist auch in der Praxis der Hauptgrund, weshalb den PPP eine eigene Rechtspersönlichkeit, sei es nach nationalem oder nach internationalem Recht, verliehen worden ist.[151]

Die Probleme, die bei einer fehlenden Unabhängigkeit entstehen können, lassen sich anhand der Roll-Back Malaria Partnership (RBM) verdeutlichen. In der RBM sind nichtstaatliche Akteure in den Hauptorganen stimmberechtigt und wirken somit direkt an den Entscheidungsprozessen mit.[152] Die Beschlüsse werden anschließend vom Sekretariat der RBM im Namen der Partnerschaft umgesetzt.[153] Allerdings besitzt die RBM keine eigene Rechtspersönlichkeit, sondern ist bei der Weltgesundheitsorganisation der Vereinten Nationen (WHO) ansässig

148 OECD, Public-Private Partnerships, S. 18 f. Ein Beispiel stellt die Global Alliance for Vaccine and Immunization (GAVI Alliance) dar, die als Stiftung Geld zur Verfügung stellt um Marktdysfunktionen in Entwicklungsländern zu beheben und eine Verteilung von Impfstoffen in unterentwickelten Gebieten zu ermöglichen. In der Alliance sind Hersteller von Impfstoffen als stimmberechtigte Mitglieder beteiligt (Art. 9 GAVI Alliance Statute), die Gewinne mit den Medikamenten erzielen wollen. Dabei arbeiten sie aber auch bei einer umfassenden Versorgung der Bevölkerung mit. Vgl. *Burci*, International Organizations Law Review 6 (2009), S. 359 (362 f., 375).

149 Siehe für das Unionsrecht: Grünbuch der EU-Kommission, KOM/2004/0327, Nr. 20; *Burci*, International Organizations Law Review 6 (2009), S. 359 (361), führt an, der Begriff der „Partnerschaft" impliziere die Bildung einer separaten Rechtspersönlichkeit nach internationalem oder nationalem Recht. Dennoch sieht er dieses Kriterium nicht als zwingend erforderlich für eine PPP an. Vgl. auch *Amerasinghe*, Principles of the Institutional Law of International Organizations, S. 68.

150 Vgl. dieselbe Differenzierung im Hinblick auf die internationalen Organisationen bei *Mosler*, ZaöRV 22 (1962), S. 1 (33 f.).

151 Siehe *Hamamoto*, „Joint Undertakings", in: MPEPIL, Rn. 3 ff.

152 Art. 3.2.2 der RBM Partnership By-Laws. Die By-Laws sind abrufbar unter: http://www.rollbackmalaria.org/partnership/secretariat/docs/rbm_bylaws.pdf, letzter Abruf am 01.06.2013.

153 Art. 3.8 RBM Partnership Operating Framework, abrufbar unter: http://rbm.who.int/partnership/secretariat/docs/RBMoperatingFramework.pdf, letzter Abruf am 01.06.2013.

und wird von dieser mitverwaltet.[154] Das bedeutet u.a., dass ein Teilbereich des Sekretariats der WHO zugleich das Sekretariat der RBM bildet[155] und die Mitarbeiter der RBM bei der WHO angestellt sind.[156]

Obwohl der RBM die Möglichkeit einer eigenständigen Willensbildung gegeben wurde und ein Handeln in eigenem Namen möglich ist, hat die WHO über das Sekretariat entscheidende Einflussmöglichkeiten. Alle Aktivitäten der RBM müssen mit den Prinzipien der WHO vereinbar sein;[157] im Falle eines Widerspruchs, kann der Generaldirektor der WHO, wenn alle Vermittlungsversuche scheitern, die Mitarbeiter im Sekretariat der RBM anweisen, den entsprechenden Beschluss nicht umzusetzen.[158] Die Aktivitäten der RBM unterliegen somit letztendlich einer Kontrollbefugnis durch die WHO, ihre Unabhängigkeit vom Einfluss eines staatlichen Akteurs ist damit nicht gewährleistet.[159]

V. Zwischenergebnis

Aufgrund der genannten Erwägungen wird in der Untersuchung als internationale PPP eine auf vertraglicher Grundlage bestehende, grenzüberschreitend agierende und auf Dauer angelegte Organisation mit eigener Rechtspersönlichkeit bezeichnet, die über mindestens ein handlungsbefugtes Organ verfügt, in dem alle beteiligten staatlichen und nichtstaatlichen Akteure zur aktiven Mitarbeit berechtigt sind, um gemeinsam ein komplementäres Ziel zu verfolgen.

---

154 Art. 2.1 Memorandum of Understanding between the Roll Back Malaria Partnership and the World Health Organization Concerning Hosting, Secretariat and Administrative Services (MoU), abrufbar unter: http://rbm.who.int/docs/MoU.pdf, letzter Abruf am 01.06.2013.

155 Art. 2.1 MoU.

156 Art. 3.2 MoU.

157 Art. 2.4 MoU.

158 Art. 2.6 MoU.

159 Deswegen ist vorgesehen, dass die RBM beschließen kann, eine separate Rechtspersönlichkeit zu gründen, wenn sie dies zur Erreichung ihrer Ziele für sinnvoll hält, Art. 10 MoU. Vgl. in diesem Zusammenhang auch die Entwicklung des Global Fund, unten unter B. I. 1.

B. Erscheinungsformen internationaler PPP

Diese Definition einer internationalen PPP soll im Folgenden anhand von zwei Organisationen, dem Global Fund to Fight AIDS, Tuberculosis and Malaria (Global Fund) und der Welt-Anti-Doping-Agentur (WADA), exemplarisch veranschaulicht werden. Einleitend wird anhand der Darstellung der Entstehungsgeschichte sowie der Aufgaben und Ziele dieser beiden Organisationen in Anknüpfung an die Erläuterungen in der Einführung aufgezeigt, welche Rahmenbedingungen und Motive zu ihrer Bildung geführt haben.[160] Von besonderer Bedeutung für die Zwecke der Untersuchung ist weiterhin die Erläuterung der Organstrukturen sowie des rechtlichen Status der Organisationen, da beide Punkte für ihre Charakterisierung als PPP ausschlaggebend sind.

Die Hervorhebung des Global Fund und der WADA erfolgt nicht ohne Grund, sondern erklärt sich aus dem Umstand, dass sich zwischen den Strukturen der beiden Organisationen Gemeinsamkeiten und Unterschiede erkennen lassen, die die vielfältigen Ausgestaltungsmöglichkeiten der PPP illustrieren und verdeutlichen sollen. Des Weiteren zeigen beide Organisationen unterschiedliche Wege auf, wie internationale PPP mit der völkerrechtlichen Rechtsordnung in Berührung kommen können. Welche rechtlichen Schlüsse sich aus den Verbindungen dieser PPP zum Völkerrecht ergeben, wird im zweiten Kapitel thematisiert.[161]

I. Der Global Fund to Fight AIDS, Tuberculosis and Malaria

Der Global Fund wurde gegründet, um die drei weltweit verbreiteten Krankheiten AIDS, Tuberkulose und Malaria effektiver zu bekämpfen, als es mit vorangegangenen Ansätzen gelungen war. Er soll eines der Hauptprobleme bei der Bekämpfung dieser Krankheiten lösen, nämlich die Finanzierbarkeit der notwendigen Medikamente, die für 90 % der Infizierten nicht erschwinglich sind. Aus diesem Grund versucht der Global Fund finanzielle Ressourcen von verschiedenen Geldgebern zu mobilisieren und in lokale Projekte zu investieren, um eine effektive Verteilung der Gelder an die Betroffenen zu ermöglichen.[162] Der Global Fund vergibt die von ihm zur Verfügung gestellten Gelder im Gegensatz zu anderen Finanzierungsorganisationen ausschließlich ohne eine Ver-

---

160 Siehe oben Einleitung unter A. II.

161 Siehe unten Kapitel 2 unter A. II.

162 Section II Framework Document of the Global Fund, Art. 2 der Global Fund Bylaws.

pflichtung zur Rückzahlung; die Einräumung von Krediten ist nicht vorgesehen.[163]

Seit seiner Gründung hat der Global Fund Programme zur Bekämpfung von AIDS, Tuberkulose und Malaria in Höhe von insgesamt 25,4 Milliarden US-Dollar unterstützt, davon wurden u.a. Medikamente für 4,2 Millionen AIDS-Infizierte, Behandlungen für 9,7 Millionen Tuberkulose-Patienten und 310 Millionen Moskitonetze zur Abwehr von Insekten finanziert.[164] Er ist damit der Hauptgeldgeber für Projekte zur Bekämpfung von AIDS, Tuberkulose und Malaria in der Welt.[165]

1. Entstehungsgeschichte

Die Idee der Errichtung des Global Fund lässt sich auf einen Gipfel der G8-Staaten in Okinawa, Japan, im Jahr 2000 zurückführen. Bei diesem Treffen stellten die beteiligten Staats- und Regierungschefs fest, dass ein gemeinsames, abgestimmtes Vorgehen im Kampf gegen die drei schweren globalen Pandemien AIDS, Tuberkulose und Malaria notwendig sei.[166] Diese Zusammenarbeit sollte allerdings nicht in dem traditionellen System der multilateralen Kooperationen in internationalen Organisationen erfolgen. Als eine der entscheidenden Schwächen dieser Kooperationsform wurde angesehen, dass die staatlichen Zusammenschlüsse nicht in der Lage seien, die Hindernisse und Bedingungen in den einzelnen Ländern zu berücksichtigen. Deshalb würde ihnen die notwendige Unterstützung der jeweiligen lokalen Führungen fehlen. Vor diesem Hintergrund entwickelte sich die Überzeugung, die Effektivität der Hilfeleistungen hänge von der Einbeziehung aller staatlichen, privaten und örtlichen Interessengruppen ab.[167] Im April 2001 griff der damalige UN-Generalsekretär Kofi Annan auf einem Gipfel der afrikanischen Staatschefs in Abuja, Nigeria, diesen Gedanken auf und rief die internationale Gemeinschaft zur Bildung eines globalen Fonds auf.[168] Der Vorschlag wurde von der Generalversammlung der Vereinten Nationen in einer Sondersitzung zum Thema AIDS im Juni 2001 angenommen.[169] Die

---

163 *Triponel*, N.C.J. Int'l L. & Com. Reg. 35 (2009/2010), S. 173 (212).

164 http://www.theglobalfund.org/en/about/, letzter Abruf am 01.06.2013.

165 http://www.theglobalfund.org/en/about/diseases/, letzter Abruf am 01.06.2013.

166 G8 Communiqué Okinawa 2000, Nr. 28 ff., abrufbar unter: http://www.g8.utoronto.ca/summit/2000okinawa/finalcom.htm, letzter Abruf am 01.06.2013.

167 *Brown*, Global Governance 15 (2009), S. 169 (170).

168 Press Release, SG/SM/7779/Rev.1, abrufbar unter: http://www.un.org/News/Press/docs/2001/SGSM7779R1.doc.htm, letzter Abruf am 01.06.2013.

169 United Nations General Assembly Special Session, Declaration of Commitment on HIV/AIDS, abrufbar unter: http://www.unaids.org/en/media/unaids/contentassets/dataimport/publications/irc-pub03/aidsdeclaration_en.pdf, letzter Abruf am 01.06.2013.

Gründung des Global Fund mit Sitz in Genf wurde schließlich bei einem Treffen der G8-Staaten in Genua im Juli 2001 beschlossen.[170]

Mit der Aufgabe, die Struktur des Global Fund zu entwerfen, wurde eine Kommission betraut, die sog. Transitional Working Group (TWG).[171] Einen der Hauptstreitpunkte innerhalb der Arbeit der TWG bildete die Frage, ob als rechtliches Modell eine eigenständige unabhängige Institution gewählt werden sollte oder eine „informelle Allianz“, die an eine bestehende internationale Organisation (die WHO) angegliedert ist und ihren rechtlichen Status von dieser Organisation ableitet. Der ersten Variante wurde der Vorteil einer größeren Unabhängigkeit des Global Fund beigemessen, wovon ein erhöhtes Vertrauen und damit eine größere Unterstützung des Fonds erwartet wurde.[172] Man entschied sich dennoch für die zweite Variante, weil die Bereitstellung eines ständigen Sekretariats durch die WHO und die Erstreckung der Privilegien und Immunitäten der WHO auf den Global Fund und seine Mitarbeiter als zwingend notwendig für die effektive Erfüllung der Aufgaben der Organisation angesehen wurden. Zu diesem Zweck schlossen der Global Fund und die WHO ein Administrative Services Agreement (ASA) ab und der Global Fund konnte im Januar 2002 seine Arbeit aufnehmen.[173]

Am 13. Dezember 2004 vereinbarte der Global Fund zudem ein Sitzabkommen mit der Schweizer Regierung,[174] in der den Mitarbeitern des Global Fund weitreichende Privilegien und Immunitäten verliehen wurden. Als sich Interessenkonflikte zwischen dem Global Fund und der WHO zeigten,[175] wurde

---

170 G8 Communiqué Genova, Nr. 15 ff., abrufbar unter: http://www.g8.utoronto.ca/summit/2001genoa/finalcommunique.html, letzter Abruf am 01.06.2013.

171 http://www.theglobalfund.org/en/about/history/, letzter Abruf am 01.06.2013.

172 Final Report of the 2nd Meeting of the Transitional Working Group to establish a Global Fund to fight AIDS, Tuberculosis, and Malaria, Brussels, November 22-24 2001, S. 4, abrufbar unter: http://www.theglobalfund.org/en/board/twg/, letzter Abruf am 01.06.2013.

173 *Aziz*, International Organizations Law Review 6 (2009), S. 383 (391).

174 Agreement between the Swiss Federal Council and the Global Fund to Fight AIDS, Tuberculosis and Malaria in view of determining the legal status of the Global Fund in Switzerland, abrufbar unter: http://www.theglobalfund.org/documents/board/08/BM08_07Annex4AAgreement_Annex_en, letzter Abruf am 01.06.2013.

175 Global Fund Fourteenth Board Meeting, 31 October – 3 November 2006, Report of the Finance and Audit Committee, S. 2 f., abrufbar unter: http://www.theglobalfund.org/en/board/meetings/fourteenth/documents/, letzter Abruf am 01.06.2013. Die WHO forderte z.B. ein größeres Mitspracherecht bei den Aktivitäten des Global Fund und die Mitarbeiter im Sekretariat des Global Fund sahen es als Problem an, dem Generaldirektor der WHO und dem Board des Global Fund zu unterstehen und damit „zwei unterschiedlichen Meistern“ dienen zu müssen.

das ASA mit Wirkung zum 31.12.2008 beendet. Seitdem besteht der Global Fund als unabhängiger dauerhafter Zusammenschluss mit eigener Rechtspersönlichkeit und stellt eine „einzigartige globale Public-Private Partnership“ dar.[176]

2. Organisationsstruktur

Die Eigenschaft des Global Fund als internationale PPP ergibt sich aus seiner besonderen Organisationsstruktur. In seinem Hauptorgan, dem Foundation Board, sind nichtstaatliche Akteure formell gleichberechtigt an der Entscheidungsfindung beteiligt. Es übt die zentralen Kompetenzen aus, dazu zählen die Bestimmung der Investitionsstrategien und insbesondere die Entscheidungen über die Vergabe von Geldern an einzelne Projekte.[177]

Das Foundation Board besteht aus insgesamt 20 stimmberechtigten und 8 nicht-stimmberechtigten Mitgliedern. Die stimmberechtigten Mitglieder setzen sich aus 8 Vertretern der Industriestaaten, 7 Repräsentanten für die Entwicklungsländer und 5 Vertreter von nichtstaatlichen Akteuren zusammen. Die Repräsentanten der nichtstaatlichen Akteure setzen sich zusammen aus jeweils einem Vertreter einer NGO eines Entwicklungslandes und eines Industriestaates, einem Vertreter der Privatwirtschaft, einem Angehörigen einer privaten Stiftung und einem Repräsentanten einer NGO, der an HIV/AIDS, Tuberkulose oder Malaria erkrankt ist.[178] Die Beschlussfassung im Foundation Board soll nach Möglichkeit einstimmig (konsensual) erfolgen. Sollte es nicht gelingen, in einem bestimmten Fall eine Einigung zu erzielen, kann jedes stimmberechtigte Mitglied eine Abstimmung verlangen. Für die Abstimmung werden die stimmberechtigten Mitglieder in zwei Gruppen mit jeweils 10 Mitgliedern eingeteilt. Eine Gruppe bilden die 8 Vertreter der Industriestaaten sowie die beiden Vertreter der Privatwirtschaft (dazu zählt die private Stiftung), die andere Gruppe besteht aus den 7 Vertretern der Entwicklungsländer sowie den drei Vertretern der NGOs.[179] Ein Beschluss kann nur getroffen werden, wenn in beiden Gruppen jeweils eine Zwei-Drittel-Mehrheit der anwesenden Mitglieder erreicht wird.[180] Die Besonderheit des Global Fund besteht somit darin, dass die privaten Mitglieder gleichberechtigt mit den staatlichen Repräsentanten auf das Abstimmungsergebnis

---

176 http://www.theglobalfund.org/en/about/partnership/, letzter Abruf am 01.06.2013. *Aziz*, International Organizations Law Review 6 (2009), S. 383 (385), spricht von einer „institutionalized global public-private partnership in the fullest sense“.

177 Art. 7.4 der Global Fund By-laws.

178 Art. 7.1 By-laws.

179 Art. 7.6 By-laws.

180 Art. 7.6 By-laws.

Einfluss nehmen können.[181] Dennoch ist es bei den Beschlussfassungen theoretisch möglich, dass ein Konsens der beteiligten Staaten die nichtstaatlichen Akteure überstimmt.

Neben dem Foundation Board bestehen noch einige weitere Organe. In dem Partnership Forum, das sich alle zwei Jahre trifft, werden die groben Leitlinien und Strategien für den Global Fund erörtert. Es dient als Forum für Diskussionen und den gegenseitigen Austausch von Erfahrungen.[182] Das Technical Review Panel besteht aus internationalen Experten im Bereich des Gesundheitswesens, es soll das Foundation Board beraten und Empfehlungen aussprechen. Seine wichtigste Aufgabe besteht in der Überprüfung der Anträge zur Finanzierung von Projekten, vor allem inwiefern diese realistisch umsetzbar sind und zu einem effektiven und nachhaltigen Kampf gegen AIDS, Tuberkulose und Malaria beitragen können.[183] Die Tagesgeschäfte und Verwaltungsaufgaben werden vom Sekretariat erledigt,[184] das derzeit über 568 Mitarbeiter verfügt.[185] Für die Aufsicht über die ordnungsgemäße Verwendung der Gelder ist das Office of the Inspector General zuständig, das z.B. Korruptionsvorwürfen oder der Meldung sonstiger Missbräuche nachgeht.[186]

3. Rechtsstatus

Der Global Fund ist als eine Stiftung schweizerischen Rechts nach den Art. 80 ff. Schweizerisches Zivilgesetzbuch gegründet worden. Er unterliegt daher den relevanten schweizerischen Rechtsvorschriften. Das schweizerische Recht wird aber durch das Sitzabkommen des Global Fund mit der Schweiz aus dem Jahr 2004 modifiziert.[187] Des Weiteren werden die Tätigkeiten des Global Fund von privatrechtlichen Satzungen, den sog. By-laws[188] und dem Framework

---

181 *Triponel*, N.C.J. Int'l L. & Com. Reg. 35 (2009/2010), S. 173 (206).

182 Art. 6 By-laws.

183 Art. 12 By-laws.

184 Art. 10 By-laws.

185 http://www.theglobalfund.org/en/secretariat/, letzter Abruf am 01.06.2013.

186 http://www.theglobalfund.org/en/oig/, letzter Abruf am 01.06.2013.

187 Art. 2 ff. Abkommen zwischen dem Schweizerischen Bundesrat und dem Globalen Fonds zur Bekämpfung von Aids, Tuberkulose und Malaria zur Regelung des rechtlichen Statuts des Globalen Fonds in der Schweiz, abrufbar unter: http://www.admin.ch/ch/d/sr/0_192_122_818_11/index.html#id-1, letzter Abruf am 01.06.2013.

188 Global Fund to Fight AIDS, Tuberculosis and Malaria By-laws, abrufbar unter: http://www.theglobalfund.org/en/library/documents/, letzter Abruf am 01.06.2013.

Document[189], bestimmt (vgl. Art. 1 By-laws). Gemäß Art. 4 der By-laws besteht der Global Fund auf unbestimmte Zeit.

Seit der Beendigung des ASA mit der WHO besitzen die Angestellten des Global Fund das Recht auf Immunität vor innerstaatlicher Rechtsverfolgung nur noch in Staaten, mit denen wie mit der Schweiz spezielle Abkommen bestehen. Einen vergleichbaren Rechtsstatus hat der Global Fund auch in den Vereinigten Staaten von Amerika[190] sowie in der Republik Moldau[191] erhalten und bemüht sich, entsprechende Abkommen mit weiteren Staaten zu vereinbaren.[192] Der Schutz vor innerstaatlicher Rechtsverfolgung außerhalb der Schweiz ist für die Arbeit des Global Fund zwar nicht von essentieller Bedeutung, da die Mitarbeiter grundsätzlich nicht selbst in anderen Staaten tätig werden.[193] Neben der Notwendigkeit offizieller Dienstreisen ist aber vor allem denkbar, dass Medikamente, die vom Global Fund finanziert wurden, zu Schäden bei den Empfängern führen.[194] In der Folge könnten Entschädigungszahlungen in erheblichem Ausmaß drohen, die den Global Fund zu einer zweckentfremdeten Verwendung der empfangenen Gelder zwingen und damit das Vertrauen in die effektive Erfüllung seiner Aufgaben beeinträchtigen würden.[195]

4. Finanzierung

Die Finanzierung des Global Fund erfolgt durch Spenden der verschiedenen Geldgeber, vornehmlich der Industrienationen. Der Global Fund verfügt über kein festgelegtes Jahresbudget; die Höhe der finanziellen Unterstützung unterliegt der freien Entscheidung seiner Geldgeber. Insgesamt hat der Global Fund

---

189 The Framework Document of the Global Fund to Fight AIDS, Tuberculosis and Malaria, abrufbar unter: http://www.theglobalfund.org/en/library/documents/, letzter Abruf am 01.06.2013.

190 President of the United States of America, Executive Order 13395 of January 13, 2006, Section 1, abrufbar unter: http://www.gpo.gov/fdsys/pkg/FR-2006-01-19/pdf/06-554.pdf, letzter Abruf am 01.06.2013. Der Erlass beruhte auf § 288f-6 U.S. Code, danach werden den Mitarbeitern des Global Funds dieselben Privilegien und Immunitäten wie den Mitarbeitern internationaler Organisationen gewährt.

191 http://www.theglobalfund.org/en/mediacenter/newsreleases/2010-09-28_Moldova_signs_agreement_to_grant_privileges_and_immunities_to_the_Global_Fund/, letzter Abruf am 01.06.2013.

192 *Aziz*, International Organizations Law Review 6 (2009), S. 383 (399).

193 Siehe dazu unten unter B. I. 5.

194 Ein entsprechender Fall ereignete sich in Indien, wo von UNICEF finanzierte Vitamin A-Pillen zum Tod von mehreren Kindern führten. UNICEF wurde daraufhin zu Entschädigungszahlungen verurteilt, vgl. *Aziz*, International Organizations Law Review 6 (2009), S. 383 (386).

195 *Aziz*, International Organizations Law Review 6 (2009), S. 383 (385 f.).

seit seiner Gründung ungefähr 25,88 Milliarden US-Dollar erhalten,[196] bis Ende 2015 wurden ihm nach derzeitigem Stand mehr als 30 Milliarden US-Dollar zugesichert.[197] Zu den bisher gezahlten Beträgen haben die Staaten zusammen einen Anteil von ca. 95 % beigetragen, während die Beteiligung der privaten Akteure bei lediglich 5 % liegt.[198] Die Verwaltung des Geldes wird auf der Grundlage eines speziellen Abkommens treuhänderisch von der Weltbank übernommen.[199]

5. Funktionen

Entsprechend seiner Zielsetzung, lokale Projekte nicht zu ersetzen, sondern zu unterstützen, erfüllt der Global Fund seine Aufgaben ausschließlich durch die Finanzierung von Projekten in Entwicklungsländern und führt selbst keine eigenen Projekte durch.[200] Aus diesem Grund verfügt er über keine Standorte außerhalb der Schweiz. Dieser Ansatz soll ermöglichen, dass die örtlichen Besonderheiten berücksichtigt werden und eine bessere Abstimmung mit nationalen Programmen besteht.

Die Vermittlung der Gelder an die einzelnen Projektträger (Principal Recipients) erfolgt in jedem Staat auf Veranlassung der Country Coordinating Mechanisms (CCMs), deren Aufgabe darin besteht, als zentraler Ansprechpartner im jeweiligen Staat zu fungieren und Anträge für die Finanzierung von Projekten an das Sekretariat des Global Fund zu richten.[201] Das Sekretariat übermittelt dann die Anträge an das Technical Review Panel auf dessen Empfehlung hin das Foundation Board die Vergabeentscheidung trifft. Im Anschluss an die Bewilligung einer Förderung obliegt den CCMs, die Fortschritte bei der Umsetzung der

---

196 The Global Fund, Pledges and Contributions, abrufbar unter: http://www.theglobalfund.org/en/donors/, letzter Abruf am 01.06.2013.

197 The Global Fund, Pledges and Contributions, abrufbar unter: http://www.theglobalfund.org/en/donors/, letzter Abruf am 01.06.2013.

198 http://www.theglobalfund.org/en/donors/, letzter Abruf am 01.06.2013.

199 Section X B Framework Document of the Global Fund. Vgl. auch *Aziz*, International Organizations Law Review 6 (2009), S. 383 (391). Weil aufgrund des Abkommens mit der Weltbank ein großer Anteil der Gelder des Global Fund in der USA belegen ist, kam der Gewährung von Immunität in den USA für den Global Fund eine besonders große Bedeutung zu, siehe *Kingsbury/Casini*, International Organizations Law Review 6 (2009), S. 319 (348).

200 Section III A Framework Document of the Global Fund. Von den verschiedenen möglichen Funktionen von internationalen PPP, vgl. oben Einleitung unter A. III., übernimmt der Global Fund somit in erster Linie die Finanzierungsfunktion, vgl. auch *Martens*, Multistakeholder Partnerships, S. 22. Er erfüllt aber auch die „advocacy"- und „coordination"-Funktion.

201 *Abott*, „Public Private Partnerships", in: MPEPIL, Rn. 29.

Projekte zu überwachen.[202] Der Global Fund schreibt prinzipiell keine bestimmte Mitgliederstruktur bzw. Organisation für die CCMs vor, diese können aus öffentlichen oder privaten Akteuren bestehen bzw. selbst eine PPP sein. Sie sollen allerdings alle am Kampf gegen AIDS, Tuberkulose und Malaria beteiligten Interessengruppen einbeziehen.[203] Darüber hinaus müssen die CCMs aufgrund der zentralen Rolle, die sie bei dem Einsatz der finanziellen Mittel einnehmen, bestimmte Richtlinien und Anforderungen bei ihrer Arbeit beachten.[204]

Der Global Fund verlässt sich bezüglich der ordnungsgemäßen Verwendung der Gelder aber nicht allein auf die CCMs, sondern versucht unter Rückgriff auf Vertragspartner in dem jeweiligen Land (Local Fund Agents), deren Aufgabe in der unabhängigen Bewertung der Umsetzung der einzelnen Projekte besteht, eine Veruntreuung der Gelder und Korruption zu verhindern.[205] Um die Effektivität der Projekte bewerten und den Einsatz der finanziellen Mittel optimieren zu können, verwendet der Global Fund zudem eine Reihe von verschiedenen Instrumenten.[206] So wird z.B. bereits im Vorfeld der Förderung in verbindlichen Vereinbarungen mit den Projektträgern (sog. „Performance Frameworks“) festgelegt, welche Zielsetzungen der Projektträger in einem bestimmten Zeitraum erfüllen muss.[207]

II. Die Welt-Anti-Doping Agentur (WADA)

Die Bekämpfung des Dopings stellt eine der größten Herausforderungen für den Leistungssport der Gegenwart dar.[208] Bis zur Jahrtausendwende waren die Dopingverfahren allerdings durch uneinheitliche Verbote und Sanktionen der einzelnen internationalen und nationalen Sportverbände sowie unkoordinierte, teilweise widersprüchliche Aktionen der Sportverbände und Staaten gekennzeich-

---

202 http://www.theglobalfund.org/en/ccm/, letzter Abruf am 01.06.2013.

203 Guidelines and Requirements for Country Coordinating Mechanisms, Section 4, Number 43, abrufbar unter: http://www.theglobalfund.org/en/ccm/guidelines/, letzter Abruf am 01.06.2013.

204 Guidelines and Requirements for Country Coordinating Mechanisms, abrufbar unter: http://www.theglobalfund.org/en/ccm/guidelines/, letzter Abruf am 01.06.2013.

205 http://www.theglobalfund.org/en/lfa/, letzter Abruf am 01.06.2013.

206 http://www.theglobalfund.org/en/me/documents/, letzter Abruf am 01.06.2013.

207 http://www.theglobalfund.org/en/me/documents/performanceframeworks/, letzter Abruf am 01.06.2013.

208 *Kustec-Lipicer*, International Sports Law Review Pandektis 7 (2007), S. 138; *Wax*, Internationales Sportrecht, S. 265, weist zutreffend darauf hin, dass Doping nicht nur ein Problem des Spitzensports, sondern auch des Breitensports darstellt.

net.[209] Diese Rahmenbedingungen schwächten die Wirksamkeit der Anti-Doping-Maßnahmen in erheblichem Umfang.

Vor diesem Hintergrund wurde die Welt-Anti-Doping-Agentur (WADA) mit der Zielsetzung gegründet, den Kampf gegen Doping im Sport auf internationaler Ebene zu fördern und zu koordinieren.[210] Zur Erfüllung dieses Zwecks arbeitet die WADA gemeinsame Anti-Doping-Bestimmungen für alle Sportarten aus, überwacht deren Einhaltung und regelt das Verfahren bei den Dopingkontrollen. Das signifikanteste Ergebnis der Arbeit der WADA liegt in der Einführung des Welt-Anti-Doping-Codes (WADC oder Code) im Jahr 2004.[211]

1. Entstehungsgeschichte

Von Dopingfällen wurde bereits in der Antike berichtet, die „Blütezeit" des Dopings begann allerdings erst mit der Professionalisierung des Sports in den 1960er Jahren.[212] Nachdem es zu Todesfällen bei Spitzensportlern aufgrund der Einnahme von Dopingmitteln gekommen war,[213] begannen neben den Sportverbänden auch einige Staaten, gegen den Dopingmissbrauch vorzugehen.[214] Im zwischenstaatlichen Bereich arbeitete der Europarat erste Resolutionen aus, deren Inhalt sich neben einer Definition des Dopingbegriffes jedoch zunächst auf die grundsätzliche Verständigung beschränkte, die Sportverbände von der Bekämpfung des Dopings überzeugen zu wollen.[215]

Die staatliche Zurückhaltung beruhte u.a. auf dem Verständnis, dass das Vorgehen gegen Doping primär als Aufgabe der nationalen und internationalen Sportverbände angesehen wurde, denen die Organisation von Wettkämpfen und die Ausarbeitung des Regelwerkes für eine Sportart obliegen. Bereits seit den 1930er Jahren hatten die meisten internationalen Sportverbände die Einnahme von Dopingmitteln für ihre Sportarten verboten, doch erst im Jahr 1966 führten

---

209 *Summerer*, in: Fritzweiler/Pfister/Summerer, Praxishandbuch Sportrecht, S. 189.

210 Art. 4 der WADA-Statuten. Die Statuten der WADA sind abrufbar unter: http://www.wada-ama.org/en/About-WADA/Statutes/, letzter Abruf am 01.06.2013.

211 http://www.wada-ama.org/World-Anti-Doping-Program/Sports-and-Anti-Doping-Organizations/The-Code/, letzter Abruf am 01.06.2013.

212 *Wax*, Internationales Sportrecht, S. 53.

213 *Wax*, Internationales Sportrecht, S. 53.

214 Während einige Staaten in den folgenden Jahrzehnten mit der Einführung von Straftatbeständen auf die Problematik reagierten, förderten bekanntermaßen andere Staaten, wie z.B. die Deutsche Demokratische Republik, die Entwicklung von neuen leistungsfördernden Substanzen bis in die 80er Jahre, mit dem Ziel durch die positiven Ergebnisse ihrer Spitzensportler ihr Prestige zu steigern, vgl. *Kustec-Lipicer*, International Sports Law Review Pandektis 7 (2007), S. 138 (141).

215 *Wax*, Internationales Sportrecht, S. 268.

die UCI und die FIFA, die Weltverbände der Rad- und Fußballsportler, die ersten Dopingtests durch. Ein Jahr später zog das Internationale Olympische Komitee (IOC) mit einer Dopingliste und im Jahr 1968 mit Tests bei den Olympischen Spielen in Grenoble nach.[216] Dieses Vorbild wurde von den meisten Sportverbänden in der Folgezeit aufgegriffen.[217] Der große Nachteil dieser Ansätze lag allerdings darin, dass zwischen den nationalen und internationalen Verbänden unterschiedlicher Sportarten keine Abstimmung bei der Regelung von Dopingverstößen erfolgte und daher keine einheitlichen Verbote und Sanktionen bestanden.[218] Den Athleten drohten daher für ihre Vergehen nicht miteinander vergleichbare, sowie zum Teil nicht von vornherein eindeutig erkennbare Konsequenzen.[219] Diese Konfusion bewirkte, dass die Effektivität der Maßnahmen gering war[220] und darüber hinaus viele Sanktionen von staatlichen Gerichten wieder aufgehoben wurden.[221]

Einen starken Auftrieb bekam die internationale Zusammenarbeit erst in Reaktion auf die spektakulären Dopingfälle bei internationalen Großveranstaltungen. Führte bereits der „Paukenschlag“[222] der positiven Probe des Leichtathleten Ben Johnson bei den Olympischen Spielen 1988 in Seoul zum Abschluss des

---

216 *Schweizer*, in: Arter (Hrsg.), Sport und Recht, S. 237.

217 http://www.wada-ama.org/en/About-WADA/History/A-Brief-History-of-Anti-Doping/, letzter Abruf am 01.06.2013.

218 *Summerer*, in: Fritzweiler/Pfister/Summerer, Praxishandbuch Sportrecht, S. 189. So wurde z.B. ein Radfahrer für die Einnahme der verbotenen Substanz Erythropoetin (EPO) mit einer zweijährige Wettkampfsperre belegt, ein Ruderer hingegen für dasselbe Vergehen lebenslang von der Teilnahme an Wettkämpfen ausgeschlossen, vgl. *Netzle*, SpuRt 2003, S. 186.

219 So mussten die Fragen, ob die Regelungen der Nationalen Olympischen Komitees (NOK) oder die der internationalen Verbände im Konfliktfall Vorrang haben und ob die Wettkampfsperre, die ein Verband ausgesprochen hat, auch für Wettkämpfe eines anderen Verbandes verbindlich sind, erst durch den Internationalen Sportgerichtshof (CAS) geklärt werden, siehe *Pfister*, SpuRt 2003, S. 7 (8 f.).

220 Die deutlich gesteigerte Effektivität der Dopingbekämpfung zeigt sich daran, dass zwischen 1968 und 1996 insgesamt 52 positive Dopingproben bei mehr als 54000 Athleten gefunden wurden, siehe *Hoberman*, in: Hoberman/Moller (Hrsg.), Doping and Public Policy, S. 8, während im Vorfeld der Olympischen Spielen 2008 in Peking dagegen allein 70 Athleten von einer Teilnahme ausgeschlossen worden sind, vgl. http://www.sueddeutsche.de/sport/olympia-doping-mehr-als-athleten-positiv-getestet-1.65756, letzter Abruf am 01.06.2013.

221 http://www.wada-ama.org/en/About-WADA/History/A-Brief-History-of-Anti-Doping/, letzter Abruf am 01.06.2013. Ganz abgesehen davon widersprach diese unterschiedliche Behandlung der Athleten dem Fairnessgedanken des Sports, siehe *Houlihan*, in: Hoberman/Moller (Hrsg.), Doping and Public Policy, S. 21.

222 *Wax*, Internationales Sportrecht, S. 53.

weltweit ersten verbindlichen zwischenstaatlichen Anti-Doping-Abkommens durch den Europarat im Jahr 1989,[223] sorgte vor allem der Skandal bei der Tour de France 1998, als bei einer Razzia der Polizei bei mehreren Teams große Mengen des Dopingmittels EPO gefunden und diese daraufhin von der Tour ausgeschlossen wurden, für große Aufmerksamkeit bei den Sportverbänden, Staaten und nicht zuletzt der Öffentlichkeit für die Dopingproblematik. Insbesondere der Skandal bei der Tour de France hatte unmissverständlich gezeigt, dass Doping im Sport nicht nur ein Vergehen einzelner Sportler darstellte, sondern dass sich im modernen Leistungssport organisierte, kriminelle, die Grenzen einzelner Staaten überschreitende Strukturen gebildet hatten, die eine systematische Förderung sportlicher Leistungen mit unerlaubten Substanzen betrieben.[224] Nicht nur die bisherigen Bemühungen, sondern auch die rechtlichen und tatsächlichen Kapazitäten der nationalen und internationalen Sportverbände reichten zur Bekämpfung dieser Bedrohung für den Sport nicht aus. Die Sportverbände verfügen beispielsweise über keine Mittel, um die Verfügbarkeit von Dopingmitteln einzuschränken.[225] Diese Entwicklung stellte die Glaubwürdigkeit des Spitzensports insgesamt in Frage, wodurch es ein Anliegen von Athleten und Sportverbänden sowie der Staaten wurde, den Kampf gegen das Doping weltweit gemeinsam entschlossener und effektiver zu führen.[226]

Vor diesem Hintergrund trafen sich die Vertreter aller am Kampf gegen Doping beteiligten Gruppen auf Initiative des Internationalen Olympischen Komitees (IOC) zu der 1. Weltkonferenz gegen Doping in Lausanne im Februar 1999. Auf der Konferenz wurde beschlossen, einen unabhängigen Zusammenschluss zur Koordination des gemeinsamen Kampfes gegen Doping einzusetzen.[227] Die Welt-Anti-Doping-Agentur (WADA) wurde schließlich am 10. November 1999 mit Sitz in Lausanne gegründet und stellt einen Meilenstein in der Entwicklung

---

223 Abrufbar unter: http://conventions.coe.int/Treaty/en/Treaties/Html/135.htm, letzter Abruf am 01.06.2013.

224 *Schmidt*, in: Vieweg (Hrsg.), Facetten des Sportrechts, S. 208.

225 *Kustec-Lipicer*, International Sports Law Review Pandektis 7 (2007), S. 138 (140).

226 *Steiner*, in: Isensee/Kirchhof, Handbuch des Staatsrechts, Band 4, § 87 Rn. 17, vertritt die Ansicht, dass „der Staat selbst an Ansehen verliert, wenn er Sport und Sportler fördert, die durch Leistungsmanipulation das Grundgesetz des Sports – das Gebot der Fairneß – verletzen." Ebenso *Haas*, Die rechtlichen und organisatorischen Grundlagen der Dopingbekämpfung in der Bundesrepublik Deutschland, S. 10.

227 Die Unabhängigkeit der WADA ist wesentlich auf das gegenseitige Misstrauen zwischen dem IOC und den Staaten bei den Verhandlungen zurückzuführen. Während das IOC die tatsächliche Bereitschaft der Staaten, unbedingt gegen Doping vorgehen zu wollen, kritisch sah, hatten die Staaten Vorbehalte gegenüber den wenig transparenten Entscheidungswegen im IOC, die Korruption ermöglichten.

der Bekämpfung des Dopings im Sport dar.[228] Im Jahr 2002 wurde ihr Hauptquartier nach Montreal verlegt,[229] um ihre Unabhängigkeit vom IOC, das seit 1915 seinen Sitz in Lausanne hat[230] und dem internationalen Sportsgerichtshof (CAS) zu dokumentieren. Flankiert wird die Arbeit der WADA schließlich seit dem 01. Februar 2007 von der UNESCO-Konvention gegen Doping im Sport.[231]

2. Organisationsstruktur

Die Organe der WADA bilden das Foundation Board, das Executive Committee und einige weitere Committees. Das Hauptentscheidungsorgan ist das Foundation Board, es ist u.a. für die Absegnung des Budgets der WADA,[232] Änderungen der WADA-Statuten[233] und die Modifizierung des WADC zuständig.[234] Des Weiteren ernennt es die Mitglieder des Executive Committees und überwacht die Organe und Personen, die für die WADA handeln.[235] Die allgemeine Verwaltung und Erledigung der täglichen Geschäfte der WADA wurden dagegen von dem Foundation Board an das Executive Committee delegiert.[236]

Das Foundation Board besteht aus insgesamt bis zu 40 Mitgliedern (derzeit sind es 38[237]), von denen 18 von der Olympischen Bewegung und weitere 18 von staatlichen Regierungen berufen werden. Die restlichen bis zu vier Mitglieder werden von der Olympischen Bewegung und den Staaten gemeinsam ernannt.[238] Die Olympische Bewegung besteht aus dem IOC, den Internationalen Sportverbänden und den Nationalen Olympischen Komitees (NOKs), sie umfasst zudem die nationalen Vereine, Athleten, Trainer, Schiedsrichter und andere Offizielle des Sports.[239] Nach außen handelt sie über ihren Dachverband, das IOC,[240] das u.a. das Eigentumsrecht an den Olympischen Spielen hält[241] und für

---

228 *Houlihan*, in: Hoberman/Moller (Hrsg.), Doping and Public Policy, S. 20.

229 *Müller*, in: Thieme/Hemmersbach (Hrsg.), Doping in Sports, S. 13. Der Sitz der Stiftung liegt aber weiterhin in Lausanne, vgl. http://www.wada-ama.org/en/About-WADA/, letzter Abruf am 01.06.2013.

230 Regel 15 Nr. 2 Olympische Charta.

231 Vgl. zur UNESCO-Konvention unten unter B. II. 6.

232 Art. 13 WADA-Statut.

233 Art. 6 Nr. 7 WADA-Statut.

234 Art. 23.6.1 WADC.

235 Art. 10 WADA-Statut.

236 Art. 11 Abs. 1 WADA-Statut.

237 http://www.wada-ama.org/en/About-WADA/Governance/Foundation-Board/, letzter Abruf am 01.06.2013.

238 Art. 6 der WADA-Statuten.

239 Regel 1 Olympische Charta.

240 Regel 2 Olympische Charta.

241 Regel 7 Nr. 1 S. 1 Olympische Charta.

die Vergabe des Austragungsortes und Aufsicht über die Olympischen Spiele zuständig ist.[242] Bei dem IOC handelt es sich um eine NGO,[243] die Vertreter der olympischen Bewegung sind daher dem Privatsektor zuzuordnen. Die Vertreter der Staaten werden von den nationalen Regierungen bestimmt, wobei sie den fünf olympischen Regionen zugeordnet sind.[244] In der WADA besteht somit ein paritätisches Verhältnis zwischen staatlichen und nichtstaatlichen Akteuren, dass auch bei einer Neubesetzung der Positionen gewahrt bleiben soll.[245] Für einen Beschluss im Foundation Board ist grundsätzlich eine einfache Mehrheit ausreichend (Art. 8 Abs. 4 Satz 1 WADA-Statut), allerdings muss bei wichtigen Fragen, wie der Ernennung der Mitglieder des Executive Committee, einer Verlegung des Sitzes der Stiftung[246] oder einer Änderung des WADC,[247] eine qualifizierte Mehrheit vorliegen. Dafür ist eine Zustimmung von Zwei-Dritteln der Gesamtzahl der Mitglieder des Foundation Boards, bei gleichzeitiger einfacher Mehrheit sowohl der Vertreter der Olympischen Bewegung als auch der Staatenvertreter, erforderlich.[248] Im Gegensatz zum Global Fund halten in der WADA somit die staatliche und private Seite exakt denselben Anteil an Stimmrechten im Hauptorgan der Partnerschaft.[249] Unterstrichen wird diese strikte Gleichbehandlung durch die Regelung, dass der Vorsitzende und der Stellvertreter des Boards immer im Wechsel von den staatlichen Vertretern bzw. von dem IOC gestellt werden.[250]

Das zweite wichtige Organ der WADA ist das Executive Committee. Es ist das Hauptpolitikorgan der WADA und dazu berechtigt, sämtliche Entscheidungen zu treffen, soweit diese nicht dem Foundation Board ausdrücklich zugeord-

---

242 Mit der Ausrichtung der Olympischen Spiele werden vom IOC die Gastgeberstadt und das NOK des Landes betraut, in dem die Olympischen Spiele stattfinden, Regel 36 Olympische Charta.

243 Regel 15 Nr. 1 Olympische Charta; *Rossi*, Legal Status of Non-Governmental Organizations in International Law, S. 43, m.w.N. zur Frage der Völkerrechtssubjektivität des IOC.

244 Auf Europa entfallen z.B. fünf der 18 Sitze, vgl. http://www.wada-ama.org/en/World-Anti-Doping-Program/Governments/Government-Representation/, letzter Abruf am 01.06.2013. Nach Art. 6 Nr. 6 Abs. 2 WADA-Statut sind allerdings nur die Vertreter von Staaten, die die UNESCO-Konvention unterzeichnet haben, dazu berechtigt, im Foundation Board bei den Entscheidungen der WADA über Stimmrechte zu verfügen.

245 Art. 6 Nr. 4 Abs. 5 WADA-Statut.

246 Art. 8 Abs. 4 S. 3 WADA-Statut.

247 Vgl. Art. 23.6.3 WADC.

248 Art. 8 Abs. 4 WADA-Statut.

249 In Art. 7 Abs. 2 Satz 1 WADA-Statut wird die WADA als eine „equal partnership" bezeichnet.

250 Art. 7 Abs. 3 WADA-Statut.

net sind.[251] Es besteht aus 12 Mitgliedern, die mehrheitlich zugleich Mitglieder des Foundation Boards sind und hat wie das Foundation Board eine paritätische Zusammensetzung von staatlichen und nichtstaatlichen Akteuren.[252] Das Executive Committee trifft seine Entscheidungen mit einem einfachen Mehrheitsbeschluss. Damit kann die WADA auf neue Erkenntnisse, die z.B. überarbeitete Versionen von technischen Regelungen und Verfahrensbestimmungen – den sog. International Standards[253] – erfordern, schnell reagieren.

Schließlich bestehen noch diverse weitere Committees, denen lediglich eine beratende und unterstützende Funktion zukommt.[254]

3. Rechtsstatus

Die WADA ist wie der Global Fund als eine Stiftung schweizerischen Rechts nach den Art. 80 ff. Schweizer Zivilgesetzbuch gegründet worden und unterliegt der Aufsicht des Schweizer Innenministeriums.[255] Diese Rechtsform wurde gewählt, damit sie als eine von ihren „Besitzern" unabhängige Kontrollinstanz fungieren kann.[256] Aufgrund eines Abkommens der WADA mit der Schweiz, ist sie von der Entrichtung von Steuern weitestgehend befreit.[257] Neben den einschlägigen Vorschriften des schweizerischen Zivilgesetzbuches wird sie rechtlich von den WADA-Statuten konstituiert.[258] Gemäß Art. 3 des Statuts besteht sie für unbestimmte Zeit.

4. Finanzierung

Die Finanzierung der WADA ist im WADA-Statut in den Art. 5, 6 und 13 geregelt. Im Gegensatz zum Global Fund verfügt die WADA über ein festes Jahresbudget. Nachdem das IOC die Finanzierung für die ersten zwei Jahre übernommen hat,[259] wird sie seit 2002 gem. Art. 6 Nr. 6 S. 1 zur Hälfte von den beteilig-

---

251 Art. 11 Abs. 1 und 5 WADA-Statut.

252 http://www.wada-ama.org/en/About-WADA/Governance/Executive-Committee/, letzter Abruf am 01.06.2013.

253 Siehe zu den Internationalen Standards unten unter II. 5. a.

254 *Schweizer*, in: Arter (Hrsg.), Sport und Recht, S. 239.

255 Art. 19 WADA-Statut.

256 *Welten*, SpuRt 2000, S. 37 (40).

257 Art. 1 Accord entre le Conseil fédéral suisse et l'Agence mondiale antidopage pour régler le statut fiscal de l'Agence et de son personnel en Suisse. Conclu le 5 mars 2001, abrufbar unter: http://www.admin.ch/ch/f/rs/i1/0.192.120.240.fr.pdf, letzter Abruf am 01.06.2013.

258 Art. 1 WADA-Statut.

259 http://www.wada-ama.org/en/About-WADA/Funding/, letzter Abruf am 01.06.2013.

ten Staaten in Abhängigkeit von ihrer Wirtschaftsleistung[260] und zur Hälfte vom IOC finanziert.[261] Für das Jahr 2012 betrug das Budget der WADA ungefähr 26,8 Millionen US-Dollar.[262]

Sollte eine Regierung ihrer Zahlungspflicht nicht nachkommen, ist das Stimmrecht des entsprechenden Vertreters nach Art. 6 Nr. 6 Abs. 2 suspendiert, bis die Zahlung erfolgt. Die anderen Vertragspartner sind somit nach der Konzeption der WADA-Statuten nicht dazu berechtigt, ihre Beiträge entsprechend zu reduzieren. In der Praxis erfüllt das IOC seine Zahlungsverpflichtung dennoch nur in dem Umfang, wie die Regierungen ihre Beiträge geleistet haben.[263]

5. Funktionen

Die Funktionen der WADA unterscheiden sich elementar von denen des Global Fund. Während der Global Fund primär finanzielle Mittel zur Bekämpfung von AIDS, Tuberkulose und Malaria mobilisieren und verteilen soll, wurde die WADA gegründet, um die Diskrepanzen vor allem zwischen den Regelungen und Zuständigkeiten einzelner Sportverbände zu überwinden und ein einheitliches Vorgehen aller beteiligten Akteure zu erreichen. Mit diesen Maßnahmen soll die Effektivität des Kampfes gegen Sportdoping erhöht werden.

a. Harmonisierung der Verbandsregelungen gegen Doping im Sport

Die zentrale Aufgabe der WADA liegt dementsprechend in der Harmonisierung der dopingrelevanten Bestandteile der Vorschriften der Sportverbände.[264] Zu diesem Zweck wurde die WADA bei ihrer Gründung beauftragt, ein für alle Sportarten Geltung beanspruchendes Anti-Doping-Regelwerk vorzulegen. Nach ursprünglicher Planung sollten die Vorgaben bis zu den Olympischen Spielen 2000 in Sydney erlassen und umgesetzt worden sein.[265] Allerdings konnte erst bei der 2. Weltkonferenz gegen Doping im Sport in Kopenhagen am 05. März 2003 die Einführung von weltweit einheitlichen Bestimmungen mit dem Welt-Anti-Doping-Code als ihrem Kernbestandteil zum 01. Januar 2004 beschlossen

---

260 Art. 1.1 Cape Town Declaration on Anti-Doping in Sport vom 31. Mai 2001, abrufbar unter: http://www.wada-ama.org/rtecontent/document/capetowndeclaration.pdf, letzter Abruf am 01.06.2013.

261 Diese Finanzierung zu gleichen Teilen ist auch in Art. 15 der UNESCO-Konvention gegen Doping im Sport festgelegt.

262 http://www.wada-ama.org/Documents/About_WADA/Funding/WADA_Contributions_2012_update_EN.pdf, letzter Abruf am 01.06.2013.

263 http://www.wada-ama.org/en/About-WADA/Funding/, letzter Abruf am 01.06.2013.

264 *Houlihan*, in: Hoberman/Moller (Hrsg.), Doping and Public Policy, S. 21.

265 *Welten*, SpuRt 2000, S. 39.

werden.[266] Seitdem wurden die Regelungen mehrfach überarbeitet und an neue Erkenntnisse angepasst.[267]

Die Anti-Doping-Bestimmungen sind nicht in einem einzelnen Vertragswerk zusammengefasst worden. Anstelle dessen hat sich die WADA für die Verwendung eines dreistufigen Welt-Anti-Doping-Programmes entschieden.[268] Der Code bildet die Grundstruktur, inhaltlich enthält er Regelungen zur Definition von verbotenen Dopinghandlungen, zum Ablauf von Dopingkontrollen sowie zur Sanktionierung von Dopingvergehen.[269] Die zweite Stufe besteht aus den vier Internationalen Standards, die vom Executive Committee der WADA erlassen werden und u.a. aus der für alle Sportarten verbindlichen Liste der verbotenen Substanzen und Methoden (International Standards for the Prohibited List), der sog. Verbotsliste[270], sowie Regelungen für das Verfahren bei Dopingtests oder die Anforderungen an die Akkreditierung von Dopinglaboren bestehen. Sie sind gem. S. 2 der Einführung zu dem WADC in ihrer jeweiligen Fassung mit dem Code verbunden und ihre Befolgung ist für die Einhaltung des Codes verbindlich (vgl. auch Art. 4.1 WADC, der auf die Verbotsliste verweist). Die Standards werden regelmäßig aktualisiert,[271] um der Notwendigkeit Rechnung zu tragen, im Kampf gegen Doping auf neue Entwicklungen schnell reagieren zu müssen.[272] Schließlich, als dritte Stufe, wurden die Models of Best Practice and Guidelines entwickelt, die unverbindliche Empfehlungen der WADA zur effektiven Umsetzung des Codes enthalten.[273]

b. Implementierung der Anti-Doping-Bestimmungen

Allein mit der Ausarbeitung der Anti-Doping-Bestimmungen werden dieselben allerdings noch nicht bei Wettkämpfen für die Athleten rechtlich verbindlich. Bei dem WADC handelt es sich um ein privatrechtliches Regelwerk,[274] das nicht

---

266 *Netzle*, SpuRt 2003, S. 186.

267 Die letzte Änderung des Codes wurde zum 01.01.2009 verbindlich, siehe Art. 23.6.4 WADC.

268 *Schweizer*, in: Arter (Hrsg.), Sport und Recht, S. 240; *Petritsch*, International Sports Law Review Pandektis 8 (2009), S. 91 (92).

269 *Singer*, Anti-Doping-Strategien im internationalen Vergleich, S. 20.

270 Die Verbotsliste wird verkürzt auch als „die Dopingliste“ bezeichnet, *Schweizer*, in: Arter (Hrsg.), Sport und Recht, S. 252.

271 Die „Verbotsliste“ wird zumindest einmal jährlich aktualisiert, bei Bedarf auch häufiger, Art. 4.1 WADC.

272 Dagegen werden Neuerungen des WADC erst innerhalb eines Jahres verbindlich, Art. 23.6.4 WADC.

273 Art. 23.2.3 WADC.

274 *Schweizer*, in: Arter (Hrsg.), Sport und Recht, S. 241; *Foster*, The International Sports Law Journal 2010/3-4, S. 20, bezeichnet ihn als hybride öffentlich-private Norm.

auf der Grundlage eines staatlichen Aktes zu allgemein verbindlichem Recht erklärt wurde.[275] Die Autonomie der Sportverbände sollte durch die Dopingbestimmungen nämlich nicht in Frage gestellt werden.[276]

Nach Art. 23.2.1 des WADC obliegt die Umsetzung den „Unterzeichnern" des Codes, zu diesen zählen neben der WADA und dem IOC gem. Art. 23.1.1 WADC vor allem die internationalen Sportverbände und die NOKs.[277] Mit der Akzeptanz des Codes verpflichten sich die Verbände dazu, ihre Regelwerke an die Bestimmungen des WADC anzupassen. Von zentraler Bedeutung ist die Umsetzung durch die internationalen Sportverbände, die die jeweiligen Regelwerke für ihre Sportart bei allen internationalen Wettkämpfen, auch bei den Olympischen Spielen, festlegen. Bei der Implementierung der Vorgaben des WADC verbleibt den Verbänden in der Regel ein gewisser Spielraum, der Code legt nur einen Mindeststandard fest.[278] Lediglich bei den Kernbestimmungen des Codes ist eine „substanzielle Abweichung" ausdrücklich untersagt.[279] Durch die Übernahme des WADC in die internationalen Wettkampfregeln wird der WADC über eine „pyramidale Verbandsstruktur" auch für die nationalen Sportverbände verbindlich, da die internationalen Verbände in der Regel die Wettkampfregeln für die jeweilige Sportart einheitlich vorgeben.[280] Die Athleten werden an diese Regelungen wiederum entweder über dynamische Verweisungsnormen in den Satzungen ihrer Vereine oder über Unterwerfungsvereinbarungen mit den Verbänden gebunden.[281] Ob die Wettkampfregeln der Verbände mit den Anti-Doping-Bestimmungen vereinbar sind, wird gem. Art. 20.7.1 und 23.4.1 WADC von der WADA überwacht.

---

275 *Netzle*, SpuRt 2003, S. 186 (187).

276 *Schmidt*, in: Vieweg (Hrsg.), Facetten des Sportrechts, S. 216.

277 So erklärt Regel 44 Olympische Charta den WADC für die gesamte Olympische Bewegung als rechtlich verbindlich.

278 *Schweizer*, in: Arter (Hrsg.), Sport und Recht, S. 240; *Netzle*, SpuRt 2003, S. 186 (187).

279 Art. 23.2.2 WADC.

280 *Lehmkuhl*, in: Zürn/Zangl (Hrsg.), Verrechtlichung – Baustein für Global Governance?, S. 181 f.; *Pfister*, in: Fritzweiler/Pfister/Summerer, Praxishandbuch Sportrecht, S. 507 f.

281 Vgl. *Kotzenberg*, Die Bindung an private Dopingregeln und private Schiedsgerichte, S. 195. Um eine lückenlose Erfassung aller Athleten zumindest bei wichtigen Wettkämpfen wie den Olympischen Spielen sicherzustellen, sind nach Art. 20.4.2 und 20.4.3 WADC die Nationalen Olympischen Komitees verpflichtet, nur diejenigen nationalen Verbände anzuerkennen, die den WADC akzeptiert haben, sowie Athleten, die nicht regelmäßig den Regelungen eines nationalen Verbandes unterworfen sind, zu verpflichten, spätestens ein Jahr vor den Olympischen Spielen einem nationalen registrierten „Testing Pool" anzugehören.

Obwohl die WADA die Akzeptanz und die Umsetzung ihrer Regelungen somit nicht mit rechtlich autoritärer Kompetenz durchsetzen kann, haben mittlerweile nahezu alle großen Sportverbände und NOKs den WADC in ihre Regelwerke inkorporiert.[282] Für die Sportverbände dürfte ein wichtiger Beweggrund darin gelegen haben, dass die Befolgung des WADC Voraussetzung für die Akzeptanz der jeweiligen Sportart bei den Olympischen Spielen ist,[283] die angesichts der großen öffentlichen Aufmerksamkeit und der wirtschaftlichen Dimension von beträchtlicher Bedeutung sind. Verstöße der NOKs gegen den WADC haben dagegen zur Folge, dass das IOC eine Bewerbung von dessen Heimatstaat um die Ausrichtung der Olympischen Spiele, mit der ein großer Prestigegewinn für den Staat verbunden ist, ablehnen wird.[284]

6. Exkurs: Die Bedeutung der UNESCO-Konvention gegen Doping im Sport

Ergänzend zu den Regelungen der WADA wurde von der UNESCO ein internationales Übereinkommen verabschiedet, die UNESCO-Konvention gegen Doping im Sport vom 19. Oktober 2005.[285] Das Übereinkommen ist am 01. Februar 2007 in Kraft getreten und bezieht sich in weiten Teilen auf den WADC. Bereits auf der 2. Weltkonferenz gegen Doping im Sport in Kopenhagen im Jahr 2003 hatten eine größere Anzahl von Staaten die „Kopenhagener Erklärung gegen Doping im Sport“[286] unterzeichnet und darin ihre Absicht bekundet, die Einhaltung des WADC durch den Abschluss eines internationalen völkerrechtlichen Vertrages zu gewährleisten.[287] Bis zu diesem Zeitpunkt bestand mit dem Übereinkommen des Europarates von 1989 das erste rechtlich verbindliche zwischenstaatliche Übereinkommen nur auf regionaler Ebene. Mit der UNESCO-Konvention ist es gelungen den ersten weltumspannenden völkerrechtlichen

---

282 *Summerer*, in: Fritzweiler/Pfister/Summerer, Praxishandbuch Sportrecht, S. 190.

283 Art. 20.1.2 WADC, das IOC akzeptiert in diesem Fall die Sportart nicht als olympische Sportart.

284 Dasselbe gilt, wenn ein Staat nicht der UNESCO-Konvention gegen Doping im Sport beigetreten ist, Art. 20.1.8 WADC. Dieser Einhaltungsdruck für die Staaten ist nicht auf die Ausrichtung der Olympischen Spiele beschränkt, denn die internationalen Sportverbände sind gem. Art. 20.3.10 WADC gehalten, nur die Anträge von Staaten, die die UNESCO-Konvention unterzeichnet haben, bei der Vergabe von weltweiten Großveranstaltungen, wie z.B. der FIFA Fußball-Weltmeisterschaft, zu berücksichtigen.

285 http://portal.unesco.org/en/ev.php-URL_ID=31037&URL_DO=DO_TOPIC&URL_SECTION=201.html, letzter Abruf am 01.06.2013.

286 Abrufbar unter: http://www.wada-ama.org/Documents/World_Anti-Doping_Program/Governments/WADA_Copenhagen_Declaration_EN.pdf, letzter Abruf am 01.06.2013.

287 *Wax*, The International Sports Law Journal 2010/3-4, S. 25 (27).

Vertrag gegen Doping im Sport abzuschließen.[288] Nach derzeitigem Stand sind 174 Staaten dem Übereinkommen beigetreten.[289]

a. Regelungsinhalt der Konvention

Die Konvention basiert sowohl auf dem Europaratsübereinkommen, als auch auf den Anti-Doping-Bestimmungen der WADA.[290] Sie zielt gem. Art. 1 des Übereinkommens darauf ab, die Verhütung und Bekämpfung des Dopings im Sport zu fördern und verpflichtet die Staaten in Art. 3 allgemein zu einer Förderung der internationalen Zusammenarbeit und der Ergreifung von Maßnahmen zur Dopingbekämpfung auf nationaler und internationaler Ebene. In den Art. 5 – 32 sind einzelne Maßnahmen aufgelistet. Sie zielen im Schwerpunkt auf eine präventive Verhinderung von Dopingvergehen und nicht auf deren Sanktionierung ab,[291] u.a. sollen die Verfügbarkeit verbotener Substanzen erschwert (Art. 8) und die Forschung unterstützt werden (Art. 24 ff.). Konkrete Handlungsverpflichtungen sieht das Abkommen allerdings nicht vor.[292]

Bei der Erfüllung ihrer Verpflichtungen aus dem Übereinkommen können sich die Staaten gem. Art. 7 S. 2 auf die zuständigen Stellen und Sportverbände stützen. Die Vorschrift statuiert das sog. Subsidiaritätsprinzip,[293] danach besteht eine Aufgabenteilung zwischen staatlichen und privaten Akteuren, nach der die privaten Sportverbände primär zum Erlass von Dopingregeln und für die Sanktionierung von Verstößen zuständig sind[294] und die Staaten insoweit nur eine Gewährleistungsverantwortung z.B. zur finanziellen Unterstützung der privaten Sportverbände trifft.[295] Diese Gewährleistungsverantwortung wandelt sich nur dann in eine Erfüllungsverantwortung, gemeint ist die Pflicht durch eigene

---

288 *Schmidt*, Internationale Dopingbekämpfung, S. 73. Nach Ansicht von *Wax*, Internationales Sportrecht, S. 285, handelt es sich um „den Durchbruch eines Sportvölkerrechts."

289 http://www.unesco.org/eri/la/convention.asp?KO=31037&language=E, letzter Abruf am 01.06.2013.

290 *Singer*, Anti-Doping-Strategien im internationalen Vergleich, S. 23.

291 Die Sanktionierung (vor allem die rückwirkende Disqualifikation und zukünftige Wettkampfsperren) obliegt den internationalen Sportverbänden und wird daher im Code in den Art. 9 – 12 geregelt.

292 Z.B. sind die Staaten nach Art. 5 des Übereinkommens nur zur Ergreifung von geeigneten Maßnahmen verpflichtet.

293 Neben Art. 7 kommt das Subsidiaritätsprinzip auch in Art. 16 lit. a und im sechzehnten Abschnitt der Präambel zum Ausdruck.

294 *Summerer*, in: Fritzweiler/Pfister/Summerer, Praxishandbuch Sportrecht, S. 189.

295 *Schmidt*, Internationale Dopingbekämpfung, S. 151.

Maßnahmen auf das gewünschte Ziel hinwirken zu müssen, wenn die Sportverbände ihren Verpflichtungen nicht nachkommen sollten.[296]

Als Lenkungsorgan zur Förderung der Ziele des Übereinkommens wurde die Konferenz der Parteien nach Art. 28 Nr. 1 errichtet, in der jeder beteiligte Staat eine Stimme hat, Art. 28 Nr. 3. Die Konferenz tritt in der Regel alle zwei Jahre zusammen, allerdings kann von der Konferenz oder einem Drittel der Vertragsstaaten beantragt werden, eine außerordentliche Sitzung durchzuführen, Art. 28 Nr. 2. Ihre Aufgaben sind in Art. 30 der Konvention aufgezählt; insbesondere ist das Gremium gemäß Art. 30 Nr. 1 e) für die Prüfung zuständig, ob die Staaten ihren Verpflichtungen aus der UNESCO-Konvention nachgekommen sind. Die WADA wird hingegen lediglich konsultiert.[297]

b. Zusammenspiel der Konvention mit den Anti-Doping-Bestimmungen der WADA

Die Hauptaufgabe der Konvention liegt darin, eine Bindung der Staaten an die Ziele der Anti-Doping-Bestimmungen der WADA sicherzustellen, denn die Staaten, immerhin im Foundation Board an der Entscheidungsfindung in der WADA und daher an der Entstehung des Codes maßgeblich beteiligt, sind nicht dazu aufgerufen, den WADC zu unterzeichnen.[298] Dieser rechtlichen Konstruktion liegt der Gedanke zugrunde, dass einer direkten Bindung an private Rechtsakte in vielen Staaten verfassungsrechtliche Bedenken gegenüberstanden.[299]

Das Übereinkommen wählt nicht den Weg, direkt auf den WADC zu verweisen und dessen Regelungen somit in den Rang von verbindlichem Völkervertragsrecht zu erheben. Die prinzipielle Eigenständigkeit der Konvention wird insbesondere anhand des Art. 2 Abs. 2 Nr. 1 – 25 deutlich, in dem eine Vielzahl eigener, größtenteils dem Code wörtlich entsprechender Begriffsbestimmungen enthalten sind.[300] Die Definitionen sollen zwar ausdrücklich im Zusammenhang mit dem Code gesehen werden, bei Widersprüchen mit dem WADC kommt ihnen allerdings der Vorrang zu, Art. 2 Abs. 1 S. 2. Dagegen bringen andere Vorschriften deutlich die Zielrichtung zum Ausdruck, die Verpflichtungen der Staaten mit den Regelungen des WADC abzustimmen. Bereits in der Präambel

296 *Reissinger*, Staatliche Verantwortung zur Bekämpfung des Dopings, S. 170 f.; *Nolte*, Staatliche Verantwortung im Bereich Sport, S. 187 f.

297 Art. 29 UNESCO-Konvention gegen Doping im Sport.

298 Entsprechend sind die Staaten nicht in der Aufzählung der „Unterzeichner“ des Codes in Art. 23.1.1 WADC erwähnt.

299 *Müller*, in: Thieme/Hemmersbach (Hrsg.), Doping in Sports, S. 14. Vgl. zu der verfassungsrechtlichen Lage in der Bundesrepublik Deutschland unten Kapitel 3.

300 *Schmidt*, in: Vieweg (Hrsg.), Facetten des Sportrechts, S. 213.

wird in Abs. 10 direkt auf den WADC Bezug genommen. Eine Verbindung des Übereinkommens zu dem WADC stellt zudem Art. 3 a) her, nach dem die Maßnahmen der Staaten mit den Grundsätzen des WADC in Einklang stehen müssen.

Die zentrale Vorschrift für das Verhältnis der Konvention zu dem Code stellt Art. 4 dar. In Art. 4 Abs. 1 wird die Verpflichtung der Vertragsstaaten aus Art. 3 a) wiederholt, die Prinzipien des WADC als Grundlage ihrer Maßnahmen anzuerkennen, während der Code selbst, obwohl er als Anhang 1 dem Übereinkommen beigefügt wurde, nach Abs. 2 ausdrücklich keinen inhaltlichen Bestandteil des Übereinkommens bildet und keine direkten rechtlichen Verpflichtungen für die Staaten enthält. Dieselbe Regelung wurde in Abs. 2 für die Anhänge 2 und 3 des Übereinkommens, die Internationalen Standards für Labore und Kontrollen, getroffen. Dagegen werden in Abs. 3 die Anlagen, zu denen die anderen beiden Internationalen Standards, u.a. die Liste der verbotenen Substanzen, zählen, zum direkten Bestandteil des Übereinkommens erklärt.[301]

c. Zwischenergebnis

Die Besonderheit der Konvention gegenüber klassischen völkerrechtlichen Verträgen besteht somit zum einen darin, dass diejenigen Staaten, wie z.B. die Bundesrepublik Deutschland, die die Autonomie der Sportverbände verfassungsrechtlich garantiert haben,[302] ihre Verpflichtungen aus der Konvention nicht durch eigene Rechtsetzungen bzw. eigene Behörden erfüllen müssen, sondern sich bei der Einhaltung ausdrücklich auch privater Sportverbände bedienen können. Zum anderen ist das Übereinkommen mit privatrechtlichen Regelungen, die eine Stiftung nach schweizerischem Recht erlassen hat, eng verbunden[303] und verpflichtet die Staaten u.a. dazu, die Grundsätze dieser Regelwerke zu beachten. Damit ist die Konvention in ihrem Zusammenspiel mit den Anti-Doping-Bestimmungen der WADA Ausdruck der partnerschaftlichen Zusammenarbeit zwischen der Staatengemeinschaft und dem privat organisierten Sport bei der Bekämpfung der Dopingproblematik.[304]

---

301 Siehe zu der rechtlichen Einordnung dieser Bestimmung unten Kapitel 2 unter A. II. 1. f.

302 Die Autonomie folgt insbesondere aus Art. 9 Abs. 1 GG, *Haas*, Die rechtlichen und organisatorischen Grundlagen der Dopingbekämpfung in der Bundesrepublik Deutschland, S. 8 ff.; *Steiner*, in: Isensee/Kirchhof, Handbuch des Staatsrechts, Band 4, § 87 Rn. 3.

303 *Schmidt*, in: Vieweg (Hrsg.), Facetten des Sportrechts, S. 209.

304 *Wax*, The International Sports Law Journal 2010/3-4, S. 25 (28).

III. Zusammenfassung

Die Gründungen des Global Fund und der WADA als PPP lassen sich jeweils auf das Ziel zurückzuführen, alle relevanten staatlichen und nichtstaatlichen Akteure bei der Lösung einer globalen Problemlage zu beteiligen und die gemeinsamen Anstrengungen zu koordinieren und zu fördern. Zu diesem Zweck sind differenzierte Organisationsstrukturen entwickelt worden, die eine Mitwirkung aller Parteien gewährleisten und zugleich eine effektive Entscheidungsfindung in der Organisation ermöglichen sollen. Diese Strukturen sind jeweils in privatrechtlichen Satzungen fixiert worden, da die Organisationen als Stiftungen schweizerischen Rechts in einer nationalen Rechtsordnung inkorporiert wurden.

Aus ihrer besonderen Organstruktur und aufgrund ihres privatrechtlichen Gründungsvertrages ergibt sich sowohl für den Global Fund als auch für die WADA die Einordnung als PPP im Sinne der oben genannten Definition.[305] In dem Hauptorgan des Global Fund und der WADA, das in beiden Organisationen die Bezeichnung Foundation Board trägt, sind staatliche und nichtstaatliche Akteure zur gleichberechtigten Mitarbeit bei der Lösung von Sachverhalten mit grenzüberschreitendem Bezug aufgerufen und darüber hinaus mit eigenen Stimmrechten ausgestattet worden. Damit können die staatlichen und die nichtstaatlichen Repräsentanten gemeinsam auf den Willensbildungsprozess in der Organisation Einfluss nehmen und auf diese Weise zur Erfüllung der Ziele der Organisation beitragen. Zudem verfügen beide Organisationen auf der Grundlage ihrer Satzungen über eine eigene Rechtspersönlichkeit nach schweizerischem Recht.

Die unterschiedliche Ausgestaltung der Zusammensetzung des Hauptorgans und des Abstimmungsverfahrens zwischen den beiden Organisationen macht des Weiteren deutlich, dass den PPP keine idealtypische Struktur zugrunde liegen muss, sondern in Abhängigkeit von den Zielen der Parteien individuelle Ausgestaltungen bestehen können. Obwohl in den Hauptgremien beider Institutionen die nichtstaatlichen Akteure gleichberechtigte Partner der staatlichen Akteure bei der Entscheidungsfindung sind, haben sie in der WADA ein deutlich stärkeres Gewicht als im Global Fund, da die privaten Akteure in der WADA denselben Einfluss auf das Ergebnis der Abstimmungen ausüben können wie die staatliche Seite. Die Abweichungen in den Strukturen lassen sich vor allem auf die verschiedenen Aufgaben und Tätigkeitsfelder der beiden PPP zurückführen. Während der Global Fund in erster Linie finanzielle Ressourcen in einem möglichst großen Umfang zur Bekämpfung von AIDS, Tuberkulose und Malaria

305 Siehe oben unter A. IV. und V.

empfangen und an lokale Projekte verteilen soll, hat die WADA das Ziel den gemeinsamen Kampf von staatlichen und nichtstaatlichen Akteuren gegen Doping im Sport auf der Grundlage einheitlicher Vorschriften zu ermöglichen. Des Weiteren dürfte auch die Finanzierung eine Rolle gespielt haben, denn bei der WADA tragen die privaten Akteure im Verhältnis zum Global Fund einen deutlich höheren Anteil zum Gesamtbudget der Organisation bei.

2. Kapitel: Völkerrecht und internationale Public-Private Partnerships

Der Einsatz von internationalen PPP als Akteure bei der Steuerung der internationalen Beziehungen wirft die Frage auf, ob und ggf. in welchem Umfang diese Organisationsformen von der völkerrechtlichen Rechtsordnung erfasst werden. Ihr grenzüberschreitendes Tätigkeitsfeld und die Beteiligung von staatlichen Akteuren würden die Regelung ihrer Aktivitäten durch das Völkerrecht nahelegen. Ob eine solche Einbeziehung tatsächlich erfolgt ist, soll im folgenden Kapitel untersucht werden.

Die Beteiligung von staatlichen und nichtstaatlichen Akteuren in einer einheitlichen Organisation lässt zudem Berührungspunkte zu den bekannten Organisationsformen auf internationaler Ebene, den internationalen Organisationen und den nichtstaatlichen internationalen Organisationen (NGOs), erkennen. Anhand einer vergleichenden Betrachtung sollen daher die Gemeinsamkeiten und Unterschiede der PPP mit diesen beiden Organisationsformen aufgezeigt werden.

Dieser Vergleich wird anschließend als Grundlage für die Beurteilung verwendet, ob die internationalen PPP einen Einfluss auf die weitere Entwicklung des Völkerrechts ausüben können. In diesem Zusammenhang wäre es beispielsweise denkbar, dass die nichtstaatlichen Akteure in den PPP gemeinsam mit den staatlichen Akteuren völkerrechtliche Kompetenzen ausüben[306] und den Privatakteuren auf diese Weise eine größere Partizipationsmöglichkeit an der völkerrechtlichen Rechtsordnung eingeräumt wird, als es bisher der Fall gewesen ist.[307]

---

306 Nach der Einschätzung von *Schmidt*, in Vieweg (Hrsg.): Facetten des Sportrechts, S. 215 f., stellt im Rahmen der Arbeit der WADA die Übernahme der Verbotsliste und der Standards für die Erteilung von Ausnahmegenehmigungen durch Art. 4 Abs. 3 der Unesco-Konvention eine neue Form der Beteiligung von Privatakteuren an der völkerrechtlichen Rechtssetzung dar, den sie als „Schritt in Richtung einer weiteren Privatisierung des Völkerrechts“ ansieht. Durch die Aufnahme eines privatrechtlichen Regelwerkes in einen völkerrechtlichen Vertrag werde eine bislang von den NGOs nicht bekannte Beteiligung an der völkerrechtlichen Rechtssetzung bewirkt. Die Vertragsstaaten würden ihre Kompetenzen als „Herren der Verträge“ stückweise auf private Organisationen übertragen.

307 Sie könnten dann u.a. als ein Schritt auf dem Weg zur Bestätigung der Erwartung von Teilen der Völkerrechtswissenschaft angesehen werden, dass die NGOs langfristig in den Kreis der etablierten Völkerrechtssubjekte Aufnahme finden werden, *Hobe*, „Non-Governmental Organizations“, in: MPEPIL, Rn. 53 f.

A. Die Völkerrechtssubjektivität der internationalen PPP

Der erste Teil des Kapitels dient der Untersuchung, welcher völkerrechtliche Rechtstatus für die international tätigen PPP derzeit vorliegt und ob ihnen eine Subjektstellung im Völkerrecht[308] zukommt. Dafür muss zunächst das Konzept der Völkerrechtssubjektivität näher erläutert werden. Die Darstellung ist notwendig, da bis heute in der Völkerrechtswissenschaft Meinungsverschiedenheiten darüber bestehen, welches genaue Verständnis mit der Bezeichnung eines Völkerrechtssubjektes verbunden sein soll und unter welchen Voraussetzungen die Völkerrechtssubjektivität einer Einheit[309] gegeben ist.[310] Im Anschluss an diese Einführung wird anhand einer Untersuchung der konkreten völkerrechtlichen Rechtspositionen der internationalen PPP bestimmt werden, welcher völkerrechtliche Rechtsstatus für die PPP derzeit zu erkennen ist.

---

308 Der gewöhnlichen Terminologie folgend werden die Begriffe „Rechtssubjektivität", „Rechtsfähigkeit" und „Rechtspersönlichkeit" synonym verwendet, vgl. *Epping*, in: Ipsen, Völkerrecht, 2. Kapitel, Einführung vor § 4. Differenzierend dagegen *Klabbers*, An Introduction to International Institutional Law, S. 39 f., der Terminus Rechtssubjekt bezeichne nur den Gegenstand einer wissenschaftlichen Untersuchung, Rechtspersönlichkeit sei dagegen ein von der Rechtsordnung verliehenen Status. A.A. *Rama-Montaldo*, BYIL 44 (1970), S. 111 (138), danach sind Völkerrechtssubjekte alle Einheiten, die zumindest ein Recht oder eine Pflicht im Völkerrecht haben. Völkerrechtspersonen sind dagegen Völkerrechtssubjekte, die über die Fähigkeit verfügen, auf der internationalen Ebene als unabhängige Einheit zu handeln und Beziehungen mit anderen Völkerrechtssubjekten einzugehen.

309 Der Begriff der (Wirkungs-)Einheit wurde bereits 1962 von *Mosler*, ZaöRV 22 (1962), S. 1 (7), verwendet, um in Anlehnung an den englischen Begriff „entity" eine Gesamtheit zu bezeichnen, die sowohl aus personellen wie sächlichen Elementen gebildet sein kann. *Mosler* wählte den Begriff aufgrund seiner rechtlichen Neutralität, denn über die Rechtsstellung dieser Gesamtheit, insbesondere ihren Status in der Rechtsordnung sage dieser Begriff für sich genommen nichts aus. Er sei insbesondere nicht mit Personalität gleichzusetzen und daher als vor-rechtlich zu bezeichnen.

310 *Peterke*, Der völkerrechtliche Sonderstatus der Internationalen Föderation der Rotkreuz- und Rothalbmondgesellschaften, S. 76 ff.; *Rossi*, Legal Status of Non-Governmental Organizations in International Law, S. 30. Vgl. auch *Portmann*, Legal Personality in International Law, S. 9, der auf den Mangel eines allgemeingültigen völkerrechtlichen Vertrages sowie von etablierten Regelungen des Völkergewohnheitsrechtes hinweist und daher zu der Feststellung gelangt, die Völkerrechtsordnung verfüge nicht über ein „zentrales Personenrecht".

I. Begriff, Voraussetzungen und Bedeutung der Völkerrechtspersönlichkeit

In einem ersten Schritt wird die theoretische Grundlage für die Bestimmung des völkerrechtlichen Rechtsstatus der PPP gelegt. Zur Einleitung soll ein Eindruck davon vermittelt werden, welche Einheiten in der völkerrechtlichen Rechtsordnung grundsätzlich als Rechtspersonen anerkannt sind und welche Abstufungen in der Subjektstellung vorgenommen werden. Im Anschluss an diese Darstellung werden die Voraussetzungen aufgestellt, die eine Einheit erfüllen muss, damit sie als Völkerrechtssubjekt anzuerkennen ist.

1. Begriff der Völkerrechtspersönlichkeit

Mit der Bezeichnung der Rechtspersönlichkeit wird im Allgemeinen die Fähigkeit einer Einheit ausgedrückt, Trägerin von Rechten und Pflichten innerhalb einer Rechtsordnung zu sein.[311] Welche Einheiten als Subjekte von einer Rechtsordnung anerkannt werden, hängt von der Ausrichtung und dem Charakter der jeweiligen Rechtsordnung ab.[312]

a. Akteure des internationalen Systems und Völkerrechtssubjektivität

Nach einer geläufigen Formulierung besteht das Völkerrecht aus der Gesamtheit der Rechtsregeln, welche die Staaten in ihren Beziehungen untereinander rechtlich binden.[313] Aus diesem Verständnis könnte man die Folge ableiten, dass das Völkerrecht ausschließlich Rechte und Pflichten für die Staaten enthält und demnach allein die Staaten den Status eines Völkerrechtssubjektes erhalten können.[314] Während eine solche Vorstellung noch der staatsfixierten Völkerrechtsdoktrin des 19. Jahrhunderts zugrunde lag, ist dieses Verständnis des Völkerrechts mittlerweile überholt.[315] Zwar bildet der Staat nach wie vor die wichtigste Einheit im Völkerrecht; das wird u.a. an dem Umstand deutlich, dass das Völkerrecht in seinen wichtigsten Erscheinungsformen, dem Vertrags- und dem Gewohnheitsrecht, maßgeblich von den Staaten geprägt wird.[316] Hinsichtlich seiner Entstehung und Durchsetzung behält das Völkerrecht mithin seinen Cha-

---

311 *Hobe*, Völkerrecht, S. 64.

312 *Shaw*, International Law, S. 195 f.

313 *Craven*, in: Evans (Hrsg.), International Law, S. 205. *Jennings/Watts*, Oppenheim`s International Law, Volume 1, § 1.

314 *Gareis*, Institutionen des Völkerrechts, S. 47; vgl. dazu auch *Lindblom*, Non-Governmental Organizations in International Law, S. 53.

315 *Portmann*, Legal Personality in International Law, S. 13; *Epping*, in: Ipsen, Völkerrecht, § 4 Rn. 2 f.

316 *Ipsen*, in: Ipsen, Völkerrecht, § 1 Rn. 8.

rakter als zwischenstaatliche Konsensrechtsordnung.[317] Mit dem Auftreten der internationalen Organisationen ist dennoch die „Monopolstellung“ der Staaten als alleinige Völkerrechtssubjekte aufgegeben worden.[318] Mittlerweile finden sogar nichtstaatliche Einheiten, wie z.B. das Individuum, als Völkerrechtssubjekte Anerkennung.[319]

Diese Entwicklung führte nach der Einschätzung vieler Autoren dazu, dass sich auch der Charakter des Völkerrechts insgesamt von einem rein zwischenstaatlichen Recht zu einem Recht der internationalen Beziehungen gewandelt habe.[320] Das moderne Völkerrecht stelle „eine anpassungsfähige, dynamische Rechtsordnung“ dar, „die für Entwicklungen des internationalen Systems offen ist.“[321] Die Offenheit im Vergleich zum „klassischen“ Staatenrecht sorgt dafür, dass heute ein größerer Kreis von Völkerrechtssubjekten unterschieden wird. Dieser Kreis ist nicht abschließend festgelegt.[322] Eine Einheit müsse daher eine Rechtsposition besitzen, die auf der internationalen Ebene wahrgenommen wird und die somit nicht ausschließlich innerhalb der nationalen Rechtsordnung von einem oder mehreren Staaten besteht.[323]

Allerdings werden auch im modernen Völkerrecht nicht alle an den internationalen Beziehungen beteiligten Wirkungseinheiten als Völkerrechtssubjekte anerkannt.[324] Zwar wird von einer Strömung in der Literatur versucht, diese Konzeption der Völkerrechtssubjektivität zu ändern. Danach sollen sämtliche Einheiten, die einen effektiven Einfluss auf den internationalen Entscheidungsprozess haben, als Völkerrechtssubjekte angesehen werden.[325] Die Völkerrechtsordnung müsse auf die Herausforderungen durch die Globalisierung, insbesondere die Zunahme mächtiger Akteure auf der internationalen Ebene, rea-

---

317 *Grzeszick*, AVR 43 (2005), S. 312 (334).

318 *Schweisfurth*, Völkerrecht, 1. Kapitel Rn. 16; *Alvarez*, International Organizations as Law-makers, S. 608; *Jennings/Watts*, Oppenheim`s International Law, Volume 1, § 7.

319 *Hailbronner/Kau*, in: Graf Vitzthum, Völkerrecht, 3. Abschnitt Rn. 5; *Craven*, in: Evans (Hrsg.), International Law, S. 206.

320 *Stein/von Buttlar*, Völkerrecht, Rn. 246; *Hailbronner/Kau*, in: Graf Vitzthum, Völkerrecht, 3. Abschnitt Rn. 5.

321 *Dahm/Delbrück/Wolfrum*, Völkerrecht, Band I/1, S. 23.

322 *Graf Vitzthum*, in: Graf Vitzthum, Völkerrecht, 1. Abschnitt Rn. 29.

323 *Brownlie*, Principles of Public International Law, S. 677.

324 *Walter*, „Subjects of International Law“, in: MPEPIL, Rn. 1; vgl. auch *Hummer*, in: BDGV 39 (2000), S. 45 (49), der die internationalen Akteure in die Völkerrechtssubjekte und die sonstigen Akteure „an oder unter der Schwelle der Völkerrechtssubjektivität“ unterteilt.

325 *Portmann*, Legal Personality in International Law, S. 208 ff., bezeichnet diese Ansicht als “actor conception”.

gieren, indem sie das Verhalten aller (de facto) wesentlichen Akteure erfasse. Nur so könne sie in der Zukunft ihre Funktion erfüllen, die internationalen Beziehungen zu ordnen und Streitigkeiten zu vermeiden.[326] Derzeit findet diese Auffassung jedoch noch keine ausreichende Unterstützung im Völkerrecht. Weder wird politischen Erwägungen Vorrang vor rechtlichen Regelungen und Prinzipien eingeräumt, noch ist die effektive Einflussnahme auf die Steuerung der internationalen Beziehungen in normativer Hinsicht relevant.[327] Die Völkerrechtssubjektivität besteht daher nur bei denjenigen Akteuren des internationalen Systems, die Träger völkerrechtlicher Rechte und Pflichten sind, deren Verhalten also unmittelbar durch das Völkerrecht geregelt wird.[328]

b. Unbeschränkte und beschränkte Völkerrechtssubjektivität

Dabei ist anerkannt, dass die Völkerrechtssubjekte nicht identisch sind, sondern sich nach ihrer Art und dem Umfang ihrer Rechtsfähigkeit voneinander unterscheiden können.[329] Der IGH hat bereits in seinem Rechtsgutachten vom 11.04.1949 über den „Ersatz von im Dienste der Vereinten Nationen erlittenen Schäden“ (Reparations-Case)[330] ausgeführt, es seien verschiedene Abstufungen der völkerrechtlichen Subjektstellung zu unterscheiden. In keiner Rechtsordnung wären die Rechtssubjekte nach ihrer Natur oder nach dem Ausmaß ihrer Rechte notwendigerweise identisch, das gelte mithin auch für die Völkerrechtsordnung.[331]

Die rechtliche Kapazität, über sämtliche dem Völkerrecht zuzuordnenden Rechte und Pflichten zu verfügen, besitzen allein die Staaten.[332] Als „geborene“ bzw. „originäre“ Subjekte des Völkerrechts sind sie die einzigen unbeschränkten Völkerrechtssubjekte. Ihnen stehen bereits auf der Grundlage ihrer faktischen

326 *Nowrot*, Normative Ordnungsstruktur und private Wirkungsmacht, S. 17 ff.

327 *Portmann*, Legal Personality in International Law, S. 269.

328 *Hobe*, AVR 37 (1999), S. 152 (158); *Seidl-Hohenveldern*, Corporations in and under International Law, S. 69.

329 *Walter*, „Subjects of International Law“, in: MPEPIL, Rn. 29.

330 Reparations for Injuries Suffered in the Service of the United Nations („Bernadotte"), I.C.J. Reports 1949, S. 174. Siehe zum Sachverhalt unten unter 2. b. aa.

331 Reparations for Injuries Suffered in the Service of the United Nations („Bernadotte"), I.C.J. Reports 1949, S. 174 (178).

332 *Malanczuk*, Akehurst`s Modern Introduction to International Law, S. 91. Von *Seidl-Hohenveldern/Loibl*, Das Recht der Internationalen Organisationen, Rn. 0309, werden die Staaten als der Prototyp der Rechtsperson im Völkerrecht bezeichnet. *Schwarzenberger/Brown*, A Manual of International Law, S. 43 ff., 62 ff., nennt sie die typischen Völkerrechtssubjekte, im Gegensatz zu den nicht-typischen Völkerrechtssubjekten, dem Heiligen Stuhl, den internationalen Organisationen und den Individuen.

Existenz sämtliche völkerrechtlich anerkannten Rechte und Pflichten zu.[333] Alle anderen Völkerrechtssubjekte verfügen hingegen lediglich über eine partielle oder beschränkte Völkerrechtssubjektivität.[334] Ihre Rechtsposition ist auf die Kompetenzen beschränkt, die ihnen konkret von den Staaten bzw. anderen, anerkannten Völkerrechtssubjekten verliehen worden sind.[335] Sie werden daher auch als „gekorene" Völkerrechtssubjekte bezeichnet.[336] Ihre Rechtsfähigkeit beruht auf einer Ermächtigung durch die bereits etablierten Völkerrechtssubjekte, in der ein Akt der Anerkennung liegt. Der Anerkennung kommt, im Gegensatz zur h.M. bezüglich der Anerkennung von Staaten,[337] eine konstitutive Wirkung zu.[338] Dass sich alle völkerrechtlichen Rechte und Pflichten letztlich auf einen Konsens der Staaten zurückführen lassen müssen, ist seit der sog. Lotus-Entscheidung des Ständigen Internationalen Gerichtshofs anerkannt.[339] Diese rechtliche Situation ist eine Folge der Souveränität der Staaten.[340]

c. Objektive Wirkung der Völkerrechtspersönlichkeit gegenüber Nichtmitgliedern

Nur in den seltensten Fällen wird eine Einheit allerdings von allen Mitgliedern der Völkerrechtsgemeinschaft anerkannt werden. Damit stellt sich die Frage, ob die Völkerrechtspersönlichkeit nur im Verhältnis zu den Völkerrechtssubjekten Wirkung entfaltet, die der Einheit ihre Völkerrechtssubjektivität verliehen und diese somit zumindest konkludent akzeptiert haben[341] (sog. subjektive Wirkung bzw. partikuläre Völkerrechtspersönlichkeit[342]) oder ob sie für sämtliche Völker-

---

333 *Kempen/Hillgruber*, Völkerrecht, § 6 Rn. 47. Diese Formulierung ist etwas missverständlich, da selbstverständlich die Staaten nicht Inhaber von Menschenrechten sein können. Allerdings beruhen auch diese Rechte auf einer staatlichen Anerkennung.

334 *Hobe*, Völkerrecht, S. 66 f.

335 *Hailbronner/Kau*, in: Graf Vitzthum, Völkerrecht, 3. Abschnitt Rn. 7 ff.; differenzierend *Portmann*, Legal Personality in International Law, S. 273, der bzgl. der Rechtstellung des Individuums von einem unwiderlegbaren Rechtsprinzip im Völkerrecht ausgeht, wonach Individuen im Kontext von fundamentalen Menschenrechten und bei internationalen Verbrechen a priori über Völkerrechtssubjektivität verfügen.

336 Vgl. *Schweisfurth*, Völkerrecht, 1. Kapitel Rn. 17.

337 Vgl. *Herdegen*, Völkerrecht, § 8 Rn. 11, *Cassese*, International Law, S. 73 ff.; a.A. *Kempen/Hillgruber*, Völkerrecht, § 5 Rn. 14 f.

338 *Hobe*, AVR 37 (1999), S. 152 (158). Die Anerkennung kann auch konkludent durch die Beteiligung an einer Organisation oder die Aufnahme diplomatischer Beziehungen mit einer Einheit erklärt werden.

339 StIGH, PCIJ Ser. A, No. 10 (1927), S. 24 ff.

340 *Kempen/Hillgruber*, Völkerrecht, § 5 Rn. 34.

341 *Sands/Klein*, Bowett`s Law of International Institutions, Rn. 15-016.

342 *Epping*, in: Ipsen, Völkerrecht, § 4 Rn. 8.

rechtssubjekte, also erga omnes, eine Beachtungspflicht zur Folge hat (sog. objektive Wirkung bzw. objektive Persönlichkeit).[343]

Der Völkerrechtspersönlichkeit der Staaten kommt eine objektive Wirkung zu. Eine andere Auffassung wäre mit dem Grundsatz der souveränen Gleichheit der Staaten, der in Art. 2 Abs. 1 UN-Charta kodifiziert wurde, nicht vereinbar.[344] Hinsichtlich der beschränkten Völkerrechtssubjekte besteht dagegen keine entsprechende allgemeine Regel des Völkerrechts, die eine Beachtungspflicht durch sämtliche Völkerrechtssubjekte statuieren würde.[345] Zudem ist in der Regel die Verleihung der Völkerrechtspersönlichkeit an eine Einheit auf einen völkerrechtlichen Vertrag zurückzuführen.[346] Die objektive Wirkung der Völkerrechtspersönlichkeit steht daher potentiell in einem Konflikt zu dem Grundsatz „pacta tertiis nec nocent nec prosunt“, der in Art. 34 WVK kodifiziert wurde und völkergewohnheitsrechtlich anerkannt ist. Danach darf kein Staat ohne seine Zustimmung durch eine vertragliche Vereinbarung von anderen Staaten Nachteile auferlegt bekommen (vgl. Art. 35 WVK).[347]

Dennoch hat der IGH im Reparations-Case angenommen, die Vereinten Nationen hätten die Fähigkeit zur Geltendmachung von Ansprüchen auch gegenüber Nichtmitgliedstaaten der Organisation. Zur Begründung führte der IGH an, dass die Vereinten Nationen von einer Mehrheit der Staaten getragen wurden,

---

343 *Shaw*, International Law, S. 260. Die objektive Wirkung einer Völkerrechtssubjektivität bedeutet nicht, dass die Völkerrechtssubjektivität auf das Vorliegen objektiver Merkmale zurückgeführt wird, sondern dass die Reichweite einer vertraglich geschaffenen Position erweitert wird, vgl. *Epping*, in: Ipsen, Völkerrecht, § 6 Rn. 7.

344 *Walter*, „Subjects of International Law“, in: MPEPIL, Rn. 24.

345 *Mosler*, ZaöRV 22 (1962), S. 1 (32); vgl. auch *Klein/Schmahl*, in: Graf Vitzthum, Völkerrecht, 4. Abschnitt Rn. 96, die auf die Praxis der früheren Ostblockstaaten hinweisen, die EWG/EG zu ignorieren und auf direktem Kontakt mit den Mitgliedstaaten bestanden. A.A. *Seyersted*, Common Law of International Organizations, S. 62 f.

346 Das gilt insbesondere für die internationalen Organisationen, deren Gründung regelmäßig auf der Grundlage eines völkerrechtlichen Vertrages erfolgt, vgl. *Walter*, „Subjects of International Law“, in: MPEPIL, Rn. 24.

347 *Kempen/Hillgruber*, Völkerrecht, § 13 Rn. 51. Eine Verschlechterung des Haftungssubjektes wird zum Teil darin gesehen, dass es leichter sei gegenüber einem Staat Schritte zur Abstellung eines völkerrechtswidrigen Verhaltens zu erreichen, als gegenüber einer internationalen Organisation, vgl. *Seidl-Hohenveldern/Loibl*, Das Recht der Internationalen Organisationen, Rn. 703. Gegen diese Bedenken lässt sich einwenden, dass die Mitgliedstaaten zumindest sekundär für eventuelle Schäden aufkommen müssten, vgl. *Ginther*, Die völkerrechtliche Verantwortung internationaler Organisationen gegenüber Drittstaaten, S. 191. Ob eine subsidiäre Durchgriffshaftung der Mitgliedstaaten im allgemeinen Völkerrecht allerdings wirklich besteht, ist derzeit noch nicht gesichert, vgl. *Klein/Schmahl*, in: Graf Vitzthum, Völkerrecht, 4. Abschnitt Rn. 103.

die die wichtigsten Teilnehmer der Staatengemeinschaft zu dieser Zeit repräsentierten.[348] Von einigen Autoren in der Literatur wurde im Anschluss an das Gutachten versucht, die Aussage des IGH auf andere Völkerrechtssubjekte, insbesondere weitere internationale Organisationen mit quasi-universellem Charakter, zu übertragen.[349] Der Vertrag zulasten Dritter sei von der nach allgemeinem Völkerrecht bestehenden Pflicht zu unterscheiden, den durch einen Vertrag herbeigeführten Rechtszustand zu achten, mit dem eine objektive internationale Ordnung geschaffen wurde (sog. „objektive Regime“).[350] Die Zielsetzung dieses Ansatzes liegt darin, die Arbeit von großen internationalen Organisationen zu erleichtern, indem eine Befolgungspflicht auch für Nichtmitglieder der Organisation etabliert wird.[351] Aufgrund der Kritik, diese Meinung sei mit dem pacta tertiis-Grundsatz unvereinbar und würde zudem den mächtigeren Staaten ermöglichen, ihren Willen gegen die kleineren Staaten durchzusetzen, hat sich dieser Ansatz nicht durchsetzen können.[352] Im Ergebnis wirkt die Völkerrechtssubjektivität einer Einheit somit grundsätzlich nur im Verhältnis zu den Völkerrechtssubjekten, die sie ausdrücklich oder implizit anerkannt haben.[353]

d. Völkerrechtspersönlichkeit und innerstaatliche Rechtspersönlichkeit

Eine weitere wichtige Differenzierung ist zwischen der Völkerrechtspersönlichkeit und der innerstaatlichen Rechtspersönlichkeit vorzunehmen. Es wurde bereits angesprochen, dass die Völkerrechtspersönlichkeit einer Einheit das Bestehen einer Rechtsposition auf der internationalen Ebene voraussetzt. Die nationale Rechtspersönlichkeit kommt einer Einheit hingegen zu, wenn sie in einer nationalen Rechtsordnung zur Vornahme rechtlich relevanter Handlungen berechtigt ist.[354]

---

348 Reparations for Injuries Suffered in the Service of the United Nations („Bernadotte”), I.C.J. Reports 1949, S. 174 (185).

349 *Bothe*, ZaöRV 37 (1977), S. 122 (125), hinsichtlich der Europäischen Gemeinschaften.

350 *Geiger*, in: Seidl-Hohenveldern (Hrsg.), Lexikon des Rechts. Völkerrecht, S. 361; *Heintschel von Heinegg*, in: Ipsen, Völkerrecht, § 13 Rn. 28.

351 Vgl. *Epping*, in: Ipsen, Völkerrecht, § 6 Rn. 7.

352 *Sands/Klein*, Bowett`s Law of International Institutions, Rn. 15-016; vgl. zur Kritik an der Anerkennung eines „objektiven Regimes“ im Generellen, *Ragazzi*, The Concept of International Obligations Erga Omnes, S. 39.

353 Gegenüber Dritten ist die Völkerrechtssubjektivität dagegen eine bloße „Potenz“, vgl. *Mosler*, ZaöRV 22 (1962), S. 1 (32). Denn mit seiner Ermächtigung zu einem Völkerrechtssubjekt wurde die Einheit objektiv in die Völkerrechtsordnung eingeführt. Durch die Anerkennung eines Drittstaates wird lediglich ihr Wirkungskreis erweitert, das Völkerrechtssubjekt entsteht aber nicht jeweils neu.

354 *Akande*, in: Evans (Hrsg.), International Law, S. 259 f.

Eine Einheit kann zugleich in der Völkerrechtsordnung und in einer nationalen Rechtsordnung rechtlich tätig werden, dennoch bestehen beide Rechtspersönlichkeiten grundsätzlich unabhängig voneinander.[355] In der Vergangenheit hat es zwar Fälle gegeben, in denen zwischen beiden Rechtspersönlichkeiten Berührungspunkte bestanden haben. In der ersten Hälfte des 19. Jahrhunderts haben sich z.B. nationale Rechtssysteme hinsichtlich der Verleihung einer innerstaatlichen Rechtspersönlichkeit des Öfteren am Völkerrecht orientiert. Auf diese Weise konnten Einheiten nationale Rechtspersönlichkeit bereits auf der Grundlage erhalten, dass sie zuvor vom Völkerrecht anerkannt worden waren.[356] Insofern liegt allerdings keine universal anerkannte Staatenpraxis vor. Daher kann nicht allein von dem Vorliegen einer nationalen Rechtspersönlichkeit auf die Völkerrechtspersönlichkeit einer Einheit geschlossen werden.

e. Zwischenergebnis

Von dem Begriff der Völkerrechtssubjektivität werden nur diejenigen Einheiten erfasst, die mit völkerrechtlichen Rechten und Pflichten ausgestattet sind. Im Gegensatz zu den Staaten, die über eine unbeschränkte Völkerrechtssubjektivität verfügen, können alle anderen Einheiten nur die Stellung eines beschränkten Völkerrechtssubjektes erlangen. Das gilt mithin auch für die PPP. Unter einem beschränkten Völkerrechtssubjekt versteht man, dass eine Einheit nur in dem Maße völkerrechtlich rechtsfähig ist, wie sie mit völkerrechtlichen Rechten und Pflichten betraut wurde. Die beschränkte Völkerrechtssubjektivität wirkt dabei nur gegenüber den Völkerrechtssubjekten, die die Völkerrechtssubjektivität der jeweiligen Einheit anerkannt haben. Ob eine Einheit über eine innerstaatliche Rechtspersönlichkeit verfügt oder nicht, ist für ihre Stellung als Völkerrechtssubjekt irrelevant. Die Verleihung einer innerstaatlichen Rechtspersönlichkeit, wie sie z.B. im Falle des Global Fund und der WADA vorgenommen wurde,[357] sagt somit für sich genommen noch nichts über deren völkerrechtlichen Rechtsstatus aus.

2. Voraussetzungen für das Vorliegen der Völkerrechtssubjektivität

Aus der vorangegangenen Untersuchung folgt, dass die Völkerrechtssubjektivität einer Einheit voraussetzt, dass diese Trägerin völkerrechtlicher Rechte und Pflichten ist, die ihr von dem Kreis der bereits anerkannten Völkerrechtssubjekte verliehen wurden. Diese Anforderung ist im folgenden Abschnitt zu konkretisie-

---

355 Reparations for Injuries Suffered in the Service of the United Nations, Advisory Opinion, I.C.J. Reports 1949, S. 174 (178 f.).

356 *Bederman*, Virginia Journal of International Law 36 (1996), S. 275 (351).

357 Siehe oben Kapitel 1 unter B. I. 3. und B. II. 3.

ren, um im weiteren Verlauf der Arbeit eine genaue Prüfung durchführen zu können, ob die PPP als Völkerrechtssubjekte angesehen werden können.

a. Explizite oder implizite Verleihung der Völkerrechtssubjektivität

Während die Staaten bereits aufgrund ihrer bloßen Existenz als Völkerrechtssubjekte anerkannt werden, muss jeder anderen Einheit die Völkerrechtssubjektivität verliehen werden.[358] In einem ersten Schritt soll daher erläutert werden, in welcher Art die Ausstattung mit völkerrechtlichen Rechten und Pflichten erfolgen kann. In diesem Zusammenhang sind zwei Konstellationen denkbar; die Verleihung kann explizit oder implizit erfolgen.

aa. Explizite Verleihung

Unter einer expliziten Verleihung der Völkerrechtssubjektivität versteht man, dass eine Einheit durch eine ausdrückliche Anordnung zu einem Völkerrechtssubjekt erklärt wird. Dies kann z.B. durch eine entsprechende Bestimmung in dem völkerrechtlichen Gründungsvertrag einer internationalen Organisation geschehen.[359] Ein ausdrücklicher Hinweis findet sich allerdings nur selten in völkerrechtlichen Vereinbarungen.[360] Es kann daher zumindest nicht angenommen werden, dass in diesem Hinweis eine konstitutive Voraussetzung für die Völkerrechtssubjektivität einer Einheit liegt.

Doch auch darüber hinaus erscheint unklar, welche Rechtswirkungen einer solchen Anordnung zukommen sollten. Denkbar wäre, dass eine explizite Bestimmung die Verleihung einer Völkerrechtssubjektivität an diese Einheit außer Zweifel stellt.[361] Demgegenüber erscheint es überzeugender, in der Anordnung lediglich ein Indiz für das Vorliegen einer Völkerrechtspersönlichkeit zu sehen.[362] Sollte die Einheit tatsächlich über keine völkerrechtlichen Rechte und Pflichten verfügen und somit die notwendigen Kriterien eines Völkerrechtssubjektes nicht erfüllen, wäre dieser Hinweis schlicht zu ignorieren. Das könnte

---

358 Siehe oben unter A. I. 1. b.

359 So bestimmt z.B. Art. 47 EUV: „Die Union besitzt Rechtspersönlichkeit“. Im Zusammenhang mit Art. 335 S. 1 AEUV, der die innerstaatliche Rechtspersönlichkeit der EU regelt, kann nur die völkerrechtliche Rechtspersönlichkeit gemeint sein, vgl. *Schweitzer*, Staatsrecht III, § 5 Rn. 693.

360 *Schmalenbach*, „International Organizations or Institutions, General Aspects“, in: MPEPIL, Rn. 19.

361 *Kelsen*, The Law of the United Nations, S. 329 f., geht sogar davon aus, dass eine internationale Organisation über eine unbeschränkte Völkerrechtsfähigkeit verfügen würde, wenn eine solche ausdrückliche Bestimmung in ihrem Gründungsvertrag vorhanden ist.

362 So *Amerasinghe*, Austrian Journal of Public and International Law 47 (1995), S. 123 (132).

z.B. dann der Fall sein, wenn die Gründung einer internationalen Organisation ausschließlich mit dem Hintergedanken erfolgt ist, eine Haftung der an ihr beteiligten Staaten zu verhindern.[363]

bb. Implizite Verleihung

Da in der Mehrzahl der Fälle keine ausdrückliche Anordnung der Völkerrechtssubjektivität gegeben ist und zudem deren Rechtswirkungen nicht eindeutig geklärt sind, muss es möglich sein, die Völkerrechtssubjektivität unabhängig von einer konkreten Anordnung zu bestimmen. In der Völkerrechtswissenschaft ist aus diesem Grund mittlerweile anerkannt, dass einer Einheit die Völkerrechtssubjektivität implizit verliehen werden kann.[364] Bahnbrechend für die Akzeptanz der impliziten Verleihung der Völkerrechtssubjektivität war das Rechtsgutachten des IGH im Reparations-Case.[365] Darin hat das Gericht aus einer Gesamtschau der Aufgaben und Ziele der Vereinten Nationen nach der UN-Charta sowie der Praxis ihrer Anwendung die Konsequenz gezogen, dass die Mitgliedstaaten den Vereinten Nationen eine Völkerrechtspersönlichkeit verliehen hätten.[366] Die Inhaberschaft dieser Kompetenzen sowie ihre praktische Ausübung könnten nicht ohne die Annahme einer Völkerrechtssubjektivität der Vereinten Nationen erklärt werden. Daher sei die ausdrückliche Erwähnung einer völkerrechtlichen Rechtspersönlichkeit nicht erforderlich gewesen.[367]

cc. Zwischenergebnis

Für die Ermittlung der Völkerrechtssubjektivität einer Einheit kommt es somit nicht darauf an, ob ihr diese ausdrücklich verliehen worden ist. Es ist lediglich erforderlich, dass die Einheit über eine völkerrechtliche Rechts- und Pflichtenstellung verfügt.

b. Die Ausstattung mit völkerrechtlichen Rechten und Pflichten als Voraussetzung der Völkerrechtssubjektivität

Für die Bestimmung einer Völkerrechtssubjektivität kommt es somit entscheidend darauf an, mit welchen völkerrechtlichen Kompetenzen die Einheit notwendigerweise ausgestattet sein muss. Zwar wird im Allgemeinen die oben an-

---

363 *Amerasinghe*, Austrian Journal of Public and International Law 47 (1995), S. 123 (132).

364 *Jennings/Watts*, Oppenheim`s International Law, Volume 1, § 7; *Schmalenbach*, „International Organizations or Institutions, General Aspects", in: MPEPIL, Rn. 19.

365 Reparations for Injuries Suffered in the Service of the United Nations, Advisory Opinion, I.C.J. Reports 1949, S. 174.

366 Reparations for Injuries Suffered in the Service of the United Nations, Advisory Opinion, I.C.J. Reports 1949, S. 174 (178 f.).

367 Reparations for Injuries Suffered in the Service of the United Nations, Advisory Opinion, I.C.J. Reports 1949, S. 174 (178 f.).

gegebene Definition, eine Einheit müsse Trägerin völkerrechtlicher Rechte und Pflichten sein, um als Völkerrechtssubjekt anerkannt zu werden, nicht in Frage gestellt.[368] Allerdings ist umstritten, ob die Inhaberschaft einzelner völkerrechtlicher Rechte und Pflichten ausreichend ist oder ob eine Einheit eine bestimmte Kombination an völkerrechtlichen Rechtspositionen innehaben muss, damit eine Trägerschaft anerkannt werden kann.

aa. Die Auffassung des IGH im Reparations-Case

Eine erste Orientierung könnte anhand des Rechtsgutachtens des IGH im Reparations-Case erfolgen.[369] In seinem Gutachten setzte sich der IGH zum ersten Mal mit der Frage der Völkerrechtssubjektivität einer internationalen Organisation und damit einer von den Staaten verschiedenen Einheit auseinander.[370] Dem Gutachten lag der Fall des Grafen Bernadotte zugrunde, der im Rahmen einer diplomatischen Mission der Vereinten Nationen in Palästina ums Leben kam. Die Vereinten Nationen wollten daraufhin von dem IGH die Frage klären lassen, ob sie im eigenen Namen Ersatzansprüche für die Tötung ihres Mitarbeiters geltend machen können oder ob nur der Heimatstaat dieses Mitarbeiters ein solches Recht besitzt. Weil es zur Zeit der Erstellung des Gutachtens noch sehr unsicher war, ob eine Einheit, die nicht ein Staat ist, überhaupt eine Völkerrechtssubjektivität besitzen und daher Inhaber eines völkerrechtlichen Anspruchs sein kann,[371] musste sich das Gericht zwangsläufig in seiner Prüfung mit der Frage auseinandersetzen, unter welchen Voraussetzungen die Völkerrechtssubjektivität der Vereinten Nationen und damit einer internationalen Organisation, gegeben sein kann.

Zunächst stellte der IGH fest, dass die Vereinten Nationen kein Staat seien und daher nicht über denselben völkerrechtlichen Rechtsstatus wie ein Staat verfügen könnten. Aufgrund ihrer Kompetenzen aus der UN-Charta sowie nach dem völkerrechtlichen Vertrag über Privilegien und Immunitäten der Vereinten Nationen[372] hatte der IGH den Vereinten Nationen dennoch die Fähigkeit zugesprochen, im Völkerrecht Rechte, Pflichten und Kompetenzen zu besitzen und

---

368 Vgl. oben unter A. I. 1. a.

369 Reparations for Injuries Suffered in the Service of the United Nations, Advisory Opinion, I.C.J. Reports 1949, S. 174. Siehe zu der Entscheidung bereits oben unter 1. b.

370 Auf die besondere Bedeutung des Gutachtens für das Verständnis von dem Konzept der Völkerrechtssubjektivität im Allgemeinen und speziell hinsichtlich des Status von internationalen Organisationen bis heute weist *Hobe*, Völkerrecht, S. 623, hin.

371 *Sands/Klein*, Bowett`s Law of International Institutions, Rn. 15-006; *Schermers/Blokker*, International Institutional Law, § 1565.

372 United Nations Treaty Series, Vol. 1, S. 163.

völkerrechtlich haftbar zu sein.[373] Diese Rechtspositionen könnten sie in die Lage versetzen, Inhaber eines Anspruchs in der völkerrechtlichen Rechtsordnung zu sein und diesen in eigenem Namen geltend zu machen. Der IGH beließ es aber nicht bei dieser Feststellung, sondern begründete die Völkerrechtssubjektivität der Vereinten Nationen daneben mit pragmatischen und teleologischen Erwägungen. Dazu gehörten die Umstände bei der Gründung der Vereinten Nationen sowie der spätere Umgang der internationalen Gemeinschaft mit der Organisation. Aus dieser Praxis versuchte der IGH Rückschlüsse auf den Willen der Mitgliedstaaten zu ziehen.[374] Aus einer Gesamtschau der rechtlichen Kompetenzen der Vereinten Nationen und ihrer faktischen Behandlung durch die Staatengemeinschaft kam der IGH schließlich zu der Schlussfolgerung, dass die Vereinten Nationen auf der Ebene der Gleichordnung mit den Staaten tätig werden und zu einem eigenständigen Auftreten gegenüber den Staaten berechtigt sein sollten. Sie müssten daher zwangsläufig über eine Völkerrechtspersönlichkeit verfügen.[375]

In dem Gutachten machte der IGH allerdings keine Angaben darüber, ob er die Völkerrechtssubjektivität der Vereinten Nationen nur aus dem Grund angenommen hat, weil sämtliche der geprüften rechtlichen und faktischen Merkmale gegeben waren oder ob bereits die Erfüllung einzelner, bestimmter Kriterien ausgereicht hätte.[376] Im Ergebnis kann dem Gutachten des IGH daher kein allgemeinverbindlicher Maßstab entnommen werden, welche genauen Kriterien für die Annahme der Völkerrechtspersönlichkeit einer Einheit wesentlich sind. Zumindest der Rückgriff auf den Umgang der Mitgliedstaaten mit der Organisation zeigt, dass nicht alle in dem Gutachten erwähnten Elemente konstitutiver Natur sein können. Müsste man für jede neu geschaffene Einheit zunächst eine Praxis der Staatengemeinschaft nachweisen können, die auf das Vorliegen einer Völkerrechtspersönlichkeit schließen lässt, wäre es unmöglich dieser Einheit bereits zum Zeitpunkt ihrer Gründung eine Völkerrechtspersönlichkeit zu verleihen. Auf dieses Argument kann es somit allenfalls hilfsweise ankommen.[377]

---

373 *Amerasinghe*, Austrian Journal of Public International Law 47 (1995), S. 123 (127).

374 *Amerasinghe*, Austrian Journal of Public International Law 47 (1995), S. 123 (S. 129 f.).

375 Reparations for Injuries Suffered in the Service of the United Nations, Advisory Opinion, I.C.J. Reports 1949, S. 174 (179).

376 Vgl. *Amerasinghe*, Austrian Journal of Public International Law 47 (1995), S. 123 (135, 138).

377 *Amerasinghe*, Austrian Journal of Public International Law 47 (1995), S. 123 (129 f.).

bb. Anforderungen in der Völkerrechtswissenschaft

Angesichts der Mehrdeutigkeit des Gutachtens des IGH ist es nicht überraschend, dass in der Völkerrechtswissenschaft eine Diskussion über die konstitutiven Merkmale eines Völkerrechtssubjektes eingesetzt hat, die bis heute nicht beendet worden ist. Den in diesem Zusammenhang vertretenen Ansichten liegen zwei unterschiedliche Ausgangspunkte zugrunde.

aaa. Notwendigkeit einer Kombination an völkerrechtlichen Rechten und Pflichten

Nach der ersten Auffassung ist die Bezeichnung als Völkerrechtspersönlichkeit auf solche Einheiten zu beschränken, die über ein Mindestmaß an Rechten und Pflichten verfügen und damit zu einer rechtlich relevanten Teilnahme am internationalen System in der Lage sind.[378] Die Befürworter dieser Ansicht greifen dabei auf das Gutachten des IGH zurück und sehen den zentralen Bestandteil der Argumentation des IGH in der Formulierung, die Vereinten Nationen würden bestimmte Funktionen ausüben, die nur auf der Basis erklärt werden könnten, dass sie eigenständig und gleichberechtigt auf der internationalen Ebene tätig werden sollten und daher Völkerrechtspersönlichkeit besitzen müssten.[379] Eine eigenständige Tätigkeit in diesem Sinne würde unter anderem die Kompetenz zum Abschluss von völkerrechtlichen Vereinbarungen, das aktive und passive Gesandtschaftsrecht, die Kapazität zur Durchsetzung von völkerrechtlichen Ansprüchen im eigenen Namen und die Gewährung von Privilegien und Immunitäten umfassen.[380]

Zwischen den Vertretern dieses Konzepts besteht allerdings Uneinigkeit im Hinblick auf die Begründung, weshalb es auf diese Kriterien ankommen soll. Nach einer älteren Auffassung, die in Bezug auf die Völkerrechtssubjektivität der internationalen Organisationen entwickelt wurde, besteht eine Norm des Völkergewohnheitsrechts, wonach eine Einheit, sobald sie die oben erwähnten Voraussetzungen erfülle, automatisch mit einer Völkerrechtspersönlichkeit ausgestattet sei (sog. objektiver Ansatz oder objektive Theorie).[381] Analog zu der

---

378 *Seyersted*, Common Law of International Organizations, S. 43 f.; *Malanczuk*, Akehurst`s Modern Introduction to International Law, S. 91; *Amerasinghe*, Austrian Journal of Public International Law 47 (1995), S. 123 (129 f.).

379 *Amerasinghe*, Austrian Journal of Public International Law 47 (1995), S. 123 (129 f.).

380 *Malanczuk*, Akehurst`s Modern Introduction to International Law, S. 91. Zum Teil werden diese Elemente allerdings nur als Indizien für das Vorliegen einer Völkerrechtspersönlichkeit angesehen, *Klabbers*, An Introduction to International Institutional Law, S. 40.

381 *Seyersted*, Common Law of International Organizations, S. 43.

Entstehung von Staaten genüge allein die faktische Existenz einer Einheit in der Völkerrechtsordnung. Als zentrales Kriterium und einzige Bedingung für die Einordnung einer Einheit als Völkerrechtssubjekt bedürfe es des Vorliegens eines eigenständigen Organs, soweit dieses Organ souverän in dem Sinne sei, dass seine Entscheidungen nicht der Hoheitsgewalt einer anderen Gemeinschaft unterstünden.[382] Über dieses Organ müsse die Einheit in der Lage sein, souveräne internationale Akte in ihrem eigenen Namen durchzuführen, denen Rechtswirkungen für die Einheit selbst zukommen.[383] Unter solchen Voraussetzungen bestehe die Völkerrechtspersönlichkeit der Einheit originär und stehe daher der Rechtsstellung der Staaten gleich.[384]

Allerdings konnte sich die Auffassung nicht durchsetzen. An ihr wird kritisiert, dass sie keine Grundlage in der rechtlichen Praxis der Staaten im Umgang mit den internationalen Organisationen finde. Es sei weder eine einheitliche Staatenpraxis auszumachen, die den Schluss zulasse, dass die Staaten den internationalen Organisationen sämtliche völkerrechtlichen Rechte und Pflichten unabhängig von einer entsprechenden Ermächtigung in dem Gründungsdokument zusprechen wollten,[385] noch könne eine Bereitschaft von Nichtmitgliedstaaten nachgewiesen werden, ohne einen ausdrücklichen Anerkennungsakt in rechtliche Beziehungen mit einer Organisation eintreten zu wollen. Zudem könne die von der objektiven Theorie angestrebte Wirkung der Völkerrechtssubjektivität einer internationalen Organisation entgegen dem Willen eines Staates nur begründet werden, wenn dieser Norm des Völkergewohnheitsrechtes der Status von ius cogens zukommen würde.[386] Schließlich erscheine es fraglich, wie eine Organisation gegen den Willen ihrer Mitgliedstaaten handlungsfähig bleiben sollte. Die Trägerschaft einer internationalen Organisation liege bei ihren jeweiligen Mitgliedstaaten. Sobald sämtliche Mitgliedstaaten aus der Organisation austreten, würde diese automatisch aufhören zu bestehen.[387]

---

382 *Seyersted*, Common Law of International Organizations, S. 44.

383 *Seyersted*, Common Law of International Organizations, S. 43 f.

384 *Seyersted*, Common Law of International Organizations, S. 53. *Faßbender*, ÖZöRV 37 (1986), S. 17 (36), bezeichnet diese Ansicht als „materiellen Ansatz“, weil zunächst die Völkerrechtspersönlichkeit einer Einheit verifiziert werden müsse, um anschließend dieser Einheit aufgrund ihrer Völkerrechtssubjektivität bestimmte Rechte und Pflichten zuzusprechen.

385 *Epping*, in: Ipsen, Völkerrecht, § 6 Rn. 6.

386 *Klabbers*, An Introduction to International Institutional Law, S. 55.

387 *Epping*, in: Ipsen, Völkerrecht, § 6 Rn. 6.

Verbreitet wird die Völkerrechtspersönlichkeit auf einen entsprechenden Willen der Staaten zurückgeführt (sog. Willenstheorie).[388] Das Völkerrecht basiere insgesamt auf dem frei geäußerten Willen der Staaten. Aus den Rechten, Pflichten und Kompetenzen einer Einheit, die sich aus ihrem Gründungsdokument oder anderen völkerrechtlichen Übereinkünften ergeben, müsse sich daher der explizite oder implizite Willen ihrer Mitglieder entnehmen lassen, die Einheit mit Völkerrechtspersönlichkeit ausstatten zu wollen.[389] Dass es dabei zwingend auf die oben angesprochen Kriterien ankommt, wird mit dem Argument begründet, dass alle anerkannten Völkerrechtssubjekte zumindest über eines dieser Merkmale verfügen würden.[390] Es würde sich daher um das Ergebnis einer normativen Setzung der Völkerrechtsordnung handeln.[391] In eine ähnliche Richtung argumentiert *Schweisfurth*, der fordert, nur solche Einheiten als Völkerrechtssubjekte aufzunehmen, die an der Begründung oder der Aufhebung völkerrechtlicher Rechte und Pflichten aktiv teilnehmen und nicht bloß passive Adressaten einer Norm seien.[392] Das Völkerrecht werde von den Völkerrechtssubjekten für sich selbst und nicht für andere erzeugt, es müsse also eine Identität zwischen Rechtserzeugern und Rechtsunterworfenen vorliegen. Dieses Erfordernis folge aus dem genossenschaftlichen Charakter des Völkerrechts als einem seiner „fundamentalen Strukturprinzipien".[393]

bbb. Erfordernis einer ermächtigenden oder verpflichtenden Norm

Nach der Gegenansicht erfordert die Völkerrechtsfähigkeit allein, dass eine Einheit selbstständige Inhaberin völkerrechtlicher Rechte und/oder Adressat völkerrechtlicher Pflichten ist und nicht nur das bloße Objekt von Handlungen anderer Völkerrechtssubjekte darstellt.[394] Die Rechtsfähigkeit sollte auch im Völker-

---

388 *Wolfrum*, in: Seidl-Hohenveldern (Hrsg.), Lexikon des Rechts. Völkerrecht, S. 146.

389 *Amerasinghe*, Austrian Journal of Public International Law 47 (1995), S. 123 (131). Diese Ansicht wird auch als induktiver Ansatz bezeichnet, weil sie von dem Vorliegen bestimmter Rechte und Pflichten ausgeht und aus diesen Rückschlüsse über das Vorliegen einer Völkerrechtspersönlichkeit zieht, vgl. *Rama-Montaldo*, BYIL 44 (1970), S. 111 (112).

390 *Klabbers*, An Introduction to International Institutional Law, S. 40.

391 *Dahm/Delbrück/Wolfrum*, Völkerrecht, Band I/1, S. 21 f.

392 *Schweisfurth*, Völkerrecht, 1. Kapitel Rn. 11 ff.; im Ergebnis ebenso *Aust*, Handbook of International Law, S. 12 f., der z.B. die Individuen und Unternehmen als bloße Objekte des Völkerrechts bezeichnet.

393 *Schweisfurth*, Völkerrecht, 1. Kapitel Rn. 9 f.

394 *Faßbender*, ÖZöRV 37 (1986), S. 17 (47); *Peterke*, Der völkerrechtliche Sonderstatus der Internationalen Föderation der Rotkreuz- und Rothalbmondgesellschaften, S. 85; *Hempel*, Die Völkerrechtssubjektivität internationaler nichtstaatlicher Organisationen, S. 74. Vgl. auch ILA, Non-State Actors, Part II No. 4.

recht, wie in den meisten Rechtsordnungen, nicht von dem Status als Rechtspersönlichkeit abhängen, sondern sich im konkreten Fall anhand der Normen bestimmen, die einer Einheit die Fähigkeit zur Vornahme bestimmter Handlungen in der jeweiligen Rechtsordnung verleihen.[395] Für das Vorliegen einer Völkerrechtspersönlichkeit sei es somit grundsätzlich ausreichend, wenn eine Einheit durch eine völkerrechtliche Norm berechtigt oder verpflichtet werde.[396]

ccc. Stellungnahme

Der letztgenannten Ansicht ist zu folgen. Die Notwendigkeit einer Kongruenz zwischen Rechtsunterworfenen und Rechtserzeugern überzeugt nicht. Gegen sie spricht, dass im Völkerrecht eine Fremdbindung bereits bei einer Rechtsetzung durch Mehrheitsentscheid oder Völkergewohnheitsrecht möglich ist.[397] Zwar kann ein Staat eine Bindung von Völkergewohnheitsrecht durch kontinuierliche gegenläufige Handlungen und Äußerungen verhindern (sog. „persistent objector"),[398] allerdings ist im Völkerrecht mittlerweile anerkannt, dass es einen Bestand an zwingenden Regelungen gibt, die nicht zur Disposition einzelner Staaten stehen (ius cogens). Das Prinzip der Kongruenz zwischen Rechtsunterworfenen und Rechtserzeugern besteht im Völkerrecht daher nicht uneingeschränkt.[399]

Gegen die Forderung, eine Einheit müsse ein Mindestmaß an Rechten und Pflichten für die Anerkennung ihrer Völkerrechtspersönlichkeit aufweisen, ist generell einzuwenden, dass im Völkerrecht keine allgemeine Regel vorhanden ist, die die Rechtspositionen einer Einheit von vornherein festlegen würde.[400] Vielmehr wurde bereits darauf hingewiesen, dass sich die Völkerrechtssubjekte nach ihrer Art und dem Umfang ihrer Rechtspositionen voneinander unterscheiden können.[401] Dem Erfordernis einer Kombination bestimmter völkerrechtlicher Kompetenzen liegt die Vorstellung zugrunde, dass die Rechte und Pflichten eines Völkerrechtssubjektes denjenigen der Staaten entsprechen müssen. Wie oben erwähnt wurde, besteht die moderne Völkerrechtsordnung allerdings nicht mehr nur aus Staaten, sondern akzeptiert in zunehmendem Maße auch andere Einheiten, die nicht über dieselben Rechte und Pflichten wie Staaten verfü-

---

395 *Walter*, „Subjects of International Law", in: MPEPIL, Rn. 30, nennt das Beispiel, dass in den meisten nationalen Rechtsordnungen das Individuum eine unbeschränkte Rechtspersönlichkeit hat und dennoch bestimmte Akte, wie zum Beispiel den Erlass eines Gesetzes, nicht durchführen kann.

396 *Portmann*, Legal Personality in International Law, S. 272.

397 *Peters*, Völkerrecht, Kapitel 10 Rn. 2.

398 *Heintschel von Heinegg*, in: Ipsen, Völkerrecht, § 16 Rn. 26.

399 Vgl. *Portmann*, Legal Personality in International Law, S. 261 ff.

400 Vgl. *Rama-Montaldo*, BYIL 44 (1970), S. 111 (113).

401 Siehe oben unter A. I. 1. b.

gen.[402] Soweit eine Einheit zumindest eine der von der erstgenannten Auffassung geforderten Kompetenzen besitzt, ist darin eine hinreichende Bedingung für das Vorliegen einer Völkerrechtssubjektivität zu sehen.[403]

Diese Auffassung hat den Nachteil, die Bedeutung des Begriffes der Völkerrechtspersönlichkeit abzuschwächen. Zur Bestimmung der rechtlichen Kapazität einer Einheit kommt es dann einzig auf ihre konkreten völkerrechtlichen Kompetenzen an. Mit der Einordnung als Völkerrechtssubjekt kann dagegen nicht von vornherein eine Ausstattung mit bestimmten Rechten und Pflichten verbunden werden.[404] Dennoch ist diese Konsequenz vorzugswürdig, da aus dem Begriff der Rechtspersönlichkeit keine bestimmte Kombination an rechtlichen Fähigkeiten abgeleitet werden kann.[405] Die erstgenannte Ansicht tendiert dazu, die Unterschiede zwischen den Kompetenzen der Völkerrechtssubjekte zu verwischen. Zudem beruht der Begriff der Rechtspersönlichkeit im Generellen auf einer Wertentscheidung des Normgebers, der aus einer Einheit einen Rechtsträger macht.[406] Daher ist es ausreichend, wenn die Ermächtigung einer Einheit auf eine völkerrechtliche Norm zurückgeführt werden kann, aus der sich die Anerkennung dieser Position durch die Völkerrechtsgemeinschaft erkennen lässt.[407]

c. Struktur der ermächtigenden Norm

Ohne Zweifel gewährt nicht jede völkerrechtliche Vorschrift einer Einheit eine subjektive Rechtsposition und begründet damit deren Völkerrechtssubjektivität.[408] Um eine Beurteilung im Einzelfall zu ermöglichen, ist zunächst zu erläutern, unter welchen Voraussetzungen eine Einheit Trägerin eines eigenen Rechts im Völkerrecht ist, eine anerkannte Definition eines subjektiv-völkerrechtlichen Rechts existiert nämlich nicht.[409] Bei der Bestimmung des subjektiv-

402 Vgl. auch *Portmann*, Legal Personality in International Law, S. 268 ff., 283, der die Ansicht vertritt, je weniger versucht werde mit der Annahme einer Völkerrechtssubjektivität bestimmte Rechtspositionen a priori zu verbinden, desto mehr entspreche das Konzept der Völkerrechtssubjektivität den Grundannahmen der gegenwärtigen Völkerrechtsordnung.

403 *Peters*, „Treaty Making Power“, in: MPEPIL, Rn. 5.

404 *Walter*, „Subjects of International Law“, in: MPEPIL, Rn. 29.

405 *Lindblom*, Non-Governmental Organizations in International Law, S. 75 f.; vgl. auch *Chiu*, The Capacity of International Organizations to conclude Treaties, S. 29, demzufolge es keinen Grund dafür gibt, warum die Völkerrechtssubjektivität notwendigerweise die Vertragsschlussfähigkeit beinhalten müsste.

406 *Hempel*, Die Völkerrechtssubjektivität internationaler nichtstaatlicher Organisationen, S. 61.

407 *Hobe*, AVR 37 (1999), S. 152 (159).

408 *Walter*, „Subjects of International Law“, in: MPEPIL, Rn. 18.

409 *Bleckmann*, Allgemeine Staats- und Völkerrechtslehre, S. 605.

völkerrechtlichen Rechts kann auf das in der allgemeinen Rechtstheorie entwickelte Verständnis eines subjektiven Rechts zurückgegriffen werden, weil der Begriff des subjektiven Rechts ein „Konstitutionselement" jeder modernen Rechtsordnung darstellt.[410] Dieses Verständnis muss allerdings an die Besonderheiten der Völkerrechtsordnung angepasst werden.[411] Da sich ähnliche Probleme wie bei der Feststellung eines eigenen Rechts auch bezüglich einer Pflichtenstellung ergeben, beschränken sich die folgenden Ausführungen auf die Rechtsstellung einer Einheit.

aa. Das subjektive Recht in der deutschen Rechtstheorie

Ein subjektives Recht ist seinem Inhalt nach die dem Einzelnen durch die Rechtsordnung bzw. das objektive Recht zuerkannte „Willensmacht" oder „Rechtsmacht".[412] Es dient als Mittel zur Wahrung der eigenen Interessen des Inhabers jener Rechtsmacht.[413] Ein subjektives Recht bezeichnet daher im Allgemeinen ein spezifisches Dürfen eines Rechtssubjektes gegenüber einem Adressaten (dem aus der Norm Verpflichteten), das sich auf ein Tun, Dulden oder Unterlassen richten kann. Diesem Dürfen entspricht ein Anspruch gegenüber dem Adressaten auf ein entsprechendes Verhalten.[414] Strukturell muss eine Norm damit die rechtlichen Beziehungen von mindestens zwei Personen (dem Träger des Rechts und dem Verpflichteten) regeln und diesen ein bestimmtes Verhalten vorschreiben. Alternativ wird auch von einer dreistelligen Relation gesprochen, da die Norm das Verhältnis von zwei Personen und einem Gegenstand (das Recht auf eine Handlung) erfassen muss.[415]

Eine geschützte Rechtsposition in diesem Sinne ist von einer Begünstigung zu unterscheiden, die einen bloßen Rechtsreflex darstellt. Nicht jede Norm des objektiven Rechts, die für eine Person eine Begünstigung enthält, vermittelt die-

---

410 *Mahlmann*, Rechtsphilosophie und Rechtstheorie, § 23 Rn. 1; *Bleckmann*, Allgemeine Staats- und Völkerrechtslehre, S. 605.

411 Vgl. *Bleckmann*, Allgemeine Staats- und Völkerrechtslehre, S. 605 f., der darauf hinweist, dass das im deutschen Recht entwickelte Begriffsverständnis die Rechtslage im Völkerrecht richtig wiedergibt und auch im angelsächsischen und französischen Rechtskreis allgemein anerkannt wurde.

412 *Bachof*, in: Bachof, u.a. (Hrsg.), GS Jellinek, S. 287 (292); die Definition geht zurück auf *Savigny*, System des heutigen Römischen Rechts, Band 1, S. 7.

413 *Rüthers/Fischer/Birk*, Rechtstheorie, Rn. 63. Daneben dient das subjektive Recht, aber auch der effektiven Einhaltung der Rechtsordnung, indem es den Einzelnen berechtigt, die Rechte, die ihm die Rechtsordnung verleiht, auch geltend zu machen. Dieser Gedanke wird in neuerer Zeit im Unionsrecht besonders betont, vgl. *von Danwitz*, Europäisches Verwaltungsrecht, S. 515 f.

414 *Mahlmann*, Rechtsphilosophie und Rechtstheorie, § 23 Rn. 10.

415 *Rüthers/Fischer/Birk*, Rechtstheorie, Rn. 63.

ser auch zwingend ein subjektives Recht. Eine bloße Reflexwirkung einer Norm liegt vor, wenn eine Person faktisch begünstigt oder belastet wird, ohne dass sich ihr Bestand an Rechten und Pflichten unmittelbar verändert.[416] Somit kommt es auf die Abgrenzung an, wann eine Norm des objektiven Rechts für den Einzelnen eine subjektive Rechtsposition enthält. Mit dieser Frage hat sich insbesondere die deutsche Staatsrechts- und Verwaltungsrechtswissenschaft bei der Bestimmung des subjektiven öffentlichen Rechts befasst. Von einem subjektiv-öffentlichen Recht wird gesprochen, wenn das Recht des Einzelnen auf einer Norm des öffentlichen Rechts beruht.[417] Die Beurteilung, nach welchen Kriterien einer Norm ein solches subjektives öffentliches Recht entnommen werden kann, erfolgt nach h.M. anhand der auf *Bühler* zurückgehende „Schutznormlehre“.[418] Das Recht muss erstens von einem Satz des objektiven Rechts abgeleitet sein, der der in Pflicht genommenen Person ein bestimmtes Verhalten vorschreibt und ihr keinen Ermessensspielraum belässt. Zweitens muss diese Norm im Interesse einer bestimmten Person begründet worden sein und dazu dienen, das Interesse dieser Person zu schützen. In seiner klassischen Ausprägung fordert die Lehre drittens, dass die Rechtsordnung dem Träger dieses Interesses die rechtliche Realisierungsmacht verleiht, ihm also vor allem eine Klagemöglichkeit vor einem Gericht eröffnet.[419] Ob es auf das Erfordernis der Durchsetzbarkeit der Rechtsposition wirklich ankommen sollte, ist heute stark umstritten.[420] Darauf wird noch näher einzugehen sein.[421]

bb. Anpassung an das Völkerrecht

In einem weiteren Schritt ist zu prüfen, inwiefern diese allgemeine Definition eines subjektiven Rechts in der völkerrechtlichen Rechtsordnung Anwendung finden kann und welche Anpassungen an die Besonderheiten der Völkerrechtsordnung vorgenommen werden müssen. Da das subjektive Recht von der jeweiligen Rechtsordnung verliehen wird, kann ein subjektiv-völkerrechtliches Recht einer Einheit selbstverständlich nur auf der Grundlage einer völkerrechtlichen Norm bestehen.

---

416 *Bachof*, in: Bachof, u.a. (Hrsg.), GS Jellinek, S. 287 (288).

417 *Maurer*, Allgemeines Verwaltungsrecht, § 8 Rn. 2.

418 BVerwGE 32, 173 (175 ff.); 66, 307 (308 f.); 78, 40 (41). *Huber*, in: von Mangoldt/Klein/Starck, Grundgesetz, Band 1, Art. 19 Rn. 389; *Maurer*, Allgemeines Verwaltungsrecht, § 8 Rn. 8.

419 *Bühler*, Die subjektiven öffentlichen Rechte und ihr Schutz in der deutschen Verwaltungsrechtsprechung, S. 21. Vgl. auch *Bleckmann*, Allgemeine Staats- und Völkerrechtslehre, S. 606.

420 Dagegen z.B. *Hempel*, Die Völkerrechtssubjektivität internationaler nichtstaatlicher Organisationen S. 80; *Schulev-Steindl*, Subjektive Rechte, S. 10 f., 45 ff.

421 Siehe unten unter A. I. 2. c. bb. ccc.

Ungleich komplizierter ist dagegen die Abgrenzung, unter welchen Voraussetzungen einer völkerrechtlichen Norm der Schutz einer eigenen Rechtsposition einer Einheit entnommen werden kann und wann von einem bloßen Rechtsreflex auszugehen ist. Im Völkerrecht ist diese Feststellung oftmals nicht leicht zu treffen, da die absolute Mehrzahl der völkerrechtlichen Verpflichtungen eines Staates allein gegenüber seinen Vertragspartnern bestehen soll.[422] Zur Bestimmung, ob eine Norm ein subjektiv-völkerrechtliches Recht enthält, wird in der Literatur aufgrund des Fehlens einer entsprechenden völkerrechtlichen Theorie vorgeschlagen, auf die Schutznormlehre (in analoger Anwendung) zurückzugreifen.[423] Für diese Übertragung spricht, dass die Schutznormlehre auf den Willen des Rechtserzeugers abstellt. Auch im Völkerrecht hängt die Bestimmung der Rechtsstellung einer Einheit von dem Willen der Völkerrechtsgemeinschaft, insbesondere dem der Staaten, als den Rechtserzeugern des Völkerrechts ab, so dass die entsprechende Anwendung der Schutznormlehre sinnvoll erscheint.[424]

aaa. Vorliegen eines völkerrechtlichen Rechtssatzes

Nach der ersten Anforderung der Schutznormlehre muss das subjektive Recht von einem Satz des objektiven Rechts abgeleitet sein, der der in Pflicht genommenen Person ein bestimmtes Verhalten vorschreibt und ihr keinen Ermessensspielraum belässt. In analoger Übertragung auf das Völkerrecht muss das Recht der ermächtigten Einheit aus einer Norm des Völkerrechts abgeleitet werden können, die dem Adressaten eine entsprechende Verpflichtung zu einem bestimmten Verhalten vorschreiben muss und ihm keinen Ermessensspielraum belassen darf.[425]

Als Adressaten bzw. Verpflichtete der Norm kommen im Völkerrecht nur die bereits anerkannten Völkerrechtssubjekte, insbesondere die Staaten, in Betracht.[426] Diese Einschränkung ist vorzunehmen, weil es letztlich immer auf die Übernahme einer Verhaltenspflicht durch die etablierten Völkerrechtssubjekte ankommen wird, eine Einheit in einer bestimmten Art und Weise zu behandeln. Nur so ist festzustellen, ob eine Unterstellung dieser Einheit unter das Völker-

---

422 *Walter*, „Subjects of International Law“, in: MPEPIL, Rn. 18.

423 *Dörr*, JZ 60 (2005), S. 905 (906), der zudem darauf hinweist, dass dieselben Überlegungen bei der Individualberechtigung aus europäischem Unionsrecht angestellt werden.

424 *Breuer*, in: Gornig, u.a. (Hrsg.), GS Blumenwitz, S. 101, der zudem der Ansicht ist, dass diese Auffassung dem Urteil des IGH im LaGrand-Fall zugrunde gelegen hat.

425 *Hempel*, Die Völkerrechtssubjektivität internationaler nichtstaatlicher Organisationen, S. 79; *Steiger*, in: Binder, u.a. (Hrsg.), Völkerrecht im innerstaatlichen Bereich, S. 130.

426 *Bleckmann*, Allgemeine Staats- und Völkerrechtslehre, S. 633, der vorrangig die Staaten und internationalen Organisationen als mögliche Verpflichtete ansieht.

recht beabsichtigt gewesen ist und deren Rechtsstellung mithin anerkannt wurde.[427] Aufgrund des Fehlens eines zentralen Normgebers liegt die Perspektive im Völkerrecht primär auf den Staaten, die Ermächtigung einer Einheit muss daher letztlich auf deren gemeinsamen Willen zurückgeführt werden können.[428]

Von zentraler Bedeutung ist des Weiteren die Formulierung, die Norm dürfe keinen Ermessenspielraum für die Adressaten belassen. Durch diese Anforderung wird sichergestellt, dass die Norm hinreichend klar und bestimmt formuliert ist und damit ohne jede weitere Konkretisierung durch internationale oder nationale Rechtsakte (unmittelbar) angewendet werden kann.[429] Sie darf nicht nur eine allgemeine Zielvorgabe für die Staaten enthalten, sondern muss hinreichend konkret die Verpflichtungen eines Staates festlegen.[430]

bbb. Schutz des Interesses einer bestimmten Einheit

Zweitens muss diese Norm im Interesse einer bestimmten Einheit begründet worden sein und dazu dienen, ein eigenes Interesse dieser Einheit zu schützen. Die Problematik dieser Feststellung im Völkerrecht wird anhand der Frage nach einer partiellen Völkerrechtssubjektivität des Individuums deutlich. Denn bei menschenrechtlichen Gewährleistungen in völkerrechtlichen Verträgen hängt es von ihrem genauen Wortlaut ab, ob die rechtlichen Verpflichtungen eines Staates gegenüber dem Individuum selbst oder allein gegenüber den anderen Vertragspartnern bestehen. Spricht die Norm das Individuum direkt an und diesem eine Berechtigung zu, so ist nach ganz h.M. von einer eigenen völkerrechtlichen Rechtsposition des Einzelnen gegenüber dem verpflichteten Staat auszugehen.[431] Das Individuum ist dann nicht von seinem Heimatstaat mediatisiert, sondern selbst Träger völkerrechtlicher Rechte. Weist die Norm dagegen einen solchen Bezug nicht auf, sondern befasst sich lediglich mit den gegenseitigen Verpflichtungen der Vertragsstaaten, liegt die Inhaberschaft des individualschützenden Rechts allein bei den Vertragspartnern des verpflichteten Staates.[432] Die Begüns-

---

427 Vgl. *Lindblom*, Non-Governmental Organizations in International Law, S. 122. *Schweisfurth*, Völkerrecht, 1. Kapitel Rn. 9 f., spricht vom „genossenschaftlichen Charakter" des Völkerrechts, welches die Rechtsgenossen als Recht für sich selbst erzeugt haben.

428 Im Rahmen der Ermächtigung durch die Staaten können natürlich auch die beschränkten Völkerrechtssubjekte ihrerseits neue Völkerrechtssubjekte anerkennen.

429 *Grzeszick*, AVR 43 (2005), S. 312 (318).

430 *Grzeszick*, AVR 43 (2005), S. 312 (318).

431 Vgl. *Lindblom*, Non-Governmental Organizations in International Law, S. 122 ff., *Epping*, in: Ipsen, Völkerrecht, § 7 Rn. 5, *Schwartmann*, Private im Wirtschaftsvölkerrecht, S. 14; a.A. *Schweisfurth*, Völkerrecht, 1. Kapitel Rn. 144.

432 *Stein/von Buttlar*, Völkerrecht, Rn. 503.

tigung des Individuums stellt sich dann nur als Reflex aus den Rechten und Pflichten des Staates dar.[433]

Losgelöst von der rechtlichen Situation des Individuums muss demnach eine völkerrechtliche Norm vorliegen, die zum Schutz des Interesses der berechtigten Einheit erlassen worden ist, dieser also direkt und unmittelbar ein Recht gegenüber dem verpflichteten Völkerrechtssubjekt zuspricht.

ccc. Konstitutives Erfordernis der Durchsetzbarkeit der Rechtsposition

Als dritte Forderung der Schutznormlehre in ihrer klassischen Ausprägung muss der berechtigten Einheit eine Möglichkeit gegeben werden, ihre Rechtsposition gegenüber dem Verpflichteten z.B. auf gerichtlichem Wege durchsetzen zu können.[434] Das subjektive Recht bilde eine Rechtsmacht, die dem Einzelnen von der Rechtsordnung als Mittel zur Wahrung seiner Interessen verliehen werde. Die Klagbarkeit der subjektiven Rechte sei das Mittel und die Voraussetzung ihrer realen Durchsetzbarkeit.[435] Nach der Gegenansicht wird das Erfordernis einer Klagebefugnis dagegen nicht als Wesensmerkmal eines subjektiven Rechts verstanden.[436] Die Norm müsse lediglich die Intention erkennen lassen, dass die Rechtsfolge durchgesetzt werden könne.[437] Nur dann sei das Gesetz darauf angelegt, für den Begünstigten ein subjektives Recht zu begründen.[438] Dieser Streit wird ebenfalls im Völkerrecht geführt.

(1). Befürwortende Ansicht

Von einer Auffassung wird angenommen, für das Vorliegen eines subjektiven völkerrechtlichen Rechts komme es neben dem Vorhandensein einer Norm zwingend auf ihre Durchsetzbarkeit (locus standi) an.[439] Eine „aktive" Völkerrechtssubjektivität sei nur gegeben, wenn einem Rechtsträger die Möglichkeit gegeben werde, sein Recht auf völkerrechtlicher Ebene – „auf Augenhöhe" mit den Staaten – geltend zu machen.[440] Diese Anforderung wird aber insofern ein-

---

433 *Dörr*, JZ 60 (2005), S. 905.

434 *Bühler*, in: Bachof, u.a. (Hrsg.), GS Jellinek, S. 269 (274, 281 ff.).

435 *Rüthers/Fischer/Birk*, Rechtstheorie, Rn. 63. Diese Auffassung lässt sich mit der Funktion des subjektiven Rechts stützen, das ursprünglich dazu diente, dem Einzelnen eine Möglichkeit zu verleihen, das Verwaltungshandelns gerichtlich auf seine Rechtmäßigkeit überprüfen zu lassen und im Falle einer Verletzung Schadensersatz verlangen zu können, vgl. *Schöbener*, in: Kluth (Hrsg.), Handbuch des Kammerrechts, § 14 Rn. 9.

436 *Nettesheim*, AöR 132 (2007), S. 333 (345).

437 *Stern*, Das Staatsrecht der Bundesrepublik Deutschland, Band III/1, S. 536 f.

438 *Sachs*, Verfassungsrecht II, A 4 Rn. 5.

439 *Grahl-Madsen*, The status of refugees in international law, Vol. 1, S. 53.

440 *Bleckmann*, Allgemeine Staats- und Völkerrechtslehre, S. 609 f.; *Verdross/Simma*, Universelles Völkerrecht, § 424.

geschränkt, dass es sich nicht zwingend um ein gerichtliches Verfahren handeln müsste. Denn im Gegensatz zum nationalen Recht, in dem über das Vorliegen einer obligatorischen Gerichtsbarkeit fast alle Rechte eingeklagt werden könnten, bestünden im Völkerrecht nur sehr wenige gerichtliche Verfahren. Zu den völkerrechtlichen Durchsetzungsverfahren in diesem Sinne sollen daher nicht nur die gerichtlichen Verfahren mit einem für den beteiligten Staat verbindlichen Ergebnis wie die Klagemöglichkeit vor dem IGH oder das Individualbeschwerdeverfahren vor dem EGMR nach Art. 34 EMRK gezählt werden, sondern z.B. auch die Beschwerdemöglichkeit nach dem 1. Fakultativprotokoll zum Internationalen Pakt für bürgerliche und politische Rechte (IPBPR).[441] Zum Teil wird sogar die Fähigkeit zum Führen von Verhandlungen oder die Ausübung einer Repressalie für ausreichend erachtet.[442]

Wer demgegenüber nicht in der Lage sei, sich auf ein ihm von einer Rechtsordnung angeblich zuerkanntes Recht in irgendeiner Form zu berufen und dieses gegen Widerstand durchzusetzen, könne nicht wirklich als Träger eines „eigenen“ Rechtes bezeichnet werden.[443] Vielmehr stelle sich diese „Rechtsposition“ als eine bloße Naturalobligation der Staaten dar, die ausschließlich im Verhältnis zueinander wechselseitig anspruchsberechtigt seien.[444] Zur Bekräftigung dieser Einschätzung wird auf die rechtliche Situation von juristischen Personen in den nationalen Rechtsordnungen hingewiesen. Im nationalen Recht lasse sich die Verknüpfung zwischen materieller Rechtsinhaberschaft und prozessualer Durchsetzbarkeit daran erkennen, dass die juristischen Personen in der Regel dazu berechtigt seien, sämtliche Mittel wahrzunehmen, die die jeweilige Rechtsordnung zur Geltendmachung ihrer subjektiven Rechte vorsehe.[445] Schließlich sei die Auslegung, einem im zwischenstaatlichen Verkehr geltenden Rechtssatz eine subjektive Rechtsposition einer Einheit zu entnehmen, nur in dem Maße sinnvoll, in dem die Beachtung und die Durchsetzung des jeweiligen Rechts gesichert seien. Andernfalls drohe ein Verlust der Wirksamkeit des Völkerrechts im Allgemeinen.[446] Nur wenn die Staaten ein Durchsetzungsverfahren vorgesehen hätten, würden sie auch von der Möglichkeit ausgehen, dass sich

---

441 *Kempen/Hillgruber*, Völkerrecht, § 7 Rn. 67.

442 *Bleckmann*, Allgemeine Staats- und Völkerrechtslehre, S. 609.

443 So in Bezug auf das Individuum, *Kempen/Hillgruber*, Völkerrecht, § 7 Rn. 67.

444 *Kempen/Hillgruber*, Völkerrecht, § 7 Rn. 67; *Grzeszick*, AVR 43 (2005), S. 312 (335).

445 Vgl. *Reuterswärd*, NTIR 49 (1980), S. 14 f., der aus diesem Grund annimmt, dass allein die Staaten Völkerrechtssubjekte sein könnten. Die alleinige Befugnis der Staaten zur Wahrnehmung von Durchsetzungsmechanismen, wie z.B. der Klagemöglichkeit vor dem IGH, würde diese Situation deutlich machen.

446 *Grzeszick*, AVR 43 (2005), S. 312 (342).

eine Einheit auf dieses Recht berufen könne. Insbesondere in Bezug auf menschenrechtliche Verträge wird insofern argumentiert, würde man den Staaten entgegen ihrem Willen eine Verpflichtung gegenüber einer Einheit aufzwingen, könnte das die Staaten zu einem Rückzug aus dem jeweiligen Vertrag bewegen.[447]

(2). Gegenauffassung

Nach der Gegenansicht sollen die rechtlichen Wirkungen einer Norm nicht aus dem Grund ignoriert werden können, dass sie nicht gerichtlich oder auf anderem Wege durchsetzbar seien.[448] Es müsse nicht bei jeder einzelnen Norm innerhalb einer Rechtsordnung ihre Nichteinhaltung zwingend sanktioniert werden können.[449] So kenne das nationale Recht z.B. mit den sog. Naturalobligationen Regelungen, die nicht gerichtlich durchgesetzt werden könnten, dennoch würde ihre Qualität als Rechtsnormen keinen Zweifeln unterliegen.[450] Des Weiteren zeige die Zulässigkeit von Prozessstandschaften, dass der Zusammenhang zwischen materieller Rechtsträgerschaft und prozessualer Geltendmachung im nationalen Recht nicht absolut bestehe. Denn mit der fehlenden eigenen Klageberechtigung sei nicht zugleich auch der Verlust des subjektiven Anspruchs verbunden.[451]

Gegen das Erfordernis einer verfahrensrechtlichen Sicherung des Rechts wird weiterhin eingewendet, dass sie zu einer widersprüchlichen Auslegung des Völkerrechts führen könnte.[452] So würden die Vertreter der Position, die eine Sicherung des Rechts durch ein völkerrechtliches Verfahren fordern, z.B. das Vorliegen einer völkerrechtlichen Rechtsstellung von Individuen nach dem IPBPR nur aus dem Grund anerkennen, weil das 1. Fakultativprotokoll zum IPBPR eine Beschwerdemöglichkeit für das Individuum vorsieht. Die Vertragsstaaten des IPBPR hätten aber eine Wahlmöglichkeit, ob sie das 1. Fakultativprotokoll unterzeichnen wollten oder davon absehen würden. Die Durchsetzungsmöglichkeit der Rechtsposition für das Individuum sei daher nur gegenüber einem Teil der Vertragsstaaten des IPBPR gegeben. In der Folge könnte ein und dieselbe Norm für einen Teil der Vertragspartner ein bloßes Staatenrecht

447 *Grzeszick*, AVR 43 (2005), S. 312 (339).
448 *Fourlanos*, NTIR 53 (1984), S. 9 (21).
449 PCIJ Series A/B, No. 61, S. 231 "The capacity to possess civil rights does not necessarily imply the capacity to exercise those rights oneself". Diese Unterscheidung ist nach Ansicht des Gerichts typisch für jede Rechtsordnung, vgl. *Randelzhofer*, in: Randelzhofer/Tomuschat (Hrsg.), State Responsibility and the Individual, S. 234.
450 *Rudolf*, Völkerrecht und deutsches Recht, S. 15.
451 *Stein/von Buttlar*, Völkerrecht, Rn. 501.
452 *Breuer*, in: Gornig, u.a. (Hrsg.), GS Blumenwitz, S. 100.

darstellen, während sie gegenüber dem anderen Teil zugleich ein Individualrecht enthalten würde.[453] Eine solche „gespaltene" Auslegung sei abwegig.[454]

Allerdings wird auch von Vertretern dieser Ansicht anerkannt, dass sich eine völkerrechtliche Rechtspersönlichkeit neben den rechtlichen auch auf faktische Umstände stützen müsse.[455] Denn im Gegensatz zu anderen Rechtsordnungen werde das Völkerrecht sowohl bei der Normentstehung als auch bei der Normanwendung maßgeblich von der faktischen Einflussnahme der Staaten geprägt.[456] Würde man diesen Einfluss ignorieren, wäre eine Einheit selbst dann als Rechtssubjekt zu bezeichnen, wenn die ermächtigende Norm in der Staatengemeinschaft beharrlich keine Beachtung finde und es sich bei der Einheit mithin lediglich um ein „theoretisches Konstrukt" handele.[457] Als Maßstab könne aber nicht gefordert werden, dass jeder Norm eine deren Inhalt bestätigende Staatenpraxis zugrunde liegen müsste. Denn in diesem Fall wäre eine völkerrechtliche Norm bei ihrer Schaffung noch ohne rechtliche Relevanz. Daher müsse es genügen, wenn die Norm ein Minimum an Beachtung finde oder sie zumindest die Chance der Beachtung verspreche.[458]

(3). Stellungnahme

Der zweiten Ansicht ist zuzustimmen. Zwar wäre es wünschenswert, wenn für jede völkerrechtliche Norm eine Möglichkeit eingeräumt wäre, ihre Beachtung verbindlich überprüfen lassen zu können.[459] Eine unabhängige Kontrolle wirkt

---

453 Dieselbe rechtliche Situation bestand bis zum Jahr 1995 auch bei der Individualbeschwerde nach der EMRK. Die Beschwerdemöglichkeit hing bis zum Inkrafttreten des Protokolls Nr. 11 von einer diesbezüglichen Erklärung der Vertragsstaaten nach Art. 25 Abs. 1 S. 1 EMRK a. F. ab.

454 *Breuer*, in: Gornig, u.a. (Hrsg.), GS Blumenwitz, S. 100. Diesem Argument kann auch nicht entgegengehalten werden, dass die Völkerrechtspersönlichkeit der gekorenen Völkerrechtssubjekte ausschließlich gegenüber den Völkerrechtssubjekten besteht, die diese Einheit anerkannt haben. Denn in diesem Fall ist die Norm von allen Vertragspartnern akzeptiert worden. Allein die Rechtswirkungen unterscheiden sich aufgrund der Akzeptanz einer dritten Norm.

455 *Hempel*, Die Völkerrechtssubjektivität internationaler nichtstaatlicher Organisationen, S. 73.

456 *Hempel*, Die Völkerrechtssubjektivität internationaler nichtstaatlicher Organisationen, S. 73 f.; *Schweisfurth*, Völkerrecht, 1. Kapitel Rn. 10.

457 *Hempel*, Die Völkerrechtssubjektivität internationaler nichtstaatlicher Organisationen, S. 73 ff.

458 *Hempel*, Die Völkerrechtssubjektivität internationaler nichtstaatlicher Organisationen, S. 74 f., zustimmend *Epping*, in: Ipsen, Völkerrecht, § 6 Rn. 20.

459 *Fourlanos*, NTIR 53 (1984), S. 9 (21). Vgl. auch *Nettesheim*, AöR 132 (2007) S. 333 (348 f.), der richtigerweise darauf hinweist, dass der praktische Wert eines materiellen

sich im Generellen auf die Wirksamkeit von Normen und die Einhaltung der Rechtsordnung positiv aus.[460] Im Unterschied zu der absoluten Mehrzahl der staatlichen Rechtsordnungen besteht in der völkerrechtlichen Rechtsordnung allerdings die Besonderheit, dass völkerrechtliche Streitigkeiten nur dann einer Gerichtsbarkeit unterliegen, wenn und soweit dieses von den Parteien vereinbart worden ist.[461] In vielen Bereichen des Völkerrechts ist die internationale Gerichtsbarkeit nur unvollständig ausgebaut worden.[462] Würde man daher bei jeder Norm deren Wirksamkeit von ihrer Durchsetzbarkeit abhängig machen, müsste man konsequenterweise weite Teile des Völkerrechts für obsolet erklären.[463] Eine solche Annahme wäre mit der Praxis der Anwendung des Völkerrechts nicht vereinbar, denn „auch ohne lückenloses Zwangssystem findet das Völkerrecht generell Beachtung im internationalen Verkehr.“[464]

Dennoch muss eine Norm selbstverständlich auch im Völkerrecht in einem gewissen Umfang berücksichtigt werden, um die Geltungskraft der Rechtsordnung insgesamt nicht in Frage zu stellen. Mit dem Erfordernis eines Minimums an Beachtung bzw. der Chance der Beachtung wird der notwendigen Akzeptanz einer Norm allerdings hinreichend Rechnung getragen.[465] Dieser Maßstab weist zwar eine gewisse Unsicherheit auf, das ist aber dem Wesen des Völkerrechts als einer dezentralen, maßgeblich vom gemeinschaftlichen Willen der Staaten geprägten Rechtsordnung zuzuschreiben. Damit soll nicht zum Ausdruck gebracht werden, die Einräumung einer Durchsetzungsmöglichkeit müsse bei der Prüfung eines subjektiven Rechts ohne jede Bedeutung bleiben. Der ersten Auffassung ist darin zuzustimmen, dass man aus der Etablierung eines völkerrechtlichen Verfahrens einen Rückschluss auf den entsprechenden staatlichen Willen ziehen kann, einer Einheit ein subjektives Recht verleihen zu wollen. Im Ergebnis stellt die Einräumung einer Durchsetzungsmöglichkeit das Vorliegen eines

---

subjektiven Rechts regelmäßig von der Einräumung eines Durchsetzungs- oder Kontrollanspruches abhängt.

460 In der Stärkung der Effektivität der Unionsrechtsordnung kann einer der Gründe gesehen werden, warum der EuGH die Anforderungen an das subjektive Recht im Unionsrecht stark herabgesetzt hat, vgl. *von Danwitz*, Eurpäisches Verwaltungsrecht, S. 515 f., ebenso *Nettesheim*, AöR 132 (2007) S. 333 (334 f.).

461 *Grzeszick*, AVR 43 (2005), S. 312 (329); *Böckstiegel*, Der Staat als Vertragspartner ausländischer Privatunternehmer, S. 362 f.

462 *Breuer*, in: Gornig, u.a. (Hrsg.), GS Blumenwitz, S. 100 f.

463 *Fourlanos*, NTIR 53 (1984), S. 9 (22).

464 *Von Arnauld*, Völkerrecht, Rn. 16.

465 *Hempel*, Die Völkerrechtssubjektivität internationaler nichtstaatlicher Organisationen, S. 80 f.

subjektiven Rechts außer Zweifel („ubi actio, ibi ius“).[466] Sie stellt aus den genannten Gründen lediglich keine notwendige Bedingung für die Annahme eines subjektiven Rechts dar.

Diese Meinung scheint auch der IGH zu vertreten. Im LaGrand-Fall hat er dem Recht aus Art. 36 Abs. 1 der Wiener Konsularrechtskonvention (WKK) einen individualschützenden Charakter beigemessen.[467] Damit ist zwingend die Feststellung verbunden, dass das Vorliegen einer völkerrechtlichen Rechte- und Pflichtenposition von der verfahrensrechtlichen Durchsetzung der Regelung unabhängig sein muss.[468] Für die WKK ist nämlich kein Durchsetzungsverfahren für das Individuum etabliert worden. Die Einschätzung des IGH ist umso erstaunlicher, weil es sich bei dem Konsularrechtsübereinkommen nicht um einen klassischen menschenrechtlichen Vertrag handelt, sondern die Konvention im Kern die gegenseitige Behandlung von Diplomaten im zwischenstaatlichen Verkehr regelt. Damit dürfte diese Aussage über die Rechtsstellung des Individuums hinaus Anwendung finden können.

d. Zusammenfassung

Die Völkerrechtspersönlichkeit einer Einheit muss nicht ausdrücklich angeordnet werden, sondern ist bei einer selbstständigen Inhaberschaft einer völkerrechtlichen Rechtsposition, die Anerkennung in der Staatengemeinschaft findet, gegeben.[469] Dabei genügt es, wenn die Einheit Trägerin eines völkerrechtlichen Rechts bzw. Adressatin einer völkerrechtlichen Pflicht ist, eine bestimmte Kombination an völkerrechtlichen Rechten und Pflichten ist nicht erforderlich. Mit der Feststellung der Völkerrechtssubjektivität ist somit noch nichts über die Art und den Umfang der dem Rechtssubjekt zustehenden Rechte und der ihm obliegenden Pflichten gesagt.[470] Diese sind im Einzelfall aufgrund der jeweils einschlägigen völkerrechtlichen Normen zu bestimmen.[471] Die Völkerrechtspersön-

466 *Dörr*, JZ 60 (2005), S. 905 (906).

467 LaGrand Case (Germany vs. United States of America), ICJ Rep. 2001, S. 466 (494). Diese Auffassung hat der IGH in der Rechtssache Avena bestätigt, Case Concerning Avena and Other Mexican Nationals (Mexico vs. United States of America), ILM 2004, S. 581 (601 ff.).

468 *Grzeszick*, AVR 43 (2005), S. 312 (328).

469 *Schmalenbach*, „International Organizations or Institutions, General Aspects“, in: MPEPIL, Rn. 21; *Shaw*, International Law, S. 261.

470 *Faßbender*, ÖZöRV 37 (1986), S. 17 (47). Für *Wegdwood*, in: Hofmann (Hrsg.), Non-State Actors as New Subjects of International Law, S. 23, ist die Frage daher vorrangig formaler Natur.

471 *Bowett*, The Law of International Institutions, S. 305. Siehe auch *Dahm/Delbrück/Wolfrum*, Völkerrecht, Band I/1, S. 21 f., 27, das Spektrum reiche von einer unbeschränkten Rechte- und Pflichtenstellung im Falle der Staaten bis zu einer

lichkeit bezeichnet daher keine andere Eigenschaft als die mehr oder weniger umfassende Rechtsfähigkeit, womit eine Anerkennung als potentieller Träger von völkerrechtlichen Rechten und Pflichten verbunden ist.[472]

Einer Einheit kommt eine völkerrechtliche Rechtsposition insbesondere dann zu, wenn sie aufgrund einer völkerrechtlichen Norm Inhaberin eines subjektiv-völkerrechtlichen Rechts ist. In analoger Anwendung der Schutznormlehre aus dem deutschen öffentlichen Recht setzt ein subjektiv-völkerrechtliches Recht voraus, dass zumindest ein etabliertes Völkerrechtssubjekt auf der Grundlage einer völkerrechtlichen Norm und im Rahmen seiner rechtlichen Befugnis eine Verpflichtung übernommen hat, die dem Völkerrecht unterliegt. Diese Verpflichtung muss dem Recht der ermächtigten Einheit entsprechen.[473] Die Norm darf zudem dem verpflichteten Völkerrechtssubjekt keinen Spielraum belassen und muss zum Schutz des Interesses der berechtigten Einheit erlassen worden sein, dieser also direkt und unmittelbar ein Recht gegenüber dem verpflichteten Völkerrechtssubjekt zusprechen. Allerdings muss entgegen der Forderung der Schutznormlehre dieses Recht nicht zwingend in einem völkerrechtlichen Verfahren durchsetzbar sein. Es genügt, wenn die Norm ein Minimum an Beachtung findet oder zumindest die Chance der Beachtung verspricht. Überträgt man diesen Ansatz auf die völkerrechtliche Pflichtenstellung einer Einheit, liegt eine solche vor, wenn der Einheit unmittelbar aufgrund einer völkerrechtlichen Norm ein bestimmtes Verhalten vorgeschrieben wird.

Diese Anforderungen machen zugleich deutlich, dass es kein völkerrechtliches Prinzip gibt, welches eine Einheit von vornherein aus dem Kreis der Völ-

---

Beschränkung der Rechtsposition auf eine bestimmte faktische Situation oder Aufgabe. Die Völkerrechtspersönlichkeit bildet somit eine relative Rechtsposition, die in Abhängigkeit von den konkreten Umständen variiert, *Shaw*, International Law, S. 195 f.

472 *Mosler*, ZaöRV 22 (1962), 1 (46). *Böckstiegel*, Der Staat als Vertragspartner ausländischer Privatunternehmer, S. 195. Die Bedeutung der Rechtspersönlichkeit im Völkerrecht liegt daher im Generellen darin, diejenigen Akteure, die zu dieser Rechtsordnung gehören, von denen zu trennen, die nicht dazu gehören, *Portmann*, Legal Personality in International Law, S. 19. Mit der Anerkennung einer Einheit als Völkerrechtssubjekt lassen sich jedoch auch einige Rechtswirkungen verbinden, z.B. kann das Subjekt selbstständig über einen völkerrechtlichen Anspruch zur Aufrechterhaltung der eigenen Rechte verfügen sowie auf der anderen Seite für die Erfüllung seiner Verpflichtungen völkerrechtlich verantwortlich sein, vgl. *Ruffert/Walter*, Institutionalisiertes Völkerrecht, Rn. 151; *Reuterswärd*, NTIR 49 (1980), S. 14. Eine Verantwortlichkeit kann sich nicht nur aus den konkreten vertraglichen Verpflichtungen, sondern auch aus dem Völkergewohnheitsrecht ergeben, *Portmann*, Legal Personality in International Law, S. 19.

473 Vgl. *Lindblom*, Non-Governmental Organizations in International Law, S. 122.

kerrechtssubjekte ausnimmt.[474] Bezogen auf die PPP können diese somit den Status eines Völkerrechtssubjekts innehaben, wenn sie Träger einer völkerrechtlichen Rechtsposition im Sinne des genannten Verständnisses geworden sind.

II. Der völkerrechtliche Rechtsstatus der internationalen PPP

Der Status der internationalen PPP als Völkerrechtssubjekte ergibt sich somit allein aus dem Vorliegen einer konkreten völkerrechtlichen Rechtsposition. Allerdings wurden noch keine völkerrechtlichen Rechtsnormen entwickelt, die den Rechtsstatus der internationalen PPP allgemeinverbindlich regeln würden. Lediglich im Rahmen der Vereinten Nationen wurden in Bezug auf Partnerschaften zur Förderung der nachhaltigen Entwicklungen Empfehlungen erarbeitet, die „Bali-Guiding Principles“[475], die das Sekretariat der Vereinten Nationen für die Auswahl geeigneter Partnerschaften verwendete[476] und in denen bestimmte Punkte festgelegt wurden, die für die Struktur und die Handlungen der PPP verbindlich sein sollten. Es handelt sich dabei aus völkerrechtlicher Sicht um sog. „soft law“, die „Principles“ stellen also kein verbindliches Völkerrecht dar.[477]

Daher soll anhand der beiden genannten Erscheinungsformen für eine internationale PPP, der WADA und des Global Fund, untersucht werden, ob einzelnen internationalen PPP völkerrechtliche Rechtspositionen eingeräumt worden sind, woraus Rückschlüsse auf deren generelle Eigenschaft als potentielle Träger völkerrechtlicher Rechte und Pflichten gezogen werden könnten. Der Umstand, dass beide Organisationen primär der nationalen Rechtsordnung der Schweiz unterstellt wurden, ist wie gezeigt für die Feststellung ihrer Völkerrechtssubjektivität ohne Belang.[478]

1. Völkerrechtliche Rechts- und Pflichtenposition der WADA

Zunächst werden die Rechtspositionen der WADA untersucht, die einen völkerrechtlichen Bezug aufweisen. In diesem Zusammenhang kommt der Unesco-Konvention gegen Doping im Sport eine besondere Bedeutung zu, bei der es sich um einen völkerrechtlichen Vertrag handelt. Mehrere Artikel des Übereinkommens beziehen sich auf das Verhältnis der Vertragsstaaten zu der WADA.

---

474 *Portmann*, Legal Personality in International Law, S. 283.

475 http://www.un.org/esa/sustdev/partnerships/guiding_principles7june2002.pdf, letzter Abruf am 01.06.2013.

476 http://www.un.org/esa/sustdev/partnerships/guiding_principles7june2002.pdf, letzter Abruf am 01.06.2013.

477 *Abott*, „Public Private Partnerships”, in: MPEPIL, Rn. 14.

478 Vgl. oben unter A. I. 1. d.

Diese Vorschriften sollen im Folgenden daraufhin überprüft werden, ob sie eine völkerrechtliche Rechtsposition der WADA enthalten.

a. Art. 2 Abs. 25, Art. 14 des Unesco-Übereinkommens gegen Doping im Sport

In der Präambel, Spiegelstrich 10 und in Art. 2 Abs. 25 wird die WADA zunächst ausdrücklich erwähnt. In Art. 14 wird ihre Bedeutung bei der Bekämpfung des internationalen Dopings im Sport herausgehoben. Mit der Anerkennung ihrer Existenz und der Betonung ihrer Bedeutung ist für die WADA allerdings noch keine subjektiv-völkerrechtliche Rechtsposition verbunden.

b. Art. 3 Buchst. c, Art. 13, 14, 16 Buchst. a, d und g des Unesco-Übereinkommens gegen Doping im Sport

Mit Art. 3 Buchst. c sowie 13, 14, 16 Buchst. a, d und g der Unesco-Konvention ist in einer Reihe weiterer Vorschriften eine Verpflichtung der Staaten vorgesehen, mit der WADA zusammenzuarbeiten. U.a. bestimmt Art. 16 Buchst. a, „die Vertragsstaaten werden in geeigneten Fällen und im Einklang mit ihren innerstaatlichen Rechtsvorschriften und Verfahren die Aufgabe der WADA, die in der Bekämpfung des Dopings im Sport liegt, erleichtern." Nach Buchst. g sind die mit dem Code vereinbarten Dopingkontrollverfahren und Methoden zur Bearbeitung der Ergebnisse anzuerkennen.

In der bloßen Verpflichtung der Staaten zur Zusammenarbeit mit der WADA kann allerdings ebenfalls keine eigenständig wahrzunehmende Rechtsposition der WADA gesehen werden. Die Vorschriften legen insbesondere keine hinreichend präzisen Ermächtigungen für die WADA fest. Sie stellen lediglich eine allgemeine Absichtserklärung der Staaten dar.

c. Art. 15 des Unesco-Übereinkommens gegen Doping im Sport

Nach Art. 15 des Übereinkommens „unterstützen" die Vertragsstaaten den Grundsatz, dass das Jahresbudget der WADA zur Hälfte von den staatlichen Behörden übernommen wird. Daraus ein Recht der WADA abzuleiten, gegenüber den Staaten deren Zahlungsverpflichtung völkerrechtlich geltend machen zu können, überzeugt nicht. Die Vorschrift ist sehr vage formuliert, sie lässt lediglich die allgemeine Absicht der Staaten zur Zahlung des Beitrages erkennen, ohne dass ersichtlich wird, welchen Anteil des Beitrages jeder einzelne Staat zu leisten verpflichtet ist, also welche konkrete Pflicht einen Staat trifft.

d. Art. 34 Abs. 1 S. 1 des Unesco-Übereinkommens gegen Doping im Sport

Ebenfalls keine völkerrechtliche Rechtsposition liegt in der Benachrichtigungspflicht der WADA nach Art. 34 Abs. 1 S. 1. Nach dieser Vorschrift „kann" die WADA bei einer Änderung der Anlagen zu dem Übereinkommen den Generalsekretär der Unesco hiervon in Kenntnis setzen. Bereits aufgrund der Unbestimmtheit der Formulierung ist das Vorliegen einer völkerrechtlichen Verpflichtung der WADA abzulehnen. Aus dieser Vorschrift ergibt sich des Weiteren keine Verpflichtung der Staaten zu einem bestimmten Verhalten.

e. Art. 29 S. 1 des Unesco-Übereinkommens gegen Doping im Sport

Ein völkerrechtliches Recht der WADA könnte sich aber aus Art. 29 S. 1 ergeben. Art. 29 S. 1 der Konvention lautet: „Die Welt-Anti-Doping-Agentur wird als beratende Organisation zur Konferenz der Vertragsparteien eingeladen.“[479] Bei der Konferenz der Vertragsparteien handelt es sich um das Lenkungsorgan des Übereinkommens, Art. 28 Abs. 1 S. 2, das z.B. die Funktion ausübt, die Ziele des Übereinkommens zu fördern und zu überwachen, ob die Vertragsparteien ihre Verpflichtungen aus dem Übereinkommen erfüllt haben sind.[480]

Dem Beratungsstatus der WADA nach Art. 29 S. 1 wird in Art. 29 S. 2 ein bloßer Beobachterstatus gegenübergestellt, der u.a. dem IOC zukommt. Aus dieser Unterscheidung im Wortlaut ergibt sich, dass der WADA mit dem Status als beratende Organisation mehr als nur eine passive Teilnahmemöglichkeit an den Sitzungen zugestanden worden sein muss. Sie hat zwar kein eigenes Stimmrecht in der Konferenz, ihre Auffassung muss von den Vertragsparteien allerdings zumindest gehört werden. Diese Norm sichert somit ein Mitwirkungsrecht der WADA bei der genauen Festlegung der Verpflichtungen aus der Konvention. Darin ist ein echtes Teilhaberecht zu sehen, so dass eine völkerrechtliche Rechtsposition gegeben ist.[481]

f. Art. 4 Abs. 3 des Unesco-Übereinkommens gegen Doping im Sport

Während nach Art. 4 Abs. 2 der Konvention die Anhänge, zu denen der WADC zählt, lediglich zu Informationszwecken aufgeführt werden, sind gem. Art. 4 Abs. 3 die Anlagen integraler Bestandteil des Übereinkommens. Wie bereits erwähnt, zählen zu den Anlagen die Liste der verbotenen Substanzen und Methoden, die von der WADA ausgearbeitet werden.[482] Diese Standards müssen von

---

479 Dieses Recht ist zudem in den Verfahrensregeln für die Konferenz der Vertragsstaaten in Regel 2.2 vorgesehen, die Verfahrensregeln sind abrufbar unter: http://unesdoc.unesco.org/images/0018/001831/183166e.pdf, letzter Abruf am 01.06.2013.

480 Siehe bereits oben Kapitel 1 unter B. II. 6. a.

481 Dieses Recht wird von der WADA auch in der Praxis in Anspruch genommen, wie sich anhand der Teilnahme von Vertretern der WADA an der 3. Konferenz der Vertragsparteien in Paris im Jahr 2011 zeigt, vgl. http://www.unesco.org/new/en/social-and-human-sciences/themes/anti-doping/conference-of-parties/third-session/, letzter Abruf am 01.06.2013.

482 Siehe oben Kapitel 1 unter B. II. 6. b.

den Staaten bei der Ergreifung von Maßnahmen auf der Grundlage des Übereinkommens somit Berücksichtigung finden.

Die Beurteilung der rechtlichen Bedeutung dieser Vorschrift ist umstritten. Zum Teil wird die Vorschrift so interpretiert, dass auf diese Weise mit den Anlagen privat gesetztes, sich dynamisch änderndes Recht direkt in einen völkerrechtlichen Vertrag inkorporiert werde und rechtliche Verpflichtungen für die Vertragsstaaten begründe. Es komme zu einer direkten Inkorporation eines privaten Regelwerkes in einen völkerrechtlichen Vertrag.[483]

Gegen ein solches Verständnis spricht aber die Regelung in Art. 34 des Übereinkommens.[484] Der Art. 34 bestimmt, dass die Konferenz der Vertragsparteien die Änderung der Anlage auf einer ihrer Tagungen oder durch schriftliche Konsultation genehmigt (Abs. 1 S. 3), es sei denn eine Zwei-Drittel Mehrheit stimmt gegen die Einführung der Änderung (Abs. 2). Unabhängig von einem solchen Beschluss der Konferenz kann jeder Staat gegen eine Änderung der Anlagen Widerspruch einlegen, in diesem Fall hat die Änderung für diesen Staat keine Relevanz (Abs. 4).[485] Das Genehmigungserfordernis und die Möglichkeit des „opting out“ ermöglichen somit eine Zwischenschaltung der Staaten, wenn auch in vereinfachter Form, so dass keine direkte Inkorporation vorliegt.[486]

g. Zwischenergebnis

Somit lässt sich für die WADA mit dem Recht gem. Art. 29 S. 1 des Unesco-Übereinkommens gegen Doping im Sport, als beratende Organisation bei der Konferenz der Vertragsparteien teilnehmen zu können, zumindest in begrenztem Umfang das Vorliegen einer völkerrechtlichen Rechtsposition feststellen. Die WADA kann daher als partielles Völkerrechtssubjekt bezeichnet werden.

2. Völkerrechtliche Rechtspositionen des Global Fund to Fight AIDS, Tuberculosis and Malaria

Im Gegensatz zur WADA wurden in Beziehung zu dem Global Fund keine multilateralen völkerrechtlichen Verträge geschlossen, in denen das Verhältnis einer Gruppe von Staaten zur Organisation geregelt wird. Der Entwurf einer Vereinbarung über die Gewährung von Privilegien und Immunitäten an den Global Fund, den das Foundation Board der Organisation auf seiner 20. Sitzung ange-

---

483 *Schmidt*, in: Vieweg (Hrsg.), Facetten des Sportrechts, S. 213 f.

484 *Wax*, Internationales Sportrecht, S. 279.

485 Es handelt sich in der Kategorisierung von *Tietje*, Internationalisiertes Verwaltungshandeln, S. 250, um ein dynamisches Vertragsregime mit vereinfachtem Vertragsergänzungsverfahren, bei dem die Möglichkeit des „opting out“ vorgesehen ist.

486 *Wax*, Internationales Sportrecht, S. 278 f.

nommen hat,[487] ist noch nicht von der benötigten Anzahl an Staaten akzeptiert worden.[488] Einzig die Republik Moldau hat diese Vereinbarung bisher ratifiziert.[489] Dafür finden sich Rechtsakte von einzelnen Staaten und internationalen Organisationen, die deren Verhältnis zum Global Fund regeln. Wie bereits erwähnt verfügt der Global Fund in seinem Heimatstaat, der Schweiz, sowie in den USA über umfangreiche Immunitätsrechte, die ihm aufgrund des Sitzabkommens bzw. auf der Grundlage eines Erlasses des US-Präsidenten zustehen.[490] Diese Rechtspositionen des Global Fund sollen daraufhin überprüft werden, ob sie eine völkerrechtliche Rechte- und/oder Pflichtenstellung begründen.

a. Völkerrechtliche Rechtspositionen des Global Fund aus dem Sitzabkommen mit der Schweiz

Das Sitzabkommen des Global Fund mit der Schweiz enthält eine Reihe von Privilegien für den Global Fund in der Schweiz. Dazu zählen die Unverletzlichkeit des Grundstückes sowie der Gebäude des Global Fund (Art. 3), die weitgehende Freistellung von der nationalen Gerichtsbarkeit (Art. 5) sowie die Befreiung von der Steuerpflicht (Art. 7). Dieselben Privilegien und Immunitäten werden zudem auch den Funktionären und Bediensteten des Global Funds gewährt (Art. 13 ff.). Fraglich ist allerdings, ob es sich hierbei um völkerrechtliche Rechtspositionen handelt. Die Vertragsparteien wollten das Abkommen offensichtlich dem Völkerrecht unterstellen. Das zeigt sich anhand der Formulierung in Art. 1:

> „ Der Schweizerische Bundesrat anerkennt, für die Ziele des Übereinkommens,[491] die internationale Rechtspersönlichkeit und die Rechtsfähigkeit des Globalen Fonds zur Bekämpfung von Aids, Tuberkulose und Malaria (nachstehend Globaler Fonds genannt) in der Schweiz."

---

487 Global Fund, Twentieth Board Meeting (GF/B20/4), 9.-11. November 2009, Part 5, abrufbar unter: www.theglobalfund.org/documents/board/20/BM20_04PolicyAndStrategyCommittee_Report_en/, letzter Abruf am 01.06.2013.

488 Nach Art. 8 tritt die Vereinbarung nach der Hinterlegung der 10. Ratifikationsurkunde in Kraft.

489 http://www.theglobalfund.org/en/mediacenter/newsreleases/2010-09-28_Moldova_signs_agreement_to_grant_privileges_and_immunities_to_the_Global_Fund/, letzter Abruf am 01.06.2013.

490 Siehe oben Kapitel 1 unter B. I. 3.

491 Der einschränkende Halbsatz „aux fins du présent Accord" ist nur in der französischen Originalversion enthalten und fehlt in der deutschen Übersetzung, vgl. http://www.admin.ch/ch/f/rs/0_192_122_818_11/a1.html, letzter Abruf am 01.06.2013. Vgl. zur abweichenden Formulierung in Abkommen mit internationalen Organisationen unten unter B. I. 3. b.

Bedeutet das nun, dass die Schweiz dem Global Fund ausdrücklich eine Völkerrechtspersönlichkeit – wenn auch nur für die Zwecke des Übereinkommens – verliehen hat und das Übereinkommen insgesamt als völkerrechtlicher Vertrag anzusehen ist?[492] Da ein völkerrechtlicher Vertrag allerdings immer die Beteiligung von mindestens zwei Völkerrechtssubjekten voraussetzt,[493] kann es sich bei dem Sitzabkommen nur dann um einen völkerrechtlichen Vertrag handeln, wenn der Global Fund durch die Schweiz eine Völkerrechtssubjektivität verliehen bekommen hat. Gegenüber einem solchen Ergebnis bestehen Zweifel, da es in der Völkerrechtswissenschaft umstritten ist, ob eine Vereinbarung, die zwischen lediglich einem Staat und einem nichtstaatlichen Akteur geschlossen wurde (sog. „state contracts“[494]), der nichtstaatlichen Einheit eine beschränkte Völkerrechtssubjektivität vermitteln kann.[495]

aa. Lehre vom beschränkt völkerrechtlichen Vertrag

Ob die Anerkennung durch einen Staat ausreicht, um eine Völkerrechtspersönlichkeit zu vermitteln, ist vor allem bei den Investitionsvereinbarungen zwischen einem Staat und einem Unternehmen (sog. Investor-Staat-Verträge) stark diskutiert worden.[496] Bereits im Jahr 1929 hatte der StIGH diesbezüglich entschieden:

> „Any contract which is not a contract between States in their capacity as subjects of international law is based on the municipal law of some country.“[497]

Dem widersprach die sog. „international agreement doctrine“ bzw. die „Lehre vom beschränkt völkerrechtlichen Vertrag“, nach der ein Vertrag zwischen einem Staat und einem nichtstaatlichen Partner unter gewissen Voraussetzungen dem nichtstaatlichen Partner bestimmte Aufgaben übertragen kann, die ihn gegenüber dem Staat auf der Ebene der Gleichordnung tätig werden lassen und

492 Vgl. *Aziz*, AsianSIL Working Paper 2010/2, S. 15, “the Global Fund Headquarters Agreement … and the draft Global Fund P&I Agreement, look and feel decidedly like a treaty governed by international law”.

493 *Von Heinegg*, in: Ipsen, Völkerrecht, § 9 Rn. 1.

494 Vgl. zu dem Begriff *Velten*, Die Anwendung des Völkerrechts auf State Contracts, S. 18 f.; *Marboe/Reinisch*, „Contracts between States and Foreign Private Law Persons“, in: MPEPIL, Rn. 1.

495 Vgl. *Nowrot*, in: Tietje (Hrsg.), Internationales Wirtschaftsrecht, § 2 Rn. 76.

496 Vgl. *Schöbener/Herbst/Perkams*, Internationales Wirtschaftsrecht, Kap. 1 § 5 Rn. 198 f.; ausführlich dazu *Nowrot*, Normative Ordnungsstruktur und private Wirkungsmacht, S. 344 ff. und *Stoll*, Vereinbarungen zwischen Staat und ausländischem Investor, S. 51 ff. und 67 ff.

497 StIGH, PCIJ Reports Series A No. 20/21, 4 (41 f.) – Serbische Anleihen. Kritisch zu dieser Rechtsprechung *Mosler*, ZaöRV 22 (1962), S. 1 (4), „dieser lapidare Satz genügt nicht.“

daher eine beschränkte Völkerrechtspersönlichkeit vermitteln.[498] Die Verträge zwischen Staaten und privaten Investoren würden oftmals unter Beteiligung derselben Staatsorgane geschlossen, die auch beim Vertragsabschluss zwischen Staaten zuständig seien.[499] Die Vereinbarung einer internationalen Schiedsgerichtsbarkeit anstelle der Entscheidung durch nationale Gerichte mache zudem deutlich, dass der staatliche Partner dem Privatunternehmen auf der Stufe der Gleichordnung gegenübertreten wolle.[500] Des Weiteren würden den transnationalen Unternehmen durch diese Verträge vielfach dem Staat vorbehaltene hoheitliche Funktionen übertragen werden und sie würden gegenüber verschiedenen innerstaatlichen Rechtsvorschriften Immunitäten und Privilegien ähnlich jener der Diplomaten genießen.[501]

Dogmatisch wollen die Vertreter dieser Lehre die Völkerrechtssubjektivität der Privatperson nicht aus dem Vertrag ableiten; die Stellung als Völkerrechtssubjekt werde von dem Staat im Verhältnis zu dem Privatunternehmen mit dem Abschluss des Vertrages begründet und gleichzeitig von diesem Staat anerkannt.[502] Eine Einheit müsse nicht ursprünglich auf einen völkerrechtlichen Vertrag zurückzuführen sein, um den Status eines Völkerrechtssubjektes erhalten zu können. Auch eine nach dem Recht eines Staates gegründete Einheit könne durch ein entsprechendes Verhalten der Staaten (nachträglich) eine beschränkte völkerrechtliche Subjektivität erhalten.[503] Daher lasse sich die Begründung der Völkerrechtssubjektivität mit der der internationalen Organisationen vergleichen. Bei den internationalen Organisationen stehe es außer Zweifel, dass dic Wirkung ihrer abgeleiteten Völkerrechtssubjektivität immer nur im Verhältnis zu den Staaten bestehe, welche die Organisation gegründet bzw. sie später anerkannt hätten. Da die Gründung einer internationalen Organisation durch zwei Staaten erfolgen könne, sei damit die Möglichkeit gegeben, dass die Völker-

---

498 *Böckstiegel*, Der Staat als Vertragspartner ausländischer Privatunternehmer, S. 304; *Wildhaber*, BDGV 18 (1978), S. 7 (37 ff.); so auch der Schiedsspruch von *Dupuy* im Fall Texas Overseas Petrolium Co. & California Asiatic Oil Co. v. Libyan Arab Republic, ILM 17 (1978), S. 1 (11 ff.).

499 *Böckstiegel*, Der Staat als Vertragspartner ausländischer Privatunternehmer, S. 233 ff.

500 *Böckstiegel*, Der Staat als Vertragspartner ausländischer Privatunternehmer, S. 238 ff.

501 *Hummer*, in: Neuhold/Hummer/Schreuer (Hrsg.), Österreichisches Handbuch des Völkerrechts, Band 1, Rn. 1232.

502 Vgl. *Stoll*, Vereinbarungen zwischen Staat und ausländischem Investor, S. 57, die zutreffend darauf hinweist, dass eine Ableitung der Völkerrechtssubjektivität aus dem Vertrag einen Zirkelschluss bedeuten würde.

503 *Böckstiegel*, Der Staat als Vertragspartner ausländischer Privatunternehmer, S. 197, der als Beispiel die Völkerrechtssubjektivität des Internationalen Komitees vom Roten Kreuz anspricht.

rechtssubjektivität nur gegenüber zwei Staaten bestehe. Es gebe jedoch keinen wesensmäßigen Unterschied zwischen einer beschränkten relativen Rechtssubjektivität, die gegenüber zwei Staaten wirke und einer solchen, die nur gegenüber einem Staat vorliege.[504] Infolgedessen sei kein Grund ersichtlich, warum eine Völkerrechtssubjektivität nicht auch nur gegenüber einem Staat geschaffen werden könne.[505] Wenn sich beide Vertragsparteien bewusst für die Wahl des Völkerrechts ausgesprochen hätten, sei die Annahme konsequent, der Vertrag unterliege dem Völkerrecht.[506]

Angewendet auf das Sitzabkommen würde die Lehre vom beschränkt völkerrechtlichen Vertrag von einer Begründung einer Völkerrechtssubjektivität des Global Fund ausgehen. Mit dem Bundesrat hat in der Schweiz die für den Abschluss völkerrechtlicher Verträge zuständige Stelle das Abkommen geschlossen,[507] in dessen Art. 29 werden Streitigkeiten zwischen den Parteien einem von beiden Parteien zu besetzenden Schiedsgericht unterstellt und das Übereinkommen sieht die Gewährung von Privilegien und Immunitäten für den Global Fund und seine Mitarbeiter vor.

bb. Kollisionsrechtliche Lösung

Allerdings hat sich die Lehre vom beschränkt-völkerrechtlichen Vertrag bislang nicht durchsetzen können.[508] Gegen sie wird eingewendet, sie trete in Konflikt zu dem pacta sunt servanda-Grundsatz. Könnte ein Staat allein die Völkerrechtssubjektivität verleihen, müsste er sie auch allein widerrufen können, obwohl er an dieses Völkerrechtssubjekt durch einen Völkerrechtsvertrag gebunden sei.[509] Die Vertragspartei wäre dann als Völkerrechtssubjekt untergegangen, aber nicht aus Gründen des Völkerrechts, sondern gerade deshalb, weil sie kein Völkerrechtssubjekt sei.[510] Der Vergleich mit der rechtlichen Situation der internationalen Organisationen überzeuge nicht, weil die internationalen Organisationen

504 *Böckstiegel*, Der Staat als Vertragspartner ausländischer Privatunternehmer, S. 194.

505 *Böckstiegel*, Der Staat als Vertragspartner ausländischer Privatunternehmer, S. 194 f.

506 *Griebel*, Internationales Investitionsrecht, S. 31. Gleichzeitig soll allerdings der Status des Unternehmens im allgemeinen Völkerrecht ignoriert und es lediglich im Verhältnis zu seinem staatlichen Vertragspartner so behandelt werden, als ob es über eine Völkerrechtssubjektivität verfüge.

507 Vgl. Art. 7 a schweizerisches Regierungs- und Verwaltungsorganisationsgesetz.

508 *Schöbener/Herbst/Perkams*, Internationales Wirtschaftsrecht, Kap. 1 § 5 Rn. 199. Nach Ansicht von *Herdegen*, Internationales Wirtschaftsrecht, § 22 Rn. 7 und *Nowrot*, in: Tietje (Hrsg.), Internationales Wirtschaftsrecht, § 2 Rn. 74, ist diese Auffassung allerdings im Vordringen befindlich.

509 *Epping*, in: Ipsen, Völkerrecht, § 8 Rn. 18.

510 *Doehring*, Völkerrecht, Rn. 400.

selbst nicht Vertragsparteien ihres eigenen Gründungsvertrages werden könnten. Im übertragenen Sinn müsste der staatliche Vertragspartner des ausländischen Unternehmens dabei die Funktion der Gemeinschaft der Gründerstaaten ausüben.[511] Des Weiteren entspreche es nicht dem Charakter der Völkerrechtsordnung als einer Ausgleichsordnung höchster Verbände, wenn die Verträge zwischen einem Staat und einem der Völkerrechtsordnung bislang unbekannten Partner dieser zugeordnet werden würden. Daher könne jeder Staat allein nur Rechtspersönlichkeit nach seinem eigenen Recht erzeugen.[512] Das private Unternehmen bleibe aus diesem Grund dem Recht seines Heimatstaates unterworfen; für eine Zulassung zum Völkerrechtsverkehr müsste nicht nur der kontrahierende Staat sondern auch der Heimatstaat dem Unternehmen eine völkerrechtliche Rechtspersönlichkeit zuerkennen.[513] Gegen die Lehre vom beschränkt-völkerrechtlichen Vertrag spreche außerdem, dass die Rechtswirkungen des Abkommens zwischen einem Staat und einem Privaten regelmäßig nicht im zwischenstaatlichen Bereich angesiedelt seien, sondern sich allein innerhalb des Hoheitsgebietes der staatlichen Vertragspartei entfalten würden.

Aus den genannten Gründen ist mit der h.M. anzunehmen, dass die Vereinbarungen zwischen einem Staat und einem nichtstaatlichen Akteur nicht direkt im Völkerrecht verankert sind, sondern der nationalen Rechtsordnung des staatlichen Partners unterliegen.[514] Die Anwendung des Rechtes des Gastgeberstaates rechtfertigt sich daraus, dass der Ort der Erfüllung der Verpflichtungen eine Verbindung zu dessen Rechtsordnung aufweist. Diese Einordnung steht auch nicht im Widerspruch zum Grundsatz der Privatautonomie, der die Parteien eines Vertrages dazu berechtigt, über das anwendbare Recht grundsätzlich frei bestimmen zu können.[515] Wird in einer Vereinbarung das Völkerrecht für an-

---

511 *Stoll*, Vereinbarungen zwischen Staat und ausländischem Investor, S. 60 f.

512 *Doehring*, Völkerrecht, Rn. 201; vgl. auch *Graf Vitzthum*, in: Graf Vitzthum, Völkerrecht, 1. Abschnitt Rn. 26, wonach das Völkerrecht „als Produkt einer gemeinsamen Schöpfung nicht der Verfügungsmacht eines einzelnen Subjektes“ unterliegt.

513 *Geiger*, Grundgesetz und Völkerrecht, S. 6 f.

514 Vgl. *Rensmann*, AVR 36 (1998), S. 305 (332); vgl. auch die Schiedssprüche in British Petroleum Exploration Co. v. Lybian Arab Republic, ILR 53 (1979), S. 297, 354, sowie Lybian American Oil Co. v. Lybian Arab Republic, ILLM 20 (1981), S. 1 (64 f.). In der völkerrechtlichen Literatur findet sich daneben eine Vielzahl an weiteren Lösungsvorschlägen. So nimmt z.B. *Rengeling*, Privatvölkerrechtliche Verträge, S. 192 ff., die Bildung einer neuen Rechtsordnung an, die von ihm als „Privatvölkerrecht“ bezeichnet wird.

515 *Griebel*, Internationales Investitionsrecht, S. 28; *Schöbener/Herbst/Perkams*, Internationales Wirtschaftsrecht, Kap. 4 § 16 Rn. 85. Hinsichtlich der Zulässigkeit der Vereinbarung des Völkerrechts als „proper law“ bei „state contracts“, vgl. *Velten*, Die Anwendung des Völkerrechts auf State Contracts, S. 25 ff.

wendbar erklärt, kann dieser Intention Rechnung getragen werden, indem man diese Bestimmung als eine kollisionsrechtliche Verweisung auf die Völkerrechtsordnung versteht, kraft derer die Geltung völkerrechtlicher Regelungen angeordnet wird.[516]

Berücksichtigt man diese Grundsätze bei der Interpretation des Art. 1 des Sitzabkommens zwischen der Schweiz und dem Global Fund, wird man dementsprechend in der Vorschrift einen kollisionsrechtlichen Verweis auf das Völkerrecht erkennen müssen.[517] Die Rechtswahlvereinbarung kann zum einen in der Form einer ausdrücklich in den Vertrag aufgenommenen Rechtswahlklausel vorgenommen werden. Es ist aber ebenfalls möglich, dass sich die Parteien auf die Wahl eines Rechts verständigt haben, ohne diese Wahl ausdrücklich im Vertrag zu verankern. Sie ist in diesem Fall im Wege der Auslegung zu ermitteln.[518] Aus der Formulierung in Art. 1 des Sitzabkommens, wonach die Regierung der Schweiz für die Zwecke des Übereinkommens die Völkerrechtssubjektivität des Global Fund anerkennt, ist zu schließen, dass eine Unterstellung des Vertrages insgesamt unter die Völkerrechtsordnung beabsichtigt gewesen ist.

cc. Zwischenergebnis

Im Ergebnis findet das Sitzabkommen seine Grundlage in der nationalen Rechtsordnung der Schweiz und enthält lediglich eine kollisionsrechtliche Verweisung auf das Völkerrecht. Eine völkerrechtliche Rechtsposition des Global Fund kann das Abkommen damit nicht vermitteln.

b. Völkerrechtliche Rechtspositionen des Global Fund aus Völkergewohnheitsrecht

Als weitere Möglichkeit, eine völkerrechtliche Rechtsposition des Global Funds zu begründen, erscheint es denkbar, dass verschiedene Rechtsakte von Völkerrechtssubjekten in Beziehung zum Global Fund zur Bildung von Völkergewohnheitsrecht geführt haben. Die völkergewohnheitsrechtliche Norm könnte entweder zum Inhalt haben, dass der Global Fund als beschränktes Völkerrechtssubjekt anerkannt wird oder dass ihm eine bestimmte Rechtsposition verliehen wird, die dem Völkerrecht zuzuordnen ist. Ein „Präzedenzfall" kann in

516 *Kempen/Hillgruber*, Völkerrecht, § 10 Rn. 94. Ob das Völkerrecht als „proper law" gewählt werden kann, wird teilweise bestritten, vgl. dazu *Stoll*, Vereinbarungen zwischen Staat und ausländischem Investor, S. 79, die zum Ergebnis kommt, es könne sich nur um eine materiellrechtliche Verweisung handeln.

517 Die prinzipielle Zulässigkeit einer Rechtswahl durch die Parteien ergibt sich in der Schweiz aus Art. 116 S. 1 schweizerisches Bundesgesetz über das internationale Privatrecht.

518 *Velten*, Die Anwendung des Völkerrechts auf State Contracts, S. 24.

diesem Zusammenhang in dem völkerrechtlichen Rechtsstatus des Internationalen Komitees vom Roten Kreuz (IKRK) gesehen werden. Das IKRK wurde ebenfalls als privatrechtliche Vereinigung gegründet und seine Anerkennung als Völkerrechtssubjekt wird u.a. auf den Abschluss von Sitzabkommen mit mehr als 50 Staaten zurückgeführt.[519]

Das Völkergewohnheitsrecht ist gem. Art. 38 Nr. 1 lit. b) IGH-Statut Ausdruck einer allgemeinen, als Recht anerkannten Übung. Es wird objektiv durch eine allgemeine, einheitliche und dauerhafte Praxis der Staaten und anderer Völkerrechtssubjekte (consuetudo) gebildet, die subjektiv der Überzeugung sind, zu diesem Verhalten völkerrechtlich verpflichtet zu sein (opinio iuris).[520] Das objektive und das subjektive Element lassen sich dabei nicht immer strikt trennen, sondern können sich in einigen Fällen überschneiden, z.B. wenn die Äußerung einer bestimmten Rechtsauffassung durch einen Staat als Beleg für eine entsprechende Staatenpraxis herangezogen wird.[521] Um zunächst den Nachweis einer allgemeinen Übung zu erbringen, muss für eine gewisse Dauer ein konsistentes Verhalten einer repräsentativen Anzahl von Völkerrechtssubjekten vorliegen.[522] Wie verbreitet die Praxis in der Völkerrechtsgemeinschaft sein muss bzw. wie viele Völkerrechtssubjekte sich an der Übung zu beteiligen haben, lässt sich nicht abstrakt, etwa durch eine konkrete Zahlen- oder Prozentangabe, bestimmen.[523] Es handelt sich um ein relatives Erfordernis, das in der Regel dann erfüllt ist, wenn die Übung eine Beteiligung der besonders betroffenen oder interessierten Völkerrechtssubjekte umfasst.[524] Der Nachweis einer Praxis kann grundsätzlich durch alle Verhaltensweisen der Staaten oder anderer

---

519 Vgl. *Portmann*, Legal Personality in International Law, S. 111 f.; dagegen begründet *Epping*, in: Ipsen, Völkerrecht, § 8 Rn. 6, die partielle Völkerrechtssubjektivität des IKRK allein mit der Einräumung von Befugnissen durch die Genfer Übereinkommen von 1949 und Art. 5 Abs. 4 des Zusatzprotokolls I von 1977. Die Rechtsnatur der „Headquarters Agreements" des Internationalen Komitees vom Roten Kreuz ist umstritten. Nach h.M. handelt es sich um völkerrechtliche Verträge, vgl. *Peterke*, Der völkerrechtliche Sonderstatus der Internationalen Föderation der Rotkreuz- und Rothalbmondgesellschaften, S. 36 f., m.w.N.

520 *Graf Vitzthum*, in: Graf Vitzthum (Hrsg.), Völkerrecht, 1. Abschnitt Rn. 131.

521 *Herdegen*, Völkerrecht, § 16 Rn. 3.

522 Nach der herrschenden Ansicht ist der Nachweis einer allgemeinen ständigen Übung konstitutiv für das Vorliegen von Völkergewohnheitsrecht, vgl. *Heintschel von Heinegg*, in: Ipsen, Völkerrecht, § 16 Rn. 2, sowie *Graf Vitzthum*, in: Graf Vitzthum (Hrsg.), Völkerrecht, 1. Abschnitt Rn. 132 f., m.w.N. Die Gegenauffassung geht von der Rechtsüberzeugung aus und prüft deren Bestätigung durch die Praxis, vgl. *Herdegen*, Völkerrecht, § 16 Rn. 1.

523 *Heintschel von Heinegg*, in: Ipsen, Völkerrecht, § 16 Rn. 11.

524 *Peters*, Völkerrecht, Kap. 4 Rn. 7.

Völkerrechtssubjekte im rechtlich relevanten oder auch nur faktischen Bereich erfolgen. Dabei muss es sich nicht um Handlungen auf der internationalen Ebene handeln, es werden auch nationale Rechtsakte berücksichtigt, die eine internationale Relevanz aufweisen. Dazu können u.a. nationale Verwaltungs- oder Gerichtsentscheidungen zählen.[525] Damit lässt sich im Hinblick auf die Rechtslage des Global Fund auch die Executive Order 13395 des Präsidenten der USA vom 13. Januar 2006,[526] bei der es sich um eine Verordnung nach nationalem Recht handelt,[527] heranziehen.

Eine Gewohnheitsrecht begründende Übung könnte sowohl in einer direkten Anerkennung der Völkerrechtssubjektivität des Global Fund oder in der (impliziten) Verleihung bestimmter Kompetenzen auf völkerrechtlicher Ebene liegen. Eine explizite Anerkennung der (beschränkten) Völkerrechtssubjektivität des Global Fund lässt sich dem Sitzabkommen mit der Schweiz entnehmen. Des Weiteren heißt es in der Executive Order 13395 des US-Präsidenten in Section 1:

> „Designation. The Global Fund to Fight AIDS, Tuberculosis and Malaria (Global Fund) is hereby designated as a public international organization entitled to enjoy the privileges, exemptions, and immunities provided by the International Organizations Immunities Act."

Da die internationalen Organisationen in der Völkerrechtswissenschaft generell als Völkerrechtssubjekte anerkannt werden,[528] ist es möglich in der Bezeichnung des Global Fund als internationale Organisation ebenfalls die Anerkennung seiner Völkerrechtssubjektivität sehen. Allerdings wird man die Übung von lediglich zwei Staaten, selbst wenn es sich mit der Schweiz um den Heimatstaat des Global Fund und bei den USA um dessen größten Geldgeber[529] handelt, nicht als ausreichend für die Begründung einer Norm des Völkergewohnheitsrechts ansehen können. Aufgrund ihrer besonderen Bedeutung für die rechtliche Behandlung des Global Fund kann ihrer Haltung zwar ein besonderes Gewicht beigemessen werden, dennoch kommt eine weit größere Anzahl an Staaten mit dem

---

525 *Heintschel von Heinegg*, in: Ipsen, Völkerrecht, § 16 Rn. 6.

526 President of the United States of America, Executive Order 13395 of January 13, 2006, Section 1, abrufbar unter: http://www.gpo.gov/fdsys/pkg/FR-2006-01-19/pdf/06-554.pdf, letzter Abruf am 01.06.2013.

527 Verordnungen kann der Präsident in seiner Stellung als Oberhaupt der Bundesverwaltung erlassen, vgl. *Brugger*, Einführung in das öffentliche Recht der USA, S. 72.

528 Vgl. dazu unten B. I. 2.

529 Vgl. The Global Fund, Pledges and Contributions, abrufbar unter: http://www.theglobalfund.org/en/donors/, letzter Abruf am 01.06.2013.

Global Fund in Berührung, sei es als Geldgeber oder als Geldempfänger.[530] Aus diesem Grund wird man das Schweigen dieser Staaten nicht als eine Zustimmung zu einer Völkerrechtssubjektivität des Global Fund interpretieren können. Dieselbe Feststellung wird man ebenfalls hinsichtlich der Gewährung von Privilegien und Immunitäten treffen müssen, die neben den beiden genannten Staaten allein von der Republik Moldau gewährt wurden. Daher ist auch das Vorliegen völkergewohnheitsrechtlicher Rechtspositionen des Global Fund abzulehnen.

c. Zwischenergebnis

Eine völkerrechtliche Rechtsposition des Global Fund ergibt sich somit weder aus dem Sitzabkommen mit der Schweiz noch aus der Bildung von Völkergewohnheitsrecht. Damit können im Gegensatz zur WADA derzeit noch keine von der Staatengemeinschaft anerkannten völkerrechtlichen Rechtspositionen des Global Fund nachgewiesen werden.

III. Zusammenfassung

Die Auswirkungen der Tätigkeiten der PPP reichen zwar über das Staatsgebiet einzelner nationaler Rechtsordnungen hinaus, allerdings folgt daraus nicht zwingend, dass diese Handlungen der Völkerrechtsordnung unterliegen. Die vorangegangene Untersuchung hat vielmehr gezeigt, dass die internationalen PPP bislang noch nicht mit einer ausdrücklichen Völkerrechtspersönlichkeit ausgestattet worden sind. Die PPP verfügen dennoch über die Kapazität, als eigenständige Rechtspersonen den Status eines beschränkten Völkerrcchtssubjektes zu erhalten. Das zeigt das Beispiel der WADA, der eine völkerrechtliche Rechtsposition zuerkannt wurde, deren Reichweite allerdings auf die Wahrnehmung einzelner begrenzter Befugnisse beschränkt ist. Dagegen verdeutlicht die völkerrechtliche Situation des Global Fund, dass die Verleihung einer Völkerrechtssubjektivität an die PPP zwar potentiell möglich ist, allerdings nicht zwangsläufig gegeben sein muss. Die Völkerrechtssubjektivität kommt einer PPP also nicht generell zu, sondern muss im Einzelfall aufgrund der ihr konkret verliehenen völkerrechtlichen Rechte und Pflichten beurteilt werden.

---

530 Vgl. nur die Auflistung der staatlichen Geldgeber unter: http://www.theglobalfund.org/en/donors/public/, letzter Abruf am 01.06.2013.

B. Die PPP als internationale Organisationen im weiteren Sinne

Die internationalen PPP stellen somit nicht nur Akteure in den internationalen Beziehungen dar, sondern spielen in begrenztem Umfang bereits eine Rolle in der völkerrechtlichen Rechtsordnung. An diese Feststellung schließt sich die Frage an, ob sie eine neue Erscheinung im Völkerrecht bilden oder sich in die bereits bekannten Strukturen einordnen lassen.

In diesem Zusammenhang drängt sich ein Vergleich der PPP mit den beiden bekannten institutionellen Organisationsformen im Völkerrecht auf, den zwischenstaatlichen internationalen Organisationen (bzw. den internationalen Organisationen im engeren Sinne[531]) und den NGOs. Diese werden auch als internationale Organisationen im weiteren Sinne bezeichnet.[532] Aufgrund ihrer hybriden Organisationsstruktur mit der Partizipation von staatlichen und nichtstaatlichen Akteuren erscheint unklar, ob es sich bei den PPP um einen Sonderfall einer dieser Organisationsformen handelt oder ob die PPP als eine eigenständige Kategorie der internationalen Organisationen im weiteren Sinne darstellen. Um diese Frage beantworten zu können, ist ein Vergleich der Gemeinsamkeiten und Unterschiede zwischen den PPP und den internationalen Organisationen bzw. den NGOs erforderlich. Ein besonderes Augenmerk wird dabei auf die Prüfung gelegt werden, inwiefern sich die Organisationsformen in ihrer Struktur und Funktion voneinander unterscheiden und ob der völkerrechtliche Rechtsstatus der PPP dem der internationalen Organisationen oder dem der NGOs entspricht.

I. Gemeinsamkeiten und Unterschiede zwischen den internationalen PPP und den zwischenstaatlichen internationalen Organisationen

Sowohl in den PPP als auch in den internationalen Organisationen üben staatliche Vertreter einen maßgeblichen Einfluss auf die Willensbildung der Organisation aus. Diese Gemeinsamkeit könnte eine Begründung dafür bieten, die PPP als eine besondere Form der internationalen Organisationen zu behandeln. Die Bestätigung dieser Annahme hängt wesentlich davon ab, ob bzw. in welchem

---

531 *Herdegen*, Völkerrecht, § 10 Rn. 1. Der gewöhnlichen Terminologie entsprechend werden im Folgenden mit dem Begriff der internationalen Organisationen die zwischenstaatlichen internationalen Organisationen bezeichnet.

532 Vgl. zur Terminologie *Epping*, in: Ipsen, Völkerrecht, § 6 Rn. 1 und *Bennett/Oliver*, International Organizations, S. 2. *Wenckstern*, Die Immunität internationaler Organisationen, Rn. 2, zählt zu den internationalen Organisationen im weiteren Sinne zudem die zwischenstaatlichen Unternehmen.

Maße eine Beteiligung von privaten Akteuren in internationalen Organisationen zugelassen wird. Unter besonderer Berücksichtigung dieses Gesichtspunktes sind zunächst eine Definition der konstituierenden Merkmale einer internationalen Organisation und eine Beschreibung ihrer Funktion zu geben. Anschließend wird der Völkerrechtsstatus der internationalen Organisationen näher erläutert. Auf der Grundlage dieser Gemeinsamkeiten und Unterschiede erfolgt eine Entscheidung, ob die PPP aus völkerrechtlicher Perspektive als Spezialfall der internationalen Organisationen angesehen werden können.

1. Definition und Funktion der (zwischenstaatlichen) internationalen Organisation

Die Völkerrechtswissenschaft bezeichnet mit dem Begriff der internationalen Organisation eine auf Dauer angelegte Vereinigung von zumindest zwei Völkerrechtssubjekten auf dem Gebiet des Völkerrechts, die mit der selbstständigen Wahrnehmung gemeinsamer Ziele betraut und zumindest mit einem eigenen handlungsbefugten Organ ausgestattet ist.[533]

Damit lassen sich die internationalen Organisationen von anderen Formen der zwischenstaatlichen Kooperationen abgrenzen. So zählen z.B. die gemeinsamen wirtschaftlichen Unternehmen, die zu einem gewissen Grad der Verfolgung fiskalischer Zwecke dienen und gemeinsame Tätigkeiten von Staaten im nichthoheitlichen Bereich nicht zu der Kategorie der internationalen Organisationen.[534]

a. Völkerrechtlicher Gründungsvertrag

Ein wesentliches Merkmal der internationalen Organisationen besteht darin, dass ihre Gründung in der Regel auf den Abschluss eines völkerrechtlichen Vertrages zwischen den beteiligten Völkerrechtssubjekten zurückgeführt werden kann.[535] Die Erfüllung dieses Merkmals setzt zwingend voraus, dass die Gründungssubjekte zum Abschluss völkerrechtlicher Verträge berechtigt sein müssen.

Bei dem Gründungsvertrag einer internationalen Organisation handelt es sich um einen „normalen" völkerrechtlichen Vertrag; das wird aus der Regelung des Art. 5 der Wiener Vertragsrechtskonvention deutlich, die ausdrücklich die Anwendung der Regelungen der Konvention auf die Gründungsverträge einer

---

533 Vgl. *Hobe*, Völkerrecht, S. 123 f.; *Herdegen*, Völkerrecht, § 10 Rn. 3; *Kempen/Hillgruber*, Völkerrecht, § 6 Rn. 45.

534 *Seidl-Hohenveldern/Loibl*, Das Recht der internationalen Organisationen, Rn. 0118 f.

535 *Epping*, in: Ipsen, Völkerrecht, § 6 Rn. 4.

internationalen Organisation anordnet. Dennoch weisen die Gründungsverträge gegenüber anderen völkerrechtlichen Verträgen Besonderheiten auf, da sie inhaltlich die Errichtung einer autonomen Institution vorsehen und eine Festlegung des Aufgabenbereiches sowie Bestimmungen zu den Kompetenzen der Organisation enthalten.[536]

b. Mitgliedschaft

Die internationale Organisation muss demnach von mindestens zwei Völkerrechtssubjekten gegründet worden sein.[537] Unter der Mitgliedschaft in einer internationalen Organisation kann man die Partnerschaft zum Gründungsvertrag sowie die Inhaberschaft der Summe der den Mitgliedern aus dem Gründungsstatut zukommenden Rechte und Pflichte verstehen.[538] In den meisten Fällen werden die internationalen Organisationen von Staaten gegründet, es gibt aber auch Beispiele, in denen eine internationale Organisation selbst Mitglied in einer anderen internationalen Organisation geworden ist.[539] Aus diesem Umstand wird zum Teil geschlossen, dass die Mitglieder in einer internationalen Organisation ausschließlich dem Kreis der etablierten Völkerrechtssubjekte entstammen können.[540]

Andere Autoren gehen demgegenüber davon aus, dass auch nichtstaatliche Akteure an einer internationalen Organisation beteiligt sein können.[541] Als Argument für ihre Ansicht kann die Mitgliederstruktur der Welttourismusorganisation (UNWTO) angeführt werden, bei der es sich um eine Sonderorganisation der Vereinten Nationen handelt. Als Sonderorganisation der Vereinten Nationen

---

536 *Mosler*, in: Isensee/Kirchhof, Handbuch des Staatsrechts, Band VII, § 175 Rn. 23.

537 *Von Heinegg*, in: Ipsen, Völkerrecht, § 9 Rn. 1. A.A. *Magliveras*, in: Klabbers/Wallendahl (Hrsg.), Research Handbook on the Law of International Organizations, S. 84, wonach mindestens drei Mitglieder erforderlich sind, damit der Austritt eines Mitgliedes nicht zwangsläufig die Auflösung der Internationalen Organisation mit sich bringen müsse. Allerdings überzeugt an dieser Ansicht nicht, dass die Organisation jederzeit von der Trägerschaft durch ihre Mitgliedstaaten abhängt. Die Anzahl der Mitgliedstaaten ist dafür irrelevant.

538 *Ginther*, in: BDGV 17 (1975), S. 7 (8).

539 Vgl. *Köck/Fischer*, Das Recht der Internationalen Organisationen, S. 536 f.; *Klabbers*, An Introduction to International Institutional Law, S. 8. Ein Beispiel bildet die Mitgliedschaft der EU in der WTO.

540 *Epping*, in: Ipsen, Völkerrecht, § 31 Rn. 15; *Köck/Fischer*, Das Recht der Internationalen Organisationen, S. 57 f., 60. Für eine Beschränkung auf staatliche Akteure sprechen auch die synonym mit dem Begriff der internationalen Organisationen verwendeten Bezeichnungen „zwischenstaatliche Organisationen" sowie im englischen Sprachraum „international governmental organizations".

541 *Dahm/Delbrück/Wolfrum*, Völkerrecht, Band I/2, S. 208 ff.

wird sie unstreitig zum Kreis der internationalen Organisationen gezählt,[542] obwohl private Akteure einen Mitgliederstatus erhalten können. Das Beispiel der UNWTO ist allerdings nicht unproblematisch.[543] In der UNWTO bestehen drei verschiedene Formen von Mitgliedern, deren Kompetenzen sich voneinander unterscheiden. Den Status eines Vollmitgliedes können allein die Staaten erhalten, vgl. Art. 5 Nr. 1 der Statuten der Welttourismusorganisation (UNWTO-Statutes). Für die privaten Akteure ist hingegen lediglich der Status eines „affiliate members" vorgesehen, Art. 7 Nr. 1 UNWTO-Statutes.[544] Die Vollmitglieder besitzen gem. Art. 28 UNWTO-Statutes die Berechtigung zur Stimmenabgabe in den Hauptorganen der Organisation, der Generalversammlung (General Assembly) und dem Exekutivrat (Executive Council). Dagegen sind die „affiliate members" gem. Art. 9 Nr. 3 UNWTO-Statutes darauf beschränkt, durch jeweils einen Beobachter an den Sitzungen der Generalversammlung teilzunehmen sowie zusätzlich über das Komitee der „affiliate members" drei weitere gemeinsame Beobachter auszuwählen. In den Exekutivrat können sie hingegen nur einen gemeinsamen Vertreter ohne Stimmrecht entsenden, Art. 14 Nr. 3 UNWTO-Statutes. Die Beteiligungsmöglichkeiten, die nichtstaatliche Akteure in der UNWTO aufgrund ihres Mitgliederstatus erhalten haben, unterscheiden sich somit nicht von den Kompetenzen, die private Akteure im Rahmen eines Beobachterstatus bei anderen internationalen Organisationen besitzen. Allein aus dem Status als Mitglied folgt noch keine mit den staatlichen Mitgliedern gleichberechtigte Einflussnahme auf die Entscheidungsfindung der Organisation.[545]

Die beschränkten Einflussmöglichkeiten bewirken jedoch keine Änderung im formalen Status der privaten Akteure als Mitglieder der Organisation. Die Regelung in den Statuten der UNWTO macht somit deutlich, dass es kein all-

---

542 Die Sonderorganisationen der UN weisen zwar jeweils eine eigenständige Rechtspersönlichkeit auf, allerdings werden sie gem. Art. 57 Abs. 1 UN-Charta einheitlich als internationale Organisationen gegründet, vgl. *Epping*, in: Ipsen, Völkerrecht, § 32 Rn. 86. Sie stehen in einigen Bereichen, z.B. auf der Grundlage der Beziehungs- und Kooperationsabkommen (Art. 63 UN-Charta) oder bei der Gewährung von Privilegien und Immunitäten, in Beziehung zu der Hauptorganisation, vgl. *Klein*, „United Nations, Specialized Agencies", in: MPEPIL, Rn. 18 f.

543 Die UNWTO ist z.B. nicht durch einen völkerrechtlichen Gründungsvertrag entstanden, sondern durch eine „transformation" der Statuten der International Union of Official Travel Organizations, einer nichtstaatlichen Organisation, vgl. *Nowrot*, Normative Ordnungsstruktur und private Wirkungsmacht, S. 239 f.

544 Auf der Stufe zwischen den Vollmitgliedern und den „affiliate members" stehen die sog. „associate members", zu dieser Kategorie zählen Gebiete, die für ihre auswärtigen Beziehungen nicht verantwortlich sind, Art. 6 Nr. 1 UNWTO-Statutes.

545 *Schermers/Blokker*, International Institutional Law, § 198.

gemeines Prinzip gibt, wonach eine Mitgliedschaft von privaten Akteuren in einer internationalen Organisation ausgeschlossen wäre.[546]

c. Organisatorischer Aufbau

Ein weiteres charakteristisches Merkmal einer internationalen Organisation liegt in ihrer eigenständigen Organstruktur.[547] Im Regelfall weist eine internationale Organisation ein allgemeines Mitgliederorgan auf, in dem alle Mitglieder der Organisation vertreten sind und in dem die wesentlichen politischen Entscheidungen der Organisation getroffen werden.[548] Daneben verfügt die Organisation zumeist über ein Exekutivorgan und/oder ein Administrativorgan, in dem die politischen Leitlinien umgesetzt und die alltäglichen Geschäfte der Organisation zwischen den Sitzungen des Mitgliederorgans durchgeführt werden.[549] Um eine größere Effektivität der Arbeit zu ermöglichen, sind in diesem Organ oftmals nicht alle Mitglieder vertreten.[550] Entscheidend für das Vorliegen einer eigenständigen Organstruktur ist aber nicht die genaue Ausgestaltung und Bezeichnung der Organe. Wichtig ist allein, dass die internationale Organisation über zumindest ein Organ, in dem ihre Mitglieder repräsentiert sind, rechtlich handlungsfähig ist.[551] Durch dieses Organ muss die internationale Organisation in der Lage sein, einen selbstständigen Willen zu bilden, der sich nicht notwendigerweise mit dem Willen jedes ihrer Mitglieder decken muss[552] und diesen zumindest gegenüber ihren Mitgliedern nach außen zum Ausdruck bringen können.[553] Das Organ darf daher nicht der Autorität einzelner Staaten oder einer anderen Organisation unterstehen, sondern muss den gemeinschaftlich gebildeten Willen der beteiligten Parteien zum Ausdruck bringen.[554]

---

546 *Schmalenbach*, „International Organizations or Institutions, General Aspects“, in: MPEPIL, Rn. 10.

547 Für *Klabbers*, An Introduction to International Institutional Law, S. 11 f., ist es sogar das zentrale Merkmal.

548 *Ruffert/Walter*, Institutionalisiertes Völkerrecht, § 9 Rn. 296.

549 *Amesaringhe*, Principles of the Institutional Law of International Organizations, S. 139 f., 155 f.

550 *Ruffert/Walter*, Institutionalisiertes Völkerrecht, § 9 Rn. 303.

551 *Dahm/Delbrück/Wolfrum*, Völkerrecht, Band I/2, S. 210.

552 *Seidl-Hohenveldern/Loibl*, Das Recht der Internationalen Organisationen, Rn. 0105.

553 *Herdegen*, Völkerrecht, § 10 Rn. 3. *Klabbers*, An Introduction to International Institutional Law, S. 11, weist aber auf das oftmals problematische Verhältnis der internationalen Organisation zu ihren Mitgliedstaaten hin. Schützen die einzelnen Staaten ihre partikulären Interessen, z.B. über ein Einstimmigkeitserfordernis in den Hauptorganen, sei der selbstständige Wille lediglich eine „rechtliche Fiktion“.

554 *Amerasinghe*, Austrian Journal of Public International Law 47 (1995), S. 123 (131).

Da die Mitglieder der Organisation zumindest in einem der Hauptorgane repräsentiert sein müssen und es sich aufgrund des Erfordernisses eines völkerrechtlichen Gründungsvertrages vorrangig um Staaten oder andere internationale Organisationen handelt, setzen sich die Organe von internationalen Organisationen in der Regel aus staatlichen Repräsentanten zusammen. Einen berühmten Ausnahmefall bildet die Internationale Arbeitsorganisation (ILO). Die ILO ist, wie auch die UNWTO, eine Sonderorganisation der Vereinten Nationen,[555] sie wurde aber bereits 1919 durch den Versailler Vertrag gegründet.[556] Im Gegensatz zur UNWTO können der ILO als Mitglieder ausschließlich Staaten beitreten, allerdings liegt der Zusammensetzung ihrer Hauptorgane, die Allgemeine Konferenz und der Verwaltungsrat, eine sog. „tripartite" Struktur zugrunde.[557] In die Allgemeine Konferenz entsendet jeder Mitgliedsstaat zwei Regierungsvertreter, sowie einen Arbeitgeber- und einen Arbeitnehmervertreter, die gem. Art. 3 Nr. 1 S. 2, 4 Nr. 1 ILO-Constitution bei Abstimmungen jeweils über eine Stimme verfügen. Auch der Verwaltungsrat wird paritätisch zur Hälfte mit Regierungsvertretern und zur anderen Hälfte mit Arbeitgeber- und Arbeitnehmervertretern besetzt, Art. 7 Nr. 1 ILO-Constitution.[558] Eine Beteiligung von nichtstaatlichen Akteuren an einer internationalen Organisation ist somit über die Einräumung von Partizipationsmöglichkeiten in den Hauptorganen möglich, selbst wenn ihnen kein Mitgliederstatus in der Organisation zukommt.

d. Funktion

Um einen Vergleich der internationalen Organisationen mit den PPP auch unter funktionalen Gesichtspunkten zu ermöglichen, soll schließlich noch auf den Zweck hingewiesen werden, den insbesondere die Staaten mit der Bildung einer internationalen Organisation verfolgen. Die internationalen Organisationen dienen der Bewältigung von Aufgaben grenzüberschreitenden Charakters, deren Erfüllung im gemeinsamen Interesse mehrerer Staaten liegt.[559] Indem sie ein Forum für eine kontinuierliche Abstimmung der internationalen Beziehungen in-

---

555 *Epping*, in: Ipsen, Völkerrecht, § 32 Rn. 87.

556 *Seidl-Hohenveldern/Loibl*, Das Recht der internationalen Organisationen, Rn. 0402.

557 Vgl. dazu *Archer*, International Organizations, S. 39 und *Seyersted*, Common Law of International Organizations, S. 7 f. Allerdings haben die Regierungen der Staaten gem. Art. 3 Abs. 5 ILO-Constitution einen großen Einfluss darauf, welche Arbeitgeber- und Arbeitnehmergruppen in der ILO partizipieren dürfen, siehe dazu *Hurd*, International Organizations, S. 164.

558 Vgl. dazu *Sauer*, „International Labour Organization (ILO)", in: MPEPIL, Rn. 5 ff.

559 *Hobe*, Völkerrecht, S. 123; *Bennet/Oliver*, International Organizations, S. 3. Vgl. auch *Köck/Fischer*, Das Recht der Internationalen Organisationen, S. 60 f. Würden die Staaten eine internationale Organisation gründen, sei ein solches gemeinsames Interesse offensichtlich gegeben.

nerhalb ihres Aufgabenbereiches bereitstellen und damit die Bildung von Kompromissen fördern, können sie zu einer größeren Effektivität in der Adressierung von grenzüberschreitenden Herausforderungen beitragen.[560] Sie nehmen mithin eine wichtige Rolle in der Organisation der internationalen politischen Ordnung ein.[561]

2. Der völkerrechtliche Rechtsstatus der internationalen Organisationen

In der Völkerrechtswissenschaft ist heute nahezu unbestritten, dass internationale Organisationen in der Regel Völkerrechtssubjektivität besitzen.[562] Das gilt für sämtliche der oben dargestellten Ansichten bezüglich der konstitutiven Merkmale eines Völkerrechtssubjektes.[563] So kommen die Vertreter der Auffassung, die die Übertragung eines Mindestmaßes an Rechten und Pflichten auf eine Einheit fordern, zu dem Ergebnis, dass sich die Übertragung dieser Kompetenzen regelmäßig bereits aus dem Gründungsvertrag der internationalen Organisationen ergeben würde. Daher seien die internationalen Organisationen generell als Völkerrechtssubjekte anzusehen.[564] Die Stimmen, die nur eine dem Völkerrecht unterliegende ermächtigende Norm fordern, beziehen sich ebenfalls primär auf das Gründungsstatut der internationalen Organisation, um die Völkerrechtspersönlichkeit zu begründen. Aus einem solchen völkerrechtlichen Vertrag sei im Regelfall der entsprechende Wille der Mitgliedstaaten erkennbar, die Organisation mit völkerrechtlichen Befugnissen auszustatten.[565] Bei den internationalen Organisationen spricht darum eine Rechtsvermutung dafür, dass sie mit Völkerrechtspersönlichkeit ausgestattet sind.[566] Allerdings kann diese Annahme im

---

560 *Archer*, International Organizations, S. 111; siehe auch *Röben*, Außenverfassungsrecht, S. 16.

561 *Schmalenbach*, „International Organizations or Institutions, General Aspects“, in: MPEPIL, Rn. 1.

562 Eine andere Ansicht vertritt *Reuterswärt*, NTIR 49 (1980), S. 14 (16), der die internationalen Organisationen lediglich als gemeinsame Organe der Staaten ansieht. Die Völkerrechtssubjektivität komme dagegen nur Staaten zu, weil es ausschließlich darauf ankomme, für wen die Akte der internationalen Organisationen nach der Völkerrechtsordnung Konsequenzen hätten.

563 Siehe oben unter A. I. 2. b.

564 Vgl. *Amerasinghe*, Principles of the Institutional Law of International Organizations, S. 83; *Schweisfurth*, Völkerrecht, 1. Kapitel Rn. 129.

565 *Amerasinghe*, Principles of the Institutional Law of International Organizations, S. 83.

566 *Peters*, Völkerrecht, Kap. 9 Rn. 11; *Hobe*, Völkerrecht, S. 123; *Dahm/Delbrück/Wolfrum*, Völkerrecht, Band I/2, S. 207, m.w.N.

Einzelfall widerlegt werden, wenn sich aus dem Gründungsvertrag Gegenteiliges ergibt.[567]

a. Die internationalen Organisationen als gekorene Völkerrechtssubjekte

Daraus folgt, dass die Völkerrechtsfähigkeit kein „Geburtsrecht" der internationalen Organisationen ist, sondern ihnen explizit oder zumindest implizit verliehen werden muss.[568] Dementsprechend besteht ihre rechtliche Kapazität in der völkerrechtlichen Rechtsordnung nicht originär und unbeschränkt – eine solche Rechtsstellung besitzen im Völkerrecht ausschließlich die Staaten.[569] Die völkerrechtliche Rechtsfähigkeit der internationalen Organisationen reicht grundsätzlich nur so weit, wie es zur Ausübung der konkreten Ziele und Funktionen im Gründungsvertrag erforderlich ist (sog. funktionale Rechtspersönlichkeit bzw. Prinzip der begrenzten Ermächtigung).[570]

Obwohl die internationalen Organisationen als partielle Völkerrechtssubjekte prinzipiell nur eine beschränkte völkerrechtliche Rechtsstellung besitzen, verfügen sie dennoch in weitem Umfang über völkerrechtliche Rechte und Pflichten.[571] Diese Rechtspositionen können auf eine ausdrückliche Kompetenzzuweisung in dem völkerrechtlichen Gründungsvertrag der Organisation oder einer anderen völkerrechtlichen Vereinbarung der Vertragsstaaten zurückzuführen sein. Viele internationale Organisationen nehmen in der Praxis aber auch dann Handlungen vor, wenn für diese Tätigkeit eine ausdrückliche Ermächtigung nicht gegeben ist.[572] Aufgrund der besonderen rechtlichen Situation der internationalen Organisationen, die sich in der Regel auf die Beteiligung von Staaten und einem dem Völkerrecht unterstellten Gründungsvertrag stützen, sowie der Staatenpraxis im Umgang mit den internationalen Organisationen wird in der Völkerrechtswissenschaft über die Bildung von Völkergewohnheitsrecht diskutiert, die in diesen Fällen auf die internationalen Organisationen Anwendung finden könnte. Für die Zwecke dieser Untersuchung ist es nicht erforderlich, ei-

---

567 *Peters*, Völkerrecht, Kap. 9 Rn. 11.

568 *Schmalenbach*, „International Organizations or Institutions, General Aspects", in: MPEPIL, Rn. 19; *Bleckmann*, in: Seidl-Hohenveldern (Hrsg.), Lexikon des Rechts. Völkerrecht, S. 397. Die internationalen Organisationen leiten ihren völkerrechtlichen Rechtsstatus somit von dem Willen ihrer Mitgliedstaaten ab, siehe *Sands/Klein*, Bowett`s Law of International Institutions, Rn. 15-002, *Dahm/Delbrück/Wolfrum*, Völkerrecht, Band I/2, S. 217.

569 *Seidl-Hohenveldern/Loibl*, Das Recht der Internationalen Organisationen, Rn. 0309; siehe bereits oben unter A. I. 1. b.

570 *Epping*, in: Ipsen, Völkerrecht, § 6 Rn. 5.

571 *Seidl-Hohenveldern/Loibl*, Das Recht der Internationalen Organisationen, Rn. 0314.

572 *Rama-Montaldo*, BYIL 44 (1970), S. 111 (122).

ne umfassende Darstellung aller denkbaren völkergewohnheitsrechtlichen Rechtspositionen vorzunehmen. Es soll lediglich ein Eindruck davon vermittelt werden, in welchem Umfang die internationalen Organisationen in die völkerrechtliche Rechtsordnung eingebunden sind.

b. „Basic capacity"-Lehre

Nach einer früher vertretenen Ansicht sollten die internationalen Organisationen mit einem Mindestmaß an völkerrechtlichen Rechtspositionen aufgrund der ausdrücklich oder implizit verliehenen Völkerrechtspersönlichkeit ausgestattet sein, auch wenn diese Rechte keine Grundlage im Gründungsdokument der Organisation finden (sog. „basic capacity"-Lehre).[573] Dazu wurde die Möglichkeit gezählt, auf internationaler Ebene handlungsfähig zu sein, sich dabei als eigenständige Einheit zu präsentieren und in Beziehungen mit anderen Völkerrechtspersonen zu treten.[574] Sogar das Recht Krieg zu erklären und Frieden zu schließen wurde als mögliches völkerrechtliches Recht einer internationalen Organisation in Erwägung gezogen.[575] Zudem sollte die internationale Organisation hinreichend unabhängig von ihren Mitgliedstaaten handeln können, dafür wurde u.a. ein Schutz der diplomatischen Missionen, der Räumlichkeiten der Organisation sowie des Eigentums vor staatlichen Zugriffen für notwendig gehalten.[576]

Begründet wurde die Auffassung mit einer funktionalen Argumentation. Wenn die Staaten eine internationale Organisation nach den oben genannten Charakteristiken erschaffen hätten, müsste man davon ausgehen können, dass sie die internationale Organisation mit einer vollständigen rechtlichen Kapazität ausstatten wollten. Dem Willen der Staaten sei aber insoweit Rechnung zu tragen, dass sie einige der Rechte einschränken könnten, indem sie spezielle Vorschriften in das Gründungsstatut aufnehmen würden.[577] Zu demselben Ergebnis kommt *Bleckmann*, jedoch mit einer anderen Begründung. Er geht zunächst davon aus, dass sich die genannten völkerrechtlichen Befugnisse in der Regel implizit aus dem Gründungsvertrag ableiten lassen würden.[578] Dazu hält er sämtliche der für die Staaten geltenden Regeln des allgemeinen Völkerrechts analog für anwendbar, soweit sie dem Wesen der internationalen Organisation entspre-

573 Vgl. dazu *Schücking/Wehberg*, Die Satzung des Völkerbundes, Band 1, S. 100 ff.
574 *Rama-Montaldo*, BYIL 44 (1970), S. 111 (124, 155).
575 *Schücking/Wehberg*, Die Satzung des Völkerbundes, Band 1, S. 104.
576 *Dahm/Delbrück/Wolfrum*, Völkerrecht, Band I/2, S. 220 ff.
577 *Rama-Montaldo*, BYIL 44 (1970), S. 111 (155).
578 *Bleckmann*, in: Seidl-Hohenveldern (Hrsg.), Lexikon des Rechts. Völkerrecht, S. 517. Ähnlich auch *Bowett*, Law of International Institutions, S. 339, diese Kompetenzen würden „normalerweise" vorliegen und *Cassese*, International Law, S. 138 f., der einige Kompetenzen als „mit Sicherheit" zu internationalen Organisationen zugehörig ansieht.

chen. Davon sollen alle völkerrechtlichen Kompetenzen umfasst sein, soweit sie sich nicht auf die staatliche Souveränität und die Gebiets- und Personalhoheit beziehen.[579]

Gegen die „basic capacity"-Lehre wird eingewendet, dass sie nicht mit dem Willen der Staaten vereinbar sei. Die Völkerrechtsfähigkeit stelle für das Vorliegen einer völkerrechtlichen Rechtsposition eine notwendige, aber keine hinreichende Bedingung dar. Die konkrete Ermächtigung gründe sich letztlich auf den Willen der Mitgliedstaaten.[580] Dieser Wille beschränke sich im Normalfall auf den Konsens, der im Gründungsvertrag zum Ausdruck komme.[581] Die Staaten würden von einem eventuell nur implizit verliehenen Mindestmaß an Rechten und Pflichten gerade nicht ausgehen. Allenfalls könne eine solche „völkerrechtliche Grundausstattung" im Einzelfall angenommen werden, wenn aus der Komplexität der übertragenen Aufgaben und dem Sinn und Zweck der Gründungsverträge zwangsläufig von einer entsprechenden Ermächtigung ausgegangen werden müsste.[582] Die Rechtspersönlichkeit der internationalen Organisationen kann daher keinen vorbestimmten Inhalt im Völkerrecht haben.[583]

c. Einzelne Rechtspositionen aus Völkergewohnheitsrecht

Die Ausstattung von internationalen Organisationen mit einem Mindestmaß an völkerrechtlichen Rechten und Pflichten wird aus den genannten Gründen heute allgemein abgelehnt. Allerdings ist umstritten, ob ein Bestand an einzelnen gewohnheitsrechtlichen Befugnissen nachgewiesen werden kann. Zu den in diesem Zusammenhang diskutierten Rechten zählen die Kompetenz zum Abschluss völkerrechtlicher Verträge, das Gesandtschaftsrecht sowie die Inhaberschaft völkerrechtlicher Privilegien und Immunitäten.[584]

---

579 *Bleckmann*, in: Seidl-Hohenveldern (Hrsg.), Lexikon des Rechts. Völkerrecht, S. 517.

580 So *Klein/Schmahl*, in: Graf Vitzthum, Völkerrecht, 4. Abschnitt Rn. 100, in Bezug auf das aktive und passive Gesandtschaftsrecht.

581 *Faßbender*, ÖZöRV 37 (1986), S. 17 (47), weist darauf hin, dass sich die so verliehenen Rechte als „technische Hilfskompetenzen" darstellen würden, die nur zur Wahrnehmung „eigentlicher" Rechte benötigt würden. Eine solche Differenzierung zwischen höher- und niederrangigen Rechten kenne das Völkerrecht aber nicht.

582 *Epping*, in: Ipsen, Völkerrecht, § 6 Rn. 11.

583 *Sands/Klein*, Bowett`s Law of International Institutions, Rn. 15-008 f.; *Ruffert/Walter*, Institutionalisiertes Völkerrecht, Rn. 162.

584 *Akande*, in: Evans (Hrsg.), International Law, S. 258; *Seidl-Hohenveldern/Loibl*, Das Recht der Internationalen Organisationen, Rn. 0319, 1905 f.

aa. Völkergewohnheitsrechtliche Kompetenz zum Abschluss völkerrechtlicher Verträge

Aufgrund der Praxis der Staatengemeinschaft geht ein Teil der Lehre insbesondere von einer gewohnheitsrechtlichen Berechtigung der internationalen Organisationen zum Abschluss völkerrechtlicher Verträge aus, da die überwiegende Anzahl der internationalen Organisationen diese Kompetenz besitzen würden.[585] Die Annahme einer Vertragsschlusskompetenz von internationalen Organisationen wird des Weiteren auf das Wiener Übereinkommen über das Recht der Verträge zwischen Staaten und internationalen Organisationen (WVRK II) gestützt,[586] obwohl es noch nicht in Kraft getreten ist.[587] Die Präambel enthält in UAbs. 11 zunächst den Hinweis, dass internationale Organisationen grundsätzlich die Fähigkeit zum Abschluss völkerrechtlicher Verträge besitzen. Art. 6 WVRK II legt fest, dass die Kapazität der internationalen Organisationen, einen Vertrag abzuschließen, von den Regeln der Organisation bestimmt werden. Dieser Vorschrift könne der Gedanke entnommen werden, dass internationale Organisationen generell gewohnheitsrechtlich zum Abschluss völkerrechtlicher Verträge berechtigt seien und diese Kompetenz durch den Gründungsvertrag lediglich inhaltlich beschränkt werde.[588]

Überzeugender erscheint es aber, der Vorschrift keine generelle Vertragsschlusskompetenz zu entnehmen. Nach Art. 6 WVRK II bestimmt sich die Vertragsschlusskompetenz der internationalen Organisationen anhand der Regelungen, die auf die Organisation Anwendung finden. Einer solchen Formulierung hätte es nicht bedurft, wenn den internationalen Organisationen generell eine Vertragsschlusskompetenz zukommen würde. Die Vorschrift impliziert vielmehr, dass es auch internationale Organisationen ohne eine entsprechende Kompetenz geben muss.[589] Auch wenn in der Praxis die absolute Mehrzahl der internationalen Organisationen eine Vertragsschlusskompetenz verliehen bekommen haben, kann daraus nicht die Rechtsfolge abgeleitet werden, jede Or-

---

585 *Schermers/Blokker*, International Institutional Law, § 1748; *Chiu*, The Capacity of International Organizations to conclude Treaties, S. 31 f.

586 Wiener Übereinkommen über das Recht der Verträge zwischen Staaten und internationalen Organisationen oder zwischen internationalen Organisationen, vom 21.03.1986.

587 http://treaties.un.org/pages/ViewDetails.aspx?src=TREATY&mtdsg_no=XXIII-3&chapter=23&lang=en, letzter Abruf am 01.06.2013. Gem. Art. 85 Abs. 1 WVRK II tritt das Übereinkommen am dreißigsten Tag nach der Hinterlegung der 35. Ratifikations- oder Beitrittsurkunde in Kraft.

588 *Ruffert/Walter*, Institutionalisiertes Völkerrecht, § 5 Rn. 163; *Akande*, in: Evans (Hrsg.), International Law, S. 258.

589 *Schermers/Blokker*, International Institutional Law, § 1748; *Tunkin*, Völkerrechtstheorie, S. 399.

ganisation müsse dieses Recht jetzt und in der Zukunft besitzen.[590] Letztlich ist auch diese Kompetenz auf einen entsprechenden staatlichen Willen zurückzuführen.[591] Damit wird die konkrete Ermächtigung einer internationalen Organisation zum Abschluss völkerrechtlicher Verträge im Einzelfall von ihrem Gründungsvertrag definiert und beschränkt.[592]

bb. Gewohnheitsrechtliche Akzeptanz des Gesandtschaftsrechts

Der Austausch von diplomatischen Vertretern zwischen Staaten und internationalen Organisationen entspricht heute der gängigen Praxis.[593] Seine Funktion liegt darin, die Beziehungen zwischen den Mitgliedstaaten und der internationalen Organisation zu koordinieren und somit zu einer effektiven Aufgabenerfüllung beizutragen.[594] Sowohl die Praxis als auch die funktionalen Erwägungen werden als Grund dafür angeführt, das aktive und passive Gesandtschaftsrecht als eine generelle Kompetenz der internationalen Organisationen zu bezeichnen.[595] Leitet man das Legationsrecht aus der Funktion der internationalen Organisation ab, so wird eine internationale Organisation diese Kompetenz allerdings nur dann besitzen, wenn es für die Erfüllung ihrer Aufgabe notwendig ist. Insofern entspricht die Rechtslage derjenigen bei der völkerrechtlichen Vertragsschlusskompetenz. Die internationalen Organisationen besitzen das aktive und passive Gesandtschaftsrecht in der Regel, die Begründung dafür muss aber dem jeweiligen Gründungsvertrag entnommen werden können.[596]

---

590 Vgl. *Peters*, „Treaty Making Power", in: MPEPIL, Rn. 38, die der Staatenpraxis aber eine entsprechende Vermutung entnehmen will.

591 *Faßbender*, ÖZöRV 37 (1986), S. 17 (45).

592 *Peters*, „Treaty Making Power", in: MPEPIL, Rn. 37.

593 *Ruffert/Walter*, Institutionalisiertes Völkerrecht, Rn. 170.

594 *Rensmann*, „International Organizations or Institutions, External Relations and Cooperation", in: MPEPIL, Rn. 32.

595 *Klabbers*, An Introduction to International Institutional Law, S. 46. Ein weiteres Argument kann darin gesehen werden, dass auch für das aktive und passive Gesandtschaftsrecht, wie für das Vertragsschlussrecht, ein völkerrechtlicher Vertrag ausgearbeitet worden ist, die Wiener Konvention über die Vertretung von Staaten bei weltweiten internationalen Organisationen von 1975. Die Konvention ist allerdings bislang noch nicht in Kraft getreten. Insbesondere die wichtigsten Sitzstaaten von internationalen Organisationen lehnen die Unterzeichnung ab, weil sie ihre Interessen nicht ausreichend gewahrt sehen, vgl. *Seidl-Hohenveldern/Loibl*, Das Recht der Internationalen Organisationen, Rn. 0319. Daher wird man ihr ebenfalls kaum eine rechtliche Wirkung entnehmen können.

596 *Hobe*, Völkerrecht, S. 124 f.

cc. Die gewohnheitsrechtliche Gewährung von Privilegien und Immunitäten

Eng verbunden mit dem Austausch von Gesandten ist die Gewährung von Privilegien und Immunitäten zum Schutz der diplomatischen Missionen.[597] Die konkreten Vorrechte und Befreiungen ergeben sich in der Regel aus dem Gründungsvertrag der internationalen Organisation oder aus besonderen Übereinkünften mit dem jeweiligen Sitzstaat.[598] Die Rechtslage ist durch eine Vielzahl an einzelnen Abkommen gekennzeichnet, eine Gesamtkodifikation existiert nicht.[599] Da sich diese Abkommen von der Interessenlage her ähneln, ist versucht worden, ihnen eine gemeinsame Praxis und Rechtsüberzeugung der Staaten zu entnehmen. Den Abkommen könnte dann eine lediglich deklaratorische Bedeutung beigemessen werden, weil sie bereits geltendes Völkergewohnheitsrecht wiedergeben würden.[600]

Die Gewährung von Immunitäten durch das Völkergewohnheitsrecht lässt sich mit der wichtigen Funktion der internationalen Organisationen im internationalen Verhandlungsprozess begründen.[601] Hierfür müssen sie über eine ausreichende Unabhängigkeit und Überparteilichkeit gegenüber den Mitgliedstaaten verfügen.[602] Das würde voraussetzen, dass sie nicht der nationalen Rechtsordnung eines Mitgliedstaates oder des Heimatstaates der Organisation unterliegen dürfen, der über eine innerstaatliche Rechtsverfolgung unzulässigen Einfluss auf die Organisation ausüben könnte.[603] Diese Argumente würden dafür sprechen,

---

597 *Rensmann*, „International Organizations or Institutions, External Relations and Cooperation", in: MPEPIL, Rn. 32, 34, diskutiert das Thema der Gewährung von Privilegien und Immunitäten an internationale Organisationen unter dem Oberbegriff „aktives und passives Gesandtschaftsrecht". Vgl. zu dem Begriff der Privilegien und Immunitäten *Wenckstern*, Die Immunität internationaler Organisationen, Rn. 30 ff.

598 *Wenckstern*, Die Immunität internationaler Organisationen, Rn. 93 ff.

599 *Ruffert/Walter*, Institutionalisiertes Völkerrecht, Rn. 181. Vgl. auch *Wenckstern*, Die Immunität internationaler Organisationen, Rn. 96 ff., m.w.N.

600 Vgl. *Seidl-Hohenveldern/Loibl*, Das Recht der Internationalen Organisationen, Rn. 1905, die als Argument die Regelung in Art. 17 Abs. 2 S. 2 des Wiener Übereinkommens über konsularische Beziehungen anführen. Danach hat ein Vertreter eines Staates Anspruch auf alle Vorrechte und Immunitäten, die einem Vertreter einer zwischenstaatlichen Organisation aufgrund des Völkergewohnheitsrechtes zustehen. Die Regelung würde also davon ausgehen, dass ein entsprechendes Völkergewohnheitsrecht bestehe.

601 *Peterke*, Der völkerrechtliche Sonderstatus der Internationalen Föderation der Rotkreuz- und Rothalbmondgesellschaften, S. 35; siehe zur Funktion der internationalen Organisationen auch oben unter I. 1. b.

602 Vgl. *Jenks*, International Immunities, S. 17.

603 *Wenckstern*, Die Immunität internationaler Organisationen, Rn. 29. Für die Vereinten Nationen kommt dieses Prinzip in Art. 100 UN-Charta zum Ausdruck, wonach kein

die internationalen Organisationen generell von staatlicher Gerichtsbarkeit freizustellen.[604]

Der Umfang der Immunität besteht nach der Ansicht der Befürworter einer solchen Norm des Völkergewohnheitsrechts allerdings nicht unbeschränkt. Den internationalen Organisationen dürfte eine Immunität immer nur insoweit zukommen, wie es zur Wahrnehmung ihrer Aufgaben und zur Verwirklichung ihrer Ziele erforderlich sei.[605] Daher sei zweifelhaft, ob es überhaupt einer völkergewohnheitsrechtlichen Herleitung der Immunität bedürfe. Letztlich würde auf der Grundlage einer völkergewohnheitsrechtlichen Norm das Vorliegen von Vorrechten nur gegenüber den Mitgliedstaaten und dem Sitzstaat der Organisation geltend gemacht werden können.[606] Bei den Mitgliedstaaten würde man aber, wenn im Einzelfall die ausdrückliche Gewährung von Immunitäten fehle, oftmals bereits im Wege der ergänzenden Vertragsauslegung annehmen können, dass sie der Organisation die Immunitäten gewähren müssten, die diese zur Wahrnehmung ihrer Aufgaben benötige.[607] Ob es zu der Bildung von Völkerge-

---

Mitgliedstaat dem Generalsekretär und seinen Mitarbeiter Weisungen erteilen darf und die Unabhängigkeit der VN respektieren muss.

604 Vgl. *Tauchmann*, Die Immunität internationaler Organisationen gegenüber Zwangsvollstreckungsmaßnahmen, S. 42. Kritisch demgegenüber *Klabbers*, An Introduction to International Institutional Law, S. 135 f., ein übermäßiger Schutz der internationalen Organisationen berge die Gefahr, zu stark in die Rechte von Privaten einzugreifen, die mit der internationalen Organisation in Kontakt getreten sind.

605 *Wenckstern*, Die Immunität internationaler Organisationen, Rn. 396; *Peterke*, Der völkerrechtliche Sonderstatus der Internationalen Föderation der Rotkreuz- und Rothalbmondgesellschaften, S. 40 f. m.w.N. *Ruffert/Walter*, Institutionalisiertes Völkerrecht, Rn. 183, sprechen sich vor diesem Hintergrund gegen eine völkergewohnheitsrechtliche Anerkennung von Privilegien und Immunitäten aus, da zweifelhaft sei, ob im Einzelfall überhaupt rechtssicher festgelegt werden könne, welche Vorrechte eine internationale Organisation zur Wahrnehmung ihrer Aufgaben tatsächlich benötigt.

606 *Möldner*, „International Organizations or Institutions, Privileges and Immunities", in: MPEPIL, Rn. 11; *Rensmann*, AVR 36 (1998), S. 305 (321); *Klein/Schmahl*, in: Graf Vitzthum (Hrsg.), Völkerrecht, Abschnitt 4 Rn. 109; *Seidl-Hohenveldern/Loibl*, Das Recht der Internationalen Organisationen, Rn. 1906, die sich darauf berufen, dass abgesehen vom Fall Bernadotte kein Sachverhalt bekannt sei, in dem sich eine internationale Organisation gegenüber einem Nichtmitglied erfolgreich auf die Gewährung von Privilegien und Immunitäten berufen hätte. Differenzierend *Wenckstern*, Die Immunität internationaler Organisationen, Rn. 402, der zumindest den großen internationalen Organisationen eine Immunität auch in Drittstaaten zuerkennt.

607 *Rensmann*, AVR 36 (1998), S. 305 (319 f.); *Schröer*, Jahrbuch für Internationales Recht 12 (1965), S. 207 (218), eine Verweigerung der notwendigen Befreiungen sei als ein „venire contra factum proprium" und damit als ein Verstoß gegen Treu und Glauben anzusehen.

wohnheitsrecht in diesem Bereich gekommen sei, unterliegt daher derzeit noch einer großen Unsicherheit.[608]

d. Teleologische Interpretation des Gründungsvertrages

Folgt man dem Verständnis, wonach die Kompetenzen der internationalen Organisationen auf die Ermächtigungen aus ihrem Gründungsvertrag sowie ggf. aus anderen völkerrechtlichen Verträgen beschränkt sind, stellt sich die Frage, ob man Tätigkeiten der internationalen Organisation, die nicht von diesen Befugnisse gedeckt werden, durch eine weite Auslegung der Abkommen rechtfertigen könnte. Gegen eine solche weite Interpretation und für eine enge Orientierung am Wortlaut der Verträge wird angeführt, dass sie den Willen der Staaten reflektiert. Die Kompetenzen der Organisation könnten nicht weiterreichen, als es der Gründungsvertrag explizit zum Ausdruck bringe. Eine weitergehende Beschränkung der staatlichen Souveränität sei nicht beabsichtigt und könne daher nicht angenommen werden.[609]

Demgegenüber betont die h.M. die Notwendigkeit der effektiven Erfüllung der Aufgaben der Organisation und geht daher von einer weiten Auslegung des Gründungsvertrages unter teleologischen Gesichtspunkten aus.[610] Als Auslegungsmethoden finden die „effet utile“-Regel und die „implied powers“-Lehre Anwendung.[611] Nach der „effet utile“-Regel sind die Vertragsbestimmungen unter Berücksichtigung der Ziele der Organisation so auszulegen, dass diese ihren Zweck bestmöglich erfüllen kann.[612] Die „implied powers“-Lehre legt dagegen nicht den Wortlaut einer Vorschrift des Vertrages weit aus, sondern wird verwendet, um ungeschriebene Kompetenzen, die die Organisation zur ordnungsgemäßen Wahrnehmung ihrer geschriebenen Kompetenzen benötigt, in den Ver-

---

608 *Wenckstern*, Die Immunität internationaler Organisationen, Rn. 396.

609 *Kelsen*, The Law of the United Nations, S. 329 f.

610 Vgl. *Faßbender*, ÖZöRV 37 (1986), S. 17 (30 ff.), m.w.N. Die Zulässigkeit einer weiten Auslegung der Kompetenzen einer internationalen Organisation hat auch das BVerfG ausdrücklich anerkannt. Danach sei eine Kompetenzauslegung im Sinne der implied powers-Doktrin hinzunehmen, vgl. BVerfGE 123, 267 (351 f.).

611 *Weiß*, Kompetenzlehre internationaler Organisationen, S. 362 ff., 369 f. Die Terminologie ist allerdings nicht einheitlich. Vielfach wird im Hinblick auf die internationalen Organisationen allein die „implied powers“-Lehre verwendet, ohne dass damit der Rückgriff auf die Ziele der Organisation ausgeschlossen wäre, vgl. nur *Verdross/Simma*, Universelles Völkerrecht, § 780. Im Ergebnis verneint *Böhm*, Kompetenzauslegung und Kompetenzlücken im Gemeinschaftsrecht, S. 192 ff., daher einen praktischen Unterschied zwischen beiden Auslegungsmethoden.

612 *Seidl-Hohenveldern/Loibl*, Das Recht der Internationalen Organisationen, Rn. 1602.

trag hineinzulesen.[613] Die Anwendung dieser Methoden wird mit dem Argument gerechtfertigt, dass ein Schweigen des Organisationsstatuts nicht zwingend auf einen diesbezüglichen Willen der Mitgliedstaaten zurückzuführen sein muss.[614] Die Mitgliedstaaten könnten bei der Gründung einer internationalen Organisation nicht genau vorhersehen, welche Kompetenzen die Organisation im Verlauf ihrer Tätigkeit benötigen wird. Davon abgesehen sei es auch praktisch unmöglich, sämtliche Kompetenzen im Gründungsvertrag detailliert festzuhalten.[615] Es könne aber in der Regel hypothetisch davon ausgegangen werden, dass die Mitgliedstaaten der internationalen Organisation die benötigten Kompetenzen verliehen hätten, wenn deren Notwendigkeit bei der Ausarbeitung des Vertrages in Erwägung gezogen worden wäre.[616]

Die Bestimmungen des Gründungsvertrages sind daher nach Sinn und Zweck unter Berücksichtigung der Ziele der Organisation auszulegen. Die Grenze der Auslegung soll erst dann erreicht sein, wenn die Berufung auf die Ziele der Organisation im Gründungsvertrag als Ganzem keine Stütze mehr findet oder dem Wortlaut und Sinn einzelner Vorschriften widerspricht.[617] Mit der Anerkennung einer teleologischen Interpretation des Gründungsvertrages ist die Möglichkeit einer dynamischen Weiterentwicklung der völkerrechtlichen Kompetenzen der internationalen Organisationen verbunden.[618] Dass die internationalen Organisationen über diese Möglichkeit verfügen, lässt sich mit der staatlichen Mitwirkung begründen. Ihre Schaffung sowie ihre weitere Entwicklung geht auf die gemeinsame Beteiligung von Staaten zurück, die in der Lage sind einen größeren Spielraum für den Ausbau der völkerrechtlichen Kompetenzen zu vermitteln.[619]

---

613 *Wolfrum*, in: Seidl-Hohenveldern (Hrsg.), Lexikon des Rechts. Völkerrecht, S. 146; *Seidl-Hohenveldern/Loibl*, Das Recht der Internationalen Organisationen, Rn. 0313. Die „implied powers"-Lehre stammt ursprünglich aus dem nationalen (US-amerikanischen) Recht und wurde auf das Völkerrecht übertragen, vgl. *Blokker*, „International Organizations or Institutions, Implied Powers", MPEPIL, Rn. 7.

614 *Weiß*, Kompetenzlehre internationaler Organisationen, S. 362 f.

615 *Blokker*, „International Organizations or Institutions, Implied Powers", in: MPEPIL, Rn. 5 f.

616 *Klabbers*, An Introduction to International Institutional Law, S. 59, 65.

617 *Blokker*, „International Organizations or Institutions, Implied Powers", in: MPEPIL, Rn. 18.

618 Die prinzipielle Zulässigkeit einer dynamischen Auslegung bejahend, *Verdross/Simma*, Universelles Völkerrecht, § 782, der Konsens der Parteien sei keineswegs „versteinert".

619 *Lindblom*, Non-Governmental Organizations in International Law, S. 62.

e. Zwischenergebnis

Im Ergebnis lässt sich mithin feststellen, dass die Völkerrechtspersönlichkeit der internationalen Organisationen auf eine Ermächtigung durch ihre Mitgliedstaaten zurückzuführen ist. Diese kommt regelmäßig im völkerrechtlichen Gründungsvertrag zum Ausdruck. Über ihr Gründungsstatut werden die internationalen Organisationen in der Regel mit einer Vielzahl an völkerrechtlichen Rechten und Pflichten ausgestattet, um ihre Aufgaben effektiv wahrnehmen zu können. Dennoch beschränken sich die internationalen Organisationen in der Praxis nicht ausschließlich auf die Ausübung der ihnen konkret übertragenen Kompetenzen. Sie nehmen darüber hinaus in weitem Umfang Handlungen vor, für die sie keine ausdrückliche Ermächtigung verliehen bekommen haben. Das Fehlen einer bestimmten Kompetenz bedeutet dabei nicht zwingend, dass ein entsprechendes Tätigwerden in jedem Fall verboten sein muss.[620] Die Zulässigkeit eines Handelns ohne eine entsprechende Ermächtigung wird von einem Teil der Lehre mit der Bildung von (partikulärem) Völkergewohnheitsrecht im Hinblick auf die internationalen Organisationen begründet, während nach anderer Ansicht die Bestimmungen des Gründungsvertrages weit auszulegen sind, um eine möglichst effektive Aufgabenerfüllung durch die internationale Organisation sicherzustellen. Auch wenn den internationalen Organisationen nicht der Status eines originären Völkerrechtssubjektes zukommt, sind sie damit im Ergebnis dennoch dazu berechtigt, in einem weiten Umfang am völkerrechtlichen Rechtsverkehr teilzunehmen.

3. Gemeinsamkeiten und Unterschiede zwischen den PPP und den internationalen Organisationen

Nachdem der Begriff der internationalen Organisationen und ihr völkerrechtlicher Rechtsstatus näher erläutert wurden, können auf dieser Grundlage die Gemeinsamkeiten und Unterschiede zwischen den internationalen Organisationen und den PPP untersucht werden. Im Anschluss wird die Entscheidung getroffen werden können, ob die PPP nach derzeitigem Stand der Gruppe der internationalen Organisationen zugeordnet werden sollten.

a. Strukturelle und funktionale Gemeinsamkeiten

In der Organisationsstruktur lassen sich in erheblichem Umfang Parallelen zwischen den PPP und den internationalen Organisationen feststellen. In beiden Organisationen erfolgt eine maßgebliche Beteiligung von staatlichen Akteuren bei der Willensbildung innerhalb der Organisation. Zudem liegt beiden Organisati-

---

620 *Weiß*, Kompetenzlehre internationaler Organisationen, S. 358 f.

onsformen in der Regel eine ähnliche Organstruktur zugrunde. Wie bei den internationalen Organisationen kann bei den PPP das Vorliegen jeweils eines Hauptorgans, das die Leitlinien der Politik der Organisation festlegt, eines Exekutivorgans sowie eines Sekretariats festgestellt werden.[621] Zudem beruhen auch die PPP auf einem rechtlich verbindlichen Statut, auf dessen Grundlage sie mit der Wahrnehmung eines eigenständigen Aufgabenbereichs beauftragt wurden und über eine eigenständige Rechtspersönlichkeit verfügen.

Diese Gesichtspunkte haben die Schweiz dazu bewogen, mit dem Global Fund einer PPP eine Rechtsposition zu gewähren, die in weiten Teilen zu einer rechtlichen Gleichstellung mit den internationalen Organisationen in der innerstaatlichen Behandlung geführt hat.[622] Ebenso wurde der Global Fund in den USA durch die Executive Order 13395 des Präsidenten als internationale Organisation bestimmt[623] und ihm dieselben Privilegien und Immunitäten verliehen, wie sie sonst nur internationale Organisationen erhalten.[624] In diesem Zusammenhang ist auch zu erwähnen, dass dem Global Fund ein Beobachterstatus in der Generalversammlung der Vereinten Nationen zugesprochen wurde, der normalerweise nur internationalen Organisationen gewährt wird, aufgrund der strukturellen Ähnlichkeit aber auch dem Global Fund zugebilligt worden ist.[625]

Gegen eine Zuordnung der PPP zu der Gruppe der internationalen Organisationen scheinen hingegen die besonderen Beteiligungsverhältnisse in den PPP zu sprechen. In den Organen der PPP sind nicht nur die Vertreter von Staaten und anderen Völkerrechtssubjekten sondern auch private Akteure mit eigenen Stimmrechten ausgestattet worden. Wie die besonderen Strukturen der ILO und der UNWTO zeigen, kann die Beteiligung bzw. Mitgliedschaft von nichtstaatlichen Akteuren in einer von Staaten gebildeten Organisation allein nicht als Begründung dafür ausreichen, das Vorliegen einer internationalen Organisation auszuschließen. In beiden Organisationen wurde eine gemischte staatlich-private Beteiligung etabliert, ohne dass die Zuordnung dieser Organisationen zu der Gruppe der internationalen Organisationen Zweifeln unterliegen würde. Beide Organisationen können sogar als Beleg der prinzipiellen Zulässigkeit einer Be-

---

621 Siehe in Bezug auf den Global Fund und die WADA oben Kapitel 1 unter B. I. 2. und II. 2.

622 *Aziz*, International Organizations Law Review 6 (2009), S. 383 (398).

623 Siehe oben unter A. II. 2. b.

624 *Aziz*, International Organizations Law Review 6 (2009), S. 383 (386 f., 399).

625 Vgl. 18th Board Meeting of the Global Fund, Report of Policy and Strategic Committee (GF/B18/4), Part 2.2., abrufbar unter: http://www.theglobalfund.org/en/board/meetings/eighteenth/documents/, letzter Abruf am 01.06.2013.

teiligung von privaten Akteuren an einer internationalen Organisation angesehen werden.[626]

Ein weiteres Argument für eine Gleichstellung der PPP mit den internationalen Organisationen stellt ihre vergleichbare funktionale Bedeutung bei der Abstimmung der internationalen Beziehungen zwischen den Staaten dar. Das macht das Beispiel des Global Fund deutlich, der in der Koordination vor allem der staatlichen Anstrengungen bei der Bekämpfung von AIDS, Malaria und Tuberkulose die Bedeutung der in diesem Bereich aktiven internationalen Organisationen mittlerweile übersteigt.[627]

b. Völkerrechtlicher Rechtsstatus

Der entscheidende Unterschied zwischen den PPP und den internationalen Organisationen ist aber in dem unterschiedlichen Rechtsstatus der Gründungsverträge von beiden Organisationsformen zu sehen. Im Gegensatz zu den Gründungsverträgen der internationalen Organisationen sind die Statuten der PPP bislang in keinem Fall der Völkerrechtsordnung unterstellt worden.[628] Hierin liegt jedoch ein wesentliches Element bei der Qualifizierung einer Einheit als internationale Organisation.[629]

Darüber hinaus sind die völkerrechtlichen Rechtspositionen der internationalen PPP, soweit diese überhaupt eigene völkerrechtliche Befugnisse verliehen bekommen haben, auf einzelne konkret umrissene Rechtspositionen beschränkt worden. Das zeigt sich deutlich anhand der Kompetenzen der WADA aus der

626 *Dahm/Delbrück/Wolfrum*, Völkerrecht, Band I/2, S. 208 ff., vgl. bereits oben unter I. 1. b. und c.

627 Siehe dazu oben Kapitel 1 unter B. I.

628 Bei den Beratungen über die Gründung des Global Fund ist allerdings erwogen worden, die Struktur einer internationalen Organisation zu wählen, vgl. The Global Fund, Report of the Governance and Partnership Committee, 5-6 June 2003, Annex 6 Part 1 Nr. 2, abrufbar unter: http://www.theglobalfund.org/en/board/meetings/fifth/documents/, letzter Abruf am 01.06.2013. Gegen diese Option sprach jedoch, dass dieser Prozess als zeitlich zu aufwändig und zu bürokratisch angesehen wurde, vgl. Part 3 Nr. 4 des Reports. Gegenwärtig bemüht sich der Global Fund jedoch über die Gewährung von Privilegien und Immunitäten eine ähnliche völkerrechtliche Rechtsposition wie eine internationale Organisation zu erhalten, um seine praktische Arbeit zu erleichtern, vgl. The Global Fund, Report of the Policy and Strategy Committee (GF/B19/04), 5-6 Mai 2009, Part 9.21 f.; abrufbar unter: http://www.theglobalfund.org/en/board/meetings/nineteenth/documents/, letzter Abruf am 01.06.2013.

629 Deutlich *Schmalenbach*, „International Organizations or Institutions, General Aspects", in: MPEPIL, Rn. 10, nicht die Mitgliedschaft, sondern die Unterstellung des Gründungsstatuts unter das Völkerrecht sei für die Annahme einer internationalen Organisation entscheidend.

Unesco-Konvention gegen Doping im Sport. Darüber hinaus wird man im Falle der WADA, im Gegensatz zur Ansicht der h.M. bzgl. der internationalen Organisationen, keine weite Auslegung ihrer völkerrechtlichen Kompetenzen annehmen können. Der Art. 34 der Unesco-Konvention gegen Doping im Sport, der ein spezielles Zustimmungsverfahren bei einer Änderung der Anlagen zum Übereinkommen vorsieht,[630] bringt zum Ausdruck, dass eine weite Interpretation der Befugnisse der WADA vom Willen der Vertragsstaaten des Übereinkommens nicht gedeckt wäre.

Die vorhandene Staatenpraxis spricht im Ergebnis ebenfalls gegen eine Gleichstellung der PPP mit den internationalen Organisationen. Der Global Fund hat zwar in der Schweiz und den USA eine vergleichbare rechtliche Stellung wie die internationalen Organisation erhalten und ist insbesondere von einer innerstaatlichen Rechtsverfolgung freigestellt worden. Allerdings genießt der Global Fund außerhalb der Schweiz und den USA nur in sehr wenigen anderen Staaten eine solche Immunität. Daher erscheint es nicht möglich aus den genannten Rechtsakten im Hinblick auf den Global Fund auf den einheitlichen Willen der Staatengemeinschaft schließen zu wollen, diesem eine ähnliche völkerrechtliche Rechtsstellung wie den internationalen Organisationen zukommen lassen zu wollen. Diese rechtliche Position des Global Fund ist zwar durchaus bemerkenswert, weil der Global Fund nicht auf einem völkerrechtlichen Vertrag beruht. Regelmäßig erhalten nämlich die NGOs, denen ebenfalls ein privatrechtliches Gründungsstatut zugrunde liegt, keine Befreiung von der nationalen Gerichtsbarkeit.[631] Allerdings hat selbst die Schweiz die Völkerrechtspersönlichkeit des Global Fund ausdrücklich nur in Bezug auf die Zwecke des gemeinsamen Sitzabkommens anerkannt.[632] Die Beschränkung der Völkerrechtssubjektivität des Global Fund auf die „Zwecke des Sitzabkommens" steht in auffälligem Gegensatz zu der Formulierung in der Immunitätsvereinbarung der Schweiz mit den Vereinten Nationen, in der eine solche Einschränkung fehlt[633] und die zum

630 Siehe oben unter A. II. 1. f.

631 *Wenckstern*, Die Immunität internationaler Organisationen, Rn. 3. Für die Vertreter von NGOs, die einen Konsultativstatus bei den Vereinten Nationen besitzen, besteht z.B. keine vollständige funktionale Immunität, sondern nur ein Transitrecht zum Sitz der UN und eine Verpflichtung der Behörden der Vereinigten Staaten, die Vertreter während der An- und Abreise zu beschützen, Agreement between the United Nations and the United States regarding the Headquarters of the United Nations; signed June 26, 1947 and approved by the General Assembly October 31, 1947, A/RES/169 (II), Section 11.

632 Siehe bereits oben unter A. II. 2. a.

633 Art. 1 Abschnitt 1 des Abkommens über die Vorrechte und Immunitäten der Organisation der Vereinten Nationen zwischen dem Schweizerischen Bundesrat und dem Generalsekretär der Organisation der Vereinten Nationen vom 19.04.1946 lautet: „Der

„Prototyp" entsprechender Übereinkünfte für andere internationale Organisationen geworden ist.[634] Wäre die Schweiz von einem Status des Global Fund als einer internationalen Organisation ausgegangen, hätte es einer solchen Einschränkung nicht bedurft. Man kann daher davon ausgehen, dass auch nach dem Verständnis der Schweiz keine vollständige Gleichstellung besteht.

Für eine vergleichbare völkerrechtliche Behandlung der PPP mit den internationalen Organisationen findet sich im Völkerrecht derzeit keine Stütze. Folglich können die PPP nicht als eine Sonderform der internationalen Organisationen angesehen werden.[635]

II. Gemeinsamkeiten und Unterschiede zwischen den internationalen PPP und den nichtstaatlichen internationalen Organisationen

Die PPP zeichnen sich nicht nur durch die staatliche Beteiligung, sondern auch durch den Beitrag von nichtstaatlichen Akteuren aus. Dazu wurde das Gründungsstatut der PPP einer nationalen Rechtsordnung unterstellt. Diese Rechtslage ist auch für die NGOs charakteristisch. Ob diese Gemeinsamkeiten mit den NGOs ausreichen, um die PPP als eine besondere Form der NGOs anzusehen, soll im Folgenden überprüft werden. Dafür sind wie bei den internationalen Organisationen zunächst der Begriff und die Funktion der NGOs sowie ihr völkerrechtlicher Rechtsstatus zu erläutern.

1. Definition und Funktion der nichtstaatlichen internationalen Organisation (NGO)

Im Gegensatz zu den internationalen Organisationen sind nichtstaatliche internationale Organisationen Einheiten, die nicht auf der Grundlage eines völkerrechtlichen Vertrages oder einer anderen Vereinbarung von Staaten errichtet wurden und deren Mitglieder Privatpersonen oder private Vereinigungen sind.[636] Sie betätigen sich in vielen unterschiedlichen Bereichen, z.B. bei der Wahrung der Menschenrechte, im religiösen Sektor, im Umweltschutz sowie in Kultur und Sport.[637] Aufgrund der Heterogenität dieser Organisationen hat sich allerdings

---

Schweizerische Bundesrat anerkennt die internationale Rechtspersönlichkeit und die Rechtsfähigkeit der Organisation der Vereinten Nationen. Nach den Regeln des internationalen Rechts kann demzufolge diese Organisation nicht ohne ihre ausdrückliche Einwilligung vor schweizerische Gerichte geladen werden."

634 *Klein/Schmahl*, in: Graf Vitzthum, Völkerrecht, 4. Abschnitt Rn. 107.

635 So im Ergebnis auch *Ruffert/Walter*, Institutionalisiertes Völkerrecht, § 1 Rn. 25.

636 *Malanczuk*, Akehurst`s Modern Introduction to International Law, S. 96, m.w.N.

637 *Schweisfurth*, Völkerrecht, 1. Kapitel Rn. 149.

bis heute noch keine allgemein anerkannte Definition der Bezeichnung NGO durchsetzen können, wodurch ihre eindeutige Bestimmung erschwert wird.[638]

a. Die Definition des Wirtschafts- und Sozialrates der Vereinten Nationen

Auf universeller Ebene findet der Begriff der NGOs eine ausdrückliche Erwähnung in der UN-Charta. In Art. 71 der Charta ist vorgesehen, dass der Wirtschafts- und Sozialrat der Vereinten Nationen (ECOSOC) mit geeigneten Nichtregierungsorganisationen Abmachungen zur Erlangung eines Konsultativstatus treffen kann. Allerdings stellt die Vorschrift selbst keine Kriterien auf, die eine Einheit erfüllen muss, damit sie als NGO angesehen und ihr mithin ein Konsultativstatus verliehen werden kann.[639] Der Wirtschafts- und Sozialrat hat zur Auslegung dieser Vorschrift mehrere Resolutionen erlassen,[640] in der die Bezeichnung näher erläutert wurde. Die letzte dieser Resolutionen aus dem Jahr 1996[641] stellt derzeit die rechtsverbindlichen Maßgaben für die Gewährung des Konsultativstatus auf.[642] Danach ist unter einer NGO im Sinne des Art. 71 UN-Charta, eine Organisation zu verstehen, die nicht von einer Regierung oder auf der Grundlage eines internationalen Vertrages gegründet wurde. Die Organisation darf allerdings dann Mitglieder staatlicher Regierungen haben, wenn diese die Ausübung des freien Willens der Organisation nicht beeinträchtigen.[643] Damit kann der Resolution hinsichtlich der Bestimmung der Merkmale einer NGO nur entnommen werden, dass eine Einheit über eine organisierte Struktur verfügen muss und dass sie weder von einer Regierung durch einen völkerrechtlichen Vertrag gegründet worden sein noch einem bestimmenden staatlichen Einfluss unterliegen darf.

---

638 *Rossi*, Legal Status of Non-Governmental Organizations in International Law, S. 1; *Hummer*, in: BDGV 39 (2000), S. 45 (54 f.).

639 *Lagoni/Chaitidou*, in: Simma (Hrsg.), The Charter of the United Nations, Vol. II, Art. 71 Rn. 1.

640 Die erste Resolution stammte bereits aus dem Jahr 1950. In dieser wurden die NGOs als „internationale Organisationen, die nicht durch ein zwischenstaatliches Übereinkommen gegründet wurden" charakterisiert, Economic and Social Council, E/RES/288(X), Review of Consultative Arrangements with Non-Governmental Organizations. 27 February 1950, para. 8.

641 Economic and Social Council, E/RES/1996/31, Consultative Relationship between the United Nations and Non-Governmental Organizations, 25 July 1996, para. 12.

642 *Lagoni/Chaitidou*, in: Simma (Hrsg.), The Charter of the United Nations, Vol. II, Art. 71 Rn. 3.

643 Economic and Social Council, E/RES/1996/31, Consultative Relationship between the United Nations and Non-Governmental Organizations, 25 July 1996, para. 12.

b. Die Definition des Europarates

Auf regionaler Ebene enthält das Übereinkommen des Europarates über die Anerkennung der Rechtspersönlichkeit internationaler nichtstaatlicher Organisationen eine Definition der NGOs.[644] Gem. Art. 1 sind NGOs Vereine, Stiftungen und andere private Einrichtungen, die (a.) einen nicht auf Gewinn gerichteten Zweck von internationalem Nutzen haben, (b.) durch eine Rechtshandlung errichtet worden sind, die auf dem innerstaatlichen Recht einer Vertragspartei beruht, (c.) eine Tätigkeit ausüben, die sich in mindestens zwei Staaten auswirkt und (d.) ihren satzungsgemäßen Sitz im Hoheitsgebiet einer Vertragspartei und ihren Verwaltungssitz im Hoheitsgebiet dieser oder einer anderen Vertragspartei haben.

c. Aufnahme dieser Kriterien in der Völkerrechtswissenschaft

Von einigen Vertretern in der Völkerrechtswissenschaft ist der Versuch unternommen worden, die einzelnen Merkmale dieser Definitionen aufzunehmen und mit dem Ziel zu ergänzen, den Kreis der NGOs nach präziser gefassten Kriterien bestimmen zu können. Danach handelt es sich bei einer (internationalen) NGO um eine auf Dauer angelegte handlungsfähige Struktur, die nach nationalem Recht und nicht durch einen völkerrechtlichen Vertrag gegründet wurde. Sie ist nichtstaatlich, besteht also nicht aus Staatsrepräsentanten. Sie hat ein grenzüberschreitendes Tätigkeitsfeld und verfolgt ideelle (nicht wirtschaftliche) Zwecke.[645]

Das Erfordernis eines grenzüberschreitenden Tätigkeitsfeldes erfüllt eine NGO nur dann, wenn sie in mindestens zwei Staaten agiert oder ihre Mitglieder aus mindestens zwei unterschiedlichen Staaten stammen.[646] Die Forderung nach einer ideellen, nicht wirtschaftlichen Tätigkeit wird verwendet, um die Eigenschaft der NGOs als Repräsentanten der „globalen Zivilgesellschaft“ besonders zu betonen. Durch dieses Kriterium werden die NGOs von den multinationalen

---

644 Europäisches Übereinkommen über die Anerkennung der Rechtspersönlichkeit internationaler nichtstaatlicher Organisationen, vom 24. April 1986.

645 *Peters*, Völkerrecht, Kapitel 10 Rn. 35; ähnlich *Lindblom*, Non-Governmental Organizations in International Law, S. 52 und *Hempel*, Die Völkerrechtssubjektivität internationaler nichtstaatlicher Organisationen, S. 28.

646 *Hobe*, „Non-Governmental Organizations“, in: MPEPIL, Rn. 5; *Charnovitz*, AJIL 100 (2006), S. 348 (350). *Hempel*, Die Völkerrechtssubjektivität internationaler nichtstaatlicher Organisationen, S. 26, sieht dagegen allein die Mitgliedschaft als maßgebliches Kriterium an, um Abgrenzungsschwierigkeiten hinsichtlich der Art und Intensität der Organisation zu vermeiden.

Unternehmen (TNCs) abgegrenzt.[647] Eine Organisation verfolgt allerdings nicht schon dann wirtschaftliche Zwecke, wenn sie Gewinne erzielt. Sie darf die erwirtschafteten Gewinne allerdings nicht an ihre Mitglieder verteilen, sondern muss sie zum Zweck der Erfüllung ihrer Zielsetzung einsetzen.[648]

Neben den genannten Aspekten wird über die Aufnahme einiger weiterer Elemente in der Literatur diskutiert.[649] Nach herrschender Ansicht muss die Organisation u.a. legale Zwecke verfolgen,[650] damit illegale Organisationen, wie Terrorgruppen, die Mafia oder Drogenkartelle bereits aufgrund ihres rechtswidrigen Zieles nicht von der Definition erfasst werden. Ebenso sollen Organisationen, die keinen freiwilligen Ein- und Austritt gestatten, wie z.B. Sekten, nicht als NGOs gelten.[651]

aa. Privatrechtliches Gründungsdokument

Auf der Grundlage der Definition der Literatur können die im Hinblick auf den Vergleich mit den PPP besonders relevanten Merkmale einer NGO hervorgehoben und näher erläutert werden. Im Gegensatz zu den internationalen Organisationen beruhen die NGOs nicht auf einem völkerrechtlichen Vertrag. Sie sind nicht auf eine Regierungs- sondern auf eine Privatinitiative zurückzuführen.[652] In der Regel liegt der NGO ein privatrechtliches Gründungsdokument,[653] z.B. eine Satzung, zugrunde, in der die Aufgaben und Ziele, die Struktur sowie die Rechte und Pflichten der Organisation dargelegt sind.

Trotz ihres internationalen Tätigkeitsbereiches unterliegen die NGOs normalerweise einer nationalen Rechtsordnung. Dabei bestimmt das internationale

---

647 Aus rechtlicher Sicht rechtfertigt sich die Unterscheidung damit, dass die Staaten im Umgang mit den TNCs besondere Regelungen entwickelt haben, siehe *Hempel*, Die Völkerrechtssubjektivität internationaler nichtstaatlicher Organisationen, S. 27. Kritisch zu diesem Element *Hummer*, in: BDGV 39 (2000), S. 45 (57), der insbesondere für eine Reihe von NGOs aus dem Bereich des Sports der Ansicht ist, dass „sie längst diese diffuse Grenze des ‚non profit‚-Charakters überschritten haben."

648 *Lindblom*, Non-Governmental Organizations in International Law, S. 48.

649 Vgl. *Bakker/Vierucci*, in: Dupuy/Vierrucci (Hrsg.), NGOs in International Law, S. 14 f.; *Hummer*, in: BDGV 39 (2000), S. 45 (57).

650 *Rossi*, Legal Status of Non-Governmental Organizations in International Law, S. 9. Gelegentliche illegale Handlungen, selbst wenn sie absichtlich erfolgen, sollen aber dann nicht die Eigenschaft als NGO ausschließen, wenn sich die Organisation generell im Einklang mit rechtsstaatlichen Prinzipien verhält, vgl. *Nowrot*, Indiana Journal of Global Legal Studies 6 (1998/1999), S. 579 (618), der als Beispiel Greenpeace angibt.

651 *Hummer*, in: Neuhold/Hummer/Schreuer (Hrsg.), Österreichisches Handbuch des Völkerrechts, Band 1, Rn. 1239.

652 *Zemanek*, Das Vertragsrecht internationaler Organisationen, S. 6.

653 *Hummer*, in: BDGV 39 (2000), S. 45 (57).

Privatrecht der Staaten, ob es als Anknüpfung für die Zuständigkeit seiner Rechtsordnung darauf abstellt, dass die Gründungsdokumente der NGO in seiner Rechtsordnung verankert wurden (sog. Gründungstheorie) oder dass der Hauptsitz der Organisation in diesem Staat liegt (sog. Sitztheorie).[654] Die anwendbare Rechtsordnung bestimmt zudem, ob die NGO über eine innerstaatliche Rechtspersönlichkeit verfügt.

bb. Mitgliedschaft

Ein weiterer wesentlicher Unterschied der NGOs gegenüber den internationalen Organisationen besteht darin, dass zu den Mitgliedern der NGOs vorwiegend Vereinigungen, Verbände und Einzelpersonen gehören.[655] Nach dieser Definition wäre eine Beteiligung von Staatenvertretern nicht prinzipiell ausgeschlossen, obwohl sie in Bezug auf die Zweckerfüllung der NGOs nicht unproblematisch ist.[656] Die Organisationen können ihre Eigenschaft als Vertreter der Zivilgesellschaft nämlich nicht effektiv wahrnehmen, wenn sie einer überwiegenden staatlichen Einflussnahme unterliegen und somit lediglich als das Werkzeug eines Staates agieren.[657]

Zur Sicherung der Zweckerfüllung der NGOs wird teilweise gefordert, die NGOs müssten zumindest formal frei von Regierungseinflüssen bleiben. Dieses Erfordernis schließe insbesondere aus, dass ein Regierungsvertreter in dieser Eigenschaft Mitglied in einer NGO sein dürfe.[658] Nach einer weniger engen

---

654 *Bleckmann*, International Encyclopedia of Comparative Law, Volume XVII, Chapter 25, S. 75 (87); Benvenuti, ItYIL 4 (1978/79), S. 84 (86). Beide Autoren weisen zudem auf die Möglichkeit hin, dass eine NGO ausnahmsweise nicht in einem Staat rechtlich verankert wird und ohne einen festen Hauptsitz fungiert. Diese NGOs würden somit nicht der nationalen Hoheitsgewalt eines Staates unterliegen.

655 *Epping*, in: Ipsen, Völkerrecht, § 6 Rn. 19; *Zemanek*, Das Vertragsrecht internationaler Organisationen, S. 121.

656 Siehe zu den Funktionen der NGOs auch unten unter II. 1. c. dd.

657 *Hempel*, Die Völkerrechtssubjektivität internationaler nichtstaatlicher Organisationen, S. 28; besonders anschaulich wird dieses Erfordernis, wenn man sich das Problem mit einigen „Government-organized NGOs" (sog. GONGOs) vor Augen führt, bei denen der Verdacht besteht, dass sie von staatlichen Regierungen allein aus dem Grund gebildet wurden, um dem Verhalten des jeweiligen Staates einen legitimen Anschein zu verleihen, vgl. dazu *Martens*, Indiana Journal of Global Legal Studies 10 (2003), S. 1 (8 f.). Der entscheidende Unterschied zwischen den GONGOs und den PPP liegt darin, dass die GONGOs gänzlich staatlicher Kontrolle unterworfen sind, vgl. *Hummer*, in: BDGV 39 (2000), S. 45 (56).

658 *Lindblom*, Non-Governmental Organizations in International Law, S. 46, die dieses Erfordernis auch vor dem Hintergrund fordert, dass viele NGOs auf eine staatliche Finanzierung ihrer Tätigkeit angewiesen sind, wodurch die vollständige Unabhängigkeit von einer staatlichen Einflussnahme in Frage gestellt wird.

Sichtweise soll es dagegen genügen, wenn die Gründung der Organisation auf einer Privatinitiative beruhe und ihre Tätigkeit in der Folge keiner staatlichen Überwachung unterliege.[659] In der oben genannten Resolution des Wirtschafts- und Sozialrates der Vereinten Nationen ist eine staatliche Beteiligung z.B. ausdrücklich zugelassen, soweit sie die freie Verbreitung der Ansichten der Organisation nicht beeinträchtigt.[660] Eine Mitgliedschaft von staatlichen Vertretern ist daher nur dann zulässig, wenn sie die Unabhängigkeit der NGO von einer staatlichen Einflussnahme nicht in Frage stellt.[661]

cc. Organisatorischer Aufbau

Des Weiteren muss die Organisation über ein Mindestmaß an institutioneller Struktur verfügen,[662] durch die sie auf der internationalen Ebene als eigenständige rechtliche Einheit handlungsfähig sein kann. Das setzt zum einen die Fähigkeit der Organisation voraus, im eigenen Namen rechtlich handeln zu können. In den meisten Fällen erfüllen die NGO dieses Erfordernis, indem sie als eine eigene Rechtspersönlichkeit nach nationalem Recht gegründet werden.[663] Die zweite Voraussetzung ist die Schaffung zumindest eines Organs, durch das die Organisation nach außen vertreten wird.[664] Aufgrund der Gestaltungsfreiheit der sie konstituierenden Privatpersonen liegen den NGOs eine Vielzahl unterschiedlicher Verbandssatzungen zugrunde. Dennoch haben sie einige wichtige Gemeinsamkeiten in ihren Strukturen entwickelt,[665] die deutliche Parallelen zu den internationalen Organisationen aufweisen.

Den NGOs liegt in der Regel ein demokratischer Aufbau zugrunde.[666] Prinzipiell geht die Willensbildung innerhalb der Organisation von ihren Mitgliedern aus und führt schließlich bis zur Wahl der Verbandsleitung. Wie die internatio-

659 Eine Rechtmäßigkeitskontrolle von Organisationshandlungen wird aber für zulässig gehalten, vgl. *Hempel*, Die Völkerrechtssubjektivität internationaler nichtstaatlicher Organisationen, S. 28.

660 Economic and Social Council, E/RES/1996/31, Consultative Relationship between the United Nations and Non-Governmental Organizations, 25 July 1996, para. 12.

661 *Hobe*, „Non-Governmental Organizations", in: MPEPIL, Rn. 5; *Dahm/Delbrück/Wolfrum*, Völkerrecht, Bd. I/2, S. 234; *Macalister-Smith*, in: Beyerlin, u.a. (Hrsg.), FS Bernhardt, S. 477 (501).

662 *Hummer*, in: BDGV 39 (2000), S. 45 (57).

663 *Lindblom*, Non-Governmental Organizations in International Law, S. 50 f.

664 *Hempel*, Die Völkerrechtssubjektivität internationaler nichtstaatlicher Organisationen, S. 25 f.

665 *Hempel*, Die Völkerrechtssubjektivität internationaler nichtstaatlicher Organisationen, S. 47.

666 *Bleckmann*, International Encyclopedia of Comparative Law, Volume XVII, Chapter 25, S. 75 (77).

nalen Organisationen haben die meisten NGOs zwei unterschiedliche Organe, über die sie nach außen handlungsfähig sind. An oberster Stelle steht ein Hauptorgan, z.B. die Mitgliederversammlung, in der sämtliche Mitglieder der Organisation vertreten sind. In diesem Organ werden üblicherweise die Leitlinien der Politik der NGO festgelegt, Satzungsänderungen beschlossen oder die Wahl der Mitglieder der übrigen Organe durchgeführt. Daneben besteht zumeist ein weiteres Organ, z.B. Rat oder Exekutivkomitee genannt. In diesem Organ wird die nähere Ausgestaltung der Politik der Organisation durchgeführt. Nicht alle Mitglieder der Organisation sind darin vertreten, sondern nur einige ausgewählte, um die Handlungsfähigkeit zu gewährleisten. Teilweise ist noch ein separates Organ für die Repräsentation der Organisation nach außen vorgesehen.[667]

dd. Funktionen

Den NGOs kommt als Akteuren in der internationalen Politik eine zunehmend größere Bedeutung zu.[668] Sie agieren als kritische, international ausgerichtete Interessenverbände und verfügen über zum Teil erhebliche tatsächliche Einflussmöglichkeiten.[669] Sie überwachen die Aktivitäten von Staaten oder stellen als Vertreter und Anwalt von speziell definierten Interessen ihrer Mitglieder neue Themen auf die politische Agenda, indem sie den Fokus der Öffentlichkeit auf bestimmte Bereiche richten und damit Druck auf die Staaten erzeugen.[670] Ihr Einfluss wird noch durch den Umstand verstärkt, dass sie in nahezu allen Politikbereichen aktiv sind.[671] Dabei bieten sie als Vertreter der „internationalen Zivilbevölkerung" vielen Bürgern, die sich direkt z.B. in globalen umwelt- oder entwicklungspolitischen Fragen engagieren wollen, eine Möglichkeit der Partizipation.[672]

Die NGOs treten den Staaten allerdings nicht nur konfrontativ gegenüber, sondern arbeiten zugleich in vielfältiger Form mit ihnen bei der Lösung internationaler Probleme zusammen. Aufgrund ihrer ausgewiesenen Kompetenz auf Spezialgebieten werden sie von den Staaten und internationalen Organisationen bei der Steuerung der internationalen Beziehungen als Ratgeber und Wissensvermittler eingesetzt.[673] Zum Teil führen sie sogar gewisse Aufgaben durch, de-

---

667 *Hempel*, Die Völkerrechtssubjektivität internationaler nichtstaatlicher Organisationen, S. 47 f.

668 *Hummer*, BDGV 39 (2000), S. 45 (53). Siehe bereits oben Einleitung unter A. II. 1.

669 *Epping*, in: Ipsen, Völkerrecht, § 6 Rn. 22.

670 *Benvenuti*, ItYIL 4 (1978/79), S. 84 (92).

671 *Hobe*, „Non-Governmental Organizations", in: MPEPIL, Rn. 6.

672 *Schulze*, in: Volger (Hrsg.), Lexikon der Vereinten Nationen, S. 397.

673 Vgl. *Klein/Schmahl*, in: Graf Vitzthum, Völkerrecht , 4. Abschnitt Rn. 18.

ren Wahrnehmung eigentlich den Staaten obliegt.[674] Insofern tragen sie vorrangig dazu bei, dass sich die Staaten mit bestehenden globalen Problemen befassen, sind aber zum Teil auch in deren Lösung eingebunden.[675]

2. Der völkerrechtliche Rechtsstatus der nichtstaatlichen internationalen Organisationen

Die Frage nach der Anerkennung einer Völkerrechtssubjektivität von NGOs ist bis heute hoch umstritten. Einige Autoren lehnen sie ohne jegliche Begründung ab.[676] Teilweise wird sie überhaupt nicht erst in Erwägung gezogen. Das Völkerrechtslehrbuch von *Brownlie* enthält beispielsweise keinen Eintrag zu den NGOs[677]; von *Shaw* werden sie als bloße Teilnehmer am Völkerrecht angesehen.[678] Die Anerkennung einer Völkerrechtspersönlichkeit der NGOs mutet zunächst aus dem Grund befremdlich an, weil die Völkerrechtsordnung eine Kooperationsordnung von Staaten untereinander bildet.[679] Bei den NGOs handelt es sich allerdings um Gebilde, die von einem überwiegenden staatlichen Einfluss gerade unabhängig sind. Sie leiten ihre Existenz dementsprechend nicht von Staaten oder anderen Völkerrechtssubjekten ab, sondern von natürlichen und juristischen Personen nach innerstaatlichem Recht.

Aus diesem Grund kann auch ein Wille der Staaten, eine NGO als Völkerrechtssubjekt anzuerkennen, anders als bei den internationalen Organisationen, nicht bereits wegen eines völkerrechtlichen Gründungsvertrages vermutet werden.[680] Das Gründungsdokument einer NGO unterliegt grundsätzlich nur dem nationalen Recht des Heimatstaates der NGO, dessen jeweilige Rechtsordnung bestimmt daher auch primär den rechtlichen Status.[681] Auch das Übereinkommen des Europarates über die Anerkennung der Rechtspersönlichkeit internationaler Nichtregierungsorganisationen[682] hat keine Änderung an dieser rechtlichen

---

674 *Hummer*, in: BDGV 39 (2000), S. 45 (53), nennt z.B. die Vorbereitung internationaler Abkommen sowie deren Durchführung und Implementierung.

675 *Schulze*, in: Volger (Hrsg.), Lexikon der Vereinten Nationen, S. 399.

676 *Graf Vitzthum*, in: Graf Vitzthum, Völkerrecht, 1. Abschnitt Rn. 19; *Verdross/Simma*, Universelles Völkerrecht, §§ 416, 446; *Aust*, Handbook of International Law, S. 13.

677 *Brownlie*, Principles of public international law.

678 *Shaw*, International Law, S. 196 f.

679 *Ruffert/Walter*, Institutionalisiertes Völkerrecht, § 3 Rn. 61; siehe auch *Alvarez*, EJIL 11 (2000), S. 393 (394), der Multilateralismus stelle die „gemeinsame säkulare Religion des Völkerrechts“ dar.

680 *Lagoni/Chaitidou*, in: Simma (Hrsg.), The Charter of the United Nations, Vol. II, Art. 71 Rn. 24.

681 *Malanczuk*, Akehurst`s Modern Introduction to International Law, S. 97.

682 Europäisches Übereinkommen über die Anerkennung der Rechtspersönlichkeit internationaler nichtstaatlicher Organisationen, vom 24. April 1986.

Situation bewirkt. Denn unter Rechtspersönlichkeit ist in diesem Fall nicht die Völkerrechtssubjektivität, sondern die Anerkennung einer innerstaatlichen Rechtspersönlichkeit, die in einer anderen Rechtsordnung verliehen wurde, zu verstehen.[683] Aus der Rechtsfähigkeit im nationalen Recht des Sitzstaates kann keine Rechtssubjektivität im Völkerrecht begründet werden.[684]

a. Die Herleitung einer partiellen Völkerrechtssubjektivität der NGOs

Dennoch finden sich in den letzten Jahrzehnten in der Völkerrechtswissenschaft vermehrt Stimmen, die eine Völkerrechtssubjektivität einer NGO im Einzelfall annehmen wollen.[685] Der Auslöser für die stärkere Beachtung der NGOs kann in der Zunahme des politischen Einflusses gesehen werden, den jene auf der internationalen Ebene ausüben. Damit sei eine verstärkte Einbindung in den völkerrechtlichen Normsetzungs- und Normdurchsetzungsprozess einhergegangen.[686] Den NGOs würden zwar nicht dieselben rechtlichen Kompetenzen wie den Staaten zukommen, sie könnten z.B. nicht gem. Art. 34 Nr. 1 IGH-Statut vor dem IGH klagen, hätten keine Stimme in der Generalversammlung der Vereinten Nationen und würden nicht den Schutz ihrer territorialen Integrität und politischer Souveränität genießen. Sie hätten aus diesem Grund unstreitig nicht den Status eines vollumfänglichen Völkerrechtssubjektes. Dennoch seien NGOs als echte Akteure im internationalen System anzusehen, indem sie auf Resultate Einfluss nehmen, die Öffentlichkeit mobilisieren und Staaten in ihrer Machtausübung begrenzen würden.[687]

aa. Begründung der partiellen Völkerrechtssubjektivität der NGOs

Ohne Zweifel leisten die NGOs auf diese Weise für die Entwicklung des Völkerrechts einen großen Beitrag,[688] allerdings ist insoweit nur eine indirekte, völkerrechtlich nicht relevante Teilnahme an der Normsetzung durch die Staaten zu

---

683 *Hobe*, „Non-Governmental Organizations", in: MPEPIL, Rn. 41; *Martens*, Indiana Journal of Global Legal Studies 10 (2003), S. 1 (22 f.).

684 *Doehring*, Völkerrecht, Rn. 198; vgl. dazu bereits oben unter A. I. 1. d.

685 *Hobe*, AVR 37 (1999), S. 152 (160 ff.); *Hummer*, in: BDGV 39 (2000), S. 45 (195 ff.); *Hempel*, Die Völkerrechtssubjektivität internationaler nichtstaatlicher Organisationen, S. 191.

686 *Hobe*, AVR 37 (1999), S. 152 (164 f.). Weitere Beispiele für die unterschiedlichen Strategien, die NGOs angewendet haben, um auf den völkerrechtlichen Normsetzungsprozess Einfluss zu nehmen, finden sich bei *Boyle/Chinkin*, The Making of International Law, S. 52 ff.

687 *Wedgwood*, in: Hofmann (Hrsg.), Non-State Actors as New Subjects of International Law, S. 28.

688 *Alvarez*, International Organizations as Law-makers, S. 611.

verzeichnen. Eine formale Beteiligungsmöglichkeit für die NGOs bei der Weiterentwicklung des Völkerrechts ist damit nicht verbunden.[689]

Die Befürworter einer partiellen Völkerrechtspersönlichkeit der NGOs führen daher auch nicht die gestiegene Bedeutung der NGOs in den internationalen Beziehungen als Begründung an.[690] Sie weisen vor allem auf die verschiedenen Handlungsbefugnisse der NGOs im völkerrechtlichen Primär- und Sekundärrecht hin.[691] Zwar werde in keiner dieser Vorschriften explizit eine Völkerrechtsfähigkeit der NGOs anerkannt, dies sei jedoch irrelevant. Denn auch die rechtliche Position der internationalen Organisationen würde nicht aus einer deutlichen Äußerung im Gründungsdokument hergeleitet werden, sondern auf der Grundlage ihrer Funktionen, Ziele und praktischen Tätigkeit bewertet. Dieser Gedanke sei insofern zu übertragen, dass auch den NGOs eine Völkerrechtssubjektivität zugesprochen werden könne, soweit ihnen bestimmte Rechte, Pflichten und Kompetenzen durch einen völkerrechtlichen Vertrag oder andere völkerrechtliche Rechtsakte verliehen wurden.[692] Diese Rechtsakte würden zugleich einen entsprechenden Willensakt der Staaten enthalten.[693] Dass eine Gruppe von Staaten prinzipiell einer nichtstaatlichen Einheit Völkerrechtssubjektivität verleihen könne, werde durch die Anerkennung einiger nichtstaatlicher Gebilde, wie das Internationale Komitee vom Roten Kreuz oder der Heilige Stuhl, den sog. atypischen Völkerrechtssubjekten, bestätigt.[694]

---

689 *Boyle/Chinkin*, The Making of International Law, S. 97. *Müller-Terpitz*, AdV 43 (2005), S. 466 (471), insoweit sei kein direkter Einfluss von NGOs auf den völkerrechtlichen Normsetzungsprozess vorgesehen, vielmehr sei ihre Tätigkeit als ein „Spiel aus Lobby und Gegenlobby" zu bezeichnen.

690 Allerdings wird zum Teil gefordert, die NGOs formal als Völkerrechtssubjekte zu akzeptieren, um ihre Mitwirkung zu vereinfachen und sie auf der anderen Seite völkerrechtlich für ein eventuelles Fehlverhalten zur Verantwortung ziehen zu können, so *Nowrot*, Indiana Journal of Global Legal Studies 6 (1998/1999), S. 579 (600 f., 613 f.).

691 *Hummer*, in: Neuhold/Hummer/Schreuer (Hrsg.), Österreichisches Handbuch des Völkerrechts, Band 1, Rn. 1247; *Hummer*, in: BDGV 39 (2000), S. 45 (89 ff.); *Hempel*, Die Völkerrechtssubjektivität internationaler nichtstaatlicher Organisationen, S. 190 ff.

692 *Hobe*, AVR 37 (1999), S. 152 (172); *Bleckmann*, in: Seidl-Hohenveldern (Hrsg.), Lexikon des Rechts. Völkerrecht, S. 398; differenzierend *Epping*, in: Ipsen, Völkerrecht, § 6 Rn. 20, der einen bloßen Beobachter- oder Konsultativstatus bei einer internationalen Organisation nicht für ausreichend hält, sondern die Ermächtigung zur Wahrnehmung von Kontroll-, Überwachungs- und Implementierungskompetenzen fordert.

693 *Lindblom*, Non-Governmental Organizations in International Law, S. 62 f.

694 Vgl. *Lindblom*, Non-Governmental Organizations in International Law, S. 62 f. Darüber hinaus ist im derzeitigen Völkerrecht auch die partielle Völkerrechtssubjektivität des Individuums weitgehend anerkannt, vgl. *Kempen/Hillgruber*, Völkerrecht, § 7 Rn. 59.

bb. Rechtspositionen der NGOs im völkerrechtlichen Primär- und Sekundärrecht

Formale Anerkennung haben die Aktivitäten der privaten Akteure bisher hauptsächlich im Rahmen internationaler Organisationen gefunden, wo den NGOs Handlungs- und Beteiligungsmöglichkeiten ausdrücklich eingeräumt sind.[695] Einen wichtigen normativen Anhaltspunkt für NGOs auf universeller Ebene enthält Art. 71 UN-Charta.[696] In dieser Vorschrift wird die Existenz von NGOs ausdrücklich anerkannt und dem Wirtschafts- und Sozialrat der Vereinten Nationen die Möglichkeit der Verleihung eines Konsultativ- bzw. Beobachterstatus gegeben. Art. 71 UN-Charta selbst enthält allerdings keine völkerrechtlichen Rechtspositionen für NGOs.[697] Die Vorschrift berechtigt den Wirtschafts- und Sozialrat dazu, „Abmachungen" mit den NGOs zu treffen und belässt ihm hierfür einen weiten Ermessenspielraum; sie verleiht den NGOs keinen Anspruch auf Zulassung.[698] Unabhängig davon sind mit der Erlangung des Konsultativ- und Beobachterstatus für die NGOs einige Rechten und Pflichten verbunden. Diese ergeben sich aus den Ausführungsbestimmungen zu Art. 71 der UN-Charta,[699] insb. aus der Resolution des Wirtschafts- und Sozialrates von 1996.[700] Danach müssen die NGOs die Ziele der Vereinten Nationen respektieren und fördern (Nr. 3), dazu dürfen sie Vorschläge zu der Agenda des Wirtschafts- und Sozialrates machen (Nr. 27 f.), an Sitzungen des Rates teilnehmen (Nr. 29) sowie schriftliche (Nr. 30 f.) und mündliche (Nr. 32) Stellungnahmen abgeben. Zwar handelt es sich bei der Resolution nur um sog. völkerrechtliches Sekundärrecht, dennoch wollen einige Autoren dieser Vorschrift eine abgeleitete Völkerrechtssubjektivität der NGOs entnehmen.[701] Die Rechte und Pflichten würden auf völkerrechtlicher Grundlage beruhen und inhaltlich auf Beziehungen der Vereinten Nationen ausgerichtet sein. Sie würden daher dem Völkerrecht angehören.[702] Auf regionaler Ebene bestehen dagegen auch primärrechtliche Rechts-

---

695 *Müller-Terpitz*, AdV 43 (2005), S. 466 (491).

696 *Müller-Terpitz*, AdV 43 (2005), S. 466 (467), spricht von einem „normativen Ritterschlag"; vgl. auch *Hobe*, Völkerrecht, S. 160; ausführlich *Hummer*, in: BDGV 39 (2000), S. 45 (95 ff.).

697 *Lagoni/Chaitidou*, in: Simma (Hrsg.), The Charter of the United Nations, Art. 71 Rn. 22

698 *Hempel*, Die Völkerrechtssubjektivität internationaler nichtstaatlicher Organisationen, S. 118; *Nowrot*, Indiana Journal of Global Legal Studies, S. 579 (624).

699 *Hummer*, in: BDGV 39 (2000), S. 45 (113).

700 Economic and Social Council, E/RES/1996/31, Consultative Relationship between the United Nations and Non-Governmental Organizations, 25 July 1996.

701 *Hobe*, AVR 37 (1999), S. 152 (162).

702 Vgl. *Lagoni/Chaitidou*, in: Simma (Hrsg.), The Charter of the United Nations, Vol. II, Art. 71 Rn. 24.

positionen für NGOs, vor allem in Art. 34 der EMRK und Art. 44 AMRK, die jeweils ausdrücklich ein Klage- bzw. Beschwerderecht für NGOs vorsehen.[703]

b. Kritik an der Annahme einer Völkerrechtssubjektivität der NGOs

Die Kritiker dieser Ansicht sehen die Einräumung einzelner völkerrechtlicher Rechte und Pflichten nicht als ausreichend für die Annahme einer Völkerrechtssubjektivität an, denn die NGOs würden über keine Möglichkeit verfügen, ihre Rechtspositionen gegen den Willen der Staaten auch tatsächlich durchzusetzen.[704] Die Unterordnung unter die Rechtsordnung eines Staates schließe es von vornherein aus, die NGOs als Völkerrechtssubjekte bezeichnen zu können.[705] Mit dieser Unterordnung sei eine rechtliche Unsicherheit verbunden; eine NGO könne schließlich jederzeit nach dem Recht des entsprechenden Heimatstaates der Organisation aufgelöst werden. Eine gleichberechtigte Teilnahme am Rechtsverkehr mit den Staaten werde damit unmöglich gemacht. Dazu liege der Zweck der NGOs eher im gesellschaftlichen Bereich und nicht im hoheitlichen Bereich im Sinne von der Erfüllung von Staatsaufgaben.[706] Einige Autoren sehen darüber hinaus in der Staatenpraxis keine ausreichenden Anhaltspunkte für die Verleihung einer Völkerrechtspersönlichkeit an die NGOs.[707] So seien die verschiedenen Versuche, den NGOs einen einheitlichen internationalen Rechtsstatus auf völkerrechtlicher Grundlage zuzugestehen, letztlich an dem Beharren der Staaten auf ihre Souveränität gescheitert. Vor allem fehle den NGOs aber bis heute die Möglichkeit gestaltend auf den völkerrechtlichen Rechtssetzungsprozess einzuwirken.[708]

Dieser Kritik wird entgegnet, die Inhaberschaft von Rechten und Pflichten müsse bereits dann ausreichend sein, wenn zumindest die Möglichkeit ihrer Beachtung durch die Staatengemeinschaft bestehe.[709] Es sei nicht gerechtfertigt die Rechtsbeziehungen zwischen privaten Vereinigungen und einzelnen Staaten im

---

703 Siehe zu diesen und weiteren Rechtspositionen *Müller-Terpitz*, AdV 43 (2005), S. 466 (468-470); ausführlich *Hempel*, Die Völkerrechtssubjektivität internationaler nichtstaatlicher Organisationen, S. 82 ff.

704 *Benvenuti*, ItYIL 4 (1978/79), S. 84 (99); gegen eine Völkerrechtssubjektivität der NGOs auch *Lagoni/Chaitidou*, in: Simma (Hrsg.), The Charter of the United Nations, Art. 71, Rn. 24.

705 Vgl. *Zemanek*, in: von der Heydte, u.a. (Hrsg.), FS Verdross, S. 366, der die Völkerrechtssubjekteigenschaft der NGOs aus dem Grund ablehnt, dass den NGOs der regelmäßige Verkehr mit den Staaten auf der Grundlage der Gleichheit fehle.

706 *Doehring*, Völkerrecht, Rn. 198.

707 *Schweisfurth*, Völkerrecht, 1. Kapitel Rn. 158 ff.

708 *Schweisfurth*, Völkerrecht, 1. Kapitel Rn. 160 f.

709 *Hempel*, Die Völkerrechtssubjektivität internationaler nichtstaatlicher Organisationen, S. 80 f.

Zweifel der nationalen Rechtsordnung zu unterstellen, wenn sich diese Wirkungseinheiten faktisch auf der internationalen Ebene in einem Gleichordnungsverhältnis gegenübertreten würden.[710] Aufgrund der prinzipiellen Offenheit der völkerrechtlichen Rechtsordnung im Hinblick auf die Anerkennung von neuen Völkerrechtssubjekten bestehe auch keine Notwendigkeit diese Einheiten einer dritten, zwischen dem Völkerrecht und dem nationalen Recht angesiedelten Rechtsordnung zu unterstellen.[711] Auch die Forderung nach einem stabilen Rechtsstatus könne nicht überzeugen. Ansonsten müsste man den internationalen Organisationen die Völkerrechtssubjektivität ebenfalls absprechen. Die internationalen Organisationen seien nämlich unstreitig als Völkerrechtssubjekte anerkannt,[712] obwohl sie jederzeit von den sie konstituierenden Mitgliedstaaten aufgelöst werden könnten, indem sämtliche Mitgliedstaaten eine Auflösungsvereinbarung treffen oder einfach aus der Organisation austreten würden.[713]

c. Stellungnahme

Der Ansicht, die eine Völkerrechtspersönlichkeit der internationalen nichtstaatlichen Organisationen im Einzelfall anerkennt, ist zuzustimmen. Während die internationalen Organisationen im Regelfall über ihren Gründungsvertrag zumindest implizit mit bestimmten völkerrechtlichen Teilhaberechten ausgestattet werden und daher ihre Völkerrechtssubjektivität vermutet werden kann,[714] liegt eine solche rechtliche Situation bei den NGOs nicht vor.

Daher kommt es bei der Bestimmung der Völkerrechtssubjektivität der NGOs darauf an, welche Elemente eine Völkerrechtspersönlichkeit konstituieren. Wie oben ausgeführt wurde, wird die Völkerrechtssubjektivität generell durch die Verleihung einer völkerrechtlichen Rechte- und/oder Pflichtenposition vermittelt, die einen entsprechenden Willen der Staaten erkennen lässt, eine Einheit als Akteur auf der internationalen Ebene anzuerkennen.[715] Wenngleich den NGOs völkerrechtliche Befugnisse bisher nicht in einem besonders großen

---

710 *Doehring*, Völkerrecht, Rn. 198, geht davon aus, dass der Geltungsgrund der Regelungen der NGOs weder im Völkerrecht noch im nationalen Recht gesehen werden könne, sondern nur auf dem Willen ihrer Mitglieder beruhe, es zu befolgen.

711 *Dahm/Delbrück/Wolfrum*, Völkerrecht, Band I/1, S. 25.

712 Siehe oben unter I. 2.

713 *Epping*, in: Ipsen, Völkerrecht, § 6 Rn. 20. Vgl. auch *Cassese*, International Law, S. 135.

714 Siehe oben unter I. 2.

715 Vgl. oben unter A. I. 2. b. bb. ccc.

Umfang verliehen wurden,[716] können NGOs im Einzelfall durchaus eine beschränkte Völkerrechtssubjektivität besitzen.

d. Zwischenergebnis

Die NGOs sind somit als potentielle Völkerrechtssubjekte anzusehen, wenn sie im Einzelfall mit einer völkerrechtlichen Rechts- oder Pflichtenposition ausgestattet wurden. Die Völkerrechtssubjektivität der NGOs beruht auf einer konkreten „Beleihung" mit völkerrechtlichen Rechtspositionen. Nur über diese Rechtsakte kann man eine Verbindung zum Willen der Staaten begründen. Sie ist vom Umfang her als partielle, abgeleitete Rechtsposition auf die Reichweite der vertraglich eingeräumten Rechte und Pflichten beschränkt.[717] Damit kann die Völkerrechtspersönlichkeit der NGOs nur soweit reichen, wie die im konkreten Fall übertragenen völkerrechtlichen Kompetenzen.[718] Aufgrund der Vielfalt dieser „Beleihungsfälle" hat sich bis heute auch noch kein allgemeines Völkerrecht hinsichtlich des rechtlichen Status der NGOs herausgebildet.[719]

Die Reichweite der völkerrechtlichen Rechtspositionen der NGOs unterscheidet sich somit erheblich von dem der internationalen Organisationen. Während die internationalen Organisationen in der Regel eine Vielzahl an völkerrechtlichen Rechtspositionen besitzen, die entweder dem allgemeinen Völkerrecht oder ihrem Gründungsvertrag entnommen werden können,[720] bestehen keine so weitreichenden Befugnisse für die NGOs.[721] Die NGOs verfügen, wie auch das Individuum, ausschließlich über die ihnen konkret verliehenen völkerrechtlichen Rechtspositionen.

3. Gemeinsamkeiten und Unterschiede zwischen den PPP und den NGOs

Auf der Grundlage der vorangegangenen Darstellung können die Gemeinsamkeiten und Unterschiede zwischen den PPP und den NGOs analysiert werden.

---

716 Vgl. *Hummer*, in: BDGV 39 (2000), S. 45 (195).

717 *Hempel*, Die Völkerrechtssubjektivität internationaler nichtstaatlicher Organisationen, S. 191.

718 *Lindblom*, Non-Governmental Organizations in International Law, S. 62 f.

719 *Hummer*, in: Neuhold/Hummer/Schreuer (Hrsg.), Österreichisches Handbuch des Völkerrechts, Band 1, Rn. 1247.

720 Siehe oben unter I. 2.

721 Insbesondere besteht auch nicht die Möglichkeit, die völkerrechtlichen Rechtspositionen der NGOs weit auszulegen, vgl. *Lindblom*, Non-Governmental Organizations in International Law, S. 62 f.

a. Strukturelle Gemeinsamkeiten

Zunächst lassen sich, wie auch bei den internationalen Organisationen, Ähnlichkeiten in den organisatorischen Strukturen erkennen. Sowohl die PPP als auch die NGOs verfügen im Regelfall über eine eigenständige Organstruktur, über die sie in der Lage sind, einen eigenständigen Willen zu bilden. Dabei haben sie jeweils ein allgemeines Mitgliederorgan sowie ein Exekutivorgan.

b. Vergleichbarer völkerrechtlicher Rechtsstatus

Die auffälligste Parallele zwischen den PPP und den NGOs ist darin zu sehen, dass sie einer nationalen Rechtsordnung unterstellt sind. Die genannten Beispiele für eine PPP, die WADA und der Global Fund, wurden jeweils als eine Stiftung nach schweizerischem Recht gegründet.[722] Ihre Gründungsdokumente sind nicht dem Völkerrecht unterstellt worden. Es könnte aus diesem Grund nahe liegen, die PPP als eine besondere Kategorie der NGOs anzusehen. Denn wie gezeigt ist es auch für die NGOs charakteristisch, dass ihre Gründungsstatuten einer nationalen Rechtsordnung unterliegen und sie dementsprechend vorrangig eine juristische Person in einer nationalen Rechtsordnung bilden.[723] Dagegen kann bei den PPP, wie auch bei den NGOs, die Völkerrechtssubjektivität nicht vermutet werden, sondern besteht nur im Einzelfall, wenn sich für die Organisation das Vorliegen einzelner völkerrechtlicher Rechte und Pflichten feststellen lässt. Der völkerrechtliche Rechtsstatus der PPP ist demnach mit dem Status der NGOs vergleichbar.

Dementsprechend gehen einige Autoren davon aus, dass hybride Organisationen, soweit sie nicht allein von den Staaten beherrscht werden, als nichtstaatliche Organisationen bezeichnet werden sollten.[724] Die nichtstaatlichen Akteure könnten in diesen Organisationen einen ebensolchen Einfluss wie die Staaten ausüben, wodurch die Einordnung als NGO gerechtfertigt sei. Für diese Auffassung lässt sich ebenfalls anführen, dass die PPP der Definition einer NGO im Sinne des Art. 1 des Übereinkommens des Europarates über die Anerkennung der Rechtspersönlichkeit internationaler nichtstaatlicher Organisationen entsprechen,[725] soweit sie nach der Rechtsordnung eines Staates gegründet wurden, der

722 Siehe oben Kapitel 1 unter B. I. 3. und II. 3.

723 Siehe oben unter II. 1. c. aa.

724 *Riedinger*, Die Rolle nichtstaatlicher Organisationen bei der Entwicklung und Durchsetzung internationalen Umweltrechts, S. 47. Diese Auffassung teilt wohl auch *Seyersted*, Common Law of International Organizations, S. 6 f., der die WADA – ohne nähere Erläuterungen – zu den NGOs zählt.

725 Vgl. *Triponel*, N.C.J. Int'l L. & Com. Reg., S. 173 (184 f.), in Bezug zu dem Global Fund. Siehe zu dem Übereinkommen oben unter II. 1. b.

das Übereinkommen ratifiziert hat.[726] Sowohl die WADA als auch der Global Fund sind privatrechtliche Stiftungen, die einen nicht auf Gewinn zielenden Zweck von internationalem Nutzen haben, durch eine Rechtshandlung errichtet worden sind, die auf dem innerstaatlichen Recht einer Vertragspartei beruht und eine Tätigkeit ausüben, die sich in mindestens zwei Staaten auswirkt.

c. Funktionale Unterschiede

Dennoch sprechen die besseren Argumente gegen eine solche Annahme. Der wesentliche Unterschied zwischen den PPP und den NGOs besteht in ihrer unterschiedlichen Mitgliederstruktur, da bei den PPP zwingend staatliche Repräsentanten an der Willensbildung in der Organisation mitwirken müssen. Bereits aus dem Begriff der „Nichtregierungsorganisationen" wird deutlich, dass eine maßgebliche Beteiligung von Vertretern staatlicher Regierungen bei den NGOs nicht vorgesehen ist (sog. „non-governmental requirement"[727]). Aus diesem Grund werden als Mitglieder von NGOs vorwiegend nationale Vereinigungen, Verbände und/oder Einzelpersonen hervorgehoben.[728]

Die Untersuchung hat allerdings ergeben, dass bei einer NGO die Beteiligung von staatlichen Repräsentanten nicht in jedem Fall ausgeschlossen sein muss.[729] Dennoch spricht die Funktion der NGOs, als „kritische Interessengruppe" und als Vertreter der „organisierten Zivilgesellschaft" („civil society") im internationalen Verkehr aufzutreten,[730] dagegen, dass sie zumindest formal einem bestimmenden Einfluss von staatlichen Regierungen unterliegen dürfen. Um diese Funktion wahrnehmen zu können, müssen sie ein hohes Maß an Unabhängigkeit sowohl gegenüber ihrem Sitzstaat als auch gegenüber anderen Staaten wahren.[731] Üben die staatlichen Repräsentanten einen bestimmenden Einfluss auf die freie Willensbildung und Willensäußerung der Organisation aus, ist dieses Erfordernis nicht mehr gewährleistet.[732]

---

726 Für die WADA und den Global Fund wäre diese Voraussetzung erfüllt, da die Schweiz zu den Vertragsstaaten des Übereinkommens zählt. Der aktuelle Ratifikationsstand des Übereinkommens ist einsehbar unter: http://conventions.coe.int/Treaty/Commun/ChercheSig.asp?NT=124&CM=8&DF=5/15/2006&CL=ENG, letzter Abruf am 01.06.2013.

727 *Lindblom*, Non-Governmental Organizations in International Law, S. 46 f.

728 Siehe oben unter II. 1. c. bb.

729 Siehe oben unter II. 1. c. bb.

730 Siehe oben unter II. 1. c. dd.

731 Siehe oben unter II. 1. c. bb.

732 *Hempel*, Die Völkerrechtssubjektivität internationaler nichtstaatlicher Organisationen, S. 26 f.

Das ist bei den PPP allerdings gerade der Fall, weil sie gebildet werden, um eine Zusammenarbeit zwischen den staatlichen und privaten Akteuren zu ermöglichen und sich folglich durch eine gemeinschaftliche Willensbildung auszeichnen. Aus diesem Grund ist davon auszugehen, dass eine „hybride NGO", in der neben nichtstaatlichen Akteuren staatliche Repräsentanten oder internationale Organisationen Mitglieder sind, nicht mehr als „non-governmental" bezeichnet werden kann.[733] Die PPP können daher ebenfalls nicht der Kategorie der NGOs zugeordnet werden.

C. Zusammenfassung

Die Bildung von internationalen PPP zur Abstimmung der gemeinsamen Beziehungen zwischen staatlichen und nichtstaatlichen Akteuren stellt eine relativ neue Entwicklung in der internationalen Politik dar. Die Untersuchung erfolgte mit dem Ziel, aufzuzeigen, welcher völkerrechtliche Rechtsstatus für die internationalen PPP nach derzeitigem Stand vorliegt und wie diese Organisationsform im Vergleich mit den internationalen Organisationen und den NGOs zu bewerten ist. Anhand der gefundenen Ergebnisse wird es möglich, die zu Beginn des Kapitels aufgeworfene Frage zu beantworten, ob die Gründung von internationalen PPP einen Einfluss auf die weitere Entwicklung des Völkerrechts nehmen kann.

I. Der völkerrechtliche Rechtsstatus der internationalen PPP

Aufgrund der Mitwirkung der PPP an der Steuerung der internationalen Beziehungen und ihrer Fähigkeit, eine Abstimmung der Beziehungen zwischen nichtstaatlichen und insbesondere staatlichen Akteuren zu ermöglichen, wurde die Erwartung formuliert, dass die Tätigkeiten der PPP primär von der völkerrechtlichen Rechtsordnung geregelt werden könnten. Die Untersuchung hat jedoch gezeigt, dass die PPP einer privatrechtlichen Rechtsordnung unterstellt wurden und nur im Einzelfall sowie in sehr begrenztem Umfang völkerrechtliche Rechtspositionen verliehen bekommen haben. Die Handlungen der PPP unterliegen somit prinzipiell nicht der völkerrechtlichen Rechtsordnung.

733 *Lindblom*, Non-Governmental Organizations in International Law, S. 46 f. Von einem solchen Verständnis scheint auch Peters auszugehen, indem sie feststellt, dass „NGOs an Public-Private Partnerships beteiligt sind", vgl. *Peters*, Völkerrecht, Kapitel 10 Rn. 41.

Aus diesem Befund ergibt sich, dass die PPP im Einzelfall den Status eines beschränkten Völkerrechtssubjektes erhalten können. Die Völkerrechtssubjektivität einer Einheit richtet sich nach der Bewertung, ob diese Einheit über ein völkerrechtliches Recht und/oder eine völkerrechtliche Pflicht verfügt. Die Untersuchung der völkerrechtlichen Rechtspositionen der WADA hat gezeigt, dass diese in der Unesco-Konvention gegen Doping im Sport mit einem eigenen Recht ausgestattet wurde, während in Bezug auf den Global Fund keine völkerrechtlichen Rechtspositionen festgestellt werden konnten. Somit sind die PPP als beschränkte Völkerrechtssubjekte anzusehen, wenn der Nachweis völkerrechtlicher Rechtspositionen erfolgreich geführt werden kann.

II. Die PPP als eine neue Organisationsform im Völkerrecht

Die Untersuchung hat des Weiteren ergeben, dass es sich bei den PPP um eine neue Organisationsform in der völkerrechtlichen Rechtsordnung handelt, die neben den etablierten Organisationsformen, den internationalen Organisationen und den NGOs, besteht. Diese Einschätzung ergibt sich aus einer Gesamtbetrachtung der Gemeinsamkeiten und Unterschiede der Organisationen, insbesondere im Hinblick auf ihre Strukturen und Beteiligungsverhältnisse, ihre Funktionen bei der Gestaltung der internationalen Beziehungen sowie ihren völkerrechtlichen Rechtsstatus. Im Gegensatz zu den internationalen Organisationen sind die PPP nicht in der Völkerrechtsordnung, sondern in einer nationalen Rechtsordnung verankert worden und verfügen nur in eng begrenztem Umfang über völkerrechtliche Kompetenzen. Dieser Rechtsstatus entspricht dem der NGOs. Hinsichtlich ihrer Funktionen bei der Gestaltung der internationalen Beziehungen unterscheiden sich die PPP dagegen von der Gruppe der NGOs, die im Gegensatz zu den PPP auch als Gegenspieler der Staaten auftreten und aus diesem Grund von einem maßgeblichen staatlichen Einfluss unabhängig sein müssen.

Demzufolge können prinzipiell drei unterschiedliche Kategorien von Organisationsformen auf der internationalen Ebene unterschieden werden. Besteht eine Organisation aus Staaten und anderen Völkerrechtssubjekten und liegt ihr ein völkerrechtliches Gründungsdokument zugrunde, handelt es sich um eine internationale Organisation. Sind an ihr primär nichtstaatliche Rechtspersonen beteiligt und wurde die Organisation allein in einer nationalen Rechtsordnung verankert, so liegt eine NGO vor. Beruht die Organisation hingegen auf einer privatrechtlichen Grundlage und partizipieren staatliche und private Akteure gleichberechtigt, liegt eine PPP vor.

Theoretisch erscheint auch eine vierte Konstellation denkbar. Dabei würde es sich um die Bildung einer Organisation mit einer gemischten Beteiligung von Regierungsvertretern und nichtstaatlichen Akteuren in den Hauptorganen handeln, die allerdings im Unterschied zu den bislang gebildeten PPP auf einem völkerrechtlichen Gründungsvertrag beruhen würde. Diese Konstruktion hätte den Vorteil, dass sie die Organisation von der Hoheitsgewalt eines bestimmten Staates ausnehmen und sie einer „neutralen" Rechtsordnung unterstellen würde.[734] Ihre Struktur wäre insofern mit derjenigen der ILO vergleichbar,[735] mit dem Unterschied, dass sie unabhängig von einer bestehenden internationalen Organisation sein müsste.[736] In der Literatur wird davon ausgegangen, dass auf diese hybriden Organisationsformen mit völkerrechtlicher Grundlage das Recht der internationalen Organisationen Anwendung findet.[737] Dieser Auffassung ist zuzustimmen, da die Trennung der PPP von der Gruppe der internationalen Organisationen allein mit der unterschiedlichen völkerrechtlichen Situation begründet wurde und die vergleichbare funktionale Zielsetzung dieser Organisationsform eine Einordnung in die Gruppe der internationalen Organisationen nahelegt.

III. Auswirkungen auf die Rechtsstellung von privaten Akteuren im Völkerrecht

Auf der Grundlage dieser Ergebnisse kann abschließend beurteilt werden, ob die Bildung von internationalen PPP Auswirkungen auf die weitere Entwicklung der völkerrechtlichen Rechtsordnung hat. Zu Beginn des Kapitels wurde in diesem Zusammenhang die Vermutung geäußert, dass die nichtstaatlichen Akteure in den Partnerschaften mit den staatlichen Akteuren möglicherweise stärker in die Ausübung völkerrechtlicher Befugnisse eingebunden worden sind und damit eine Erweiterung ihrer völkerrechtlichen Rechtsstellung verbunden sein könnte.

---

734 Die unterschiedlichen Vor- und Nachteile, die mit der Bildung einer internationalen Organisation verbunden sind, wurden auch von der Transitional Working Group im Vorfeld der Gründung des Global Fund erwogen, vgl. The Global Fund, Fourth Board Meeting, Report on Legal Status Options for the Global Fund (GF/B4/12), 29.-31.01.2003, Nr. 23 f., abrufbar unter: http://www.theglobalfund.org/en/board/meetings/fourth/documents/, letzter Abruf am 01.06.2013.

735 Das Beispiel der ILO zeigt, dass eine Beteiligung von nichtstaatlichen Akteuren in einer Organisation auf völkerrechtlicher Grundlage durchaus erfolgen kann, siehe oben unter B. I. 1. c.

736 Siehe zu dem Erfordernis der Unabhängigkeit der PPP bereits oben Kapitel 1 unter A. IV. 4.

737 *Archer*, International Organizations, S. 39, *Seyersted*, Common Law of International Organizations, S. 7 f.

In dieser Hinsicht hat die Darstellung allerdings ergeben, dass sich die völkerrechtliche Situation der PPP nicht von derjenigen der NGOs unterscheidet. Die PPP können als beschränkte Völkerrechtssubjekte bezeichnet werden, soweit ihnen im Einzelfall völkerrechtliche Rechte und Pflichten verliehen wurden. Ihre völkerrechtliche Rechtsfähigkeit kann allerdings, anders als bei den internationalen Organisationen, nicht vermutet werden, sondern muss jeweils im konkreten Einzelfall nachgewiesen werden. Genau dieser völkerrechtliche Rechtsstatus ist auch für die NGOs charakteristisch.[738] Dementsprechend haben die privaten Akteure durch ihre Beteiligung an den PPP keine weiterreichenden völkerrechtlichen Beteiligungsmöglichkeiten verliehen bekommen. Die PPP haben im Hinblick auf die völkerrechtliche Ermächtigung privater Akteure bislang nicht zu einer neuen Entwicklung beigetragen.

738 Siehe oben unter B. II. 2. c.

3. Kapitel: Die verfassungsrechtlichen Vorgaben für die Beteiligung der Bundesrepublik Deutschland an einer ausländischen privatrechtlichen Organisation

Nachdem der Fokus der bisherigen Arbeit vorrangig auf den internationalen, insbesondere völkerrechtlichen Aspekten des Phänomens der grenzüberschreitenden PPP gelegen hat, soll im dritten Kapitel der Arbeit die deutsche Rechtsordnung im Zentrum der Betrachtung stehen. Es wird zu klären sein, welche Vorgaben die deutsche Rechtsordnung an die Beteiligung der Bundesrepublik Deutschland an einer PPP stellt. Die Beantwortung dieser Frage fiele leicht, wenn die PPP der Völkerrechtsordnung unterstellt worden wären, da in diesem Fall auf die Grundsätze zur Beteiligung an einer internationalen Organisation zurückgegriffen werden könnte. Im Unterschied zu den internationalen Organisationen wurden die PPP allerdings einer nationalen Rechtsordnung unterstellt, obwohl ihre Funktionen durchaus vergleichbar sind.[739] Daraus folgt ganz selbstverständlich, dass die PPP in einer aus deutscher Sicht ausländischen Rechtsordnung verankert werden können. Die WADA und der Global Fund, beide Stiftungen nach schweizerischem Recht, können wiederum als Beispiele zur Veranschaulichung dienen.[740]

Damit ist im Hinblick auf eine Beteiligung der Bundesrepublik Deutschland an einer ausländischen privatrechtlichen Organisationsform[741] zu klären, ob sie uneingeschränkt zulässig ist oder ob sie bestimmten Anforderungen durch die deutsche Rechtsordnung unterliegt.[742] Die Befugnis der deutschen Staatsorgane zur Errichtung verselbständigter Handlungseinheiten gehört zur sog. staatlichen Organisationsgewalt.[743] Da die Inhaberschaft und Reichweite der staatlichen Or-

---

739 Siehe oben Kapitel 2 unter B. I. 3. a.

740 Siehe oben Kapitel 1 unter B. I. 3. und II. 3.

741 Zum Begriff der Organisationsform vgl. *Müller*, Rechtsformenwahl bei der Erfüllung öffentlicher Aufgaben, S. 22 f.

742 Es geht nicht um die Frage, ob und unter welchen Voraussetzungen die Bundesrepublik Deutschland in einer ausländischen Rechtsordnung als privates Rechtssubjekt Anerkennung finden kann. Diese Frage ist von der jeweiligen fremden Rechtsordnung eigenständig zu beantworten.

743 Mit dem Begriff der Organisationsgewalt wird die „Befugnis zur Schaffung, Veränderung, Zusammenordnung, Bestimmung der Aufgaben und (eventuell) der inneren Gliederung und Geschäftsregelung" verstanden, vgl. *Böckenförde*, Die Organisationsgewalt im Bereich der Regierung, S. 38.

ganisationsgewalt aus der Verfassungsordnung folgt, sind insoweit die Bestimmungen des Grundgesetzes maßgeblich.[744] Die weitere Darstellung hat zum Ziel, auf die relevanten verfassungsrechtlichen Vorgaben einzugehen und aufzuzeigen, welchen Rahmen das deutsche Grundgesetz für eine Beteiligung der Bundesrepublik Deutschland an einer privatrechtlichen ausländischen Organisation vorgibt.

A. Verfassungsrechtliche Grundaussagen

Die Frage nach der Zulässigkeit der Beteiligung der Bundesrepublik Deutschland an einer PPP lässt sich auf den ersten Blick in zwei Aspekte unterteilen. Zum einen wurde bei der Gründung der PPP eine privatrechtliche Organisationsform mit dem Ziel gewählt, eine gleichberechtigte Teilnahme von staatlichen und privaten Akteuren zu ermöglichen. Zum anderen dient diese Organisationsform der Abstimmung der internationalen Beziehungen.

Die Kooperation der deutschen Staatsgewalt mit privaten Akteuren in privatrechtlichen Organisationsformen ist eine aus dem deutschen Verwaltungsrecht bekannte Konstellation. In der Verwaltungsrechtswissenschaft wird im Allgemeinen von einer Organisationsprivatisierung gesprochen, wenn sich der Staat dazu entscheidet, öffentliche Aufgaben in einer privatrechtlichen Organisationsform zu erfüllen.[745] Für privatrechtliche Organisationen, an denen neben dem Staat noch andere Gesellschafter, insbesondere Privatpersonen, beteiligt sind, hat sich insoweit die Bezeichnung des gemischt-wirtschaftlichen Unternehmens bzw. der gemischt-wirtschaftlichen Gesellschaft etabliert.[746] Dabei ist mittlerweile von der h.M. anerkannt, dass der Staat unter gewissen Voraussetzungen bei der Erfüllung seiner Aufgaben auch in einer privatrechtlichen Organisationsform tätig werden darf.[747] In Bezug auf die PPP wird infolgedessen zu untersuchen sein, inwiefern die Vorgaben bei der Wahl einer privatrechtlichen Organisationsform nach deutschem Recht für die Beteiligung des deutschen Staates an einer ausländischen privatrechtlichen Organisation übernommen werden können.

---

744 *Kirchhof*, in: Isensee/Kirchhof, Handbuch des Staatsrechts, Band 5, § 99 Rn. 119.

745 *Maurer*, Allgemeines Verwaltungsrecht, § 23 Rn. 61; *Dreier*, Hierarchische Verwaltung im demokratischen Staat, S. 252 f.

746 *Maurer*, Allgemeines Verwaltungsrecht, § 23 Rn. 61; *Jestaedt*, in: Hoffmann-Riem/Schmidt-Aßmann/Voßkuhle, Grundlagen des Verwaltungsrechts, Band 1, § 14 Rn. 30.

747 Siehe unten unter I. 1.

Des Weiteren erfolgt in den PPP eine Zusammenarbeit der Bundesrepublik Deutschland mit anderen Staaten in einer grenzüberschreitend agierenden Organisation. Für die Gestaltung der zwischenstaatlichen Beziehungen der Bundesrepublik Deutschland im Verkehr mit anderen Staaten enthält das Grundgesetz eine Reihe von Vorschriften, die möglicherweise ebenfalls Berücksichtigung bei der Betätigung in einer PPP finden müssen.

An diese Aspekte anknüpfend soll zunächst darauf eingegangen werden, ob das Grundgesetz prinzipiell dem deutschen Staat die Beteiligung an einer ausländischen privatrechtlichen Organisationsform gestattet und welche grundsätzlichen Aussagen der Verfassung bezüglich einer Teilnahme an internationalen Kooperationen entnommen werden können.

I. Die Zulässigkeit der Beteiligung an einer privatrechtlichen Organisationsform

Das Grundgesetz gibt der Staatsgewalt bei der Erfüllung ihrer Aufgaben nur für einzelne Bereiche ausdrücklich die zu wählende Organisationsform vor.[748] Entsprechende Anordnungen finden sich z.B. für den Auswärtigen Dienst oder die Bundesfinanzverwaltung, die gem. Art. 87 Abs. 1 S. 1 GG in bundeseigener Verwaltung geführt werden,[749] sowie für die Eisenbahnen des Bundes und die Post- und Telekommunikationsdienstleistungen, hinsichtlich derer die Verwendung einer privatrechtlichen Form vorgeschrieben wird, Art. 87e Abs. 3 S. 1 GG bzw. Art. 87f Abs. 2 S. 1 i.V.m. Art. 143b Abs. 1 S. 1 GG. Das Grundgesetz enthält dagegen keine Grundregel hinsichtlich der Zulässigkeit einer Beteiligung der deutschen Staatsgewalt an einer privatrechtlichen Organisationsform.[750] Dieser Befund beschränkt sich nicht auf die privatrechtlichen Organisationsformen nach deutschem Recht, sondern trifft ebenfalls auf die ausländischen privatrechtlichen Organisationsformen zu. Demnach muss im Wege der Verfassungsinterpretation ermittelt werden, ob und in welchem Rahmen die deutsche Staatsge-

748 Vgl. *Mann*, Die öffentlich-rechtliche Gesellschaft, S. 39 ff.

749 Vgl. aber zur Verwendung privatrechtlicher Organisationsformen im Bereich des Auswärtigen Dienstes *Dittmann*, Die Bundesverwaltung, S. 126 ff.

750 *Mann*, Die öffentlich-rechtliche Gesellschaft, S. 39; *Kluth*, in: Wolff/Bachof/Stober/Kluth, Verwaltungsrecht, Band 2, § 80 Rn. 50; so bereits *Ehlers*, Verwaltung in Privatrechtsform, S. 113.

walt in der Lage ist, sich an einer ausländischen privatrechtlichen Organisationsform zu beteiligen.[751]

1. Der Grundsatz der freien Wahl der Organisationsformen

Die ganz herrschende Meinung in der Literatur geht heute davon aus, dass der Staat grundsätzlich frei darüber bestimmen kann, ob er eine Aufgabe in einer öffentlich-rechtlichen oder einer privatrechtlichen Rechtsform erfüllen will.[752] Das Verfassungsrecht enthalte „keinen abgeschlossenen numerus clausus überkommener Formen", sondern sei „für neue Organisationsformen grundsätzlich ebenso offen wie für arbeitsteilige Arrangements mit privater Beteiligung".[753] Soweit keine ausdrückliche Anordnung einer öffentlich-rechtlichen Organisationsform vorliege,[754] könnten die Träger von Hoheitsgewalt nach eigenen Zweckmäßigkeitskriterien und ohne eine besondere gesetzliche Ermächtigung einzelne Aufgaben in privatrechtlicher Organisationsform wahrnehmen.[755] Die höchstrichterliche Rechtsprechung scheint diese Auffassung ebenfalls zu teilen. Das BVerwG vertritt bereits seit längerer Zeit die Ansicht, die Verwaltung müsse grundsätzlich frei entscheiden können, ob sie zur Erfüllung der ihr anvertrauten öffentlichen Aufgaben die Gestaltungsformen und Mittel des Privatrechts verwenden wolle, wenn keine öffentlich-rechtlichen Normen entgegenstehen würden.[756] In einem aktuellen Urteil hat nun auch das BVerfG entschieden, die öffentliche Hand sei grundsätzlich nicht daran gehindert, „in adäquater und weithin gleichberechtigter Weise wie Private die Handlungsinstrumente des Zivilrechts für ihre Aufgabenwahrnehmung zu nutzen und auch sonst am privaten Wirtschaftsverkehr teilzunehmen."[757]

---

751 Vgl. dazu *Kluth*, in: Wolff/Bachof/Stober/Kluth, Verwaltungsrecht, Band 2, § 80 Rn. 50, der dieselbe Aussage in Bezug auf die freie Wahl der Organisationsform im deutschen Verwaltungsrecht trifft.

752 *Maurer*, Allgemeines Verwaltungsrecht, § 3 Rn. 25; *Schmidt-Aßmann*, Das allgemeine Verwaltungsrecht als Ordnungsidee, S. 293; *Groß*, in: Hoffmann-Riem/Schmidt-Aßmann/Voßkuhle, Grundlagen des Verwaltungsrechts, Band 1, § 13 Rn. 47; *Schulze-Fielitz*, in: Hoffmann-Riem/Schmidt-Aßmann/Voßkuhle, Grundlagen des Verwaltungsrechts, Band 1, § 12 Rn. 130; *Müller*, Rechtsformenwahl bei der Erfüllung öffentlicher Aufgaben, S. 242.

753 *Wißmann*, in: Hoffmann-Riem/Schmidt-Aßmann/Voßkuhle, Grundlagen des Verwaltungsrechts, Band 1, § 15 Rn. 57.

754 *Mann*, Die öffentlich-rechtliche Gesellschaft, S. 45 ff.

755 *Groß*, in: Hoffmann-Riem/Schmidt-Aßmann/Voßkuhle, Grundlagen des Verwaltungsrechts, Band 1, § 13 Rn. 47.

756 BVerwGE 92, 56 (64); 94, 229 (231 f.).

757 BVerfGE 128, 226 (248).

Ausgangspunkt der Befürworter der freien Wahl der Organisationsform ist die Annahme, dass der Bundesgesetzgeber die Organisationsformen des Privatrechts ohne explizite Beschränkungen jedermann zur Verfügung gestellt habe, also auch den juristischen Personen des öffentlichen Rechts.[758] Die Staatspraxis, in der die Verwendung einer privatrechtlichen Organisationsform verbreitet vorgenommen werde, könne insofern als Anscheinsbeweis dienen.[759] Um dieses Ergebnis zu stützen, werden vor allem rechtspolitische Argumente angeführt.[760] Da die Staatsgewalt bei der Erfüllung einer Verwaltungsaufgabe zur Rentabilität und Wirtschaftlichkeit verpflichtet sei,[761] müsse sie aus Gründen des Gemeinwohls die für die Erfüllung der spezifischen Verwaltungsaufgabe vorteilhafteste Rechtsform auswählen und aufgabenspezifisch anpassen können.[762] Die Nutzung des Privatrechts biete für die öffentliche Hand Vorteile, wenn sich öffentlich-rechtliche Handlungsformen für die konkrete Aufgabenerfüllung nicht eignen würden.[763] In Bereichen, in denen das öffentliche Recht noch lückenhaft sei, könnte das Privatrecht zudem die erforderlichen Regelungen und Rechtsformen enthalten.[764] Die Gründung einer juristischen Person des Privatrechts ermögliche dem Staat beispielsweise, eine Beschränkung seiner Haftung zu erreichen.[765] Die privatrechtlichen Regelungen seien dabei disponibel und würden somit eine flexible Gestaltung und Erledigung der anstehenden Aufgaben gestatten.[766] Des Weiteren wird besonders hervorgehoben, dass eine gleichberechtigte Einbeziehung Privater, um deren Know How in die Wahrnehmung der öffentlichen Aufgabe einzubinden oder sie zumindest als Kapitalgeber einzubeziehen, nur durch die Wahl einer privatrechtlichen Organisationsform erfolgen könne.[767]

Die Geltung des Grundsatzes der Formenwahlfreiheit des Staates ist allerdings nicht unbestritten. Nach einem Ansatz ist die Privatrechtsfähigkeit des

---

758 *Kluth*, in: Wolff/Bachof/Stober/Kluth, Verwaltungsrecht, Band 2, § 80 Rn. 46, 52.

759 *Müller*, Rechtsformenwahl bei der Erfüllung öffentlicher Aufgaben, S. 242.

760 Ausführlich dazu *Ehlers*, Verwaltung in Privatrechtsform, S. 292 ff.

761 *Ehlers*, Verwaltung in Privatrechtsform, S. 298 f.; siehe dazu auch unten unter B. VI. 3. b.

762 *Schulze-Fielitz*, in: Hoffmann-Riem/Schmidt-Aßmann/Voßkuhle, Grundlagen des Verwaltungsrechts, Band 1, § 12 Rn. 130; *Schuppert*, Der Staat 32 (1993), S. 581 (594).

763 *Ehlers*, Verwaltung in Privatrechtsform, S. 350 ff.

764 Darin sieht *Weiss*, Privatisierung und Staatsaufgaben, S. 276, das letztlich überzeugende Argument für die Wahlfreiheit.

765 *Maurer*, Allgemeines Verwaltungsrecht, § 3 Rn. 26; § 23 Rn. 61.

766 *Maurer*, Allgemeines Verwaltungsrecht, § 3 Rn. 26; § 23 Rn. 61.

767 *Kluth*, in: Wolff/Bachof/Stober/Kluth, Verwaltungsrecht, Band 2, § 80 Rn. 37, 49; *Maurer*, Allgemeines Verwaltungsrecht, § 3 Rn. 26; § 23 Rn. 61.

Staates generell abzulehnen.[768] Die Privatrechtsordnung gelte nur für Private, der Staat könne in keinem Fall Privatrechtssubjekt sein. Sollten sich hinreichende Rechtsnormen für staatliches Verhalten nicht dem öffentlichen Recht entnehmen lassen, komme allein eine rechtsschöpferische Entwicklung staatsrechtlicher Normen durch Umkehrschluss oder Analogie in Betracht.[769] Der Staat dürfe nicht wählen, ob „sein Verhalten staatlich im eigentlichen Sinne oder privat/privatrechtlich ist."[770] Ein solches Wahlrecht eröffne dem Staat „den Fluchtweg in das Privatrecht."[771] Die freie Wahl der Rechtsform würde eine „willkürliche Entscheidung des an sich Rechtsunterworfenen über diese Rechtsunterworfenheit" darstellen.[772] Andere Autoren erkennen dagegen in Ausnahmefällen an, dass der Staat Privatrechtssubjekt sein könne, soweit dieser Annahme nicht öffentlich-rechtliche Normen entgegenstünden.[773] Diese Auffassung wird zum Teil mit der Geltung einer allgemeinen Kollisionsregel begründet, die zunächst den prinzipiellen Vorrang des öffentlichen Rechts anordnet.[774] Nur wenn es zur Regelung eines Sachverhaltes an einer einschlägigen öffentlich-rechtlichen Rechtsnorm fehle, komme die Anwendung nicht öffentlich-rechtlicher Rechtssätze in Betracht.[775] Ein anderer Begründungsversuch stellt dagegen auf die Kausalität der Grundrechtsfähigkeit für die Privatrechtsfähigkeit ab.[776] Da der Staat nicht über eine Grundrechtsberechtigung verfüge, sondern stets nur einer Grundrechtsverpflichtung unterliege, könne er nicht vollprivatrechtsfähig, sondern allenfalls partiell privatrechtsfähig sein.[777] Wenn dem Staat aber keine vollumfängliche Privatrechtsfähigkeit zukomme, fehle es an der entscheidenden Voraussetzung für die Annahme der Wahlfreiheit.[778]

Dieser Kritik wird entgegnet, durch eine Verwendung des Zivilrechts als Form für seine Handlungen werde der Staat nicht automatisch zum Grundrechts-

---

768 *Schachtschneider*, Staatsunternehmen und Privatrecht, S. 184 f.
769 *Schachtschneider*, Staatsunternehmen und Privatrecht, S. 184 f.
770 *Schachtschneider*, Staatsunternehmen und Privatrecht, S. 181.
771 *Schachtschneider*, Staatsunternehmen und Privatrecht, S. 181.
772 *Schachtschneider*, Staatsunternehmen und Privatrecht, S. 182.
773 *Pestalozza*, Formenmißbrauch des Staates, S. 176.
774 *Pestalozza*, Formenmißbrauch des Staates, S. 172 ff.
775 *Pestalozza*, Formenmißbrauch des Staates, S. 175, der unter Rückgriff auf die Sonderrechtstheorie von *Hans J. Wolff* annimmt, dass von dem Vorliegen einer ungeschriebenen Kollisionsnorm auszugehen sei, wonach das öffentliche Recht das zwingende Sonderrecht des Staates bilde.
776 *Kempen*, Die Formenwahlfreiheit der Verwaltung, S. 71.
777 *Kempen*, Die Formenwahlfreiheit der Verwaltung, S. 71 ff.
778 *Kempen*, Die Formenwahlfreiheit der Verwaltung, S. 122.

träger. Seine öffentlich-rechtlichen Bindungen blieben erhalten.[779] Es gebe keinen Rechtssatz, welcher der öffentlichen Hand die ausschließliche Verwendung des öffentlichen Sonderrechts vorschreiben würde.[780] Aus der Erwähnung privatrechtlicher Rechtsformen im VIII. Abschnitt des Grundgesetzes könne entnommen werden, dass die Verfassung die Wahl privater Rechtsformen grundsätzlich für zulässig erachte.[781] Die Art. 83 ff. GG würden zwar eine Grundregel enthalten, wonach der Staat seine Verwaltungsaufgaben durch eigene Einrichtungen erfüllen müsse, die Vorschrift würde allerdings kein dogmatisch geschlossenes System bilden.[782] Aus dem Gesamtgefüge der verfassungsrechtlichen Bestimmungen könne lediglich geschlossen werden, dass die öffentlich-rechtliche Rechtsform als Regel, die Privatrechtsform dagegen als Ausnahme konzipiert wurde.[783] Die Möglichkeit der Wahl einer privatrechtlichen Rechtsform folge zudem aus dem Gebot optimaler Verwaltungsorganisation, das der Staat bei der Wahl der Organisationsform einzuhalten habe.[784] Wenn die privatrechtliche Organisationsform mit rechtsstaatlichen und demokratischen Anforderungen in Einklang stehe und somit in hinreichendem Maße die erforderliche Entscheidungsqualität sichergestellt sei, könne sie auch gewählt werden.[785]

2. Die Aufrechterhaltung der Bindung an das öffentliche Recht bei Privatrechtstätigkeit

Die deutsche Staatsgewalt bleibt bei einer in Privatrechtsform ausgeübten staatlichen Tätigkeit unstreitig an die allgemeinen Verfassungsprinzipien gebun-

---

779 *Weiss*, Privatisierung und Staatsaufgaben, S. 277, m.w.N.

780 *Kluth*, in: Wolff/Bachof/Stober/Kluth, Verwaltungsrecht, Band 2, § 80 Rn. 52; *Weiss*, Privatisierung und Staatsaufgaben, S. 277.

781 *Mann*, Die öffentlich-rechtliche Gesellschaft, S. 41.

782 *Mann*, Die öffentlich-rechtliche Gesellschaft, S. 41.

783 Vgl. BVerfGE 63, 1 (41), grundsätzlich müsse eine Wahrnehmung von Aufgaben durch eigene Verwaltungseinrichtungen, mit eigenen personellen und sächlichen Mitteln, erfolgen (sog. „Grundsatz eigenverantwortlicher Aufgabenwahrnehmung"). Nach Ansicht von *Ehlers*, Verwaltung in Privatrechtsform, S. 117 ff., muss die Verwendung privatrechtlicher Organisationsformen daher quantitativ die Ausnahme bleiben. Vgl. auch *Dreier*, Hierarchische Verwaltung im demokratischen Staat, S. 255 f. m.w.N.

784 *Mann*, Die öffentlich-rechtliche Gesellschaft, S. 41, unter Verweis auf BVerfGE 63, 1 (34, 40 f.), in der das BVerfG entschied, um den verschiedenartigen und sich ständig wandelnden organisatorischen Erfordernissen Rechnung zu tragen und eine wirkungsvolle und leistungsfähige Verwaltung gewährleisten zu können, stehe dem Bund ein weiter organisatorischer Gestaltungsbereich zu. Ebenso *Kluth*, in: Wolff/Bachof/Stober/Kluth, Verwaltungsrecht, Band 2, § 80 Rn. 6 und *Ehlers*, Verwaltung in Privatrechtsform, S. 115 f.

785 *Krebs*, in: Isensee/Kirchhof, Handbuch des Staatsrechts, Band 5, § 108 Rn. 7.

den.[786] Deren Grenzen sind daher bei der Beteiligung des deutschen Staates zu beachten.[787] Die Staatsorgane werden zwar nicht grundsätzlich daran gehindert, „in adäquater und weithin gleichberechtigter Weise wie Private die Handlungsinstrumente des Zivilrechts für ihre Aufgabenwahrnehmung zu nutzen und auch sonst am privaten Wirtschaftsverkehr teilzunehmen."[788] Qualitativ dürfen bei der Verwendung privatrechtlicher Organisationsformen allerdings keine geringeren Anforderungen gestellt werden, als sie z.B. die Art. 83 ff. GG an die öffentlich-rechtlichen Einrichtungen stellen.[789] Der Staat darf sich durch ein Ausweichen auf das privatrechtliche Terrain seinen öffentlich-rechtlichen Bindungen nicht entziehen können (sog. „Flucht in das Privatrecht").[790] Insoweit wird davon ausgegangen, das Privatrecht werde durch öffentlich-rechtliche Normen ergänzt, überlagert oder modifiziert (sog. Verwaltungsprivatrecht).[791]

Daraus folgt, dass eine Bindung des Staates an die Grundrechte,[792] die allgemeinen Verfassungs- und Verwaltungsgrundsätze sowie die Zuständigkeitsregelungen bei einer Tätigkeit in Privatrechtsform erhalten bleibt.[793] In diesem Zusammenhang werden als Grenzen insbesondere die Zuständigkeitsregelungen

---

786 BVerfGE 128, 226 (244 f.); vgl. daneben nur *Dreier*, Hierarchische Verwaltung im demokratischen Staat, S. 257. Eine Bereichsausnahme wird zum Teil für die sog. „intermediären Organisationen" vorgeschlagen. Darunter werden „Organisationen des gesellschaftlichen Bereichs" verstanden, bei denen die gesellschaftliche Autonomie im Vordergrund steht und die nur in geringem Maße einer staatlichen Einflussnahme unterliegen, vgl. *Trute*, in: Hoffmann-Riem/Schmidt-Aßmann/Voßkuhle, Grundlagen des Verwaltungsrechts, Band 1, § 6 Rn. 94. Der Staat habe in diesem Fall lediglich eine überwirkende Legitimationsverantwortung, er müsse eine interessenadäquate Organisations- und Entscheidungsstruktur sicherstellen, um eine adäquate Interessenberücksichtigung und die Wahrung von Distanz und Neutralität gewährleisten zu können, siehe *Schmidt-Aßmann*, Das allgemeine Verwaltungsrecht als Ordnungsidee, S. 273 f.

787 *Kluth*, in: Wolff/Bachof/Stober/Kluth, Verwaltungsrecht, Band 2, § 80 Rn. 54; *Ehlers*, Verwaltung in Privatrechtsform, S. 212 ff.

788 BVerfGE 128, 226 (248).

789 *Ehlers*, Verwaltung in Privatrechtsform, S. 117 ff.; von einer tendenziellen Schwächung der staatlichen Einwirkungsmöglichkeiten auf eine privatrechtliche gegenüber einer öffentlich-rechtlichen Organisationsform ausgehend allerdings *Gusy*, ZRP 31 (1998), S. 265 (267).

790 *Maurer*, Allgemeines Verwaltungsrecht, § 3 Rn. 26.

791 *Ehlers*, in: Erichsen/Ehlers (Hrsg.), Allgemeines Verwaltungsrecht, § 3 Rn. 86; *Maurer*, Allgemeines Verwaltungsrecht, § 3 Rn. 26; *Weiss*, Privatisierung und Staatsaufgaben, S. 273; in Bezug auf die Grundrechtsbindung *Dreier*, in: Dreier, Grundgesetz, Band 1, Art. 1 Abs. 3 Rn. 65 ff.

792 So ausdrücklich BVerfGE 128, 226 (244).

793 *Maurer*, Allgemeines Verwaltungsrecht, § 23 Rn. 61.

der Art. 83 ff. GG, der Beamtenvorbehalt des Art. 33 Abs. 4 GG, sowie die Staatsstrukturnormen des Art. 20 Abs. 1-3 GG genannt.[794]

Auf der anderen Seite kann ein Träger von Hoheitsgewalt, wenn er sich einer privatrechtlichen Organisationsform zu seiner Aufgabenerfüllung bedient, nicht auf öffentlich-rechtliche Durchsetzungsmöglichkeiten zurückgreifen.[795] Er bleibt in diesem Fall grundsätzlich auf das privatrechtliche Instrumentarium beschränkt; die privatrechtliche Organisation kann hoheitliche Befugnisse daher allenfalls auf der Grundlage einer Beleihung einsetzen.[796]

3. Folgerungen für die Wahl einer ausländischen privatrechtlichen Organisationsform

Folgt man der Auffassung der h.M. und geht davon aus, dass die deutsche Staatsgewalt bei der Erfüllung ihrer Aufgaben prinzipiell frei wählen kann, ob sie sich einer öffentlich-rechtlichen oder privatrechtlichen Organisationsform bedient, stellt sich für die Zwecke der Untersuchung die Frage, ob diese Aussage für ausländische privatrechtliche Organisationsformen ebenfalls Geltung beanspruchen kann. Ist die deutsche Staatsgewalt mit anderen Worten grundsätzlich dazu berechtigt, frei zu wählen, ob sie sich an einer ausländischen privatrechtlichen Organisationsform beteiligen will?

a. Rechtlicher Aussagegehalt des Art. 87d Abs. 1 S. 2 GG

Diesbezüglich enthält das Grundgesetz, wie bereits erwähnt wurde, keine klaren Vorgaben. Seit der jüngsten Änderung der Vorschrift im Jahr 2009[797] finden ausländische Organisationen allerdings in Art. 87d Abs. 1 S. 2 GG eine explizite Erwähnung. Daher ist zunächst festzustellen, ob die Norm möglicherweise Anhaltspunkte für die Zulässigkeit der Beteiligung an einer PPP bietet.

Der Art. 87d Abs. 1 S. 2 GG ermächtigt den Bund dazu, Aufgaben der Flugsicherung auf ausländische Organisationen zu übertragen, die nach dem Recht der Europäischen Union zugelassen sind. Mit dieser „Öffnungsklausel“ hat der Verfassungsgeber auf die Entwicklung des Verordnungsrechts der Europäischen

---

794 *Ehlers*, Verwaltung in Privatrechtsform, S. 113, m.w.N.; *Mann*, Die öffentlich-rechtliche Gesellschaft, S. 49 ff.

795 BVerfGE 27, 364 (374). Vgl. auch *Steiner*, Verwaltung durch Private, S. 206, der Staat dürfe nicht Hoheitsrechte als „Fluchtgepäck“ mitnehmen.

796 *Groß*, in: Hoffmann-Riem/Schmidt-Aßmann/Voßkuhle, Grundlagen des Verwaltungsrechts, Band 1, § 13 Rn. 47.

797 Gesetz zur Änderung des Grundgesetzes (Artikel 87d) vom 29. Juli 2009, BGBl. I, S. 2247.

Union zur Herstellung eines einheitlichen europäischen Luftraums reagiert.[798] Die „Flugsicherungsorganisation“ kann eine öffentliche oder private Stelle sein[799] und muss ihren Sitz im Ausland haben.[800]

Ob diesem Norminhalt eine Aussage für die Beteiligung der Bundesrepublik Deutschland an einer ausländischen privatrechtlichen Organisation entnommen werden kann, erscheint aber zweifelhaft. Die Vorschrift ermächtigt den Bund nämlich nicht, sich an einer ausländischen privatrechtlichen Organisation zu beteiligen, sondern lediglich dazu, einer solchen Einrichtung Hoheitsrechte zu übertragen. In der Literatur wird in diesem Zusammenhang davon ausgegangen, dass der Staat nur durch nationale Aufsichtsbehörden und nicht durch eine Beteiligung an der Organisation seine Gewährleistungsverantwortung im Hinblick auf die ordnungsgemäße Erfüllung der Flugüberwachung erfüllen könne.[801] Die Aufsichtsbehörden sind darüber hinaus so auszugestalten, dass sie zumindest funktional von den Flugsicherungsorganisationen unabhängig sind.[802] Dieses Trennungsprinzip gehört zu den tragenden Strukturprinzipien des europäischen Verordnungsrechts.[803] Der Vorschrift liegt folglich implizit die Vorstellung von zwei separaten Beiträgen zur Gewährleistung der Flugsicherung zugrunde und nicht die gemeinsame Wahrnehmung einer Aufgabe. Daher kann dieser Vorschrift keine Aussage im Hinblick auf die Beteiligung der Bundesrepublik Deutschland an einer PPP entnommen werden.

b. Übertragung des Grundsatzes der freien Wahl der Organisationsform?

Von der prinzipiellen Zulässigkeit der Beteiligung an einer privatrechtlichen Organisationsform nach fremdem Recht könnte allerdings dann ausgegangen werden, wenn der Grundsatz der freien Wahl der Organisationsform auch auf diese Organisationen angewendet werden könnte. Analog zum nationalen Recht würde aus rechtspolitischer Sicht für dieses Ergebnis sprechen, dass durch die

---

798 *Horn*, in: von Mangoldt/Klein/Starck, Grundgesetz, Band 3, Art. 87d Rn. 7.

799 Art. 2 Abs. 5 VO (EG) Nr. 549/2004 vom 10. März 2004. Vgl. auch *Windhorst*, in: Sachs, Grundgesetz, Art. 87d Rn. 20, 25; *Uerpmann-Wittzack*, in: von Münch/Kunig, Grundgesetz, Band 2, Art. 87d Rn. 17.

800 Inländische Flugorganisationen werden bereits von der Vorschrift des Art. 87d Abs. 1 S. 1 GG erfasst, vgl. *Uerpmann-Wittzack*, in: von Münch/Kunig, Grundgesetz, Art. 87d Rn. 11, 17.

801 *Windhorst*, in: Sachs, Grundgesetz, Art. 87d Rn. 21. Der Art. 87d Abs. 1 S. 2 GG modifiziert diese Aufsichtspflicht, indem er eine gemeinsame Wahrnehmung der Aufsicht durch deutsche Behörden und die Behörden des ausländischen Sitzstaates zulässt, vgl. *Uerpmann-Wittzack*, in: von Münch/Kunig, Grundgesetz, Band 2, Art. 87d Rn. 17.

802 Art. 4 Abs. 2 VO (EG) Nr. 549/2004 vom 10. März 2004.

803 *Horn*, in: von Mangoldt/Klein/Starck, Grundgesetz, Band 3, Art. 87d Rn. 10.

Wahl einer privatrechtlichen Organisationsform eine gleichberechtigte Einbeziehung privater Akteure bei der grenzüberschreitenden Zusammenarbeit ermöglicht wird und damit deren finanzielle Mittel und ihr Know-How bei der Bewältigung von internationalen Problemlagen verwendet werden können.

Dagegen bestehen erhebliche Zweifel, ob die PPP den Voraussetzungen entsprechen können, die nach Ansicht der Befürworter einer Formenwahlfreiheit für eine Anwendung dieses Grundsatzes erfüllt sein müssen. Danach ist eine ausreichende Bindung der Organisation an rechtsstaatliche und demokratische Anforderungen zu gewährleisten.[804] Insbesondere muss die deutsche Staatsgewalt in demselben Umfang auf die privatrechtliche Organisationsform einwirken können, wie sie auf eine öffentlich-rechtliche Organisationsform Einfluss nehmen könnte.[805] Die Forderung nach einem „lenkenden Staatseinfluss"[806] wird in einer PPP allerdings kaum erfüllt werden können, da eine solche Steuerungsmöglichkeit durch deutsche Staatsorgane mit der Zielsetzung der PPP nicht vereinbar wäre. Die PPP verfolgt gerade den Zweck, eine Abstimmung der Positionen von Akteuren mehrerer Staaten und Privaten zu ermöglichen. Da zudem die ausländische privatrechtliche Organisation grundsätzlich nicht den öffentlichrechtlichen Vorgaben des Grundgesetzes unterliegt,[807] bestünde die Gefahr, dass sich die deutsche Staatsgewalt durch die Beteiligung an einer PPP ihrer verfassungsrechtlichen Bindungen entledigen könnte.

Im Ergebnis scheitert deswegen der Versuch, aus dem Grundsatz der freien Wahl der Organisationsformen eine kategorische Erlaubnis der Beteiligung des deutschen Staates an einer ausländischen privatrechtlichen Organisationsform herleiten zu wollen. An dieser Stelle muss die Entscheidung zunächst noch offen bleiben und weiterhin untersucht werden, welche Aussagen den Regelungen des deutschen Grundgesetzes mit Bezug auf die internationalen Beziehungen entnommen werden können.

II. Die Verfassungsentscheidung für eine offene Staatlichkeit

Das Grundgesetz enthält in der Präambel und in einer Reihe von Artikeln Regelungen in Bezug auf die internationalen Beziehungen der Bundesrepublik

---

804 Siehe oben unter A. I. 1.

805 *Ibler*, in: Maunz/Dürig, Grundgesetz, Art. 86 Rn. 116.

806 *Ibler*, in: Maunz/Dürig, Grundgesetz, Art. 86 Rn. 116; *Ehlers*, in: Erichsen/Ehlers (Hrsg.), Allgemeines Verwaltungsrecht, § 1 Rn. 23 und § 3 Rn. 84, spricht von einer effektiven Steuerung und Kontrolle, die mindestens in einer Rechtsaufsicht besteht.

807 Siehe hinsichtlich einer Grundrechtsbindung unten unter B. III. 4.

Deutschland. Diese Verfassungslage ist von *Vogel* umfassend beschrieben und mit der prägnanten Formulierung der „Verfassungsentscheidung für eine ‚offene„ Staatlichkeit" bezeichnet worden.[808] Die Bundesrepublik Deutschland habe sich im Gegensatz zum auf sich selbst bezogenen, nach Autarkie strebenden Nationalstaat in ihrer Verfassung für eine Einordnung in eine engere oder weitere Staatengemeinschaft entschieden, sie bilde daher den Typus eines „offenen" bzw. „weltoffenen" Staates.[809] Diese Interpretation hat in der Literatur überwiegend Zustimmung erfahren[810] und wird auch vom Bundesverfassungsgericht in ständiger Rechtsprechung geteilt.[811]

1. Herleitung des Verfassungsgrundsatzes der offenen Staatlichkeit

Zur Begründung für seine Ansicht führt *Vogel* insbesondere die Vorschriften der Art. 24 und 25 GG an.[812] Darin würden dem völkerrechtlichen Gesetzgeber gewisse Einwirkungen auf die nationale Rechtsordnung ermöglicht, deren verpflichtende Wirkung im Falle des Art. 25 GG noch nicht einmal die Beteiligung der Bundesrepublik Deutschland an der Entstehung der völkerrechtlichen Rechtsregel erfordern würde.[813] Da jeder Staat oder souveräne Gesetzgeber selbst über den Umfang seines Herrschaftsbereiches entscheiden könne, sei eine „wechselseitige, wenngleich begrenzte Durchdringung des Völkerrechts und des innerstaatlichen Rechts […] methodisch nur vom Bild eines Staates her denkbar, der an einer ‚internationalen Ordnung„ nicht nur ganz oberflächlich ‚mitzuarbeiten„ sondern sich ihr zugleich, jedenfalls in begrenztem Umfange, rechtlich ein- und unterzuordnen bereit ist."[814] Zur Bekräftigung dieses Ergebnisses verweist *Vogel* zudem auf das Verbot des Angriffskrieges in Art. 26 GG und die Präam-

808 *Vogel*, Die Verfassungsentscheidung des Grundgesetzes für eine internationale Zusammenarbeit, S. 42.

809 *Vogel*, Die Verfassungsentscheidung des Grundgesetzes für eine internationale Zusammenarbeit, S. 33, 35.

810 *Tietje*, Internationalisiertes Verwaltungshandeln, S. 212; *Mosler*, in: Isensee/Kirchhof, Handbuch des Staatsrechts, Band 7, § 175 Rn. 10; *Tomuschat*, in: Isensee/Kirchhof, Handbuch des Staatsrechts, Band 7, § 172 Rn. 1 ff.; *Bernhardt*, DÖV 30 (1977), S. 457; *Rojahn*, in: von Münch/Kunig, Grundgesetz, Band 1, Art. 24 Rn. 1.

811 BVerfGE 18, 112 (121); 31, 58 (75 f.); 58, 1 (41); 63, 343 (370, 379 f.); 89, 155 (183).

812 Seit der Grundgesetzänderung vom 21.12.1992 wird man zusätzlich den Art. 23 GG hinzuziehen müssen, vgl. dazu *Hobe*, Der offene Verfassungsstaat zwischen Souveränität und Interdependenz, S. 142, 149 ff.

813 *Vogel*, Die Verfassungsentscheidung des Grundgesetzes für eine internationale Zusammenarbeit, S. 8 ff., 35 ff.

814 *Vogel*, Die Verfassungsentscheidung des Grundgesetzes für eine internationale Zusammenarbeit, S. 26; so auch *Tomuschat*, in: Isensee/Kirchhof, Handbuch des Staatsrechts, Band 7, § 172 Rn. 3.

bel mit dem feierlichen Bekenntnis zu einer aktiven Mitarbeit an einem Vereinten Europa sowie einem Dienst am Frieden in der Welt.[815] Damit habe sich die Verfassung für eine grundsätzliche Bereitschaft der Bundesrepublik Deutschland zu einer Zusammenarbeit mit anderen Staaten sowie für deren „gliedschaftliche Einordnung in eine organisch gefügte ‚internationale Gemeinschaft„ der Staaten“ entschieden.[816] Diese Verfassungsentscheidung sei nicht geringer zu bewerten als diejenige für einen demokratischen, sozialen und föderalistischen Rechtsstaat in den Artikeln 20 und 28 GG.[817]

Auch das BVerfG verortet in diesem Normkomplex[818] die Zielsetzung der deutschen Verfassung, dass sich die Bundesrepublik Deutschland als „friedliches und gleichberechtigtes Glied in eine dem Frieden dienende Völkerrechtsordnung der Staatengemeinschaft“ einfügen soll.[819] In der Literatur wird zur Unterstützung dieses Ergebnisses zusätzlich auf die Normierungen in Art. 1 und 16 GG hingewiesen, worin sich eine „Abkehr von der Konzeption des Staates als eines festgefügten genossenschaftlichen Verbandes der Staatsbürger hin zu einem die menschliche Würde von Deutschen und Ausländern gleichermaßen achtenden Verbandes“ erkennen lasse.[820]

2. Die rechtlichen Auswirkungen der offenen Staatlichkeit

Deutlich schwieriger zu beantworten, ist allerdings die Frage, welche konkreten Rechtsfolgen sich aus dieser verfassungsrechtlichen Wertung ergeben. Nach einhelliger Ansicht in der Rechtsprechung und Literatur enthält die Verfassung einen Auftrag an die zuständigen Organe der Bundesrepublik Deutschland zur

---

815 *Vogel*, Die Verfassungsentscheidung des Grundgesetzes für eine internationale Zusammenarbeit, S. 41.

816 *Vogel*, Die Verfassungsentscheidung des Grundgesetzes für eine internationale Zusammenarbeit, S. 42.

817 *Vogel*, Die Verfassungsentscheidung des Grundgesetzes für eine internationale Zusammenarbeit, S. 43.

818 Neben den genannten Normen verweist das Bundesverfassungsgericht auf Art. 59 Abs. 2 GG, da durch diese Vorschrift das Völkervertragsrecht in das System der Gewalteilung eingeordnet werde, vgl. BVerfGE 111, 307 (318).

819 BVerfGE 111, 307 (317 f.); ähnlich bereits BVerfGE 63, 343 (370).

820 *Tomuschat*, in: Isensee/Kirchhof, Handbuch des Staatsrechts, Band 7, § 172 Rn. 5. Nach *Tietje*, Internationalisiertes Verwaltungshandeln, S. 217 ff. bestehe eine Zusammenarbeitsverpflichtung auch aufgrund der völkerrechtlichen Kooperationspflicht als einer allgemeinen Regel des Völkerrechts, der über Art. 25 S. 1 GG Verfassungsrang zukomme. Dieser Ansicht wird man dann nicht folgen können, wenn man mit der h.M. den allgemeinen Regeln des Völkerrechts nach Art. 25 GG nur einen Zwischenrang zwischen der Verfassung und dem allgemeinen Gesetzesrecht zuweist, vgl. dazu *Tietje*, Internationalisiertes Verwaltungshandeln, S. 218 f., m.w.N.

aktiven Beteiligung an der internationalen Zusammenarbeit sowie zur Eingliederung in den Ordnungsrahmen der internationalen Gemeinschaft.[821] Dieser Auftrag kann naturgemäß nur durch ein Handeln im außenpolitischen Bereich der dazu berufenen Organe des Bundes erfüllt werden, wobei der Erfolg einer solchen Tätigkeit in wesentlichem Maße von der Erzielung einer Übereinkunft mit anderen Staaten abhängt.[822] Damit kann es sich nicht um eine konkrete Vorgabe für den Einzelfall, sondern lediglich um einen „stetigen, kontinuierlich zu vollziehenden Auftrag" handeln.[823] Das Grundgesetz gibt zwar die allgemeine Zielsetzung vor, es belässt den zuständigen Organen allerdings hinsichtlich der Mittel und Wege zur Verwirklichung des Ziels ein weites Ermessen.[824] Aufgrund des Charakters der Verpflichtung wird die offene Staatlichkeit nach heute nahezu unbestrittener Ansicht als Staatszielbestimmung angesehen.[825]

a. Die Bedeutung von Staatszielbestimmungen im Allgemeinen

Unter Staatszielbestimmungen versteht man im Allgemeinen „Verfassungsnormen mit rechtlich bindender Wirkung, die der Staatstätigkeit die fortdauernde Beachtung oder Erfüllung bestimmter Aufgaben – sachlich umschriebener Ziele – vorschreiben. Sie umreißen ein bestimmtes Programm der Staatstätigkeit und sind dadurch eine Richtlinie oder Direktive für das staatliche Handeln, auch für die Auslegung von Gesetzen und sonstigen Rechtsvorschriften."[826] Sie sind in die Gesamtverfassung eingebunden, so dass nur im Rahmen der verfassungsrechtlich vorgegebenen Bestimmungen die Verwirklichung des angestrebten Zieles möglich ist.[827] Sie enthalten somit „ein Koordinatengefüge, das der Ausfüllung durch freie politische Entscheidung bedarf, aber immerhin Grenzen zieht

---

821 BVerfGE 63, 343 (370, 379 f.); *Rojahn*, in: von Münch/Kunig, Grundgesetz, Art. 24 Rn. 1, 8; Geiger, Grundgesetz und Völkerrecht, S. 2; *Tomuschat*, in: Isensee/Kirchhof, Handbuch des Staatsrechts, Band 7, § 172 Rn. 9.

822 Vgl. *Tomuschat*, in: VVDStRL 36 (1978), S. 7 (48 f.), Partizipation bedeute die bloße Chance der effektiven Mitgestaltung.

823 *Vogel*, Die Verfassungsentscheidung des Grundgesetzes für eine internationale Zusammenarbeit, S. 47 ff.

824 *Vogel*, Die Verfassungsentscheidung des Grundgesetzes für eine internationale Zusammenarbeit, S. 47 ff.

825 *Tietje*, Internationalisiertes Verwaltungshandeln, S. 215, m.w.N; a.A. *Classen*, in: von Mangoldt/Klein/Starck, Grundgesetz, Band 2, Art. 24 Rn. 1, wonach es sich um eine bloße politische Einschätzung handeln würde. Vgl. zu anderen Begriffsbezeichnungen *Rauser*, Die Übertragung von Hoheitsrechten auf ausländische Staaten, S. 248.

826 Bericht der Sachverständigenkommission „Staatszielbestimmungen/Gesetzgebungsaufträge", Rn. 7.

827 *Tietje*, Internationalisiertes Verwaltungshandeln, S. 208, unter Verweis auf *Sommermann*, Staatsziele und Staatszielbestimmungen, S. 377 ff., 380 f. und 383.

und Richtpunkte fixiert."[828] Zur Erfüllung bzw. Beachtung der Staatszielbestimmungen sind grundsätzlich alle Staatsorgane verpflichtet. Dennoch richten sie sich in erster Linie an den Gesetzgeber, dem es bei abstrakten Zielsetzungen obliegt, die Konkretisierung vorzunehmen.[829]

b. Die Bedeutung des Staatsziels der offenen Staatlichkeit im Besonderen

Bei dem Staatsziel der offenen Staatlichkeit bestehen gegenüber den anderen Staatszielen des Grundgesetzes einige Besonderheiten. Es verpflichtet als Adressaten die Träger der auswärtigen Gewalt zur Mitwirkung an der internationalen Kooperation.[830] Dabei kommt den Trägern der auswärtigen Gewalt in besonders großem Maße eine Einschätzungsprärogative zu, die sich aus der Natur der auswärtigen Beziehungen ergibt.[831] Das betrifft zunächst die (politische) Entscheidung, welche Kooperationen im Interesse der Bundesrepublik Deutschland liegen. Das Grundgesetz enthält lediglich eine allgemeine internationale Kooperationspflicht,[832] sie zwingt aber nicht dazu, sich an sämtlichen Formen der internationalen Zusammenarbeit zu beteiligen und liefert „keinen rechtlichen Maßstab für Integrationsentscheidungen".[833] Des Weiteren hängt die Erzielung von Übereinkünften in der internationalen Zusammenarbeit nicht allein von dem Willen der Bundesrepublik Deutschland ab, sondern steht immer auch in Abhängigkeit zu der Kooperationsbereitschaft der anderen Staaten.[834]

Auch wenn sich das Staatsziel der offenen Staatlichkeit somit durch die Gewährung eines besonders weiten Ermessensspielraums zur Wahrung von Handlungsspielräumen bei internationalen Verhandlungen auszeichnet, sind die zuständigen Bundesorgane bei der Wahrnehmung der Pflicht zur internationalen Zusammenarbeit nicht von sämtlichen Bindungen befreit.[835] Zunächst kann das Staatsziel in ein Spannungsverhältnis mit anderen Verfassungsgrundsätzen, wie

---

828 *Tomuschat*, in: VVDStRL 36 (1978), S. 7 (47).

829 *Sommermann*, Staatsziele und Staatszielbestimmungen, S. 383.

830 Diese Verpflichtung trifft primär die Exekutive, der im Bereich der auswärtigen Gewalt die Kernkompetenz zusteht, vgl. BVerfGE 68, 1 (85 f.); 90, 286 (357 ff.). Siehe dazu unten B. III. 2. a. bb.

831 *Sommermann*, Staatsziele und Staatszielbestimmungen, S. 387.

832 Das Grundgesetz verbietet somit die Wiederaufnahme einer Autarkiepolitik, also eine völlige Rückkehr zu einer „geschlossenen" Staatlichkeit, vgl. *Vogel*, Die Verfassungsentscheidung des Grundgesetzes für eine internationale Zusammenarbeit, S. 51.

833 Vgl. *Sommermann*, in: Von Bogdandy/Cruz Villalón/Huber, Handbuch Ius Publicum Europaeum, Band II, § 14 Rn. 13, „die Vorschriften der Art. 24-26 GG sollen lediglich eine effektive Verfolgung dieser Ziele ermöglichen."

834 *Sommermann*, Staatsziele und Staatszielbestimmungen, S. 387.

835 *Tomuschat*, in: Isensee/Kirchhof, Handbuch des Staatsrechts, Band 7, § 172 Rn. 7; *Schorkopf*, Grundgesetz und Überstaatlichkeit, S. 285.

dem Demokratie- und Rechtsstaatsprinzip, geraten. Dieser Konflikt darf nicht mit einer Überbetonung des internationalen Staatsziels aufgelöst werden, sondern bedarf im Einzelfall einer Abwägung mit dem Ziel der Herstellung von praktischer Konkordanz.[836] Speziell im Hinblick auf die Beteiligung an der internationalen Zusammenarbeit werden in der Literatur als weitere konkrete inhaltliche Maßgaben die Einhaltung des Friedensgebotes, das sich aus der Präambel, Art. 1 Abs. 2, Art. 24 Abs. 2 und Art. 26 GG ergibt, die Verpflichtung zur europäischen Einigung, die Berücksichtigung der Grundrechte gem. Art. 1 Abs. 3 GG sowie die Wahrung des durch Art. 79 Abs. 3 GG geschützten Verfassungskerns angeführt.[837] Schließlich wird der Verfassung die Wertung entnommen, dass eine kooperative Institutionenbildung prinzipiell von Vorteil für die Bundesrepublik Deutschland sei,[838] ohne dass diese Feststellung die maßgebliche Bedeutung der politischen Entscheidung in Frage stellen würde.[839]

c. Bedeutung für die Auslegung des innerstaatlichen Rechts

Grundsätzlich ist das Staatsziel der offenen Staatlichkeit somit als Optimierungsgebot darauf ausgerichtet, eine internationale Zusammenarbeit im Rahmen des „politisch Erreichbaren“ zu verfolgen.[840] Dem Staatsziel kommt aber daneben eine unmittelbare Wirkung bei der Konkretisierung von unbestimmten Rechtsbegriffen und bei der Ermessensausübung zu.[841] Das zeigt sich deutlich anhand der Verflechtungen der deutschen Rechtsordnung mit dem Völkerrecht. Aus einer Gesamtschau der verfassungsrechtlichen Normen mit Bezug auf das Völkerrecht wird das Prinzip der Völkerrechtsfreundlichkeit des Grundgesetzes abgeleitet.[842] Danach muss die Bundesrepublik Deutschland ihr Rechtssystem grundsätzlich so ausrichten, dass es mit den eingegangenen völkerrechtlichen Verpflichtungen in Einklang gebracht werden kann.[843] Eine wesentliche Rolle kommt dabei dem Grundsatz der völkerrechtskonformen Auslegung des deut-

---

836 *Tietje*, Internationalisiertes Verwaltungshandeln, S. 216 f.

837 *Tomuschat*, in: Isensee/Kirchhof, Handbuch des Staatsrechts, Band 7, § 172 Rn. 50 ff.

838 *Tomuschat*, in: VVDStRL 36 (1978), S. 7 (42 f.); vgl. auch *Zuleeg*, Alternativkommentar zum Grundgesetz, Band 1, Art. 24 Abs. 1 Rn. 23.

839 *Tomuschat*, in: Isensee/Kirchhof, Handbuch des Staatsrechts, Band 7, § 172 Rn. 7.

840 BVerfGE 40, 141 (178). Vgl. auch *Tietje*, Internationalisiertes Verwaltungshandeln, S. 216.

841 *Tietje*, Internationalisiertes Verwaltungshandeln, S. 209 f.

842 *Bleckmann*, DÖV 23 (1979), S. 309, spricht in diesem Zusammenhang von einem Leitprinzip der Verfassung.

843 *Tomuschat*, in: Isensee/Kirchhof, Handbuch des Staatsrechts, Band 7, § 172 Rn. 26. Einschränkend BVerfGE 111, 307 (318): „Die Völkerrechtsfreundlichkeit entfaltet Wirkung nur im Rahmen des demokratischen und rechtsstaatlichen Systems des Grundgesetzes.“

schen Rechts zu.[844] Dieser Grundsatz verlangt, dass auf der Ebene des Verfassungsrechts Inhalt und Reichweite der Grundgesetzbestimmungen unter Berücksichtigung der völkerrechtlichen Verpflichtungen der Bundesrepublik Deutschland auszulegen sind.[845]

3. Bezug der offenen Staatlichkeit auf internationale Kooperationsformen außerhalb des Völkerrechts?

Der Bezug der staatlichen Offenheit auf das Völkerrecht lässt es fraglich erscheinen, ob das Grundgesetz auch Kooperationsformen außerhalb des Völkerrechts fördern will. Einige der zur Begründung für eine offene Staatlichkeit der Bundesrepublik Deutschland herangezogenen Vorschriften, genannt seien an dieser Stelle insbesondere Art. 25 und 59 Abs. 2 GG, beziehen sich nämlich ausdrücklich (nur) auf das Völkerrecht. In der Literatur finden sich dementsprechend die Formulierungen, die internationale Offenheit des Grundgesetzes gelte „dem Völkerrecht als Rechtsordnung"[846] bzw. es bestehe eine „Verpflichtung auf das Völkerrecht als Rechtsordnung und zur Weiterentwicklung des Völkerrechts."[847]

Auf der anderen Seite finden sich aber auch Stimmen in der Literatur, die zwischen der Bindung der Bundesrepublik Deutschland an das Völkerrecht und dem Bekenntnis des Grundgesetzes zur internationalen Zusammenarbeit differenzieren,[848] bzw. die Auffassung vertreten, die Auswirkungen der offenen Staatlichkeit würden sich nicht in der Einbindung von Normen des Völkerrechts in die nationale Rechtsordnung erschöpfen.[849] Darüber hinausgehend will *Rauser* dem Staatsziel die Bedeutung eines „Züngleins an der Waage" beimessen. Für die Fälle, in denen das Grundgesetz keine ausdrücklichen Vorgaben für oder gegen eine bestimmte Form der internationalen Zusammenarbeit enthalte, könne man der Verfassung die Grundentscheidung entnehmen, im Zweifel eine positi-

---

844 *Bleckmann*, DÖV 23 (1979), S. 309 (312 f.), der darüber hinausgehend eine völkerrechtskonforme Auslegung der Verfassung dergestalt vornehmen will, dass über den Wortlaut des Art. 25 S. 1 GG dem Völkerrecht zumindest Verfassungsrang, wenn nicht sogar ein Rang über der Verfassung eingeräumt werden müsse.

845 Vgl. BVerfGE 111, 307 (317). Vgl. zum Versuch, darüber hinausgehende Rechtsfolgen abzuleiten, *Bleckmann*, DÖV 23 (1979), S. 309 (314 f.).

846 *Rojahn*, in: von Münch/Kunig, Grundgesetz, Band 1, Art. 24 Rn. 6.

847 *Bleckmann*, DÖV 23 (1979), S. 309 (310 f.).

848 *Tomuschat*, in: Isensee/Kirchhof, Handbuch des Staatsrechts, Band 7, § 172 Rn. 11 ff. und 37 ff.

849 *Geiger*, Grundgesetz und Völkerrecht, S. 2.

ve Bewertung von neuartigen transnationalen Kooperationsformen aufzuweisen.[850]

Dem zweiten Ansatz ist zuzustimmen. Anhand der genannten Normen zeigt sich zwar offenkundig die Grundannahme des Verfassungsgebers bei der Schaffung des Grundgesetzes, dass sich die internationale Zusammenarbeit zwischen den Staaten in den Formen des Völkerrechts verwirklichen würde. Um die Fähigkeit der Bundesrepublik Deutschland zur internationalen Kooperation im Rahmen des Völkerrechts zu fördern, hat er daher die notwendigen rechtlichen Instrumente vorgesehen, die der Bundesrepublik Deutschland eine Eingliederung speziell in diese Rechtsordnung ermöglichen. Dennoch lässt sich dem Grundgesetz keine ausschließliche Fixierung auf das Völkerrecht entnehmen. Das zeigt sich deutlich anhand der Vorschrift des Art. 24 Abs. 1a GG, die eine Übertragung von Hoheitsrechten durch die Länder auf „grenznachbarschaftliche Einrichtungen" zulässt, die nicht notwendig völkerrechtlicher Natur sein müssen.[851] Daher wird man unter Berücksichtigung der allgemeinen Ausrichtung der Verfassung, die internationale Zusammenarbeit unter Mitwirkung der Bundesrepublik Deutschland zu fördern, eine wohlwollende Haltung des Grundgesetzes auch gegenüber Formen der zwischenstaatlichen Kooperation, die außerhalb der völkerrechtlichen Rechtsordnung angesiedelt sind, annehmen können.

4. Zwischenergebnis

Zusammenfassend lässt sich festhalten, dass das Grundgesetz in dem Normkomplex insbesondere der Art. 1 Abs. 2, 23-26 sowie der Präambel eine Verpflichtung zu einer Kooperation mit anderen Staaten enthält. Diese Verpflichtung ist vorrangig auf eine Zusammenarbeit im Rahmen des Völkerrechts ausgerichtet, bezieht aber auch andere Formen der internationalen Zusammenarbeit mit ein.

Allerdings folgen aus dem Verfassungsgrundsatz der offenen Staatlichkeit der Bundesrepublik Deutschland in der Regel keine konkreten Maßgaben für den Einzelfall. In Bezug auf die Kooperation in Form einer PPP wird man dem Grundgesetz lediglich eine Verpflichtung für die zuständigen Organe zu einer wohlwollenden Prüfung der Möglichkeit einer Zusammenarbeit entnehmen können. Zudem muss diese im Grundsatz positive Einstellung des Grundgesetzes gegenüber den PPP bei der Auslegung der Verfassungsbestimmungen und

---

850 *Rauser*, Die Übertragung von Hoheitsrechten auf ausländische Staaten, S. 250.

851 *Rojahn*, in: von Münch/Kunig, Grundgesetz, Band 1, Art. 24 Rn. 90; *Classen*, in: von Mangoldt/Klein/Starck, Grundgesetz, Band 2, Art. 24 Rn. 71; *Randelzhofer*, in: Maunz/Dürig, Grundgesetz, Art. 24 Abs. 1 Rn. 197.

Verfassungsgrundsätze, wie z.B. dem Rechtsstaats- und Demokratieprinzip, Berücksichtigung finden.

B. Verfassungsrechtliche Anforderungen

Es wurde festgestellt, dass die Beteiligung an privatrechtlichen ausländischen Organisationsformen vom Grundgesetz weder ausdrücklich erlaubt noch verboten wird, der Grundsatz der internationalen Offenheit des Grundgesetzes allerdings prinzipiell eine positive Bewertung nahelegt. Auf dieser Grundlage ist zu untersuchen, welche präzisen Anforderungen aus den Vorschriften der Verfassung für die Beteiligung der Bundesrepublik Deutschland an ausländischen privatrechtlichen Organisationsformen folgen. Dass das Grundgesetz organisationsbezogene Aussagen enthält, ist allgemein anerkannt.[852] Diese ergeben sich insbesondere aus den Staatsstrukturnormen des Art. 20 Abs. 1-3 GG. Darüber hinaus lassen sich aber auch weiteren Vorschriften der Verfassung Vorgaben entnehmen.

Den Verpflichtungen des Staatsorganisationsrechts unterliegen nur die Akteure, die deutsche Staatsgewalt ausüben.[853] Es wurde bereits erwähnt, dass diese Bindung nicht davon abhängig ist, ob in einer öffentlich-rechtlichen oder privatrechtlichen Rechtsform gehandelt wird.[854] Der Anwendung der staatsorganisationsrechtlichen Vorschriften steht ebenfalls nicht entgegen, wenn die Handlungen der deutschen Staatsgewalt in den PPP Auswirkungen im internationalen Bereich entfalten sollten. Die Bindung knüpft an die Ausübung der Staatsgewalt an und nicht an den Ort, an dem sich deren Wirkung zeigt.[855]

I. Die Ermächtigung zur Übertragung von Hoheitsrechten gem. Artikel 24 Abs. 1 GG

Bei der Begründung für die Verfassungsentscheidung für eine offene Staatlichkeit hat bereits die Vorschrift des Art. 24 Abs. 1 GG Erwähnung gefunden, weil sie eine „herausragende Rolle" bei der Herleitung dieser Wertentscheidung der Verfassung einnimmt.[856] Der Art. 24 Abs. 1 GG enthält eine Spezialregelung für

852 *Burgi*, in: Erichsen/Ehlers (Hrsg.), Allgemeines Verwaltungsrecht, § 7 Rn. 20.

853 *Voßkuhle*, in: VVDStRL 62 (2003), S. 266 (292 f.); vgl. auch *Grzeszick*, in: Maunz/Dürig, Grundgesetz, Art. 20 (II) Rn. 101.

854 Siehe oben unter A. I. 2.

855 *Grzeszick*, in: Maunz/Dürig, Grundgesetz, Art. 20 (II) Rn. 101.

856 *Streinz*, in: Sachs, Grundgesetz, Art. 24 Rn. 6. Nach *Vogel*, Die Verfassungsentscheidung des Grundgesetzes für eine internationale Zusammenarbeit, S. 36, bringe die Norm bereits für sich genommen die Entscheidung des Grundgesetzes für eine „offene"

die Integration der Bundesrepublik Deutschland in internationale Zusammenschlüsse mit besonders weitreichenden Kompetenzen. Die Norm bildet somit die „zentrale verfassungsrechtliche Regelung der internationalen Eingliederung“.[857] Sie erlaubt es, durch Gesetz Hoheitsrechte auf eine zwischenstaatliche Einrichtung zu übertragen. Da sich die PPP neben dem privaten Beitrag durch eine maßgebliche Beteiligung von Staaten auszeichnen, können sie als „auch-zwischenstaatliche Organisationsformen“ bezeichnet werden. Daher erscheint eine Anwendbarkeit des Art. 24 Abs. 1 GG auf eine Beteiligung an den PPP auf den ersten Blick zumindest nicht ausgeschlossen zu sein. Die Untersuchung des Art. 24 Abs. 1 GG hat sowohl zum Ziel, diese Annahme zu überprüfen, als auch festzustellen, welche Kriterien der Norm für die Beteiligung der Bundesrepublik Deutschland an einer solchen Organisationsform entnommen werden können.

Die Zulässigkeit einer Übertragung von Hoheitsrechten auf eine PPP könnte eine erhebliche Steigerung ihrer Effektivität bewirken. Mit der Möglichkeit, auch kurzfristig durchsetzbare, praxisnahe Regelungen zu schaffen, die einheitlich in allen Staaten Gültigkeit beanspruchen,[858] ist ein „kaum zu unterschätzender Effektivitäts- und Effizienzgewinn“ verbunden.[859] Die Vorzüge lassen sich mit Blick auf die WADA verdeutlichen. Die Verbindlichkeit ihrer Rechtsakte würde dann nicht von einer Aufnahme in die Regelwerke der einzelnen internationalen Sportverbände abhängen,[860] den Anti-Doping-Bestimmungen könnte vielmehr eine direkte Wirksamkeit verliehen werden.[861] Die komplexe rechtliche Konstruktion, wie sie dem Zusammenspiel zwischen den internationalen Anti-Doping-Bestimmungen der WADA sowie der Unesco-Konvention gegen Doping im Sport zugrunde liegt,[862] wäre dann weitestgehend überflüssig.

Eine Übertragung von Hoheitsrechten auf eine PPP nach Art. 24 Abs. 1 GG ist nur dann verfassungsrechtlich zulässig, wenn die PPP die tatbestandlichen

---

Staatlichkeit der Bundesrepublik zum Ausdruck; zustimmend *Tomuschat*, in: Isensee/Kirchhof, Handbuch des Staatsrechts, Band 7, § 172 Rn. 40.

857 *Mosler*, in: Isensee/Kirchhof, Handbuch des Staatsrechts, § 175 Rn. 4; *Wahl*, JuS 43 (2003), S. 1145 (1148), spricht von einer „Schlüsselnorm des Grundgesetzes“ und einer „Basisnorm der Internationalisierung“.

858 Eine entsprechende Zulässigkeit in den Rechtsordnungen der anderen beteiligten Staaten unterstellt.

859 *Kotzur*, Grenznachbarschaftliche Zusammenarbeit in Europa, S. 219.

860 Auf die Probleme, eine flächendeckende Bindung aller Athleten an die Dopingregelungen zu erreichen, weist *Kotzenberg*, Die Bindung des Sportlers an private Dopingregeln und private Schiedsgerichte, S. 73 ff., hin.

861 Ob darin möglicherweise ein Verstoß gegen die verfassungsrechtlich garantierte Autonomie der Sportverbände liegen könnte, soll an dieser Stelle außer Betracht bleiben.

862 Siehe oben Kapitel 1 unter B. II. 6. b.

Voraussetzungen dieser Vorschrift erfüllen. Die Anwendung des Art. 24 Abs. 1 GG wird allerdings durch die unbestimmte sprachliche Formulierung erschwert. Die Unbestimmtheit ergibt sich aus dem Umstand, dass der Verfassungsgeber bei der Formulierung der Vorschrift zwar eine besonders intensive Form der zwischenstaatlichen Zusammenarbeit vor Augen hatte, ohne jedoch eine präzise juristische Vorstellung entwickelt zu haben.[863] Die Offenheit der sprachlichen Fassung macht es bei der Interpretation der Vorschrift erforderlich, den Normzweck des Art. 24 Abs. 1 GG im Blick zu behalten.[864] Dessen Erläuterung erfolgt daher zu Beginn der Darstellung.

1. Normzweck des Art. 24 Abs. 1 GG

Dem Art. 24 Abs. 1 GG liegt die – zur Zeit ihrer Entstehung weitsichtige[865] – Einsicht zugrunde, dass der Staat seine Aufgaben in vielen Bereichen aufgrund der faktisch gegebenen internationalen Interdependenz effektiv nur noch im Verbund mit anderen Staaten durch gemeinsam geschaffene Organe erfüllen kann.[866] Vor diesem Hintergrund sollte es der Bundesrepublik Deutschland ermöglicht werden, sich in eine besonders intensive Form der internationalen Zusammenarbeit einzugliedern.[867] Den Hauptanwendungsfall und das Leitbild für eine solche Kooperation bildeten früher die Europäischen Gemeinschaften (EG) bzw. die heutige Europäische Union (EU),[868] deren Reglementierung allerdings seit 1993 von der Spezialvorschrift des Art. 23 GG übernommen wird.[869] Das bedeutet aber nicht, dass mit der Änderung des Art. 23 GG der Art. 24 Abs. 1 GG obsolet geworden wäre. Es gibt eine signifikante Anzahl von Institutionen, die als Einrichtungen iSd Art. 24 Abs. 1 GG anerkannt sind, exemplarisch werden Eurocontrol, die Moselkommission oder der Internationale Strafgerichtshof

---

863 *Randelzhofer*, in: Maunz/Dürig, Grundgesetz, Art. 24 Abs. 1 Rn. 1; vgl. auch *Mosler*, in: Isensee/Kirchhof, Handbuch des Staatsrechts, § 175 Rn. 12 f.

864 *Randelzhofer*, in: Maunz/Dürig, Grundgesetz, Art. 24 Abs. 1 Rn. 2 f., ebenso *Mosler*, in: Isensee/Kirchhof, Handbuch des Staatsrechts, Band 7, § 175 Rn. 9.

865 Vgl. *Fassbender*, Der offene Bundesstaat, S. 10. Der Verfassungsgeber habe „eine europäische und internationale Verflechtung und Interdependenz antizipiert, deren Intensität 1948/49 nur wenige voraussahen."

866 *Tomuschat*, in: VVDStRL 36 (1978), S. 7 (17 f.); *Classen*, in: von Mangoldt/Klein/Starck, Grundgesetz, Band 2, Art. 24 Rn. 1; *Zippelius/Würtenberger*, Deutsches Staatsrecht, S. 517.

867 *Streinz*, in: Sachs, Grundgesetz, Art. 24 Rn. 6.

868 *Ipsen*, Europäisches Gemeinschaftsrecht, S. 58, verwendete in diesem Zusammenhang den Begriff des „Integrationshebels".

869 *Hobe*, in: Friauf/Höfling, Berliner Kommentar zum Grundgesetz, Art. 24 Rn. 9. Dementsprechend ist die Dogmatik des Art. 24 Abs. 1 GG maßgeblich durch die Rechtsprechung und Literatur zum Verhältnis der Bundesrepublik Deutschland zu der EG geprägt worden.

genannt.[870] Diese Einrichtungen zeichnen sich im Gegensatz zu der EU allerdings eher durch eine punktuelle Kompetenzzuteilung mit administrativen oder rechtssprechenden Funktionen aus und sind weniger auf eine dynamisch fortschreitende Integration ausgerichtet.[871] Unabhängig von diesem Bedeutungswandel wird die Vorschrift in der Literatur noch immer als „wichtige rechtliche Fundierung und damit wesentliche Facette des kooperationsoffenen Verfassungsstaates Bundesrepublik Deutschland“ charakterisiert.[872]

Der Art. 24 Abs. 1 GG will bewirken, dass die Bundesrepublik Deutschland als gleichberechtigtes Glied in zwischenstaatlichen Einrichtungen mitwirken kann. Die Vorschrift bringt damit eine Offenheit für Bindungen in der Völkerrechtsgemeinschaft und in einer engeren Staatengemeinschaft zum Ausdruck.[873] Zur Förderung des Normzweckes enthält Art. 24 Abs. 1 GG sowohl eine Staatszielbestimmung als auch eine Ermächtigungsnorm.[874] Daneben lässt sich dem Gesetzesvorbehalt die Funktion entnehmen, die Eingliederung der Bundesrepublik Deutschland in eine zwischenstaatliche Einrichtung mit besonders weitreichenden Kompetenzen zu erleichtern und zugleich die notwendige demokratische Legitimation von deren Hoheitsakten im innerstaatlichen Bereich sicherzustellen.

a. Staatszielbestimmung

Als Staatszielbestimmung verpflichtet Art. 24 Abs. 1 GG sämtliche Staatsorgane bei ihren Entscheidungen, in Abwägung mit den anderen Staatszielbestimmungen und Verfassungsgrundsätzen, den Gedanken der internationalen Kooperation im Auge zu behalten.[875] Somit hat die Norm „die deutsche öffentliche Gewalt programmatisch auf die internationale Zusammenarbeit“ festgelegt.[876] Sie entbindet die Bundesorgane aber nicht von der Beachtung der verfassungsrechtlichen Grenzen bei der Übertragung von Hoheitsrechten,[877] sondern verpflichtet

---

870 *Hillgruber*, in: Schmidt-Bleibtreu/Hofmann/Hopfauf, Grundgesetz, Art. 24 Rn. 23.

871 *Rojahn*, in: von Münch/Kunig, Grundgesetz, Band 1, Art. 24 Rn. 11.

872 *Hobe*, in: Friauf/Höfling, Berliner Kommentar zum Grundgesetz, Art. 24 Rn. 8.

873 BVerfGE 89, 155 (183); vgl. auch *Randelzhofer*, in: Maunz/Dürig, Grundgesetz, Art. 24 Rn. 1. *Stern*, Das Staatsrecht der Bundesrepublik Deutschland, Band I, S. 516 f., sieht in dieser Aussage aufgrund der darin enthaltenden „Abkehr von der Idee des geschlossenen Nationalstaates […] eine politische Aussage von höchster Tragweite.“

874 *Hillgruber*, in: Schmidt-Bleibtreu/Hofmann/Hopfauf, Grundgesetz, Art. 24 Rn. 1.

875 *Tomuschat*, in: Bonner Kommentar zum Grundgesetz, Art. 24 Rn. 5; *Mosler*, in: Isensee/Kirchhof, Handbuch des Staatsrechts, Band 7, § 175 Rn. 14; *Rojahn*, in: von Münch/Kunig, Grundgesetz, Band 1, Art. 24 Rn. 58 ff.

876 BVerfGE 111, 307 (318).

877 BVerfGE 37, 271 (279 f.).

diese dazu, „eine Konkordanz zwischen den staatszentrierten Verfassungsvorgaben und den staatstranszendierenden internationalen Öffnungen des Verfassungsraumes" herzustellen.[878]

Weil die Zusammenarbeit mit anderen Staaten naturgemäß von deren Resonanz und Akzeptanz abhängig ist,[879] kann Art. 24 Abs. 1 GG nur eine Absicht formulieren und eine Befugnis vermitteln,[880] nicht aber ein bestimmtes Ergebnis verpflichtend vorschreiben.[881] Insofern müssen bei der Interpretation der Norm die „strukturellen Eigengesetzlichkeiten der internationalen Verflechtung" Berücksichtigung finden.[882] Diese Erwägung hat ihren Ausdruck in dem Wortlaut „der Bund kann" gefunden, der ein „verfassungsrechtliches Mandat mit weitem Ermessensspielraum" vermittelt.[883]

b. Ermächtigungsfunktion

Für die Rechtspraxis ist die Ermächtigungsfunktion des Art. 24 Abs. 1 GG von größerer Bedeutung.[884] Die Vorschrift stellt die notwendigen rechtlichen Mittel bereit, um den zuständigen Bundesorganen die Möglichkeit zu eröffnen, im Zusammenwirken mit anderen Staaten einen Hoheitsträger mit besonders weitreichenden Befugnissen zu schaffen, dessen Rechtsakten in der innerstaatlichen

---

878 *Tietje*, Internationalisiertes Verwaltungshandeln, S. 505 f.; *Randelzhofer*, in: Maunz/Dürig, Grundgesetz, Art. 24 Abs. 1 Rn. 23, 27, es handele sich nicht um eine der Verfassung vorausliegende „Staatsfundamentalnorm".

879 *Rojahn*, in: von Münch/Kunig, Grundgesetz, Band 1, Art. 24 Rn. 9.

880 Vgl. *Stern*, Das Staatsrecht der Bundesrepublik Deutschland, Band I, S. 519, der Regelungsgehalt der Vorschrift liege in „einer Option, einer Intention, einer Bereitschaft zur Supranationalität".

881 *Streinz*, in: Sachs, Grundgesetz, Art. 24 Rn. 7; vgl. auch die anschauliche Formulierung von *Tomuschat*, in: Bonner Kommentar zum Grundgesetz, Art. 24 Rn. 7, es dürften „keine verfassungsrechtlichen Perfektionsmaßstäbe" angelegt werden, sondern es müsse „auf das effektiv erreichbare" Rücksicht genommen werden.

882 *Tomuschat*, in: Bonner Kommentar zum Grundgesetz, Art. 24 Rn. 7.

883 *Stern*, Das Staatsrecht der Bundesrepublik Deutschland, Band I, S. 519 f.; prägnant auch *Tomuschat*, in: Isensee/Kirchhof, Handbuch des Staatsrechts, Band 7, § 172 Rn. 37, es handele sich eher um „ein Instrument zur Erreichung weiterer Finalitäten denn ein aus sich selbst heraus legitimiertes Ziel". Von einem „gebundenen Ermessen" mit „einem konkreten Handlungsauftrag" spricht *Rojahn*, in: von Münch/Kunig, Grundgesetz, Band 1, Art. 24 Rn. 8.

884 *Randelzhofer*, in: Maunz/Dürig, Grundgesetz, Art. 24 Abs. 1 Rn. 12. Nach Ansicht von *Hillgruber*, in: Schmidt-Bleibtreu/Hofmann/Hopfauf, Grundgesetz, Art. 24 Rn. 3, soll Art. 24 Abs. 1 GG insofern nur noch den Vollzug der verfassungsrechtlich bereits getroffenen „Grundentscheidung für die Integration" ermöglichen.

Rechtsordnung eine direkte Wirksamkeit zukommen soll.[885] Sie ermächtigt den Bundesgesetzgeber zur Erteilung eines generellen innerstaatlichen Anwendungsbefehls,[886] der nicht nur die innerstaatliche Verbindlichkeit sämtlicher Rechtsakte dieser Einrichtung anordnen, sondern ihnen sogar einen umfassenden Vorrang vor dem innerstaatlichen Recht einräumen kann.[887] Der „staatsrechtliche innerstaatliche Filter“, den das Völkervertragsrecht als Recht aus einer außerstaatlichen Rechtsquelle sonst in Form einer Transformation bzw. eines Vollzuges passieren müsste, wird insoweit außer Kraft gesetzt.[888] Damit akzeptiert das Grundgesetz zugleich fremde Hoheitsgewalt als legitimes Phänomen innerhalb der deutschen Rechtsordnung.[889] Eine solche Wirkung könnte ein Vertragsgesetz gem. Art. 59 Abs. 2 S. 1 GG allein nicht vermitteln.[890]

c. Privilegierende Funktion

Der besondere verfassungsrechtliche Charakter des Art. 24 Abs. 1 GG zeigt sich des Weiteren daran, dass die Vorschrift für die Übertragung von Hoheitsrechten ein einfaches Bundesgesetz ausreichen lässt.[891] Indem Art. 24 Abs. 1 GG den zuständigen Bundesorganen ermöglicht, die Wirksamkeit des Rechts aus einer fremden Quelle innerhalb der deutschen Rechtsordnung anzuordnen, können diese in eine Änderung der verfassungsrechtlichen Zuständigkeitsanordnung einwilligen. Bei diesem Vorgang handelt es sich materiell um eine Verfassungs-

---

885 *Tomuschat*, in: Bonner Kommentar zum Grundgesetz, Art. 24 Rn. 1; *Hobe*, in: Friauf/Höfling, Berliner Kommentar zum Grundgesetz, Art. 24 Rn. 9.

886 *Rojahn*, in: von Münch/Kunig, Grundgesetz, Band 1, Art. 24 Rn. 35.

887 *Randelzhofer*, in: Maunz/Dürig, Grundgesetz, Art. 24 Abs. 1 Rn. 12, 16. Bei dem Vorrang handelt es sich um einen Anwendungs- und nicht um einen Geltungsvorrang, vgl. *Tomuschat*, in: Bonner Kommentar zum Grundgesetz, Art. 24 Rn. 81.

888 *Stern*, Das Staatsrecht der Bundesrepublik Deutschland, Band I, S. 518. *Doehring*, Das Staatsrecht der Bundesrepublik Deutschland, S. 80. In der Literatur findet sich hierzu auch das Stichwort, der „Souveränitätspanzer“ der nationalen Rechtsordnung werde durchbrochen, vgl. *Bleckmann*, ZaöRV 35 (1975), S. 79 (81).

889 *Classen*, in: von Mangoldt/Klein/Starck, Grundgesetz, Band 2, Art. 24 Rn. 2.

890 *Randelzhofer*, in: Maunz/Dürig, Grundgesetz, Art. 24 Abs. 1 Rn. 12; siehe auch *Stern*, Das Staatsrecht der Bundesrepublik Deutschland, Band I, S. 520.

891 BVerfGE 58, 1 (37). *Pernice*, in: Dreier, Grundgesetz, Band 2, Art. 24 Rn. 4, 31; *Badura*, in: VVDStRL 23 (1966), S. 34 (64); *Mosler*, in: Isensee/Kirchhof, Handbuch des Staatsrechts, Band 7, § 175 Rn. 14, 54. Grundsätzlich handelt es sich bei dem Bundesgesetz um ein Einspruchsgesetz, siehe *Stern*, Das Staatsrecht der Bundesrepublik Deutschland, Band I, S. 534. Nach h.M. findet allerdings Art. 59 Abs. 2 S. 1 GG neben Art. 24 Abs. 1 GG Anwendung (sog. Doppelfunktion des Bundesgesetzes), so dass sich ein Zustimmungserfordernis des Bundesrates aus Art. 59 Abs. 2 S. 1 GG ergeben kann, vgl. *Streinz*, in: Sachs, Grundgesetz, Art. 24 Rn. 24; *Hillgruber*, in: Schmidt-Bleibtreu/Hofmann/Hopfauf, Grundgesetz, Art. 24 Rn. 17; *Hobe*, in: Friauf/Höfling, Berliner Kommentar zum Grundgesetz, Art. 24 Rn. 36.

änderung,[892] die eigentlich aufgrund des Art. 79 Abs. 1 und 2 GG eine Zweidrittelmehrheit in Bundestag und Bundesrat erfordert.[893] Der Art. 24 Abs. 1 GG senkt diese Anforderungen ab und erleichtert der Bundesrepublik Deutschland damit die Integration in einen zwischenstaatlichen Zusammenschluss.[894] Der Vereinfachung dient zusätzlich die exklusive Zuweisung der Verbandskompetenz an den Bund,[895] selbst wenn die Aufgabe innerstaatlich in den ausschließlichen Zuständigkeitsbereich der Länder fallen sollte.[896] Der Art. 24 Abs. 1 GG ermöglicht daher eine „wirksame, von den Hindernissen binnenstaatlicher Föderalstruktur befreite Integration".[897]

In der Praxis entwickelte die Norm allerdings auch eine wohl nicht intendierte hemmende Seite,[898] denn aus dem Gesetzesvorbehalt folgt, dass eine Übertragung von Hoheitsrechten an eine entsprechende Einrichtung nicht ohne eine Zustimmung des parlamentarischen Gesetzgebers vorgenommen werden darf. Insbesondere bei der Weiterentwicklung des Aufgabenbereiches oder der Kompetenzen einer internationalen Organisation im Rahmen der fortlaufenden Integration ist im jeweiligen Einzelfall festzustellen, ob die Vorschrift eine erneute parlamentarische Zustimmung verlangt oder ob die Mitwirkung der Bundesregierung an der Kompetenzerweiterung noch vom Zustimmungsgesetz gedeckt ist.[899] Die „Janusköpfigkeit"[900] des Art. 24 Abs. 1 GG zieht aber nicht prinzipiell seine Funktion in Zweifel, die Eingliederung der Bundesrepublik Deutschland in eine zwischenstaatliche Einrichtung zu erleichtern.

---

892 *Hillgruber*, in: Schmidt-Bleibtreu/Hofmann/Hopfauf, Grundgesetz, Art. 24 Rn. 13. Die Begründung liegt in dem Ausschließlichkeitsanspruch der Verfassung, nur die Ausübung von deutscher Staatsgewalt innerhalb des Staatsgebietes zu ermöglichen, vgl. BVerfGE 37, 271 (280); 58, 1 (36); 68, 1 (98). Vgl. auch *Tomuschat*, in: Bonner Kommentar zum Grundgesetz, Art. 24 Rn. 34, wonach diese Annahme zu den „als Selbstverständlichkeit ungeschrieben, aber nichtsdestoweniger verfassungskräftig verbürgten – Axiomen des deutschen Staatsrechts" gehört.

893 BVerfGE 58, 1 (35 ff.), wonach der Gesetzesvorbehalt aufgrund der Rücknahme des Voraussetzungen für eine Verfassungsänderung nach Art. 79 Abs. 1 und 2 GG strikt auszulegen sei.

894 *Von Heinegg*, in: Epping/Hillgruber, Beck'scher Online-Kommentar zum Grundgesetz, Art. 24 Rn. 2.

895 *Röben*, Außenverfassungsrecht, S. 64.

896 *Randelzhofer*, in: Maunz/Dürig, Grundgesetz, Art. 24 Abs. 1 Rn. 28, 65; *Rojahn*, in: von Münch/Kunig, Grundgesetz, Band 1, Art. 24 Rn. 14.

897 *Stern*, Das Staatsrecht der Bundesrepublik Deutschland, Band I, S. 534 f.; *Hobe*, in: Friauf/Höfling, Berliner Kommentar zum Grundgesetz, Art. 24 Rn. 13; *Tomuschat*, in: Bonner Kommentar zum Grundgesetz, Art. 24 Rn. 25, m.w.N.

898 *Randelzhofer*, in: Maunz/Dürig, Grundgesetz, Art. 24 Abs. 1 Rn. 2.

899 BVerfGE 58, 1 (35 ff.).

900 *Randelzhofer*, in: Maunz/Dürig, Grundgesetz, Art. 24 Abs. 1 Rn. 2.

d. Legitimitätsfunktion

Eine weitere wichtige Funktion des Gesetzesvorbehalts liegt in der Sicherung der demokratischen Legitimation der Rechtsakte der zwischenstaatlichen Einrichtung.[901] Die Norm stellt sicher, dass eine Übertragung von Hoheitsrechten nur erfolgen darf, wenn der Bundesgesetzgeber die demokratische Verantwortung für die innerstaatliche Wirksamkeit der Rechtsakte übernimmt. Mit dieser Regelung verdeutlicht der Art. 24 Abs. 1 GG, dass das Ziel der Förderung der internationalen Zusammenarbeit nicht isoliert von den anderen Verfassungsgrundsätzen, insbesondere dem Demokratieprinzip (Art. 20 Abs. 1 und 2 GG),[902] besteht, sondern mit ihnen in Einklang gebracht werden muss. Die Anforderungen des Demokratieprinzips sind damit bei der Auslegung des Art. 24 Abs. 1 GG zu berücksichtigen.

2. Die einzelnen Tatbestandsmerkmale des Art. 24 Abs. 1 GG

Nachdem der Normzweck des Art. 24 Abs. 1 GG erläutert wurde, kann nunmehr festgestellt werden, ob eine Übertragung von Hoheitsrechten auf eine PPP gemäß der Vorschrift vorgenommen werden darf. Dafür sind im Folgenden die einzelnen Merkmale des Art. 24 Abs. 1 GG zu erläutern und zu prüfen, ob sie in diesem Fall einschlägig sind.

a. Hoheitsrechte

Art. 24 Abs. 1 GG gestattet den deutschen Staatsorganen, eine Übertragung von Hoheitsrechten an eine zwischenstaatliche Einrichtung vorzunehmen. Der Begriff der Hoheitsrechte wird im Grundgesetz nicht näher definiert und auch an anderer Stelle nicht verwendet. Lediglich in Art. 33 Abs. 4 GG wird von „hoheitlichen Befugnissen" der Beamten gesprochen.[903] Daher ist zunächst zu erläu-

---

901 BVerfGE 89, 155 (183); zustimmend *Classen*, in: von Mangoldt/Klein/Starck, Grundgesetz, Band 2, Art. 24 Rn. 23. Diesen Aspekt betont besonders *Tietje*, Internationalisiertes Verwaltungshandeln, S. 506 f., der in ihm den eigentlichen Kern des Art. 24 Abs. 1 GG sieht.

902 *Randelzhofer*, in: Maunz/Dürig, Grundgesetz, Art. 24 Abs. 1 Rn. 122.

903 Siehe dazu ausführlich unten unter VI. 2. a. Ob eine Orientierung an anderen Begriffen des Grundgesetzes wie z.B. Art. 20 Abs. 2 GG („Staatsgewalt"); Art. 19 Abs. 4 GG, Art. 93 Abs. 1 Nr. 4a GG (Öffentliche Gewalt), Art. 30 GG („staatliche Befugnisse" und „staatliche Aufgaben") erfolgen kann, ist umstritten. Dagegen aufgrund der differierenden Normzwecke *Randelzhofer*, in: Maunz/Dürig, Grundgesetz, Art. 24 Abs. 1 Rn. 29; dafür *Stern*, Das Staatsrecht der Bundesrepublik Deutschland, Band I, S. 520 f., der die Begriffe jeweils als Beschreibung der dem Staat zukommenden Herrschaftsmacht ansieht, die Rechtsverhältnisse der im Staatsgebiet befindlichen Personen und Sachen zu ordnen (die „suprema potestas").

tern, was unter dem Begriff der „Hoheitsrechte" im Sinne des Art. 24 Abs. 1 GG zu verstehen ist.

Als Hoheitsrecht im Sinne des Art. 24 Abs. 1 GG wird jede Kompetenz zur Ausübung öffentlicher Gewalt im innerstaatlichen Bereich angesehen.[904] Diese Auslegung lässt sich auf die Funktion des Art. 24 Abs. 1 GG, einer Privilegierung bestimmter Formen besonders enger, auf Integration angelegter internationaler Zusammenarbeit, zurückführen. Dem Verständnis liegen daneben systematische Erwägungen zugrunde. Würde sich der Begriff des Hoheitsrechtes in der Bedeutung erschöpfen, den Staat lediglich in seiner Rolle als Völkerrechtssubjekt verpflichten zu können,[905] käme der Vorschrift keine eigenständige Bedeutung zu. Eine solche Befugnis könnte bereits auf der Grundlage des Art. 59 Abs. 2 S. 1 GG vermittelt werden.[906] Ebenso müssten die Intensität und Tragweite im Vergleich zu Art. 24 Abs. 2 GG über eine bloße „Beschränkung" der eigenen Hoheitsrechte hinausreichen.[907] Der Art. 24 Abs. 1 GG solle erreichen, dass das Primär- und das Sekundärrecht zwischenstaatlicher Einrichtungen unmittelbar in den innerstaatlichen Bereich hineinwirken und zu direkten Auswirkungen auf die Rechtssubjekte und Rechtsanwender im innerstaatlichen Bereich führen kann.[908]

---

904 *Geiger*, Grundgesetz und Völkerrecht, S. 123; *Rojahn*, in: von Münch/Kunig, Grundgesetz, Band 1, Art. 24 Rn. 23, 32; *Stern*, Das Staatsrecht der Bundesrepublik Deutschland, Band I, S. 521; *Röben*, Außenverfassungsrecht, S. 61. Dagegen soll von dem Vorliegen eines Hoheitsrechtes dann nicht ausgegangen werden können, wenn „eine Maßnahme bei hypothetischer Betrachtung auch durch Privatpersonen auf der Grundlage der Ausübung grundrechtlicher Freiheit vorgenommen werden kann", vgl. *Gramm*, DVBl. 114 (1999), S. 1237 (1241).

905 Bei „normalen" internationalen Organisationen ohne Supranationalität üben stets die Staaten alle Hoheitsrechte aus, soweit diese innerstaatliche Wirkung entfalten sollen. Die Rechtsakte der Organisationen werden nur wirksam, wenn sie von den Staaten anerkannt und durch einen entsprechenden Rechtsanwendungsbefehl in innerstaatliches Recht transformiert wurden, vgl. *Stern*, Das Staatsrecht der Bundesrepublik Deutschland, Band I, S. 527 und *Wahl*, JuS 43 (2003), S. 1145 (1148).

906 *Randelzhofer*, in: Maunz/Dürig, Grundgesetz, Art. 24 Abs. 1 Rn. 30.

907 *Von Heinegg*, in: Epping/Hillgruber, Beck'scher Online-Kommentar zum Grundgesetz, Art. 24 Rn. 1.

908 BVerfGE 37, 271 (280); 58, 1 (28); 73, 339 (374 ff.). *Randelzhofer*, in: Maunz/Dürig, Grundgesetz, Art. 24 Abs. 1 Rn. 30; *Streinz*, in: Sachs, Grundgesetz, Art. 24 Rn. 13; *Hillgruber*, in: Schmidt-Bleibtreu/Hofmann/Hopfauf, Grundgesetz, Art. 24 Rn. 5; *Tomuschat*, in: Bonner Kommentar zum Grundgesetz, Art. 24 Rn. 8; *Hobe*, in: Friauf/Höfling, Berliner Kommentar zum Grundgesetz, Art. 24 Rn. 10 f.; *Pernice*, in: Dreier, Grundgesetz, Band 2, Art. 24 Rn. 20; *Rojahn*, in: von Münch/Kunig, Grundgesetz, Band 1, Art. 24 Rn. 25; *Kment*, Grenzüberschreitendes Verwaltungshandeln, S. 194.

Übertragbar sind sämtliche Kompetenzen oder Befugnisse in Bezug auf die Erfüllung von Aufgaben der potentiell allzuständigen Staatsgewalt.[909] Es kommt nicht darauf an, ob die entsprechende Kompetenz von der Staatsgewalt bereits ausgeübt wurde oder nur potentiell zu ihrem Aufgabenbereich gehört.[910] Art. 24 Abs. 1 GG erlaubt grundsätzlich die Übertragung von Hoheitsrechten aller drei Gewalten[911] und ist nicht an verbands- oder organkompetenzielle Verteilungen gebunden.[912] Der Umfang der eingeräumten Kompetenzen ist unerheblich,[913] es können einzelne Befugnisse oder auch ganze Funktionsbereiche übertragen werden.[914] Trotz des Normzwecks der Förderung der internationalen Zusammenarbeit lässt Art. 24 Abs. 1 GG eine Übertragung von Hoheitsrechten auf eine zwischenstaatliche Einrichtung allerdings nicht schrankenlos zu.[915] Vielmehr ist anerkannt, dass „die Grundstruktur der Verfassung, auf der ihre Identität beruht, nicht auf dem Wege der Gesetzgebung durch eine zwischenstaatliche Einrichtung geändert werden darf."[916] Insofern bildet der Art. 79 Abs. 3 GG eine „absolute Integrationsschranke".[917] Damit ist eine Übertragung der Grundrechte, der Rechtsstaatlichkeit, der deutschen Bundesstaatlichkeit sowie der Sozialstaatlichkeit ausgeschlossen.[918] Ferner darf nicht die Staatsgewalt als solche übertragen

909 *Randelzhofer*, in: Maunz/Dürig, Grundgesetz, Art. 24 Abs. 1 Rn. 32; *Rauser*, Die Übertragung von Hoheitsrechten auf ausländische Staaten, S. 20 f.

910 *Mosler*, in: Isensee/Kirchhof, Handbuch des Staatsrechts, Band 7, § 175 Rn. 33; *Flint*, Die Übertragung von Hoheitsrechten, S. 111.

911 *Hillgruber*, in: Schmidt-Bleibtreu/Hofmann/Hopfauf, Grundgesetz, Art. 24 Rn. 7; vgl. auch *Streinz*, in: Sachs, Grundgesetz, Art. 24 Rn. 12 m.w.N.

912 *Hillgruber*, in: Schmidt-Bleibtreu/Hofmann/Hopfauf, Grundgesetz, Art. 24 Rn. 7, m.w.N. Differenzierend *Randelzhofer*, in: Maunz/Dürig, Grundgesetz, Art. 24 Abs. 1 Rn. 37 ff. m.w.N. Der Bund muss den Ländern aber ein Mindestmaß an hoheitlichen Befugnissen belassen, so dass ihr Staatlichkeitscharakter erhalten bleibt, vgl. *von Heinegg*, in: Epping/Hillgruber, Beck'scher Online-Kommentar zum Grundgesetz, Art. 24 Rn. 5, 8; *Zuleeg*, Alternativkommentar zum Grundgesetz, Band 1, Art. 24 Abs. 1 Rn. 22.

913 *Röben*, Außenverfassungsrecht, S. 61.

914 *Pernice*, in: Dreier, Grundgesetz, Band 2, Art. 24 Rn. 18.

915 BVerfGE 58, 1 (40). *Randelzhofer*, in: Maunz/Dürig, Grundgesetz, Art. 24 Abs. 1 Rn. 87.

916 BVerfGE 37, 271 (279); BVerfG GRUR 2010, S. 1031 (1031 f.). *Randelzhofer*, in: Maunz/Dürig, Grundgesetz, Art. 24 Abs. 1 Rn. 87 spricht insoweit von einem Kernbereich als absoluter Integrationsschranke.

917 *Schweitzer*, Staatsrecht III, Rn. 58; *Streinz*, in: Sachs, Grundgesetz, Art. 24 Rn. 28; *Bleckmann*, in: Hailbronner, u.a. (Hrsg.), FS Doehring, S. 67 ff. Vgl. auch *Stern*, Das Staatsrecht der Bundesrepublik Deutschland, Band I, S. 535; *Rojahn*, in: von Münch/Kunig, Grundgesetz, Band 1, Art. 24 Rn. 58.

918 *Randelzhofer*, in: Maunz/Dürig, Grundgesetz, Art. 24 Rn. 204.

werden.[919] Ob und ggf. welche darüber hinausgehenden Schranken bestehen,[920] ist in der Literatur noch weitestgehend ungeklärt.[921]

aa. Die Durchgriffswirkung als wesentliches Merkmal eines Hoheitsrechtes

Im Einzelfall kann die Bestimmung Schwierigkeiten bereiten, ob einer zwischenstaatlichen Einrichtung Hoheitsrechte im Sinne des Art. 24 Abs. 1 GG übertragen wurden. Von der früher ganz h.M. in Rechtsprechung und Schrifttum wurde von einer solchen Ermächtigung immer nur dann ausgegangen, wenn der zwischenstaatlichen Einrichtung eine unmittelbare Durchgriffsbefugnis gegenüber dem Bürger eingeräumt wurde.[922] Unter einer Durchgriffsbefugnis versteht man die Ermächtigung einer zwischenstaatlichen Einrichtung zum Erlass von Rechtssätzen und Einzelfallregelungen, deren Adressaten unmittelbar die Rechtssubjekte und Rechtsanwendungsorgane der staatlichen Rechtsordnung sind.[923] Das Durchgriffselement sichere vor dem Hintergrund des Demokratieprinzips den Bürger gegen eine „Auslieferung" an eine fremde Staatsgewalt, indem es für die Akzeptanz eines Rechtsaktes einer zwischenstaatlichen Einrichtung ein parlamentarisches Gesetz erfordere.[924]

Demgegenüber ließ es das BVerfG in seinem Urteil zur Zulässigkeit der Stationierung von Atomwaffen genügen, dass die rechtliche Befugnis zur Ausübung von Hoheitsrechten von dem Eintritt weiterer Entwicklungen abhängig sei, soweit der deutsche Übertragungsakt für den Fall der Inanspruchnahme die maßgebliche Rechtsgrundlage darstelle.[925] Dem Art. 24 Abs. 1 GG könne „nicht entnommen werden, dass eine Übertragung von Hoheitsrechten immer nur dann

---

919 *Rauser*, Die Übertragung von Hoheitsrechten auf ausländische Staaten, S. 23; *Tomuschat*, in: Bonner Kommentar zum Grundgesetz, Art. 24 Rn. 20; *Randelzhofer*, in: Maunz/Dürig, Grundgesetz, Art. 24 Abs. 1 Rn. 36, m.w.N.

920 Von *Randelzhofer*, in: Maunz/Dürig, Grundgesetz, Art. 24 Abs. 1 Rn. 95 ff., als „Art. 79 Abs. 3 GG + x" bezeichnet.

921 Vgl. *Streinz*, in: Sachs, Grundgesetz, Art. 24 Rn. 28 m.w.N.

922 So noch BVerfGE 37, 271 (280); *Rojahn*, in: von Münch/Kunig, Grundgesetz, Band 1, Art. 24 Rn. 32; vgl. auch *Tomuschat*, in: Bonner Kommentar zum Grundgesetz, Art. 24 Rn. 8; *Pernice*, in: Dreier, Grundgesetz, Band 2, Art. 24 Rn. 25.

923 *Randelzhofer*, in: Maunz/Dürig, Grundgesetz, Art. 24 Abs. 1 Rn. 30.

924 *Rauser*, Die Übertragung von Hoheitsrechten auf ausländische Staaten, S. 80; vgl. auch *Wahl*, JuS 43 (2003), S. 1145 (1148), den einzelnen Bürgern werde die „schützende Decke" der Souveränität genommen.

925 BVerfGE 68, 1 (94). Der Entscheidung des BVerfG lag die Befugnis des Präsidenten der Vereinigten Staaten zugrunde, die Auslösung des Bündnisfalles für die NATO-Staaten festzustellen und infolgedessen die Freigabe für den militärischen Einsatz der in der Bundesrepublik Deutschland stationierten Waffensysteme zu erteilen. Dem Urteil des BVerfG zustimmend *Tietje*, Internationalisiertes Verwaltungshandeln, S. 508 f.

anzunehmen sei, wenn der zwischenstaatlichen Einrichtung eine unmittelbare Durchgriffsbefugnis gegenüber Einzelnen eingeräumt wird."[926] Von einem Teil der Lehre wurde diese Rechtsprechung als eine Abkehr von der bisherigen Ansicht angesehen[927] und stark kritisiert.[928] So könnten Hoheitsrechte nur übertragen werden, wenn sie rechtsförmig seien, ansonsten werde die rechtliche Substanz der Norm aufgelöst.[929] Insbesondere mache es das Gericht mit der Einbeziehung der Kompetenz zu hoheitlichen Realakten unmöglich, eine herkömmliche Gestattung der Ausübung fremder Hoheitsgewalt auf eigenem Territorium von einer Übertragung von Hoheitsrechten abzugrenzen.[930] Eine schlichte Ausübung von Hoheitsgewalt durch fremde Staaten würde daher aufgrund des Art. 24 Abs. 1 GG, der ausschließlich eine Übertragung von Hoheitsrechten auf zwischenstaatliche Einrichtungen ermögliche, unzulässig sein,[931] wodurch die Norm entgegen ihrer Intention die zwischenstaatliche Zusammenarbeit erschweren würde.[932]

Entgegen der Ansicht der Kritiker ist das BVerfG mit der genannten Entscheidung allerdings nicht davon abgerückt, die Durchgriffswirkung als hinreichendes Kriterium zu akzeptieren. In jüngeren Entscheidungen hat es wieder ausdrücklich auf dieses Merkmal zurückgegriffen.[933] Man wird die Rechtsprechung des BVerfG daher so interpretieren müssen, dass das Gericht auf eine Durchgriffswirkung nicht generell verzichten will, sondern nur weitere Fallgruppen zulässt, in denen es ebenfalls vom Vorliegen von Hoheitsrechten ausgeht.[934]

---

926 BVerfGE 68, 1 (94); siehe auch *Rauser*, Die Übertragung von Hoheitsrechten auf ausländische Staaten, S. 24.

927 *Rauser*, Die Übertragung von Hoheitsrechten auf ausländische Staaten, S. 41 f.

928 *Eckertz*, EuGRZ 12 (1985), S. 165 (168); *Rauschning*, JuS 1985, S. 863 (866 f.). *Bryde*, JURA 1986, S. 363 (368 f.): „An dieser Konstruktion überzeugt so gut wie nichts."

929 *Eckertz*, EuGRZ 12 (1985), S. 165 (168).

930 *Rauschning*, JuS 1985, S. 863 (866 f.); *Rojahn*, in: von Münch/Kunig, Grundgesetz, Band 1, Art. 24 Rn. 27. So wohl auch *Randelzhofer*, in: Maunz/Dürig, Grundgesetz, Art. 24 Abs. 1 Rn. 42.

931 *Fastenrath*, Kompetenzverteilung im Bereich der auswärtigen Gewalt, S. 151; *Rauschning*, JuS 1985, S. 863 (866 f.).

932 *Fastenrath*, Kompetenzverteilung im Bereich der auswärtigen Gewalt, S. 151.

933 BVerfG NVwZ 2006, S. 1403; BVerfG GRUR 2010, S. 1031 (1032).

934 *Streinz*, in: Sachs, Grundgesetz, Art. 24 Rn. 13; *Randelzhofer*, in: Maunz/Dürig, Grundgesetz, Art. 24 Abs. 1 Rn. 31; *Hobe*, in: Friauf/Höfling, Berliner Kommentar zum Grundgesetz, Art. 24 Rn. 10. Vgl. aber auch *Rojahn*, in: von Münch/Kunig, Grundgesetz, Band 1, Art. 24 Rn. 26, „generalisierende Schlussfolgerungen zur Reichweite des Art. 24 Abs. 1 GG lässt das Urteil […] nicht zu", es habe „keine weitere Fallgruppe der

bb. Die Ausweitung des Anwendungsbereichs des Art. 24 Abs. 1 GG auf schlicht-hoheitliches Handeln

Im Anschluss an die Entscheidung des BVerfG hat sich in der Literatur eine Auffassung gebildet, die in Anlehnung an die „Wesentlichkeitstheorie" die Befugnis zur Einwirkung durch schlicht-hoheitliches Handeln mit Grundrechtswirkung genügen lässt, soweit eine vorhersehbare Gefahr von faktischen Grundrechtseingriffen besteht.[935] Unter schlicht-hoheitlichem Handeln wird in Anlehnung an das Verwaltungsrecht ein Handeln verstanden, dass nicht auf die Herbeiführung einer Rechtsfolge gerichtet ist, sondern unmittelbar einen tatsächlichen Erfolg bewirkt.[936] Zur Begründung wird angeführt, es wäre im Ergebnis merkwürdig, wenn „für das Gemeinwesen als Ganzes absolut grundlegende Entscheidungen nur deshalb aus dem Anwendungsbereich der Hoheitsrechte herausfallen, weil sie rechtsdogmatisch gesehen zunächst nur schlicht-hoheitlichen Charakter haben."[937] Angesichts der „hervorragenden Bedeutung des parlamentarischen Gesetzgebungsverfahrens für die Grundrechtsverwirklichung und -sicherung" sei „ein Entzug der exekutiven Machtvollkommenheit auch im Bereich der auswärtigen Gewalt" notwendig, insofern seien den Grundrechten negative Kompetenznormen zu entnehmen.[938]

Um der oben genannten Kritik an der Entscheidung des BVerfG, sie führe zu einer Ausuferung des Anwendungsbereiches von Art. 24 Abs. 1 GG, entgegenzuwirken, unterscheiden einige Vertreter dieser Meinung danach, ob die Ausübung der hoheitlichen Befugnisse zu relevanten oder irrelevanten Grundrechtsbeeinträchtigungen führen könne.[939] Danach sei darauf abzustellen, inwiefern die Verwirklichung eines Grundrechtseingriffes wahrscheinlich erscheine,

---

Übertragung von Hoheitsrechten geschaffen." So auch *Bryde*, JURA 1986, S. 363 (369).

935 Vgl. *Bräutigam*, Der Grenzüberschreitende örtliche Zweckverband, S. 190; *Rauser*, Die Übertragung von Hoheitsrechten auf ausländische Staaten, S. 82, 108 f. Zustimmend *Streinz*, in: Sachs, Grundgesetz, Art. 24 Rn. 16. *Hobe*, in: Friauf/Höfling, Berliner Kommentar zum Grundgesetz, Art. 24 Rn. 11, der auch die Befugnis zu einem Handeln mit einem gewissen Gewicht im Hinblick auf die Binnenorganisation genügen lässt. A.A. *Tomuschat*, in: Bonner Kommentar zum Grundgesetz, Art. 24 Rn. 21; vgl. zu dieser Ansicht auch *Rojahn*, in: von Münch/Kunig, Grundgesetz, Band 1, Art. 24 Rn. 27.

936 *Rauser*, Die Übertragung von Hoheitsrechten auf ausländische Staaten, S. 80.

937 *Gramm*, DVBl. 114 (1999), S. 1237 (1240); vgl. auch *Tietje*, Internationalisiertes Verwaltungshandeln, S. 506.

938 *Rauser*, Die Übertragung von Hoheitsrechten auf ausländische Staaten, S. 95, 102.

939 Vgl. *Tomuschat*, in: Bonner Kommentar zum Grundgesetz, Art. 24 Rn. 21, der darauf hinweist, dass es wohl keine internationale Organisation gebe, die nicht die Befugnis zu einem schlicht-hoheitlichen Handeln besitze.

welcher Art und Schwere der Eingriff wäre und welche Bedeutung dem gefährdeten Rechtsgut zukomme.[940] Nur vorhersehbar drohende, intensive und qualitativ bedeutsame Grundrechtsgefährdungen sollten demzufolge den Fällen der Durchgriffswirkung gleichgestellt werden.[941] Ob sich dieser Ansatz einer Beschränkung bei schlicht-hoheitlichem Handeln auf Kompetenzermächtigungen mit Grundrechtsrelevanz durchsetzen kann, bleibt abzuwarten.[942]

cc. Möglichkeit der Ausübung von Hoheitsrechten durch PPP

Damit die PPP Hoheitsrechte im Sinne des Art. 24 Abs. 1 GG ausüben, müssten ihre Rechtsakte direkte Auswirkungen innerhalb der Rechtsordnung der Bundesrepublik Deutschland haben. Prinzipiell wäre eine Einwirkung der Akte der PPP auf die deutsche Rechtsordnung auf zwei Arten denkbar. Zum einen könnten sie aus ihrem jeweiligen Heimatstaat heraus Rechtsakte erlassen, denen im Bundesgebiet eine direkte Verbindlichkeit zukommt. Auf der anderen Seite könnten sie ermächtigt werden, direkt im Bundesgebiet durch eigene Organe oder Bedienstete hoheitlich tätig werden zu dürfen.[943] Folgt man der Ansicht, die ein schlicht-hoheitliches Handeln genügen lässt, müssten sie nicht zwingend rechtsförmlich tätig werden.

b. Übertragung von Hoheitsrechten

Damit die PPP Hoheitsrechte im Sinne des Art. 24 Abs. 1 GG ausüben können, müssten ihr die entsprechenden Befugnisse zudem „übertragen" worden sein. Diese Wortwahl wird überwiegend als missglückt angesehen.[944] In der Rechtsprechung und Literatur hat sich daher eine vom Wortlaut abweichende Interpretation dieses Begriffes etabliert.

aa. Keine „Abtretung" von Hoheitsrechten

Der Wortlaut „übertragen" lässt zunächst den Eindruck entstehen, der Bund würde sich durch den Akt der Übertragung, wie bei einer zivilrechtlichen Abtretung nach § 398 BGB,[945] seiner hoheitlichen Befugnisse vollständig entledigen

---

940 *Rauser*, Die Übertragung von Hoheitsrechten auf ausländische Staaten, S. 99 ff.

941 *Rauser*, Die Übertragung von Hoheitsrechten auf ausländische Staaten, S. 107.

942 Kritisch z.B. *Classen*, in: von Mangoldt/Klein/Starck, Grundgesetz, Band 2, Art. 24 Rn. 6 f., m.w.N.

943 Vgl. den Gedankengang bei *Rauser*, Die Übertragung von Hoheitsrechten auf ausländische Staaten, S. 115 f., der ihn allerdings in Bezug auf die Ausübung von Hoheitsrechten durch ausländische Staaten formuliert.

944 *Von Heinegg*, in: Epping/Hillgruber, Beck'scher Online-Kommentar zum Grundgesetz, Art. 24 Rn. 1.

945 *Kment*, Grenzüberschreitendes Verwaltungshandeln, S. 192; *Hecker*, AöR 127 (2002), S. 291 (299).

und diese auf das ermächtigte Rechtssubjekt überleiten.[946] Das hätte zur Folge, dass er sich die Kompetenz nicht einseitig durch einen actus contrarius, z.B. durch die Aufhebung des Zustimmungsgesetzes, zurückholen könnte, sondern zuvor die Zustimmung des ermächtigten Subjektes einholen müsste.[947] Das kann nicht das Ziel der Vorschrift sein, insbesondere wenn man bedenkt, dass die Weiterentwicklung der zwischenstaatlichen Einrichtung nicht im alleinigen Entscheidungsermessen der Bundesrepublik Deutschland liegt.[948]

Dennoch wird in neuerer Zeit eine Ansicht vertreten, die sich für eine Interpretation des Wortlauts im Sinne einer „Rechtsübertragung im klassisch privatrechtlichen Sinne" ausspricht.[949] Dabei ist durchaus zuzugestehen, dass die Annahme einer jederzeitigen Rückholbarkeit der Kompetenzen höchst zweifelhaft erscheint, soweit die Gründungsverträge einer zwischenstaatlichen Einrichtung eine unbestimmte Geltungsdauer vorsehen und eine weit fortgeschrittene Integration in zentralen Angelegenheiten der Staatstätigkeit vorliegt, die ein Ausscheiden aus der Einrichtung faktisch unmöglich macht.[950] Die Kompetenzübertragung könnte sich dann tatsächlich als eine Abtretung darstellen. Allerdings wird man gegen ein solches Verständnis einwenden müssen, dass die Entscheidung über die Begründung der Kompetenz der zwischenstaatlichen Einrichtung wie auch über deren Rücknahme rechtlich bei den Mitgliedstaaten verbleibt. Die zwischenstaatliche Einrichtung verfügt nicht über die „Kompetenz-Kompetenz".[951]

bb. Die Übertragung als „Gesamtakt staatlicher Integrationsgewalt"

Das BVerfG[952] geht davon aus, dass mit dem Begriff der „Übertragung" zwei Akte umschrieben werden, nämlich einerseits eine Kompetenzzuweisung an die zwischenstaatliche Einrichtung zur Ausübung von Hoheitsgewalt im Staatsgebiet der Bundesrepublik Deutschland sowie zugleich die Rücknahme des Aus-

---

946 *Stern*, Das Staatsrecht der Bundesrepublik Deutschland, Band I, S. 521; *Seidl-Hohenveldern/Loibl*, Das Recht der internationalen Organisationen, Rn. 0107.

947 *Von Heinegg*, in: Epping/Hillgruber, Beck'scher Online-Kommentar zum Grundgesetz, Art. 24 Rn. 10; vgl. auch *Kment*, Grenzüberschreitendes Verwaltungshandeln, S. 192, der Staat sie nicht Eigentümer hoheitlicher Gewalt, sondern konstituiere sich selbst über die öffentliche Gewalt.

948 *Von Heinegg*, in: Epping/Hillgruber, Beck'scher Online-Kommentar zum Grundgesetz, Art. 24 Rn. 10; *Randelzhofer*, in: Maunz/Dürig, Grundgesetz, Art. 24 Abs. 1 Rn. 58.

949 *Flint*, Die Übertragung von Hoheitsrechten, S. 112 ff., 135, 141.

950 Vgl. zur Problematik der Rücknahme der Übertragung auch die Darstellung bei *Mosler*, in: Isensee/Kirchhof, Handbuch des Staatsrechts, Band 7, § 175 Rn. 48 ff.

951 BVerfGE 89, 155 (181, 189 f., 194 ff.); 123, 267 (348 f.); *Mosler*, in: Isensee/Kirchhof, Handbuch des Staatsrechts, Band 7, § 175 Rn. 28.

952 BVerfGE 37, 271 (280).

schließlichkeitsanspruches des Staates in Bezug auf die innerstaatliche Regelung des betroffenen Sachbereiches.[953] Mit der Rücknahme des staatlichen Ausschließlichkeitsanspruches ist gemeint, dass die Bundesrepublik Deutschland zum einen auf ein selbstständiges Tätigwerden in dem Bereich verzichtet und zugleich eine Anerkennung der entsprechenden Hoheitsakte der zwischenstaatlichen Einrichtung als unmittelbar geltendes Recht innerhalb ihres Kompetenzraumes vornimmt.[954] *Hans Peter Ipsen* prägte für diesen Vorgang die Formulierung des „Gesamtakts staatlicher Integrationsgewalt".[955]

cc. Die Wahrnehmung autonomer Hoheitsgewalt

Mit dem Verständnis, es erfolge eine Öffnung der eigenen Rechtsordnung für das Recht der zwischenstaatlichen Einrichtung sowie eine Rücknahme der eigenen Kompetenzwahrnehmung, ist zugleich verbunden, dass das Recht der zwischenstaatlichen Einrichtung nicht in staatliches Recht umgewandelt wird, sondern seine Qualität als autonomes Recht behält.[956] Die Befugnisse der zwischenstaatlichen Einrichtung können sich daher nicht aus der Summe der Hoheitsrechte der Mitgliedstaaten zusammensetzen,[957] so dass ein „Mosaik aus den Splittern der abgetretenen Hoheitsrechte" der Mitgliedstaaten entstehen würde.[958] Anstelle dessen wird ein neuer Machtträger geschaffen, „dessen Hoheitsbefugnisse von einheitlicher Konsistenz sind und für alle Mitglieder in gleicher Weise wirksam werden."[959]

Die zwischenstaatliche Einrichtung ist zu einem autonomen Handeln allerdings nur im Rahmen ihres Rechtskreises berechtigt.[960] Die supranationale Hoheitsgewalt der Einrichtung ist nämlich zugleich originär und von ihren Mit-

953 So auch die ganz h.M. in der Literatur, vgl. nur *Geiger*, Grundgesetz und Völkerrecht, S. 125.

954 BVerfGE 37, 271 (280); 58, 1 (28); 73, 339 (374 ff.). *Tomuschat*, in: Bonner Kommentar zum Grundgesetz, Art. 24 Rn. 19.

955 *Ipsen*, Europäisches Gemeinschaftsrecht, S. 61 f.

956 *Rauser*, Die Übertragung von Hoheitsrechten auf ausländische Staaten, S. 38; *Geiger*, Grundgesetz und Völkerrecht, S. 164.

957 *Kment*, Grenzüberschreitendes Verwaltungshandeln, S. 193.

958 *Tomuschat*, in: Bonner Kommentar zum Grundgesetz, Art. 24 Rn. 15.

959 *Randelzhofer*, in: Maunz/Dürig, Grundgesetz, Art. 24 Abs. 1 Rn. 55; *Pernice*, in: Dreier, Grundgesetz, Band 2, Art. 24 Rn. 19, 25; *Kotzur*, Grenznachbarschaftliche Zusammenarbeit in Europa, S. 511, unter Verweis auf BVerfGE 22, 293 (295 f.); 37, 271 (277 f.); 58, 1 (26 f.).

960 *Tomuschat*, in: Bonner Kommentar zum Grundgesetz, Art. 24 Rn. 17.

gliedstaaten abgeleitet.[961] Art. 24 Abs. 1 GG hat somit nicht die Wirkung, einen neuen und selbstständigen Geltungsgrund für das nichtstaatliche Recht zu verleihen.[962] Zwischenstaatliche Einrichtungen üben weder deutsche noch „auchdeutsche" Hoheitsgewalt aus, sondern eine eigene, „qualitativ andersartige".[963] Die Übertragung von Hoheitsrechten unterscheidet sich somit von einer Beleihung oder anderen Formen der funktionalen Eingliederung von Amtsträgern in die deutsche Staatsorganisation.[964] Bei einer funktionalen Eingliederung dient das deutsche Recht als Maßgabe für das Handeln der fremden Amtsträger. Die Handlungen sind in diesem Fall der Bundesrepublik Deutschland zurechenbar.[965]

Eine „Übertragung" von Hoheitsrechten auf eine PPP im Sinne der Vorschrift kann folglich nur dann erfolgen, wenn die PPP über die Fähigkeit zur autonomen Wahrnehmung von Hoheitsrechten innerhalb der deutschen Rechtsordnung verfügt. Die eigenständige Ausübung von Hoheitsrechten durch Privatrechtssubjekte wird von der deutschen Rechtsordnung allerdings nur auf gesetzlicher Grundlage, z.B. im Rahmen eines Beleihungsverhältnisses, gestattet.[966] Eine private Einrichtung kann deshalb nicht dazu ermächtigt werden, autonom Hoheitsrechte auszuüben.[967] Bereits aufgrund dieses Kriteriums kommen private Organisationsformen wie die PPP als Übertragungsempfänger von Hoheitsrechten im Sinne des Art. 24 Abs. 1 GG nicht in Betracht.

---

961 *Tomuschat*, in: Bonner Kommentar zum Grundgesetz, Art. 24 Rn. 17; vgl. auch BVerfGE 89, 155 (190), in der das Gericht die Hoheitsgewalt der EU als abgeleitete „Gemeinschaftsgewalt" bezeichnet hat.

962 *Rauser*, Die Übertragung von Hoheitsrechten auf ausländische Staaten, S. 38.

963 *Hobe*, in: Friauf/Höfling, Berliner Kommentar zum Grundgesetz, Art. 24 Rn. 16.

964 *Hecker*, AöR 127 (2002), S. 291 (301). So werden bei einer Beleihung fremde Hoheitsrechte in eigenem Namen wahrgenommen, nicht aber wie bei einer Übertragung eigene Hoheitsrechte. Art. 24 Abs. 1 GG erfasst ebenfalls nicht den Fall einer Organleihe. Eine Organleihe liegt z.B. vor, wenn Organwalter benachbarter Staaten, wie Polizisten oder Soldaten, zur Unterstützung der deutschen Staatsgewalt herangezogen werden. In diesem Fall wird keine fremde, sondern deutsche Hoheitsgewalt ausgeübt, vgl. *Niedobitek*, Das Recht der grenzüberschreitenden Verträge, S. 433.

965 *Gramm*, DVBl. 114 (1999), S. 1237 (1241 f.). Dieser fordert aber zudem das Vorliegen eines Letztentscheidungsrechts des deutschen Staates sowie eine effektive Wahrnehmung der Letztverantwortung.

966 *Kopp/Ramsauer*, Verwaltungsverfahrensgesetz, § 1 Rn. 59; vgl. auch *Burgi*, in: Isensee/Kirchhof, Handbuch des Staatsrechts, Band 4, § 75 Rn. 8.

967 Vgl. *Hobe*, in: Friauf/Höfling, Berliner Kommentar zum Grundgesetz, Art. 24 Rn. 21. Siehe auch *Classen*, in: von Mangoldt/Klein/Starck, Grundgesetz, Band 2, Art. 24 Rn. 20, der zwingend hoheitliche Charakter der zwischenstaatlichen Einrichtung klammere die privatrechtlichen NGOs aus.

c. Zwischenstaatliche Einrichtung

Unabhängig von dieser Problematik ist eine Übertragung von Hoheitsrechten nach Art. 24 Abs. 1 GG nur zulässig, wenn die Organisationsform der PPP eine zwischenstaatliche Einrichtung im Sinne der Vorschrift bildet. Der Begriff der zwischenstaatlichen Einrichtung wird jedoch in Art. 24 Abs. 1 GG nicht definiert und auch an keiner anderen Stelle im Grundgesetz verwendet.[968] Eine Orientierung an der völkerrechtlichen Terminologie kann ebenfalls nicht erfolgen, weil dem Begriff kein festgelegter Bedeutungsinhalt im Völkerrecht zugrunde liegt.[969] Der Begriff ist demnach anhand einer Auslegung des Grundgesetzes zu konkretisieren.[970]

aa. Die internationalen Organisationen als der „Normalfall" einer zwischenstaatlichen Einrichtung und die Zulässigkeit von anderweitigen völkerrechtlichen Gestaltungsmöglichkeiten

Obwohl der Begriff in der völkerrechtlichen Terminologie nicht verwendet wird, geht man dennoch überwiegend von einer Bezugnahme des Art. 24 Abs. 1 GG auf die Handlungsebene des Völkerrechts aus.[971] Unter einer zwischenstaatlichen Einrichtung werden danach von Staaten gebildete und auf der Grundlage eines völkerrechtlichen Vertrages beruhende Organisationen, insbesondere internationale Organisationen, verstanden.[972] Diese werden in der Literatur aufgrund ihrer Kompetenz, Rechtsakte mit unmittelbarer innerstaatlicher Geltung und Anwendbarkeit zu erlassen, in Abgrenzung zu den „normalen" bzw. „einfachen" internationalen Organisationen als „supranationale" Organisationen bezeichnet.[973]

Allerdings wird angenommen, dass der Begriff auch für andere Erscheinungsformen offen sei, sofern sie zwischenstaatlich wären und auf völkerrecht-

---

968 *Randelzhofer*, in: Maunz/Dürig, Grundgesetz, Art. 24 Abs. 1 Rn. 43.

969 *Mosler*, in: Isensee/Kirchhof, Handbuch des Staatsrechts, Band 7, § 175 Rn. 5.

970 *Mosler*, in: Isensee/Kirchhof, Handbuch des Staatsrechts, Band 7, § 175 Rn. 5.

971 *Rojahn*, in: von Münch/Kunig, Grundgesetz, Band 1, Art. 24 Rn. 20; *Röben*, Außenverfassungsrecht, S. 62.

972 *Streinz*, in: Sachs, Grundgesetz, Art. 24 Rn. 19 f.; *Hillgruber*, in: Schmidt-Bleibtreu/Hofmann/Hopfauf, Grundgesetz, Art. 24 Rn. 10; das Erfordernis eines völkerrechtlichen Vertrages enthält bereits BVerfGE 2, 347 (377).

973 BVerfG NVwZ 2006, S. 1403; BVerfG GRUR 2010, S. 1031 (1032). *Tomuschat*, in: Bonner Kommentar zum Grundgesetz, Art. 24 Rn. 42; *Rojahn*, in: von Münch/Kunig, Grundgesetz, Band 1, Art. 24 Rn. 7; *Zuleeg*, Alternativkommentar zum Grundgesetz, Band 1, Art. 24 Abs. 1 Rn. 16.

lichen Rechtsakten beruhen.[974] Nach Ansicht des BVerfG räume Art. 24 Abs. 1 GG dem Gesetzgeber nicht nur ein weites Ermessen darüber ein, „ob und inwieweit einer zwischenstaatlichen Einrichtung Hoheitsrechte eingeräumt werden“ sondern auch „in welcher Weise diese Einrichtung rechtlich und organisatorisch ausgestaltet werden soll.“[975] Wesentlich solle allein sein, dass „die Einrichtung durch einen wirksamen völkerrechtlichen Akt geschaffen wurde und sich bei dem im Streit befindlichen Verhalten nicht völlig von dieser völkerrechtlichen Grundlage gelöst hat.“[976] Diese Offenheit rechtfertige sich aufgrund des Zweckes der Norm zur Förderung der internationalen Zusammenarbeit,[977] die je nach Zweckmäßigkeit losere oder intensivere Formen annehmen können müsse.[978] Neben den internationalen Organisationen werden Vertragsorgane sowie sonstige durch Vertrag geschaffene Einrichtungen als mögliche Anwendungsfälle diskutiert, sofern sie zum Erlass von autonomen Rechtsakten befugt sind.[979] Ein ausländischer Staat ist hingegen keine zwischenstaatliche Einrichtung.[980]

bb. Institutionelle Anforderungen an die zwischenstaatliche Einrichtung

Auch wenn von einer großen organisatorischen Freiheit bei der Bildung einer zwischenstaatlichen Einrichtung ausgegangen wird, muss die Einrichtung doch bestimmte Mindestkriterien erfüllen. Eine zentrale Forderung ist die Mitgliedschaft der Bundesrepublik Deutschland in der Einrichtung, sie bilde die „legitimatorische Basis“ für die Wirkung der Hoheitsakte im Bundesgebiet.[981] Das er-

---

974 *Schweitzer*, Staatsrecht III, Rn. 57; *Tomuschat*, in: Bonner Kommentar zum Grundgesetz, Art. 24 Rn. 41; *Randelzhofer*, in: Maunz/Dürig, Grundgesetz, Art. 24 Abs. 1 Rn. 44, nennt als Beispiel, dass von der Norm auch internationale Organisationen erfasst werden müssten, die von anderen internationalen Organisationen gegründet worden sind.

975 BVerfGE 58, 1 (28). Vgl. auch *Classen*, in: von Mangoldt/Klein/Starck, Grundgesetz, Band 2, Art. 24 Rn. 24.

976 BVerfGE 59, 63 (85).

977 *Randelzhofer*, in: Maunz/Dürig, Grundgesetz, Art. 24 Abs. 1 Rn. 44.

978 *Tomuschat*, in: Bonner Kommentar zum Grundgesetz, Art. 24 Rn. 41. Vgl. auch *Rojahn*, in: von Münch/Kunig, Grundgesetz, Band 1, Art. 24 Rn. 19, die Entscheidung des Grundgesetzes für die internationale Offenheit schließe „eine erhebliche Variationsbreite völkerrechtlicher Gestaltungsmöglichkeiten“ ein.

979 *Von Heinegg*, in: Epping/Hillgruber, Beck'scher Online-Kommentar zum Grundgesetz, Art. 24 Rn. 12. Dagegen sollen sog. „Vertragsorgane“ ohne Rechtsfähigkeit nicht erfasst werden, vgl. *Niedobitek*, Das Recht der grenzüberschreitenden Verträge, S. 439.

980 BVerfGE 68, 1 (91); *Niedobitek*, Das Recht der grenzüberschreitenden Verträge, S. 439.

981 *Classen*, in: von Mangoldt/Klein/Starck, Grundgesetz, Band 2, Art. 24 Rn. 21, *Baschab*, Grenzüberschreitende Zusammenarbeit durch grenznachbarschaftliche Einrichtungen, S. 147.

gebe sich aus dem Sinn und Zweck des Art. 24 Abs. 1 GG, der eine internationale Zusammenarbeit nur zwischen Staaten fördern wolle, „deren Kreis die Bundesrepublik Deutschland angehört."[982]

Der Legitimationsgedanke liegt auch der Forderung zugrunde, die Einrichtung müsse über eigene Organe verfügen[983] und über sie müssten die Vertragsparteien in der Lage dazu sein, die Willensbildung in der Einrichtung selbst zu kontrollieren.[984] Diesem Gedanken scheint es zu widersprechen, wenn insbesondere bei großen internationalen Verträgen und Organisationen der deutsche Beitrag auf das Ergebnis nur einen sehr geringen Einfluss hat.[985] Dennoch wird davon ausgegangen, dass weder ein Einstimmigkeitsprinzip noch ein Zustimmungserfordernis des deutschen Vertreters vorgesehen sein müssen.[986] Diese Mitwirkungsrechte könnten die Effektivität der Einrichtung stark einschränken,[987] das würde den deutschen Staat integrationsunfähig machen und der Zielsetzung des Art. 24 Abs. 1 GG widersprechen.[988] Die daraus folgenden Einschränkungen des Demokratieprinzips, wonach Hoheitsgewalt gegenüber deutschen Staatsbürgern nur durch vom deutschen Volk legitimierte Hoheitsträger ausgeübt werden darf,[989] seien daher hinzunehmen.[990] In jedem Fall ist es der

---

982 *Randelzhofer*, in: Maunz/Dürig, Grundgesetz, Art. 24 Abs. 1 Rn. 49; vgl. auch *Rojahn*, in: von Münch/Kunig, Grundgesetz, Band 1, Art. 24 Rn. 18, der einen „bestimmenden Einfluss" der Bundesrepublik zur Sicherung der demokratischen Legitimation bei der Ausübung von Hoheitsrechten fordert, in „sachadäquaten Fällen" aber auch einen Mehrheitsentscheid für zulässig erachtet. Siehe auch *von Heinegg*, in: Epping/ Hillgruber, Beck'scher Online-Kommentar zum Grundgesetz, Art. 24 Rn. 15; dazu BVerfGE 89, 155 (183).

983 *Randelzhofer*, in: Maunz/Dürig, Grundgesetz, Art. 24 Abs. 1 Rn. 44.

984 *Baschab*, Grenzüberschreitende Zusammenarbeit durch grenznachbarschaftliche Einrichtungen, S. 147. Tomuschat, in: Bonner Kommentar zum Grundgesetz, Art. 24 Rn. 10, 69; somit sei gesichert, dass es sich bei den Rechtsakten der zwischenstaatlichen Einrichtung nicht um gänzlich fremde Hoheitsgewalt handele.

985 *Tomuschat*, in: VVDStRL 36 (1978), S. 7 (48 f.), führt in diesem Zusammenhang aus: „Mitwirkung in einer internationalen Organisation heißt Partizipation, d.h. bloße Chance der effektiven Mitgestaltung."

986 BVerfGE 68, 1 (95); 89, 155 (183).

987 *Tomuschat*, in: Bonner Kommentar zum Grundgesetz, Art. 24 Rn. 71.

988 BVerfGE 89, 155 (183); *Classen*, in: von Mangoldt/Klein/Starck, Grundgesetz, Band 2, Art. 24 Rn. 22.

989 Siehe unten unter IV. 1.

990 BVerfGE 89, 155 (182 ff.); in BVerfGE 63, 343 (370), führte das Gericht insoweit aus, das Demokratieprinzip sei im Lichte der Einordnung in die Völkerrechtsgemeinschaft der Staaten zu sehen. *Classen*, in: von Mangoldt/Klein/Starck, Grundgesetz, Band 2, Art. 24 Rn. 22.

Bundesrepublik Deutschland aber nicht gestattet, sich einer diskriminierenden Sonderrolle zu unterwerfen.[991]

Schließlich wird angenommen, der Sinn und Zweck der Regelung fordere, dass die zwischenstaatliche Einrichtung auf dem Prinzip der Gegenseitigkeit beruhen müsse, da der Art. 24 Abs. 1 GG auf Integration abziele.[992] Allerdings müssten die einzelnen Integrationsbeiträge in ihrer Intensität nicht identisch sein. Sonderregelungen für einzelne Staaten, wie z.B. „opt-outs", sollen zulässig sein. Die internationale Wirklichkeit müsse Beachtung finden, insoweit stehe das Gegenseitigkeitsprinzip unter dem „Vorbehalt der praktischen Notwendigkeit".[993]

cc. Die Unzulässigkeit der Übertragung von Hoheitsrechten auf NGOs

Nichtstaatliche internationale Organisationen (NGOs), die lediglich Zusammenschlüsse von Privatpersonen aus verschiedenen Staaten sind, werden dagegen im Allgemeinen nicht als zwischenstaatliche Einrichtungen angesehen.[994] Zur Begründung wird auf den Wortlaut „zwischenstaatlich" verwiesen,[995] der auf die Handlungsebene des Völkerrechts bezogen sei und eine zwischenstaatliche Struktur erfordere.[996] Im Rahmen des Art. 24 Abs. 1 GG seien daher schon begrifflich nicht-staatliche, von Privaten gegründete Einrichtungen als Begünstigte der Hoheitsrechtsübertragung ausgeschlossen.[997]

Das soll auch für den Fall gelten, wenn die Errichtung der privaten Organisation auf der Grundlage eines völkerrechtlichen Vertrages erfolgt ist.[998] Dieser

---

991 *Tomuschat*, in: Bonner Kommentar zum Grundgesetz, Art. 24 Rn. 70, eine Diskriminierung liegt vor, wenn es für die Benachteiligung keinen sachlichen Grund, wie z.B. die geringere wirtschaftliche Bedeutung, gibt. Offen gelassen in BVerfGE 68, 1 (95).

992 Dieser Gedanke findet sich in der Urteilsbegründung zum Maastricht-Urteil, BVerfGE 89, 155 (182 f.). Ausdrücklich *Randelzhofer*, in: Maunz/Dürig, Grundgesetz, Art. 24 Abs. 1 Rn. 51, der diese Auffassung mit dem Argument begründet, dass ein Staat, der selbst nicht auf dem betreffenden Gebiet Hoheitsrechte übertragen hat, innerstaatlich keine Verantwortung vor seinem Volk für seine Entscheidung mehr tragen müsse und seine Beteiligung daher nicht demokratisch legitimiert sei.

993 *Von Heinegg*, in: Epping/Hillgruber, Beck'scher Online-Kommentar zum Grundgesetz, Art. 24 Rn. 16.

994 BVerfGE 2, 347 (378); *Randelzhofer*, in: Maunz/Dürig, Grundgesetz, Art. 24 Abs. 1 Rn. 52; *Tomuschat*, in: Bonner Kommentar zum Grundgesetz, Art. 24 Rn. 45; *von Heinegg*, in: Epping/Hillgruber, Beck'scher Online-Kommentar zum Grundgesetz, Art. 24 Rn. 12.

995 *Schweitzer*, Staatsrecht III, Rn. 57.

996 *Rojahn*, in: von Münch/Kunig, Grundgesetz, Band 1, Art. 24 Rn. 20.

997 *Kment*, Grenzüberschreitendes Verwaltungshandeln, S. 195 f.

998 *Randelzhofer*, in: Maunz/Dürig, Grundgesetz, Art. 24 Abs. 1 Rn. 52.

Auffassung liegt die Ratio zugrunde, dass ein privater Zusammenschluss keine Sicherheit für eine Wahrung des staatlichen Einflusses auf die Ausübung der Hoheitsrechte biete[999] sowie keine streng rechtsgebundene Orientierung an den Interessen des Gemeinwohls ermögliche.[1000] Die von Privatpersonen gebildeten internationalen Zusammenschlüsse könnten sich faktisch in erheblichem Umfang der Kontrolle durch die Staaten entziehen.[1001]

dd. Die PPP als zwischenstaatliche Einrichtung?

Unter Berücksichtigung dieser Vorüberlegungen soll nun die Frage beantwortet werden, ob die PPP als zwischenstaatliche Einrichtungen im Sinne des Art. 24 Abs. 1 GG bezeichnet werden können. An dieser Stelle soll kurz auf die Feststellung im 2. Kapitel verwiesen werden, wonach die PPP auf privatrechtlicher Grundlage aus der Sicht des Völkerrechts zwar keine internationalen Organisationen sind, zugleich aber auch nicht der Kategorie der NGOs zugeordnet werden können.[1002] Diese Feststellung muss aber nicht zwingend auch für das nationale Recht gelten, da die Auslegung des Begriffes der zwischenstaatlichen Einrichtung grundsätzlich verfassungsautonom vorgenommen werden muss.[1003]

aaa. Die überwiegende Ansicht in Rechtsprechung und Literatur

Den Ausgangspunkt der Überlegungen soll zunächst das Kehler-Hafen-Urteil des BVerfG bilden.[1004] In diesem Urteil führte das Gericht aus: „Körperschaften des öffentlichen Rechts, die staatlichem Recht unterstehen, können nicht zwischenstaatliche Einrichtungen im Sinne des Art. 24 GG sein."[1005] Zu den Wesensmerkmalen einer zwischenstaatlichen Einrichtung gehöre es gerade, dass „sie nicht dem Recht eines einzelnen Staates untersteht".[1006] Eine solche Einrichtung könne nur „durch einen völkerrechtlichen Vertrag, dessen Partner als Völkerrechtssubjekte anzusprechen sind, geschaffen werden."[1007] Eine solche

---

999 *Zuleeg*, Alternativkommentar zum Grundgesetz, Band 1, Art. 24 Abs. 1 Rn. 17. Vgl. in diesem Zusammenhang auch die Äußerung des LG Konstanz, Urteil vom 27.07.2006, Az. 4 O 234/05 H, unter A. VI. 3., im Hinblick auf die Skyguide AG. „Die Skyguide AG unterliegt als mit Schweizer Hoheitsrechten beliehenes, privates Unternehmen Weisungsbefugnissen, die sich ausschließlich aus Schweizer Hoheitsrechten ableiten und auf die von deutscher Seite kein Einfluss ausgeübt wird."

1000 *Tomuschat*, in: Bonner Kommentar zum Grundgesetz, Art. 24 Rn. 45.

1001 *Tomuschat*, in: Bonner Kommentar zum Grundgesetz, Art. 24 Rn. 45.

1002 Siehe oben Kapitel 2 unter C. II.

1003 *Röben*, Außenverfassungsrecht, S. 62.

1004 BVerfGE 2, 347.

1005 BVerfGE 2, 347 (378).

1006 BVerfGE 2, 347 (378).

1007 BVerfGE 2, 347 (377).

Auslegung des Begriffes der zwischenstaatlichen Einrichtung wird auch in der Literatur nicht infrage gestellt.[1008] Daher scheint eine Subsumtion der PPP unter den Begriff der zwischenstaatlichen Einrichtung von vornherein ausgeschlossen zu sein.

bbb. Die Offenheit des Art. 24 Abs. 1 GG aufgrund seines Normzweckes

Führt man sich allerdings die Besonderheiten der Kooperationsform der PPP vor Augen, können Zweifel an dieser Auslegung des Begriffes angebracht werden. Der Wortlaut „zwischenstaatlich" deutet zwar auf das Völkerrecht als klassisches zwischenstaatliches Recht hin.[1009] Es ist allerdings kein Grund ersichtlich, warum der Wortlaut nicht auch eine von mehreren Staaten gebildete Organisation erfassen sollte, die zusätzlich eine Beteiligung von privaten Akteuren ermöglicht und einer nationalen Rechtsordnung unterstellt wurde. In diesem Zusammenhang wurde bereits erörtert, dass dem Staatsziel der offenen Staatlichkeit prinzipiell eine positive Wertung hinsichtlich der Beteiligung der Bundesrepublik Deutschland an den PPP beigemessen werden kann.[1010]

Auch der Normzweck des Art. 24 Abs. 1 GG im Speziellen spricht nicht für eine absolute Fixierung des Begriffes auf die völkerrechtliche Rechtsordnung. Die Vorschrift will eine Eingliederung der Bundesrepublik Deutschland in eine Organisation zur institutionellen Zusammenarbeit unabhängig von ihrer konkreten Form ermöglichen.[1011] So ist aufgrund der Funktion der Norm anerkannt, dass bei ihrer Auslegung die „strukturellen Eigengesetzlichkeiten der internationalen Verflechtung" Berücksichtigung finden müssen.[1012] Aufgrund des Vorteils der PPP, mit dem Ziel einer effektiven internationalen Aufgabenerfüllung eine Mitwirkung von privaten Akteuren zu ermöglichen, ließe sich die Notwendigkeit der Verwendung dieser Organisationsform unter Beteiligung der Bundesrepublik Deutschland begründen. Vor diesem Hintergrund ist davon auszugehen, dass die PPP als zwischenstaatliche Einrichtungen anzusehen sind, soweit nicht sachlich nachvollziehbare Gründe bestehen, die eine solche Einschätzung ausschließen.

1008 *Classen*, in: von Mangoldt/Klein/Starck, Grundgesetz, Band 2, Art. 24 Rn. 20; *Beyerlin*, Rechtsprobleme der lokalen grenzüberschreitenden Zusammenarbeit, S. 245. Vgl. zudem *Mosler*, in: Isensee/Kirchhof, Handbuch des Staatsrechts, Band 7, § 175 Rn. 38: „Die Logik dieses Satzes ist unbestreitbar".

1009 Vgl. *Ruppert*, Die Integrationsgewalt, S. 80.

1010 Siehe oben unter A. II. 3.

1011 Siehe oben unter I. 1.

1012 Siehe oben unter I. 1. a.

ccc. Gründe gegen die Anwendung des Art. 24 Abs. 1 GG auf die PPP

Ein Argument, das gegen die Anwendung des Art. 24 Abs. 1 GG auf die privatrechtlich organisierten NGOs angeführt wird, ist deren Eigenschaft, sich den Kontrollen einzelner Staaten weitgehend entziehen zu können. Sie würden daher keine Gewähr für die Orientierung an den Interessen des Gemeinwohls bieten.[1013] In den PPP kann dieser Gefahr aber durch die maßgebliche Beteiligung der Staaten und der Festlegung einer entsprechenden Kompetenzregelung im Gründungsstatut entgegengewirkt werden.

Größeren Bedenken begegnen dagegen die Auswirkungen auf das Demokratieprinzip, die mit einer Übertragung von Hoheitsgewalt auf die PPP verbunden wären. Da das Demokratieprinzip nicht nur im Zusammenhang mit Art. 24 Abs. 1 GG wichtige Kriterien für die Beteiligung der Bundesrepublik Deutschland an den PPP aufweist, die im weiteren Verlauf der Untersuchung noch näher thematisiert werden sollen,[1014] beschränken sich die Ausführungen an dieser Stelle auf die hinsichtlich der Auslegung des Art. 24 Abs. 1 GG relevanten Aspekte.

Der maßgebliche Kern des Demokratieprinzips besteht darin, das Volk zum Träger der Staatsgewalt zu erklären, Art. 20 Abs. 2 S. 1 GG.[1015] Die Wahrnehmung staatlicher Aufgaben und die Ausübung staatlicher Befugnisse müssen demzufolge auf eine Legitimation durch das Volk zurückgeführt werden können, wobei ein „hinreichendes Legitimationsniveau" gewährleistet werden muss.[1016] Die Möglichkeit der demokratischen Mitwirkung ist für das deutsche Staatsvolk allerdings bereits bei einer Beteiligung der Bundesrepublik Deutschland an einer internationalen Organisation deutlich reduziert,[1017] da eine Mitbestimmung von Vertretern der Bundesrepublik Deutschland im Vergleich zu rein innerstaatlichen Konstellationen nur in verringertem Umfang möglich ist.[1018] Das BVerfG hat gleichwohl anerkannt, dass bei einer Übertragung von Hoheitsrechten auf eine internationale Organisation ein hinreichendes Legitimationsniveau gewährleistet werden könne,[1019] weil die demokratische Legitimität in zwischenstaatlichen Lagen nicht in derselben Weise herstellbar sei, wie bei inner-

---

1013 Vgl. oben unter I. 2. c. cc.

1014 Siehe unten unter IV. 4.

1015 Vgl. *Sachs*, in: Sachs, Grundgesetz, Art. 20 Rn. 12; *Maurer*, Staatsrecht I, § 7 Rn. 20.

1016 Siehe dazu unten unter IV. 1. b.

1017 *Kotzur*, Grenznachbarschaftliche Zusammenarbeit in Europa, S. 220, spricht von der Zumutung, eigene Staatsangehörige einer fremden Hoheitsgewalt „auszuliefern".

1018 Vgl. bereits oben unter I. 2. c. bb. sowie unten unter IV. 3. a.

1019 Vgl. BVerfGE 89, 155 (182 ff.).

staatlichen Konstellationen und die Einschränkungen des Demokratieprinzips durch eine Erweiterung der Partizipationsrechte der Bundesrepublik Deutschland ausgeglichen würden.[1020] Vor diesem Hintergrund ließe sich argumentieren, dass auch die eingeschränkten Mitwirkungsrechte in den PPP mit dem Demokratieprinzip vereinbar wären, zumindest wenn den privaten Akteuren in den PPP, die den deutschen Staatsorganen keine weitergehenden Partizipationsrechte vermitteln können, keine überwiegenden Entscheidungsrechte zugestanden werden.

Bei einer Übertragung von Hoheitsrechten auf eine PPP wäre das demokratische Legitimationsniveau im Vergleich zu einer internationalen Organisation dennoch tendenziell in stärkerem Maße verringert, da die PPP als private Einrichtungen zusätzlich der Rechtsordnung eines fremden Staates unterliegen.[1021] Damit könnte der Heimatstaat der PPP in Wahrnehmung seiner Gebietshoheit theoretisch Rechtsakte mit Bezug auf die PPP erlassen und auf diese Weise einseitig Einfluss auf die Handlungen der PPP nehmen. Der Heimatstaat könnte z.B. beschließen, der Organisation höhere steuerliche Abgaben aufzuerlegen, deren Vermögenswerte zu enteignen oder den Mitarbeitern der Organisation mit strafrechtlicher Verfolgung zu drohen. Die innerorganisatorischen Beteiligungsrechte der Bundesrepublik Deutschland in der PPP wären gegen diese Einwirkung „von außen" ohne Belang.[1022] Im Ergebnis wäre die Einflussmöglichkeit der Bundesrepublik Deutschland auf die Ausübung von Hoheitsgewalt durch die PPP daher in nicht mehr gerechtfertigter Weise verringert.[1023] Eine Auslegung, die eine Übertragung von Hoheitsgewalt auf eine private fremde Einrichtung ermöglicht, würde dem Schutzgedanken des Demokratieprinzips entgegenlaufen.[1024]

1020 BVerfGE 89, 155 (182 f.).

1021 Deutlich *von Heinegg*, in: Epping/Hillgruber, Beck'scher Online-Kommentar zum Grundgesetz, Art. 24 Rn. 14, Deutschland solle sich in eine zwischenstaatliche Kooperation einordnen und sich nicht der Hoheitsgewalt fremder Staaten unterwerfen.

1022 Die Bundesrepublik Deutschland wäre nach allgemeinem Völkerrecht vielmehr dazu verpflichtet, den Hoheitsakt des fremden Staates zu respektieren, soweit dieser als Heimatstaat ausschließlich zu seiner Vornahme berechtigt war, siehe dazu unten unter VI. 4.

1023 V*on Heinegg*, in: Epping/Hillgruber, Beck'scher Online-Kommentar zum Grundgesetz, Art. 24 Rn. 14; ebenso *Glaser*, Internationale Verwaltungsbeziehungen, S. 213.

1024 Zur Schutzgarantie *Tomuschat*, in: Isensee/Kirchhof, Handbuch des Staatsrechts, Band 7, § 172 Rn. 42.

3. Analoge Anwendbarkeit des Art. 24 Abs. 1 GG?

Die PPP eignen sich aufgrund ihrer rechtlichen Struktur somit nicht dazu, als „zwischenstaatliche Einrichtungen" im Sinne des Art. 24 Abs. 1 GG bezeichnet zu werden. Damit ist eine Übertragung von Hoheitsrechten auf eine PPP gem. Art. 24 Abs. 1 GG zumindest in direkter Anwendung nicht möglich. Anstelle dessen wäre es denkbar, eine Ausstattung der PPP mit Hoheitsrechten durch eine analoge Anwendung des Art. 24 Abs. 1 GG vorzunehmen. Die Möglichkeit, Art. 24 Abs. 1 GG analog anzuwenden, wurde von dem BVerfG in seiner Entscheidung zur Zulässigkeit der Stationierung von Atomwaffen vorsichtig angedeutet.[1025] Darin erklärte das Gericht, wäre in dem zu beurteilenden Fall eine Übertragung von Hoheitsrechten auf einen fremden Staat erfolgt, „so griffe Art. 24 Abs. 1 GG jedenfalls nicht unmittelbar ein."[1026]

Eine entsprechende Anwendung des Art. 24 Abs. 1 GG setzt allerdings aufgrund der Vorgaben des Demokratieprinzips voraus, dass die Ausübung der Hoheitsgewalt durch das deutsche Volk legitimiert werden kann. Eine entsprechende Anwendung des Art. 24 Abs. 1 GG auf eine PPP, die nach dem nationalen Recht eines Staates gegründet wurde, muss danach ausscheiden. Wenn schon eine direkte Anwendung des Art. 24 Abs. 1 GG aufgrund einer Kollision mit dem Demokratieprinzip unzulässig ist,[1027] muss eine solche Feststellung erst Recht im Hinblick auf eine analoge Anwendung der Vorschrift getroffen werden.

4. Sperrwirkung des Art. 24 Abs. 1 GG

Der Art. 24 Abs. 1 GG kann folglich nicht als Grundlage für die Übertragung von Hoheitsrechten auf die PPP angewendet werden. Diese Aussage schließt aber nicht zwingend die Möglichkeit aus, eine Übertragung von Hoheitsrechten auf eine PPP anhand der sonstigen Vorgaben der Verfassung durchzuführen. Dieser Weg wäre nur dann verschlossen, wenn dem Art. 24 Abs. 1 GG die weitergehende Aussage entnommen werden könnte, dass die Norm eine Übertragung von Hoheitsrechten durch die Bundesrepublik Deutschland ausschließlich auf zwischenstaatliche Einrichtungen zulassen will. In der Literatur wird teilweise davon ausgegangen, der Art. 24 Abs. 1 GG würde eine solche Sperrwirkung entfalten.[1028]

1025 So auch *Cremer*, ZaöRV 60 (2000), S. 103 (128 f.).

1026 BVerfGE 68, 1 (91).

1027 Siehe oben unter I. 2. c. dd. ccc.

1028 *Tomuschat*, in: Bonner Kommentar zum Grundgesetz, Art. 24 Rn. 44; *Rauser*, Die Übertragung von Hoheitsrechten auf ausländische Staaten, S. 231, spricht in diesem

a. Generelle Beschränkung der Übertragung von Hoheitsrechten auf zwischenstaatliche Einrichtungen?

Zunächst ist zu untersuchen, ob die Norm eine Übertragung von Hoheitsrechten auf andere Organisationsformen als zwischenstaatliche Einrichtungen im Sinne der Vorschrift prinzipiell ausschließt. Der Wortlaut des Art. 24 Abs. 1 GG gibt im Hinblick auf diese Frage keinen Aufschluss.[1029] Mittels der Hervorhebung des Begriffes der „zwischenstaatlichen Einrichtung" als Übertragungsbegünstigte könnte die Vorschrift den gleichzeitigen Ausschluss der Ermächtigung von anderen Rechtssubjekten implizieren.[1030] Die Norm könnte sich aber ebenso auf den ausdrücklich genannten Anwendungsbereich beschränken und nur in diesem Rahmen eine Ermächtigung der Bundesrepublik Deutschland zur Integration enthalten, ohne Grenzen für weitere Formen der Zusammenarbeit aufzustellen.[1031]

Die Gegner einer Sperrwirkung stützen sich vor allem auf die Erleichterungsfunktion des Art. 24 Abs. 1 GG. Die Norm verfolge den Zweck die internationale Zusammenarbeit in sämtlichen Erscheinungsformen erleichtern zu wollen, sie könne daher nicht die Wirkung entfalten, die internationale Zusammenarbeit in anderen Formen einzuschränken.[1032] Mit diesem Normzweck sei insbesondere ein Verbot von bereits vor Erlass des Grundgesetzes bekannten und erfolgreich praktizierten Phänomenen, wie z.B. gemeinsame Grenzkontrollstellen mit Nachbarstaaten oder die Befugnisse zur Observation und Nacheile für ausländische Polizisten in Deutschland,[1033] nicht vereinbar.[1034] Eine Übertragung von Hoheitsrechten bedürfe nicht zwingend eines Gesetzes nach Art. 24 Abs. 1 GG, sondern könne nach anderen Maßgaben der deutschen Rechtsordnung zulässig sein.[1035]

Zusammenhang von einer „bindenden verfassungsrechtlichen Negativsetzung". Vgl. zu dem Problem auch *Beyerlin*, Rechtsprobleme der lokalen grenzüberschreitenden Zusammenarbeit, S. 246 ff.

1029 *Rauser*, Die Übertragung von Hoheitsrechten auf ausländische Staaten, S. 231.

1030 Vgl. auch *Cremer*, ZaöRV 60 (2000), S. 103 (127 f.).

1031 *Beyerlin*, Rechtsprobleme der lokalen grenzüberschreitenden Zusammenarbeit, S. 246; *Rauser*, Die Übertragung von Hoheitsrechten auf ausländische Staaten, S. 231.

1032 *Classen*, in: von Mangoldt/Klein/Starck, Grundgesetz, Band 2, Art. 24 Rn. 66; *Rauser*, Die Übertragung von Hoheitsrechten auf ausländische Staaten, S. 268 f., 276; *Hecker*, AöR 127 (2002), S. 291 (310 ff.).

1033 Dazu *Cremer*, ZaöRV 60 (2000), S. 103 ff.

1034 *Classen*, in: von Mangoldt/Klein/Starck, Grundgesetz, Band 2, Art. 24 Rn. 66, 69.

1035 *Randelzhofer*, in: Maunz/Dürig, Grundgesetz, Art. 24 Abs. 1 Rn. 52; vgl. auch *Classen*, in: von Mangoldt/Klein/Starck, Grundgesetz, Band 2, Art. 24 Rn. 66 f., der aller-

Die besseren Argumente sprechen jedoch dafür, dass dem Art. 24 Abs. 1 GG eine Sperrwirkung entnommen werden muss.[1036] Die Norm enthält neben der Vereinfachungsfunktion auch eine Ermächtigungsfunktion bezüglich der Übertragung von Hoheitsrechten auf zwischenstaatliche Einrichtungen.[1037] Im Hinblick auf diesen Aspekt wäre die Norm weitestgehend obsolet, wenn eine Hoheitsrechtsübertragung außerhalb ihrer Grenzen vorgenommen werden dürfte.[1038] Die Zulässigkeit einer weitergehenden, ungeschriebenen[1039] Zulässigkeit der unmittelbaren Einwirkung einer fremden Hoheitsgewalt in den Hoheitsbereich der Bundesrepublik Deutschland wird von der Verfassung nicht vorgesehen.[1040] Von diesem Verständnis scheint auch der Verfassungsgesetzgeber auszugehen. Das zeigt die Einfügung der Art. 24 Abs. 1a GG und Art. 87d Abs. 1 S. 2 GG, die jeweils ausdrücklich die Möglichkeit einer Übertragung von Hoheitsrechten auf ausländische Organisationen vorsehen.[1041] Einer verfassungsrechtlichen Normierung für diese Kompetenzen hätte es nicht bedurft, wenn sie bereits auf der Grundlage sonstiger Verfassungsvorschriften zulässig gewesen wären. Daher muss davon ausgegangen werden, dass der Art. 24 GG (gemeinsam mit Art. 23 und 25 GG) die Öffnung der deutschen Rechtsordnung für innerstaatliche Durchgriffe nichtdeutscher Staatsgewalt abschließend regelt, soweit keine speziellen Normen des Grundgesetzes eine anderweitige Anordnung treffen.[1042]

b. Reichweite der Sperrwirkung

Art. 24 Abs. 1 GG erfasst nur zwischenstaatliche Einrichtungen, die über die Kompetenz verfügen, rechtswirksame Handlungen innerhalb der deutschen

---

dings inhaltlich die Standards, die zu Art. 24 Abs. 1 GG entwickelt wurden, übernehmen will und darüber hinaus eine Übertragung nur in engen Grenzen für zulässig hält, damit der Art. 24 Abs. 1 GG nicht obsolet wird.

1036 Vgl. dazu *Röben*, Außenverfassungsrecht, S. 65: „Die systembildende Kraft des Art. 24 Abs. 1 GG zeigt sich darin, dass er faktische Hoheitsrechtsübertragungen, die diesen Voraussetzungen nicht entsprechen, verbietet."

1037 *Hobe/Plingen*, ZLW 56 (2007), S. 349 (357). Siehe hierzu oben unter I. 1. b.

1038 *Kment*, Grenzüberschreitendes Verwaltungshandeln, S. 196.

1039 *Hobe/Plingen*, ZLW 56 (2007), S. 349 (358).

1040 *Hillgruber*, in: Schmidt-Bleibtreu/Hofmann/Hopfauf, Grundgesetz, Art. 24 Rn. 11. *Pernice*, in: Dreier, Grundgesetz, Band 2, Art. 24 Rn. 24.

1041 Siehe zu der Qualifizierung der Flugsicherung als Hoheitsrecht nur *Uerpmann-Wittzack*, in: von Münch/Kunig, Grundgesetz, Band 2, Art. 87d Rn. 17.

1042 *Mosler*, in: Isensee/Kirchhof, Handbuch des Staatsrechts, Band 7, § 175 Rn. 39. Weitere Hoheitsrechtsübertragungen könnten im Wege der Verfassungsänderung in den Grenzen des Art. 79 Abs. 3 GG normiert werden, vgl. *Niedobitek*, Das Recht der grenzüberschreitenden Verträge, S. 434.

Rechtsordnung vorzunehmen.[1043] Dementsprechend beschränkt sich die Negativwirkung des Art. 24 Abs. 1 GG auf Hoheitsrechtsübertragungen im Sinne der Vorschrift, nicht aber auf weniger einschneidende Öffnungsformen.[1044] So werden sämtliche Varianten der funktionalen Eingliederung ausländischer Amtsträger in die deutsche Staatsordnung nicht von der Sperrwirkung erfasst.[1045] Ob eine solche Eingliederung allerdings der effektiven Zielverfolgung im Rahmen einer PPP zuträglich wäre, erscheint sehr zweifelhaft. Haben letztlich die einzelnen Mitgliedstaaten bei der Umsetzung der Beschlüsse der PPP das letzte Wort, ist damit die Gefahr einer uneinheitlichen Rechtslage verbunden.[1046]

In der Literatur wird des Weiteren angenommen, dass weniger einschneidende Formen der institutionalisierten Zusammenarbeit, insbesondere in „einfachen" internationalen Organisationen, von der Vorschrift nicht erfasst werden, sondern nach Maßgabe der sonstigen verfassungsrechtlichen Vorgaben zu beurteilen sind.[1047] Für diese Interpretation spricht zudem Art. 24 Abs. 1a GG, der eine grenzüberschreitende Zusammenarbeit außerhalb des Abs. 1 ausdrücklich ermöglicht und mit dem Begriff der „grenznachbarschaftlichen Einrichtung", der auch privatrechtliche Organisationsformen nach nationalem Recht einschließt, eine weiterreichende Bedeutung hat.[1048] Die Sperrwirkung bezieht sich damit ausschließlich auf die Übertragung von Hoheitsrechten.

1043 Siehe oben unter I. 2. a.

1044 Vgl. *Hecker*, AöR 127 (2002), S. 291 (312). Siehe auch *Gramm*, DVBl. 114 (1999), S. 1237 (1241 f.), der eine Zusammenarbeit mit ausländischen Staaten unterhalb der Schwelle der Hoheitsrechtsübertragung für möglich hält, soweit sich diese als dem deutschen Staat zurechenbare Ausübung von Hoheitsgewalt darstellt.

1045 *Hecker*, AöR 127 (2002), S. 291 (301 f.).

1046 Das trifft u.a. auf die Beleihung zu, die innerstaatlich „zum neuen Hoffnungsträger für die dogmatische Bewältigung staatlich-gesellschaftlicher Kooperation aufgestiegen ist", vgl. *Voßkuhle*, in: VVDStRL 62 (2003), S. 266 (301). Sie hilft in internationalen Konstellationen in der Regel nicht weiter, da sie eine einheitliche Aufgabenerfüllung in allen Mitgliedstaaten nicht gewährleisten kann.

1047 *Röben*, Außenverfassungsrecht, S. 65, nennt insbesondere die Art. 59, 25, 20 GG; *Geiger*, Grundgesetz und Völkerrecht, S. 126, hält es lediglich nicht für möglich, einen „Freibrief" auszustellen. Vgl. auch *Tomuschat*, in: Isensee/Kirchhof, Handbuch des Staatsrechts, Band 7, § 172 Rn. 39, der in Art. 24 Abs. 1 GG als Argument a maiore ad minus hereinliest, dass eine Beteiligung an einer internationalen Organisation generell zulässig sein muss.

1048 Vgl. *Kment*, Grenzüberschreitendes Verwaltungshandeln, S. 195, „weitergehender Sammelbegriff". *Classen*, in: von Mangoldt/Klein/Starck, Grundgesetz, Band 2, Art. 24 Rn. 71, geht davon aus, dass in diesem Fall allerdings eine Beleihung mit Hoheitsrechten erfolgen müsse. Zustimmend *Hillgruber*, in: Schmidt-Bleibtreu/Hofmann/Hopfauf, Grundgesetz, Art. 24 Rn. 27.

5. Zwischenergebnis

Der Art. 24 Abs. 1 GG enthält ein klares Bekenntnis zur Offenheit des deutschen Verfassungsstaates für Kooperationen mit anderen Staaten. Die Vorschrift will erreichen, dass sich die Bundesrepublik Deutschland an besonders intensiven Formen der internationalen Zusammenarbeit beteiligen kann. Zu diesem Zweck ermöglicht sie eine Integration in einen zwischenstaatlichen Zusammenschluss, dem durch die Übertragung von Hoheitsrechten weitreichende Kompetenzen verliehen werden können. Diese zeichnen sich dadurch aus, dass sie die zwischenstaatliche Einrichtung nicht nur dazu ermächtigen, den deutschen Staat als Völkerrechtssubjekt verpflichten zu können, sondern selbstständig Hoheitsakte innerhalb der deutschen Rechtsordnung erlassen zu dürfen. Die Ausstattung mit solchen Kompetenzen erhöht in der Regel die Effektivität einer zwischenstaatlichen Einrichtung, da ihrem Primär- und Sekundärrecht eine direkte und einheitliche Wirkung innerhalb der Rechtsordnungen ihrer Mitgliedstaaten zukommt, ohne dass eine Umsetzung der Verpflichtung in nationales Recht durch die zuständigen nationalen Stellen vorgenommen werden müsste. Die Zulässigkeit einer Übertragung von Hoheitsrechten auf die PPP nach Art. 24 Abs. 1 GG könnte vor diesem Hintergrund eine Steigerung der Effektivität dieser Organisationsform bewirken.

Der Art. 24 Abs. 1 GG steht allerdings in einem Zusammenhang mit den weiteren Verfassungsgrundsätzen bzw. –vorgaben. Hervorzuheben ist mit Blick auf die PPP insbesondere das Demokratieprinzip, das der Zulässigkeit einer Übertragung von Hoheitsrechten nach Art. 24 Abs. 1 GG entgegensteht. Während die in einer PPP eingeschränkten Partizipationsrechte der Organe der Bundesrepublik Deutschland ebenso wie bei den internationalen Organisationen grundsätzlich mit dem Demokratieprinzip in Einklang gebracht werden können, schließt es insbesondere die Einbindung der PPP in eine ausländische Rechtsordnung und damit verbunden die Unterstellung der PPP unter die Herrschaftsmacht eines ausländischen Hoheitsträgers aus, eine Übertragung von Hoheitsrechten auf der Grundlage des Art. 24 Abs. 1 GG vornehmen zu können. Die Wirkung der Vorschrift erschöpft sich aber nicht in dieser Aussage. Die Norm entfaltet eine Sperrwirkung, die eine Übertragung von Hoheitsrechten auf die PPP auf der Grundlage anderer Verfassungsbestimmungen prinzipiell untersagt. Darüber hinaus enthält die Vorschrift allerdings keine weiteren Vorgaben, die bei der Anwendung anderer Verfassungsnormen Berücksichtigung finden müssten. Vor allem eine funktionale Eingliederung der PPP in die deutsche Staatsorganisation untersagt sie nicht.

Anhand dieser Ausführungen lässt sich zudem erkennen, dass eine abweichende rechtliche Beurteilung geboten wäre, wenn eine PPP auf einer völkerrechtlichen Grundlage gebildet werden sollte.[1049] Da eine solche PPP nicht dem Zugriff eines einzelnen Staates ausgesetzt wäre, würde das oben angeführte Ausschlusskriterium aus dem Demokratieprinzip nicht greifen. Dass an der Hoheitsrechtsausübung auch private Akteure partizipieren würden, die der Bundesrepublik Deutschland keine Erweiterung ihrer Hoheitsrechte im Gegenzug vermitteln könnten, ließe sich durch den Zuwachs an Mitwirkungsrechten der Bundesrepublik Deutschland gegenüber den anderen Mitgliedstaaten, insbesondere unter Beachtung des Staatsziels der Förderung internationaler zwischenstaatlicher Kooperationen, ausgleichen.

II. Einhaltung der bundesstaatlichen Kompetenzordnung

Im Anschluss an die Feststellung, dass eine Übertragung von Hoheitsrechten auf eine privatrechtliche ausländische Organisation nicht nach Art. 24 Abs. 1 GG durchgeführt werden kann, die Vorschrift eine Beteiligung aber zugleich nicht generell verbietet, ist zu prüfen, welche weiteren Vorgaben der Verfassung entnommen werden können.

Als erste Verfassungsvorgabe soll auf das Erfordernis der Einhaltung der bundesstaatlichen Kompetenzordnung eingegangen werden. Das Grundgesetz enthält in Art. 30 GG die Grundregel, dass die Ausübung staatlicher Befugnisse und die Erfüllung staatlicher Aufgaben in den Zuständigkeitsbereich der Länder fallen. Die Bindung an die staatliche Kompetenzordnung besteht auch dann, wenn sich der Staat zur Aufgabenerfüllung privatrechtlicher Organisationsformen bedient.[1050] Damit wäre die Entscheidung über eine Beteiligung an einer PPP in der Regel den Ländern überantwortet und ein Handeln der Bundesorgane nur dann zulässig, wenn ein Bereich betroffen wäre, für den das Grundgesetz eine Bundeskompetenz vorsieht.

1. Die ausschließliche Bundeskompetenz für den Bereich der auswärtigen Angelegenheiten

Für den Bereich der auswärtigen Beziehungen bestehen Sonderregeln, die eine solche Kompetenzzuordnung in Frage stellen. Nach Art. 73 Abs. 1 Nr. 1 GG liegt die Gesetzgebungskompetenz für den Bereich der auswärtigen Angelegen-

1049 Auf die theoretische Möglichkeit einer solchen Konstellation wurde im 2. Kapitel hingewiesen, vgl. oben Kapitel 2 unter C. II.

1050 BVerfGE 12, 205 (244, 246). Es darf nicht zu einer „Flucht aus der föderalen Zuständigkeitsordnung“ kommen, vgl. *Hillgruber*, in: Bonner Kommentar zum Grundgesetz, Art. 30 Rn. 155 ff.; so auch *Ehlers*, Verwaltung in Privatrechtsform, S. 114 f.

heiten beim Bund, zudem wird der Auswärtige Dienst in bundeseigener Verwaltung geführt, Art. 87 Abs. 1 S. 1 GG. Von besonderer Bedeutung ist schließlich die Vorschrift des Art. 32 Abs. 1 GG, wonach die Pflege der Beziehungen zu auswärtigen Staaten Sache des Bundes ist. Unter Berufung auf diese Norm wird im Gegensatz zur Grundregel des Art. 30 GG davon ausgegangen, dass die Ausübung der auswärtigen Gewalt[1051] generell in den alleinigen Kompetenzbereich des Bundes fällt.[1052] Diese Zuordnung soll z.B. verhindern, dass die Gliedstaaten eine die Außenpolitik des Bundes konterkarierende „Nebenaußenpolitik" betreiben.[1053]

Da es sich bei den PPP um Organisationen handelt, in denen die Bundesregierung Deutschland ihre Beziehungen nicht nur mit privaten Akteuren sondern auch mit anderen Staaten regelt, könnte es somit der Entscheidungsprärogative des Bundes unterliegen, ob sie sich an einer PPP beteiligen will.

2. Anwendbarkeit auf die Beteiligung an einer PPP

An einer solchen Berechtigung des Bundes bestehen allerdings Zweifel. So hat das BVerfG im oben angesprochenen Kehler-Hafen-Urteil entschieden, Vereinbarungen des Bundes und der Länder mit Körperschaften des öffentlichen Rechts eines anderen Staates würden nicht in den Bereich der auswärtigen Gewalt fallen, soweit diese Körperschaften nicht als Völkerrechtssubjekte anzusehen seien.[1054] Daher könne ein Vertragsschluss eines Gliedstaates mit einer ausländischen Körperschaft die ausschließliche Kompetenz des Bundes im Bereich der auswärtigen Angelegenheiten nicht verletzen.[1055] Unter Berufung auf diese Rechtsprechung wird in der Literatur argumentiert, nicht jede Art des Handelns öffentlicher Stellen mit außenpolitischer Relevanz sei der Zuständigkeit des Bundes unterstellt.[1056] Eine Betätigung auswärtiger Gewalt sei erst dann gegeben, wenn eine öffentlich-rechtliche Einflussnahme auf die Beziehungen der

---

1051 Der Begriff der auswärtigen Gewalt bezeichnet die Summe der verfassungsmäßig verteilten Kompetenzen, die sich auf die Gestaltung der internationalen Beziehungen der Bundesrepublik Deutschland beziehen, vgl. *Fassbender*, in: Bonner Kommentar zum Grundgesetz, Art. 32 Rn. 15.

1052 BVerfGE 113, 273 (311 f.). *Hillgruber*, in: Bonner Kommentar zum Grundgesetz, Art. 30 Rn. 98 ff.; Geiger, Grundgesetz und Völkerrecht, S. 107 f.; a.A. *Fassbender*, in: Bonner Kommentar zum Grundgesetz, Art. 32 Rn. 2 ff. Zum Streit bzgl. der Zuständigkeit im Bereich der ausschließlichen Kompetenz der Länder, vgl. *Nettesheim*, in: Maunz/Dürig, Grundgesetz, Art. 32 Rn. 60 ff.

1053 *Hillgruber*, in: Bonner Kommentar zum Grundgesetz, Art. 30 Rn. 100.

1054 BVerfGE 2, 347 (374).

1055 BVerfGE 2, 347 (380).

1056 *Geiger*, Grundgesetz und Völkerrecht, S. 108 f.

Bundesrepublik Deutschland zu einem anderen Völkerrechtssubjekt vorliege.[1057] Die einheitliche Bundeskompetenz lasse sich nämlich insbesondere aus dem Umstand rechtfertigen, dass aus völkerrechtlicher Sicht grundsätzlich allein der Bund als Völkerrechtssubjekt Anerkennung finde und zugleich eine Bindung der Länder an die völkerrechtlichen Verträge des Bundes bestehe.[1058] Für die PPP wäre danach eine Zuständigkeit der Bundesorgane im Regelfall abzulehnen, soweit sie nicht im Einzelfall den Status eines beschränkten Völkerrechtssubjektes besitzen.[1059]

Allerdings sprechen die besseren Argumente dafür, sich dieser Einschätzung mit Blick auf die PPP nicht anzuschließen. Das rechtspolitische Ziel der Zuordnung der Verbandskompetenz an den Bund liegt darin, dass die Bundesrepublik Deutschland in die Lage versetzt wird, auf der internationalen Ebene mit einer Stimme zu sprechen. Ein solches Grundverständnis liegt der Normierung in Art. 32 Abs. 1 GG zugrunde.[1060] Dieser Aspekt besitzt im Besonderen in internationalen Organisationsformen, wie den PPP, Relevanz. Denn in den PPP wird die Bundesrepublik Deutschland, ähnlich wie in den meisten internationalen Organisationen, in der Regel nur über eine Stimme in den willensbildenden Organen verfügen. Die Äußerung von *Tomuschat* in Bezug auf die internationalen Organisationen: „Föderale Vielfalt vermag sich in einer zwischenstaatlichen Einrichtung selbst nicht zu entfalten“[1061], beschreibt treffend auch die Situation in einer PPP. Vor dem Hintergrund der wohlwollenden Beurteilung der Organisationsform der PPP durch das Grundgesetz[1062] kann der Beschränkung der Grundregel des Art. 32 Abs. 1 GG allein auf den völkerrechtlichen Verkehr, für die es zudem keinen ausdrücklichen Anhaltspunkt im Wortlaut gibt, daher nicht gefolgt werden.[1063] Mit dieser Annahme ist natürlich die Gefahr verbunden, dass der Bund ursprüngliche Länderkompetenzen auf der internationalen Ebene wahrnimmt und es zu einem verstärkten Unterlaufen der föderalen Zuständig-

---

1057 *Geiger*, Grundgesetz und Völkerrecht, S. 108 f.; *Kempen*, in: von Mangoldt/Klein/Starck, Grundgesetz, Band 2, Art. 32 Rn. 24 ff.

1058 *Hillgruber*, in: Bonner Kommentar zum Grundgesetz, Art. 30 Rn. 100; vgl. auch *Kempen*, in: von Mangoldt/Klein/Starck, Grundgesetz, Band 2, Art. 32 Rn. 13.

1059 Siehe hinsichtlich der Völkerrechtssubjektivität der PPP oben Kapitel 2 unter A. II.

1060 BVerfGE 2, 347 (378). Diese Grundregel schließt aber nicht jede Tätigkeit der Länder auf der internationalen Ebene aus, vgl. *Nettesheim*, in: Maunz/Dürig, Grundgesetz, Art. 32 Rn. 2.

1061 *Tomuschat*, in: Bonner Kommentar zum Grundgesetz, Art. 24 Rn. 100.

1062 Siehe oben unter A. II. 3.

1063 A.A. *Fastenrath*, Kompetenzverteilung im Bereich der auswärtigen Gewalt, S. 83 ff., der allerdings nicht an den Wortlaut anknüpft, sondern sein Ergebnis insbesondere mit systematischen und teleologischen Gesichtspunkten begründet.

keitsordnung kommt. Allerdings wird man entsprechend der Rechtslage bei der Beteiligung an internationalen Organisationen als Kompensation für die Kompetenzverluste der Länder eine möglichst frühzeitige Information über anstehende Beschlüsse in den PPP sowie eine angemessene Rücksichtnahme auf die Wünsche der Länder fordern müssen.[1064]

III. Anforderungen des Rechtsstaatsprinzips

Das Rechtsstaatsprinzip ist eines der grundlegenden Staatsstrukturprinzipien.[1065] Es besteht aus einer Vielzahl an verschiedenen Ausprägungen, die sich nicht zentral in einer Norm gesammelt wiederfinden, sondern über das Grundgesetz verstreut sind. Das Rechtsstaatsprinzip hat daher keine allgemeine verfassungsrechtliche Grundlage,[1066] sondern ergibt sich „aus einer Zusammenschau der Bestimmungen des Art. 20 Abs. 3 GG und der Art. 1 Abs. 3, 19 Abs. 4, 28 Abs. 1 S. 1 GG sowie aus der Gesamtkonzeption des Grundgesetzes".[1067]

Die Zielrichtung des Rechtsstaatsprinzips liegt darin, den Bürger zu schützen, indem es die „staatliche Machtausübung rechtlich bindet, organisiert und begrenzt."[1068] Zugleich wird der Staat verpflichtet, eine an rechtsstaatlichen Prinzipien orientierte Ausübung der Staatsgewalt zu garantieren. Dieser Verpflichtung kann er sich nicht durch eine Übertragung von Kompetenzen entledigen.[1069]

Hier genügt es, nur die für die Wahl einer ausländischen privaten Organisationsform relevanten Elemente des Rechtsstaatsprinzips näher zu erläutern. Zu ihnen zählen die Bindung sämtlicher staatlicher Gewalt an das Gemeinwohl, die Einhaltung des Gewaltenteilungsgrundsatzes, der Grundsatz des Vorrangs und

---

1064 Vgl. im Hinblick auf zwischenstaatliche Einrichtungen *Classen*, in: von Mangoldt/Klein/Starck, Grundgesetz, Band 2, Art. 24 Rn. 56; als verfahrensrechtliche Absicherung wäre es möglich, auf die Beteiligungsvorgaben für die europäische Integration in Art. 23 GG zurückzugreifen, vgl. *Seiler*, Der souveräne Verfassungsstaat zwischen demokratischer Rückbindung und überstaatlicher Einbindung, S. 240: „Dieser Gedanke kann und sollte jedoch auf alle Formen der internationalen Kooperation ausgedehnt werden".

1065 BVerfGE 2, 380 (403); 3, 225 (237).

1066 Trotz des Fehlens einer ausdrücklichen Erwähnung wird aber davon ausgegangen, dass das Prinzip seine maßgebliche Fundierung in Art. 20 GG gefunden hat, vgl. *Mann*, Die öffentlich-rechtliche Gesellschaft, S. 68, m.w.N.

1067 BVerfGE 2, 280 (403); so auch die h.L., vgl. nur *Maurer*, Staatsrecht I, § 8 Rn. 1.

1068 *Schulze-Fielitz*, in: Dreier, Grundgesetz, Art. 20 (Rechtsstaat) Rn. 37; siehe auch *Di Fabio*, Das Recht offener Staaten, S. 50.

1069 *Kirchhof*, in: Isensee/Kirchhof, Handbuch des Staatsrechts, Band 7, § 183 Rn. 61.

Vorbehalts des Gesetzes, die Grundrechtsbindung sowie die Forderung nach einem effektiven Rechtsschutz.

1. Bindung der Organisation an das Gemeinwohl

Bei jeder seiner Handlungen ist der Staat an das Gemeinwohl gebunden. Nach Ansicht des BVerfG sowie eines Teiles der Lehre folgt diese Bindung aus dem Rechtsstaatsprinzip in Verbindung mit den Grundrechten.[1070] In der Förderung des Gemeinwohls liegt der sachliche Legitimationsgrund für das Handeln des Staates.[1071] Danach bedarf jedes staatliche Handeln einer Rechtfertigung durch ein öffentliches Interesse,[1072] andere Belange vermögen niemals die Beschränkung grundrechtlich garantierter Freiheiten zu legitimieren.[1073] Soweit an der Ausübung einer Tätigkeit ein öffentliches Interesse besteht, wird auch von einer Wahrnehmung von öffentlichen Aufgaben gesprochen.[1074]

Die Beteiligung des Staates an einer privatrechtlichen Organisationsform kann folglich nur dann zulässig sein, wenn der Staat mit ihr eine öffentliche Aufgabe erfüllt.[1075] Der Staat darf sich daher an einer PPP beteiligen, soweit sie einem allgemeinen öffentlichen Interesse dient, das insbesondere über das Interesse der einzelnen privaten Organisationsangehörigen hinausgeht.[1076]

1070 BVerfGE 12, 354 (364); 50, 50 (51); *Ehlers*, in: Erichsen/Ehlers (Hrsg.), Allgemeines Verwaltungsrecht, § 1 Rn. 33; wohl auch *Isensee*, in: Isensee/Kirchhof, Handbuch des Staatsrechts, Band 4, § 71 Rn. 66. Andere Autoren wollen die Gemeinwohlverpflichtung aus dem Demokratieprinzip, vgl. *Kunig*, Das Rechtsstaatsprinzip, S. 333 ff., bzw. aus dem Sozialstaatsprinzip ableiten, *Robbers*, in: Bonner Kommentar zum Grundgesetz, Art. 20 Abs. 1 Rn. 1491.

1071 *Isensee*, in: Isensee/Kirchhof, Handbuch des Staatsrechts, Band 4, § 73 Rn. 5; *Mann*, Die öffentlich-rechtliche Gesellschaft, S. 80.

1072 Öffentliche Interessen beziehen sich auf ein gemeinsames Interesse der gesamten Bürgerschaft und liegen nicht nur im Interesse einzelner oder bestimmter Gruppen, *Isensee*, in: Isensee/Kirchhof, Handbuch des Staatsrechts, Band 4, § 73 Rn. 5.

1073 *Ehlers*, in: Erichsen/Ehlers (Hrsg.), Allgemeines Verwaltungsrecht, § 1 Rn. 33; vgl. auch *Weiss*, Privatisierung und Staatsaufgaben, S. 281.

1074 *Isensee*, in: Isensee/Kirchhof, Handbuch des Staatsrechts, Band 4, § 73 Rn. 12. Damit ist aber nicht gesagt, dass die Aufgabe zwingend durch öffentlich-rechtliche Rechtsträger erfüllt werden müsste. Öffentliche Aufgaben sind nicht notwendigerweise Staatsaufgaben, vgl. *Mann*, Die öffentlich-rechtliche Gesellschaft, S. 82 f., m.w.N. Kritisch gegenüber dieser Terminologie *Di Fabio*, JZ 54 (1999), S. 585 (586 ff.).

1075 *Kluth*, in: Wolff/Bachof/Stober/Kluth, Verwaltungsrecht, Band 2, § 80 Rn. 230; *Mann*, Die öffentlich-rechtliche Gesellschaft, S. 80; *Ehlers*, Verwaltung in Privatrechtsform, S. 87; *Groß*, Das Kollegialprinzip in der Verwaltungsorganisation, S. 35, m.w.N.

1076 *Groß*, Das Kollegialprinzip in der Verwaltungsorganisation, S. 35. Dieses Erfordernis wird zudem vor dem Hintergrund für notwendig gehalten, dass die Finanzierung der privatrechtlichen Organisation mit öffentlichen Mitteln erfolgt, deren Verwendung ge-

2. Der Grundsatz der Gewaltenteilung

Der Grundsatz der Gewaltenteilung enthält als objektive Funktionenordnung ein Wesensmerkmal des Grundgesetzes.[1077] Verfassungsrechtlich verankert in Art. 20 Abs. 2 S. 2 GG bringt er die funktionelle[1078] Aufteilung der deutschen Staatsmacht in drei Grundtypen zum Ausdruck: Legislative, Exekutive und Judikative. Der Gewaltenteilungsgrundsatz dient dazu, in einem System von gegenseitigen „checks and balances“ ein überwiegendes Machtgewicht einer der Gewalten zu verhindern.[1079] Durch die Gewaltenteilung soll allerdings nicht nur ein Machtmissbrauch der Funktionsträger verhindert, sondern durch eine geeignete Funktionengliederung zugleich eine sachangemessene und rationale Aufgabenerledigung zur Verwirklichung des Gemeinwohlzwecks ermöglicht werden.[1080] Nach der Rechtsprechung des BVerfG müssen „staatliche Entscheidungen möglichst richtig, das heißt von den Organen getroffen werden, die dafür nach ihrer Organisation, Zusammensetzung, Funktion und Verfahrensweise über die besten Voraussetzungen verfügen.“[1081] Vor diesem Hintergrund gewährleistet Art. 20 Abs. 2 GG für jede der drei Gewalten einen Kernbereich eigenständiger Aufgabenwahrnehmung[1082] und dient zugleich als Quelle ihrer institutionellen und funktionellen Legitimation.[1083]

---

genüber der Allgemeinheit rechtfertigungsbedürftig sei, vgl. *Groß*, Das Kollegialprinzip in der Verwaltungsorganisation, S. 36 und *Glauben*, ZG 12 (1997), S. 148 (163).

1077 BVerfGE 34, 52 (59). *Schmidt-Aßmann*, in: Isensee/Kirchhof, Handbuch des Staatsrechts, Band 2, § 26 Rn. 46; *Di Fabio*, in: Isensee/Kirchhof, Handbuch des Staatsrechts, Band 2, § 27 Rn. 4.

1078 Da es eine strikte Trennung der Gewalten nicht gibt, wird in der Literatur vorgeschlagen, von einer Funktionentrennung zu sprechen, siehe *Stern*, Das Staatsrecht der Bundesrepublik Deutschland, Band I, S. 794 ff.

1079 BVerfGE 34, 52 (59); 95, 1 (15).

1080 *Schorkopf*, Grundgesetz und Überstaatlichkeit, S. 285; *Di Fabio*, in: Isensee/Kirchhof, Handbuch des Staatsrechts, Band 2, § 27 Rn. 81. Für die Verwaltungsorganisation wird aus diesem Prinzip eine Verpflichtung auf das Gebot optimaler Verwaltungsorganisation hergeleitet, vgl. *Krebs*, in: Isensee/Kirchhof, Handbuch des Staatsrechts, Band 5, § 108 Rn. 90; siehe auch *Schmidt-Aßmann*, in: Isensee/Kirchhof, Handbuch des Staatsrechts, Band 2, § 26 Rn. 50.

1081 BVerfGE 68, 1 (86); 98, 218 (251 f.).

1082 BVerfGE 9, 268 (279 f.); 22, 106 (111); 30, 1 (28), 34, 52 (59). Vgl. auch *Schmidt-Aßmann*, in: Isensee/Kirchhof, Handbuch des Staatsrechts, Band 2, § 26 Rn. 56. Kritisch gegenüber der Kernbereichslehre *Achterberg*, Probleme der Funktionenlehre, S. 230.

1083 *Schmidt-Aßmann*, in: Isensee/Kirchhof, Handbuch des Staatsrechts, Band 2, § 26 Rn. 52.

Die verfassungsrechtlich garantierte Kompetenzverteilung muss auch beachtet werden, wenn die öffentliche Hand in Privatrechtsform tätig wird.[1084] Nachdem im vorangegangenen Abschnitt bereits festgestellt wurde, dass die Entscheidung über die Beteiligung an einer PPP grundsätzlich in den Zuständigkeitsbereich des Bundes fällt, bedarf in diesem Zusammenhang in horizontaler Hinsicht der Klärung, welche Organe des Bundes an der Entscheidung über die Beteiligung der Bunderepublik Deutschland an einer PPP mitwirken müssen.

a. Die Kompetenzverteilung zwischen Legislative und Exekutive

Unter Bezugnahme auf die Kompetenzverteilung können bei der Beteiligung an einer PPP zwei Konstellationen unterschieden werden. Zum einen ist zu klären, welcher Gewalt bzw. welchen Gewalten die ursprüngliche Entscheidung zusteht, ob sich die Bundesrepublik Deutschland an einer PPP beteiligen will. Von dieser Frage ist abzugrenzen, welche Gewalt die aus der Mitgliedschaft der Bundesrepublik Deutschland folgenden Mitwirkungsrechte in den Organen der PPP wahrzunehmen hat.

Keinen Zweifeln unterliegt zunächst, dass die Exekutive, wie auch in internationalen Organisationen,[1085] für die Wahrnehmung der Mitwirkungsrechte der Bundesrepublik Deutschland in den Organen der PPP zuständig sein muss. Denn nur die Exekutive ist in der Lage hinreichend „schnell, flexibel und, soweit die Notwendigkeit besteht, diskret“ zu agieren und situationsgerechte Entscheidungen zu treffen.[1086] Hinsichtlich der Grundentscheidung über die Errichtung und Mitwirkung an den Tätigkeiten einer PPP ist dagegen fraglich, ob die Kompetenz bei der Legislative oder der Exekutive liegt bzw. diesen Gewalten gemeinsam zusteht.[1087]

1084 *Mann*, Die öffentlich-rechtliche Gesellschaft, S. 53; *Ehlers*, Verwaltung in Privatrechtsform, S. 114 f.; *Müller*, Rechtsformenwahl, S. 246. Vgl. auch *Krebs*, in: Isensee/Kirchhof, Handbuch des Staatsrechts, Band 5, § 108 Rn. 91, wonach das Rechtsstaatsprinzip nicht die Verwendung öffentlich-rechtlicher Organisationsformen vorschreibe, da es Ziel- und nicht Strukturvorgabe für die Verwaltungsorganisation sei.

1085 *Geiger*, Grundgesetz und Völkerrecht, S. 115; *Di Fabio*, Das Recht offener Staaten, S. 99; *Tomuschat*, in: Bonner Kommentar zum Grundgesetz, Art. 24 Rn. 103, der auf die verschiedenen Strukturprinzipien des Art. 65 GG, Kanzlerprinzip, Ressortprinzip und Kollegialprinzip, verweist.

1086 BVerfGE 68, 1 (87). *Ossenbühl*, in: Isensee/Kirchhof, Handbuch des Staatsrechts, Band 5, § 101 Rn. 79.

1087 Vgl. zur Bestimmung der Organisationsgewalt im nationalen Recht *Kluth*, in: Wolff/Bachof/Stober/Kluth, Verwaltungsrecht, Band 2, § 81 Rn. 20 f.

aa. Die konkurrierende Kompetenz zwischen Legislative und Exekutive im Bereich der Bundesverwaltung

Die Bundesorgane sind bei einer Aufgabenerfüllung in privatrechtsförmigen Organisationsformen an die verfassungsrechtlichen Vorschriften für die Bundesverwaltung (Art. 86 ff. GG) gebunden.[1088] Die verfassungsrechtlich festgelegte Kompetenzverteilung zwischen Legislative und Exekutive könnte daher auch für die PPP maßgeblich sein. Ob dem zuzustimmen ist, soll im Folgenden geprüft werden.

Eine ausdrücklich formulierte Grundregel, wie die Kompetenzen zwischen der Legislative und der Exekutive aufgeteilt sind, findet sich in den Verfassungsvorgaben zur Bundesverwaltung nicht, so dass die prinzipielle Zuordnung nur anhand einer Auslegung der Normen vorgenommen werden kann. Insofern wird von einer konkurrierenden Zuständigkeit zwischen der Legislative und der Exekutive ausgegangen,[1089] wobei die Inhaberschaft über die Organisationsgewalt prinzipiell bei der Exekutive verortet sei.[1090] Diese Verteilung ergebe sich aus dem Erfordernis, dass der Exekutive innerhalb ihres Kernbereiches in der Funktionengliederung eine eigenverantwortliche Wahrnehmung ihrer Aufgaben ermöglicht werden müsse.[1091] Zu diesem Zweck sei ihr die Organisationsgewalt zuzusprechen.[1092] Auf der Bundesebene müsse diese Einschätzung aufgrund der starken Stellung der Bundesregierung und der Minister in besonderem Maße Gültigkeit beanspruchen. Zwar könne sich diese Annahme nicht auf eine ausdrückliche normative Grundlage in der Verfassung stützen, sie ergebe sich allerdings aus der Richtlinienkompetenz des Bundeskanzlers nach Art. 65 S. 1 GG sowie aus dem Ressortprinzip des Art. 65 S. 2 GG.[1093] Vor allem dem Ressortprinzip könne die verfassungsrechtliche Grundvorstellung entnommen werden, dass die Minister den ihnen übertragenen Kompetenzbereich in eigener Verantwortung leiten. Sie müssten folglich zu einer eigenen Entscheidungsbefugnis in internen Organisationsfragen befugt sein.[1094]

1088 *Hermes*, in: Dreier, Grundgesetz, Band 3, Art. 86 Rn. 40.

1089 *Krebs*, in: Isensee/Kirchhof, Handbuch des Staatsrechts, Band 5, § 108 Rn. 100; *Ibler*, in: Maunz/Dürig, Grundgesetz, Art. 86 Rn. 6.

1090 *Böckenförde*, Die Organisationsgewalt im Bereich der Regierung, S. 103 ff.; *Kluth*, in: Wolff/Bachof/Stober/Kluth, Verwaltungsrecht, Band 2, § 81 Rn. 21.

1091 *Böckenförde*, Die Organisationsgewalt im Bereich der Regierung, S. 107.

1092 *Krebs*, in: Isensee/Kirchhof, Handbuch des Staatsrechts, Band 5, § 108 Rn. 99.

1093 *Calliess*, in: Isensee/Kirchhof, Handbuch des Staatsrechts, Band 4, § 83 Rn. 21. Vgl. auch § 1 GOBReg.

1094 *Wißmann*, in: Hoffmann-Riem/Schmidt-Aßmann/Voßkuhle, Grundlagen des Verwaltungsrechts, Band I, § 15 Rn. 34.

Dennoch wird ein exklusives Bestimmungsrecht der Exekutive überwiegend abgelehnt und ein Zugriffsrecht des Parlaments auf die Organisationsgewalt angenommen.[1095] Das Zugriffsrecht des Parlaments komme in Art. 86 GG für den Bereich der bundeseigenen Verwaltung zum Ausdruck und finde sich auch in Art. 85 Abs. 1 S. 1 GG für den Bereich der Bundesauftragsverwaltung durch die Länder wieder. Beide Vorschriften würden der Bundesregierung bzw. den Ländern die Einrichtung der Behörden nur unter der Voraussetzung gestatten, dass der Bundesgesetzgeber keine abweichenden Vorgaben getroffen habe.[1096] Zudem wird auf die Vorschrift des Art. 87 Abs. 3 S. 1 GG hingewiesen, der die Errichtung einer selbstständigen juristischen Person des öffentlichen Rechts in den Materien, für die dem Bund die Gesetzgebungskompetenz zusteht, nur bei Vorliegen eines Bundesgesetzes gestattet. Um eine Umgehung des Gesetzesvorbehaltes durch die Exekutive zu verhindern, werden diese Normen auch für die Bildung einer juristischen Person des Privatrechts angewendet, die somit ebenfalls nur auf der Grundlage eines Bundesgesetzes vorgenommen werden dürfen.[1097]

Folgt man dieser Ansicht, wäre die Beteiligungsentscheidung an einer PPP grundsätzlich von der Exekutive zu treffen, allerdings könnte die Legislative durch die Wahrnehmung ihres Zugriffsrechts strukturelle und inhaltliche Vorgaben formulieren, die für die Exekutive verbindlich wären. Eine umfassende Determinierung der Exekutive durch die Legislative erscheint allerdings nicht praktikabel. Die Bundesrepublik Deutschland ist bei den PPP wie bei den Verhandlungen über die Errichtung einer internationalen Organisation darauf angewiesen, ihre Interessen im Kompromiss mit anderen Staaten bestmöglich zur Geltung zu bringen, wofür sie einen gewissen Spielraum benötigt. Sie wird in den Verhandlungen mit anderen Staaten und Privatpersonen nicht einseitig die genauen Zielrichtungen sowie die Struktur der Organisation diktieren können. Um die Fähigkeit der Bundesrepublik Deutschland zur Integration in internationale

---

1095 Ob das Parlament von seinem Zugriffsrecht Gebrauch macht, unterliegt seiner Einschätzungsprärogative, vgl. *Böckenförde*, Die Organisationsgewalt im Bereich der Regierung, S. 103 ff.; *Kluth*, in: Wolff/Bachof/Stober/Kluth, Verwaltungsrecht, Band 2, § 81 Rn. 21.

1096 Die besondere organisationsrechtliche Bedeutung dieser Vorschrift betont *Ibler*, in: Maunz/Dürig, Grundgesetz, Art. 86 Rn. 2. Gegen das Verständnis der Vorschrift als Grundnorm argumentiert *Kluth*, in: Wolff/Bachof/Stober/Kluth, Verwaltungsrecht, Band 2, § 81 Rn. 32 ff.

1097 *Stober*, in: Wolff/Bachof/Stober/Kluth, Verwaltungsrecht, Band 2, § 92 Rn. 77 f.; *Mann*, Die öffentlich-rechtliche Gesellschaft, S. 76 ff., vergleicht das öffentliche Engagement in einer privatrechtlichen Organisationsform mit einer Subventionsgewährung, für die ebenfalls eine gesetzliche Grundlage erforderlich sei.

Zusammenschlüsse nicht zu gefährden, muss dementsprechend eine Anwendung der Normen über die Bundesauftragsverwaltung in Bezug auf die Beteiligungsentscheidung an einer PPP ausscheiden.

bb. Die Kompetenzverteilung zwischen Legislative und Exekutive im Bereich der auswärtigen Angelegenheiten

Möglicherweise kann anstelle dessen eine Orientierung anhand der Kompetenzverteilung im Bereich der auswärtigen Beziehungen erfolgen. Die Staatsleitung in den auswärtigen Angelegenheiten ist zwar grundsätzlich zwischen der Bundesregierung und dem Bundestag, ggf. im Zusammenwirken mit dem Bundesrat, verteilt.[1098] Dennoch lassen sich die auswärtigen Beziehungen bis heute als Domäne der Exekutive charakterisieren.[1099] Diese Einschätzung ergibt sich aus dem Umstand, dass die Pflege der auswärtigen Beziehungen im Wesentlichen auf intergouvernementaler Ebene erfolgt.[1100] Aus funktionaler Sicht spricht hierfür, dass „institutionell und auf Dauer typischerweise allein die Regierung in hinreichendem Maße über die personellen, sachlichen und organisatorischen Möglichkeiten verfügt, auf wechselnde äußere Lagen zügig und sachgerecht zu reagieren und so die staatliche Aufgabe, die auswärtigen Angelegenheiten verantwortlich wahrzunehmen, bestmöglich zu erfüllen."[1101] Daher wird ein Initiativ-, Gestaltungs- und Kontrollrecht der Legislative nur in dem Umfang anerkannt, in dem der Kernbereich der Exekutive nicht tangiert wird.[1102] Daraus folgt im Ergebnis eine faktische „gubernative Präponderanz" im Bereich der auswärtigen Beziehungen.[1103]

Die Mitwirkungsrechte der Legislative nehmen demgegenüber zwar eine untergeordnete Rolle ein, ihnen kommt aber auch kein bloßer Ausnahmecharakter zu.[1104] Als wichtiges Mitwirkungsrecht ist insbesondere das Erfordernis einer Zustimmung der gesetzgebenden Körperschaften zu bestimmten völkerrechtlichen Verträgen gem. Art. 59 Abs. 2 S. 1 GG hervorzuheben. Die Reichweite der Vorschrift ist allerdings auf die im Wortlaut genannten Fälle beschränkt. Eine Erweiterung der parlamentarischen Mitwirkungsrechte durch eine weite Auslegung der Norm unter Rückgriff auf die Wesentlichkeitstheorie wurde vom

---

1098 *Schorkopf*, Grundgesetz und Überstaatlichkeit, S. 285.

1099 *Di Fabio*, in: Isensee/Kirchhof, Handbuch des Staatsrechts, Band 2, § 27 Rn. 68; *Schorkopf*, Grundgesetz und Überstaatlichkeit, S. 285.

1100 *Kahl*, in: Trute, u.a. (Hrsg.), Allgemeines Verwaltungsrecht, S. 79.

1101 BVerfGE 68, 1 (87). Zustimmend *Röben*, Außenverfassungsrecht, S. 91, weil die Regierung typischerweise schnell und unter Wahrung von Vertraulichkeit handeln kann.

1102 *Calliess*, in: Isensee/Kirchhof, Handbuch des Staatsrechts, Band 4, § 83 Rn. 31.

1103 *Klein*, Gesetzgebung ohne Parlament?, S. 11 f.

1104 Vgl. BVerfGE 68, 1 (85).

BVerfG ausdrücklich abgelehnt,[1105] weil die Außenpolitik einen Handlungsbereich darstelle, der funktionell betrachtet nicht Gesetzgebung im Sinne des Art. 20 Abs. 2 S. 2 GG sei. Eine Ausdehnung des Anwendungsbereichs des Gesetzesvorbehalts im Rahmen der auswärtigen Beziehungen würde einen „Einbruch in zentrale Gestaltungsbereiche der Exekutive" darstellen.[1106] Zudem ist sogar bei einem bestehenden Mitwirkungsrecht die Einwirkungsmöglichkeit der gesetzgebenden Körperschaften auf den Vertragsinhalt eingeschränkt. Sie können dem Vertrag nur entweder insgesamt die Zustimmung erteilen oder diese verweigern. Sie sind dagegen nicht berechtigt, eine Änderung des Vertragsinhalts zu fordern.[1107] Zur Wahrung der außenpolitischen Handlungsfähigkeit wird insofern ein weiter Spielraum der Bundesregierung bei Vertragsverhandlungen akzeptiert.[1108]

Betrachtet man den vorrangig intergouvernementalen Charakter der PPP, erscheint es sinnvoll, die Mitwirkung an dieser Organisationsform zur Förderung der internationalen Zusammenarbeit ebenfalls grundsätzlich dem Kompetenzbereich der Exekutive zu unterstellen und ein Mitwirkungsrecht der Legislative nur bei einer ausdrücklichen verfassungsrechtlichen Normierung anzunehmen. In diesem Zusammenhang ist die Anwendung des Art. 59 Abs. 2 S. 1 GG allerdings nicht unproblematisch. Denn der Art. 59 Abs. 2 S. 1 GG gilt ausweislich des systematischen Zusammenhangs mit Art. 59 Abs. 1 S. 1 GG nur für völkerrechtliche Verträge.[1109] Da die PPP auch auf privatrechtlichen Gründungsstatuten beruhen können, käme in diesen Fällen ein Mitwirkungsrecht der Legislative nur im Rahmen einer analogen Anwendung der Vorschrift in Betracht. Dass für eine analoge Anwendung gewichtige Gründe sprechen, soll anhand der Bedenken, die gegen die Annahme einer Prärogative der Exekutive im Bereich der auswärtigen Gewalt formuliert werden, verdeutlicht werden.

1105 BVerfGE 68, 1 (85 ff.).

1106 BVerfGE 68, 1 (87). In neueren Urteilen wurde vom BVerfG dagegen die gemeinsame Verantwortung der Legislative und Exekutive für die Gestaltung der auswärtigen Beziehungen ausdrücklich hervorgehoben, in diesem Zusammenhang gewährleiste der Art. 59 Abs. 2 S. 1 GG die Legislativfunktion der gesetzgebenden Körperschaften im Rahmen der auswärtigen Gewalt, vgl. BVerfGE 104, 151 (194, 209 f.); 118, 244 (258 ff.).

1107 Vgl. BVerfGE 77, 170 (231), die erforderliche Regeldichte sei verringert, damit die außenpolitische Handlungsfähigkeit der Bundesrepublik Deutschland nicht gefährdet werde. Grundsätzlich zustimmend *Tomuschat*, in: Isensee/Kirchhof, Handbuch des Staatsrechts, Band 7, § 172 Rn. 38.

1108 *Rojahn*, in: von Münch/Kunig, Grundgesetz, Band 1, Art. 59 Rn. 55.

1109 *Rojahn*, in: von Münch/Kunig, Grundgesetz, Band 1, Art. 59 Rn. 12.

cc. Die Notwendigkeit einer analogen Anwendung des Art. 59 Abs. 2 S. 1 GG

Die prinzipielle Wahrnehmungszuständigkeit der Exekutive im Bereich der auswärtigen Beziehungen hat vor dem Hintergrund der Globalisierung Auswirkungen auf die Machtverteilung zwischen Legislative und Exekutive.[1110] Nach dem Verständnis des Grundgesetzes stellt das Parlament die „Mitte der Demokratie“[1111] dar und verfügt dementsprechend grundsätzlich über einen Steuerungsvorrang gegenüber der Exekutive.[1112] In innerstaatlichen Angelegenheiten obliegt es prinzipiell dem Parlament, die politischen Leitentscheidungen zu treffen.[1113] Das „Gefahrenpotential“[1114] der alleinigen oder zumindest maßgeblichen Kompetenz der Exekutive im Bereich der auswärtigen Gewalt nimmt folglich in dem Maße zu, je mehr innenpolitisch wesentliche Entscheidungen bereits auf der internationalen Ebene determiniert werden.[1115] Berücksichtigt man das heutige Ausmaß der politischen Gestaltung und Rechtssetzung auf internationaler Ebene und deren Einfluss auf die gesellschaftliche Wirklichkeit, kann für die Exekutive ein Machtzuwachs konstatiert werden, der ihr nach dem Grundgesetz „nicht in dieser Art und nicht in diesem Umfang“ zusteht.[1116] Damit geht zugleich eine Reduktion der Bedeutung der Parlamente einher, die in vielen Fragen darauf beschränkt sind, die „Linien nach[zu]ziehen, die ihre Regierung im Zusammenwirken mit anderen Regierungen vorgezeichnet hat.“[1117] Das Prinzip der Gewaltenteilung wird „elementar durch die Öffnung und internationale Bindung des Verfassungsstaates und damit einhergehend eine Verschiebung des Kräfteverhältnisses zugunsten der Exekutive herausgefordert.“[1118]

1110 *Mosler*, in: Schätzel/Schlochauer (Hrsg.), FS Wehberg, S. 275; *Kahl*, in: Trute, u.a. (Hrsg.), Allgemeines Verwaltungsrecht, S. 79 f., der im Hinblick auf den intergouvernementalen Charakter der Vertretung in internationalen Organisationen zu dem Urteil kommt, die Parlamente seien die Hauptverlierer der mit der Internationalisierung und Globalisierung verbundenen echten Kompetenzverlagerungen sowie faktischen Machtverluste.

1111 *Kirchhof*, in: Brenner, u.a (Hrsg.), FS Badura, S. 242.

1112 Vgl. *Kahl*, in: Trute, u.a. (Hrsg.), Allgemeines Verwaltungsrecht, S. 73; *Dreier*, DÖV 55 (2002), S. 537.

1113 BVerfGE 34, 52 (59).

1114 *Kluth*, in: Wendt, u.a. (Hrsg.), FS Friauf, S. 210.

1115 *Menzel*, Internationales Öffentliches Recht, S. 489 f.

1116 *Schorkopf*, Grundgesetz und Überstaatlichkeit, S. 288; so bereits *Badura*, in: VVDStRL 23 (1966), S. 34 (37).

1117 *Di Fabio*, in: Isensee/Kirchhof, Handbuch des Staatsrechts, Band 2, § 27 Rn. 65; ähnlich *Kirchhof*, in: Isensee/Kirchhof, Handbuch des Staatsrechts, Band 5, § 99 Rn. 67.

1118 *Di Fabio*, in: Isensee/Kirchhof, Handbuch des Staatsrechts, Band 2, § 27 Rn. 64.

Um dieser Entwicklung entgegenzuwirken, wird von Teilen der Lehre eine weite Auslegung der Mitwirkungsrechte des Parlamentes gefordert.[1119] Folgt man der Rechtsprechung des BVerfG, wonach die verfassungsrechtlich festgelegten Zuständigkeitsanordnungen im Bereich der auswärtigen Beziehungen nicht durch den Hinweis, es handele sich um eine wesentliche Angelegenheit, verschoben werden dürften,[1120] kann dieser Ansatz allerdings kaum zur Lösung beitragen.[1121] Der Bedeutungsverlust des Parlamentes ließe sich dann allenfalls durch eine entschlossenere Geltendmachung der bereits bestehenden Rechte des Parlamentes ausgleichen.[1122]

Würde man vor diesem Hintergrund akzeptieren, dass die Exekutive im Rahmen der PPP in Kooperationen eintreten könnte, die im Gegensatz zu den internationalen Organisationen in keinem Fall eine Beteiligung der Gesetzgebungskörperschaften erfordern, wäre dem Parlament allerdings von vornherein die Möglichkeit genommen, die Aushöhlung der eigenen Kompetenzen durch eine stärkere Wahrnehmung der eigenen Rechte auszugleichen. Damit wäre potentiell einer noch stärkeren Verschiebung der Machtbalance zugunsten der Exekutive der Weg geebnet. Man wird daher zur Wahrung der verfassungsrechtlich vorgesehenen Kompetenzverteilung keine geringeren Anforderungen an die parlamentarische Mitwirkung bei der Errichtung der PPP stellen dürfen, wie sie in Bezug auf die internationalen Organisationen gefordert werden.[1123] Es geht an dieser Stelle nicht darum, den Anwendungsbereich des Art. 59 Abs. 2 S. 1 GG auf Bereiche zu erweitern, die vom Wortlaut der Vorschrift nicht erfasst werden,[1124] sondern es soll in diesen Bereichen eine Bindung auch für die Fälle gewährleistet werden, in denen statt eines völkerrechtlichen Vertrages ein privat-

1119 *Wolfrum*, in: VVDStRL 56 (1997), S. 38 (40 f.); *Kluth*, in: Wendt, u.a. (Hrsg.), FS Friauf, S. 214 ff.; *Zuleeg*, DÖV 30 (1977), S. 462 (465).

1120 BVerfGE 68, 1 (108 f.); siehe auch BVerfGE 90, 268, 389; *Maurer*, Staatsrecht I, § 8 Rn. 22.

1121 Vgl. *Krebs*, in: Isensee/Kirchhof, Handbuch des Staatsrechts, Band 5, § 108 Rn. 101.

1122 Das BVerfGE 68, 1 (109 f.) weist z.B. auf die Wahrnehmung der Haushaltsbefugnisse oder die Möglichkeit der Wahl eines neuen Bundeskanzlers hin; vgl. auch *Di Fabio*, in: Isensee/Kirchhof, Handbuch des Staatsrechts, Band 2, § 27 Rn. 73 und *Schorkopf*, Grundgesetz und Überstaatlichkeit, S. 289. *Tomuschat*, in: VVDStRL 36 (1978), S. 7 (34 f.), entnimmt in diesem Zusammenhang Art. 43 Abs. 1 GG den Auftrag an den Bundestag, gegenüber der Exekutive für Transparenz und Verständlichkeit des Regierungshandelns einzutreten.

1123 Vgl. auch *Calliess*, in: Isensee/Kirchhof, Handbuch des Staatsrechts, Band 4, § 83 Rn. 48, der eine analoge Anwendung des Art. 59 Abs. 2 S. 1 GG ausschließlich in den Fällen annimmt, in der das parlamentarische Zustimmungserfordernis unterlaufen wird.

1124 Dagegen *Kluth*, in: Wendt, u.a. (Hrsg.), FS Friauf, S. 201, 209.

rechtliches Vertragswerk vorliegt. Als normative Grundlage für das parlamentarische Mitwirkungsrecht erscheint es insofern sinnvoll, eine analoge Anwendung des Art. 59 Abs. 2 S. 1 GG vorzunehmen.

dd. Die Kompetenzverteilung innerhalb der Exekutive

Ebenfalls zum Themenkomplex der Gewaltenteilung zählt die Kompetenzverteilung innerhalb der Exekutive, die an späterer Stelle in der Untersuchung relevant werden wird.[1125] Im Lichte des Gewaltenteilungsgrundsatzes besteht Einigkeit darüber, dass sich innerhalb der „vollziehenden Gewalt" im Sinne des Art. 20 Abs. 2 GG im funktionellen Sinne Regierung und Verwaltung unterscheiden lassen.[1126] Die wesentlichen außenpolitischen Entscheidungen sind zwar von der Gubernative zu treffen, allerdings ist im Rahmen der auswärtigen Gewalt nicht jede Aufgabe mit internationalem Bezug automatisch dem Kompetenzbereich der Regierung unterworfen.[1127] Der Verwaltung kann potentiell ebenfalls eine eigenständige Bedeutung zukommen.[1128]

Die Abgrenzung der Befugnisse von Gubernative und Verwaltung ist nach der Sachaufgabe vorzunehmen.[1129] Zeichnet sich eine Staatstätigkeit durch das Merkmal des Politischen aus, weist also einen staatsleitenden Bezug auf,[1130] so ist von einer Zuständigkeit der Regierung auszugehen. Eine Zuständigkeit der Verwaltung liegt dagegen vor, wenn eine technische Aufgabenwahrnehmung in Rede steht.[1131]

b. Der Grundsatz funktionsgerechter Organstruktur

Dem Gewaltenteilungsgrundsatz werden schließlich in der Literatur Vorgaben für die Ausgestaltung von Organisation und Verfahren bei der Ausübung von Staatsgewalt entnommen.[1132] Aus der Verknüpfung von Funktion und Organstruktur in Art. 20 Abs. 2 GG ergebe sich „ein prinzipielles Verbot der Wahrnehmung oder Zuweisung von Funktionen, die der Struktur des Organs und der

---

1125 Siehe unten unter VI. 1.

1126 Vgl. BVerfGE 83, 60 (72); *Tietje*, Internationalisiertes Verwaltungshandeln, S. 188; *Stern*, Das Staatsrecht der Bundesrepublik Deutschland, Band II, S. 680; *Di Fabio*, in: Isensee/Kirchhof, Handbuch des Staatsrechts, Band 2, § 27 Rn. 22; *Kirchhof*, in: Isensee/Kirchhof, Handbuch des Staatsrechts, Band 5, § 99 Rn. 120.

1127 *Calliess*, in: Isensee/Kirchhof, Handbuch des Staatsrechts, Band 4, § 83 Rn. 7, 22.

1128 *Tietje*, Internationalisiertes Verwaltungshandeln, S. 237.

1129 *Schröder*, in: Isensee/Kirchhof, Handbuch des Staatsrechts, Band 5, § 106 Rn. 30, der zugleich auf die Schwierigkeiten einer trennscharfen Abgrenzung hinweist.

1130 *Stern*, Das Staatsrecht der Bundesrepublik Deutschland, Band II, S. 696.

1131 *Tietje*, Internationalisiertes Verwaltungshandeln, S. 237.

1132 Vgl. allgemein *Grzeszick*, in: Maunz/Dürig, Grundgesetz, Art. 20 (VII) Rn. 49, 129.

von ihm wahrzunehmenden Grundfunktionen nicht entsprechen".[1133] Daraus wird gefolgert, dass der normative Sinn der Gewaltenteilung in der staatsrechtlichen Organisationsregel liege, wonach die Staatsgewalt funktionsorientiert ausgestaltet und gegliedert werden müsse.[1134] Ein Funktionsträger habe daher die zur Erfüllung seiner Aufgaben notwendige personelle, sachlich-instrumentelle und organisatorische Ausstattung zu erhalten.[1135]

Allerdings sei eine Organstruktur erst dann mit der Verfassung unvereinbar, wenn sie keine Gewähr für eine sachgerechte Entscheidungsfindung biete.[1136] Insofern wird also ein weiter Spielraum akzeptiert. Unter Berücksichtigung des Grundsatzes funktionsgerechter Organstruktur darf die Organisationsstruktur der PPP zur Erfüllung ihrer Zielsetzung somit nur nicht evident ungeeignet sein. Einzig die Beteiligung an einer PPP mit zur Erfüllung ihrer Funktion inadäquaten Strukturen würde unter Berücksichtigung dieses Aspektes dem Gewaltenteilungsgrundsatz widersprechen.

3. Vorrang und Vorbehalt des Gesetzes

Alle staatlichen Organe sind bei ihren Äußerungen und Handlungen an das geltende Recht gebunden, Art. 20 Abs. 3 GG. Diese als „Kernstück des Rechtsstaatsprinzips"[1137] bezeichnete Vorgabe legt einen uneingeschränkten Vorrang der Verfassung und der Gesetze fest. Der Vorrang der Verfassung und der Gesetze gilt uneingeschränkt, erfasst also u.a. auch Regierungsakte und verwaltungsprivatrechtliches Handeln.[1138] Während die Legislative ausschließlich an

---

1133 *Hesse*, Grundzüge des Verfassungsrechts der Bundesrepublik Deutschland, Rn. 489; vgl. auch *Rauser*, Die Übertragung von Hoheitsrechten auf ausländische Staaten, S. 274.

1134 *Von Danwitz*, Der Staat 35 (1996), S. 329 (335); *Krebs*, in: Isensee/Kirchhof, Handbuch des Staatsrechts, Band 5, § 108 Rn. 90; bezogen auf die Verwaltungsorganisation nimmt *Schmidt-Aßmann*, in: Isensee/Kirchhof, Handbuch des Staatsrechts, Band 2, § 26 Rn. 79 an, sie müsse so strukturiert sein, dass sie „ihre Leistungs- und Schutzaufträge zeitgerecht, effizient und effektiv" erfüllen könne. So auch *Voßkuhle*, in: VVDStRL 62 (2003), S. 266 (298). *Steiner*, Öffentliche Verwaltung durch Private, S. 270, sieht in der Wahl einer privatrechtlichen Organisationsform sogar ein „potentielles rechtsstaatliches Minus", soweit die öffentlich-rechtliche und insbesondere die behördlich institutionalisierte Organisationsform zur Verwirklichung der Rechtstaatlichkeit die angemessenere Organisationsform bilde.

1135 *Von Danwitz*, Der Staat 35 (1996), S. 329 (335).

1136 *Hesse*, Grundzüge des Verfassungsrechts der Bundesrepublik Deutschland, Rn. 489; *von Danwitz*, Der Staat 35 (1996), S. 329 (338, 347), spricht von „funktionaler Inkompatibilität".

1137 *Maurer*, Staatsrecht I, § 8 Rn. 12.

1138 *Maurer*, Staatsrecht I, § 8 Rn. 13.

die Verfassung gebunden ist, besteht für die Exekutive eine Verpflichtung zur Einhaltung von Vorrang und Vorbehalt des Gesetzes.[1139] Die Gesetzesbindung der Exekutive ermöglicht eine parlamentarische Steuerung, die „ein Gleichgewicht für die starke Stellung der Exekutive bei der Vorbereitung von Gesetzen und dem rechtsbildenden Prozess täglicher Gesetzesanwendung“ herstellt.[1140] Da die Gubernative gemeinsam mit dem Parlament an der Staatsleitung beteiligt ist, wird ihr gegenüber der Verwaltung allerdings ein größerer politischer Spielraum zugestanden und von einer weniger strikten Gesetzesbindung ausgegangen.[1141]

a. Der Grundsatz des Vorrangs des Gesetzes

Der Grundsatz des Vorrangs des Gesetzes statuiert für die Exekutive in Bezug auf die parlamentarischen Gesetze ein Befolgungsgebot und ein Abweichungsverbot.[1142] Vor diesem Hintergrund ist davon auszugehen, dass wenn das Parlament zulässigerweise eine Organisationsentscheidung durch ein Gesetz getroffen hat, die Exekutive diese Entscheidung respektieren muss und nicht einseitig in Frage stellen darf.[1143]

Der Grundsatz des Vorrangs des Gesetzes setzt allerdings eine Gesetzgebungskompetenz der Legislative voraus. Er kann daher nur innerhalb der Grenzen Berücksichtigung finden, in denen durch die Verfassung eine gesetzliche Zustimmung verlangt wird. In allen anderen Fällen unterliegt die Beteiligungsentscheidung der Prärogative der Exekutive, so dass der Erlass eines Gesetzes durch die Legislative einen unzulässigen Übergriff in den Kompetenzbereich der Exekutive darstellen würde. Damit greift der Grundsatz für die PPP nur in den Fällen, in denen aus Art. 59 Abs. 2 S. 1 GG eine Mitwirkungspflicht des Gesetzgebers folgt.

b. Der Grundsatz des Gesetzesvorbehalts

Der Grundsatz des Vorbehalts des Gesetzes legt demgegenüber fest, ob und inwieweit eine Handlung der Verwaltung auf einer gesetzlichen Ermächtigung beruhen muss.[1144] Ein Gesetzesvorbehalt kann sich aus einer ausdrücklichen Normierung in der Verfassung ergeben, wird vom BVerfG aber darüber hinaus

1139 *Wißmann*, in: Hoffmann-Riem/Schmidt-Aßmann/Voßkuhle, Grundlagen des Verwaltungsrechts, Band I, § 15 Rn. 54.
1140 *Schmidt-Aßmann*, in: Isensee/Kirchhof, Handbuch des Staatsrechts, Band 2, § 26 Rn. 58.
1141 *Schröder*, in: Isensee/Kirchhof, Handbuch des Staatsrechts, Band 5, § 106 Rn. 30.
1142 *Ossenbühl*, in: Isensee/Kirchhof, Handbuch des Staatsrechts, Band 5, § 101 Rn. 4.
1143 *Krebs*, in: Isensee/Kirchhof, Handbuch des Staatsrechts, Band 5, § 108 Rn. 103.
1144 *Stober*, in: Wolff/Bachof/Stober/Kluth, Verwaltungsrecht, Band 1, § 30 Rn. 28.

für alle „wesentlichen Entscheidungen" angenommen, deren Regelung zwingend dem parlamentarischen Gesetzgeber überantwortet sei.[1145] Eine Organisationswahl kann in diesem Sinne z.B. eine wesentliche Entscheidung darstellen, wenn ihr Relevanz für die Bürger zukommt.[1146]

In Einklang mit den Vorgaben des Gewaltenteilungsgrundsatzes kann aus dem Grundsatz des Vorbehalts des Gesetzes bei internationalen Sachverhalten ebenfalls nicht die Notwendigkeit einer gesetzlichen Grundlage für Fälle, die nicht von Art. 59 Abs. 2 S. 1 GG analog erfasst sind, begründet werden. Nach Auffassung des BVerfG vermag im Bereich der auswärtigen Angelegenheiten die substantiell bedeutsame politische Tragweite einer Entscheidung angesichts der ausdrücklich normierten Kompetenzregelungen keinen Totalvorbehalt des Gesetzes zu begründen. Das Gericht sieht insoweit in den Art. 59 Abs. 2 S. 1 GG sowie Art. 24 Abs. 1 GG eine abschließende inhaltliche Regelung für die von den Normierungen erfassten Sachbereiche.[1147] Daher stellt sich die Frage, ob eine Organisationsentscheidung als „wesentlich" anzusehen ist und eine Verpflichtung des Gesetzgebers zum Tätigwerden auslöst, nur dann, wenn die Entscheidung nicht bereits der Exekutive vorbehalten ist.[1148] Das ist aber bei internationalen Angelegenheiten und darum auch bei der Beteiligungsentscheidung an einer PPP gerade der Fall.

4. Bindung an die Grundrechte

Zu den Elementen des Rechtsstaatsprinzips zählt die in Art. 1 Abs. 3 GG zum Ausdruck gebrachte Grundrechtsbindung der staatlichen Gewalten.[1149] Die Grundrechte bzw. die den Grundrechten zugrunde liegenden Rechtsprinzipien stellen eines der „Essentiale" der geltenden Verfassung dar.[1150] Nach dem Wortlaut des Art. 1 Abs. 3 GG bleibt die staatliche Gewalt ausnahmslos an die Grundrechte gebunden. Die Verfassungsvorschrift enthält keine territoriale Ein-

---

1145 BVerfGE 40, 237 (248); 46, 268 (296); 47, 46 (79); 49, 89 (126 f.); 58, 257 (268 ff.); 61, 260 (275). Man spricht auch vom Parlamentsvorbehalt, vgl. *Stober*, in: Wolff/Bachof/Stober/Kluth, Verwaltungsrecht, Band 1, § 30 Rn. 28.

1146 *Maurer*, Staatsrecht I, § 8 Rn. 22; vgl. auch *Mann*, Die öffentlich-rechtliche Gesellschaft, S. 77 f.

1147 BVerfGE 68, 1 (108 f.).

1148 *Krebs*, in: Isensee/Kirchhof, Handbuch des Staatsrechts, Band 5, § 108 Rn. 101. Vgl. auch *Ossenbühl*, in: Isensee/Kirchhof, Handbuch des Staatsrechts, Band 5, § 101 Rn. 11, der Vorbehalt des Gesetzes betreffe die Frage, welche Sachbereiche einer autonomen Regelung der Verwaltung entzogen seien und stelle somit eine „Zentralfrage der Gewaltenteilung" dar.

1149 *Kloepfer*, Verfassungsrecht, Band 1, § 10 Rn. 41.

1150 BVerfGE 37, 271 (280); 73, 339 (376).

schränkung. Ihr Anwendungsbereich erstreckt sich grundsätzlich auch auf das extraterritorial wirkende Handeln der deutschen Staatsorgane.[1151]

Vor diesem Hintergrund sind die Aussagen der Grundrechte für die Beteiligung der deutschen Staatsgewalt an den PPP zu untersuchen. In der Darstellung wird dabei zwischen drei unterschiedlichen Konstellationen unterschieden, in denen eine Bedeutung der deutschen Grundrechte in Betracht kommt. Die PPP könnten, vermittelt über die Beteiligung der deutschen Staatsgewalt, selbst einer Grundrechtsbindung unterliegen. Des Weiteren können die Grundrechte sowohl bei der ursprünglichen Beteiligungsentscheidung als auch bei einer Beteiligung an den Handlungen der PPP der Entscheidungsfreiheit der deutschen Staatsgewalt Grenzen setzen. Zur Einführung soll aber zunächst erläutert werden, ob der Schutzstandard der Grundrechte bei internationalen Kooperationen vollumfänglich eingehalten werden muss oder ob Einschränkungen zugelassen sind.

a. Das Schutzniveau der Grundrechte bei Sachverhalten mit Auslandsbezug

Die umfassende Grundrechtsbindung des Staates gem. Art. 1 Abs. 3 GG ist bei auswärtigen Angelegenheiten mit der Offenheit des Grundgesetzes für internationale Kooperation und Integration in Einklang zu bringen. Bei einem Auslandsbezug kann zum einen die staatliche Fähigkeit zur Sicherung des Grundrechtsstandards reduziert sein.[1152] Die deutschen Staatsorgane haben die Eigenverantwortlichkeit der fremden Herrschaftsordnung zu respektieren und werden folglich die Rechtsauffassungen des jeweiligen territorialen Souveräns berücksichtigen müssen.[1153] Zum anderen könnte ein „unnachgiebiges Beharren" auf der Grundrechtsordnung des Grundgesetzes die Eignung der Bundesrepublik Deutschland zu einer effektiven Teilnahme am internationalen Rechtsverkehr erheblich einschränken.[1154] Würde jedem Staat zugestanden werden, die Bindungswirkung internationaler Regelungen unter Berufung auf nationale Rechtsvorschriften ausschließen zu können, bestünde letztlich die Gefahr, dass sich Staaten von unliebsamen Verpflichtungen lösen und die zwischenstaatlichen Organisationen praktisch handlungsunfähig werden könnten.[1155]

1151 BVerfGE 6, 290 (295); 31, 58 (74 f.); 57, 9 (23); 100, 313 (362 f.); *Röben*, Außenverfassungsrecht, S. 405 f. Ausführlich *Hofmann*, Grundrechte und grenzüberschreitende Sachverhalte, S. 13 ff., m.w.N.

1152 BVerfGE 92, 26 (41); *Herdegen*, in: Maunz/Dürig, Grundgesetz, Art. 1 Abs. 3 Rn. 76.

1153 *Röben*, Außenverfassungsrecht, S. 406; *Hofmann*, Grundrechte und grenzüberschreitende Sachverhalte, S. 69 ff.; *Tomuschat*, in: VVDStRL 36 (1978), S. 7 (45 f.).

1154 *Hofmann*, Grundrechte und grenzüberschreitende Sachverhalte, S. 70; *Herdegen*, in: Maunz/Dürig, Grundgesetz, Art. 1 Abs. 3 Rn. 75.

1155 *Classen*, in: von Mangoldt/Klein/Starck, Grundgesetz, Band 2, Art. 24 Rn. 56.

Solange die deutsche Rechtsordnung einen Sachverhalt nicht aus alleinigem Gültigkeitsanspruch beherrschen kann, erkennt das BVerfG der deutschen Staatsgewalt einen erhöhten Einschätzungsspielraum zu.[1156] Diese hat in ihrer Entscheidungsfindung nicht nur auf die Einhaltung und Effektivierung der Grundrechte sondern auch auf die Auswirkungen für die zwischenstaatlichen Beziehungen Rücksicht zu nehmen. Als Ergebnis der Abwägung könne eine Verminderung des Grundrechtsstandards dann im Einzelfall eventuell hinzunehmen sein.[1157] Dieser Entscheidungsspielraum entbindet die deutschen Staatsorgane aber nicht von der Verpflichtung, im Rahmen bestehender Einflussmöglichkeiten die größtmögliche Wirksamkeit der Grundrechte zu sichern.[1158] Zudem muss als äußerste Grenze der Grundrechtskern gewahrt bleiben.[1159] Der Grundrechtsteil des Grundgesetzes darf insofern nicht vorbehaltlos relativiert werden.[1160]

b. Die Bindung der PPP an deutsche Grundrechte?

Nach dieser Vorüberlegung soll geprüft werden, ob die PPP selbst, vermittelt über die deutsche Staatsgewalt, an die Grundrechte gebunden sein können. Die privatrechtliche Organisationsform der PPP stellt für sich genommen zunächst kein Hindernis für die Annahme einer Grundrechtsbindung dar. Unstreitig sind privatrechtliche juristische Personen, die im Alleineigentum des Staates stehen, in vollem Umfang an die Grundrechte gebunden.[1161] Einer solchen Bindung unterliegen nach umstrittener Auffassung ebenfalls die sog. gemischtwirtschaftlichen Organisationen, an denen sich der deutsche Staat gemeinsam

1156 BVerfGE 92, 26 (41).

1157 BVerfGE 92, 26 (41 f.). Gegen diese Ansicht wird eingewendet, dass aus Gründen der Staatsräson staatlichen Interessen ein Vorrang vor den verfassungsrechtlich geschützten Individualrechten gewährt würde, vgl. *Schorkopf*, Grundgesetz und Überstaatlichkeit, S. 126.

1158 BVerfGE 6, 290 (299 f.); 40, 141 (177 ff.); 55, 349 (364 ff.); 72, 66 (79 f.); 92, 26 (41 f.). Zustimmend *Classen*, in: von Mangoldt/Klein/Starck, Grundgesetz, Band 2, Art. 24 Rn. 56.

1159 *Herdegen*, in: Maunz/Dürig, Grundgesetz, Art. 1 Abs. 3 Rn. 73. *Tomuschat*, in: VVDStRL 36 (1978), S. 7 (45 f.), geht davon aus, dass sich „grundrechtliche Wertvorstellungen nur unter der Voraussetzung von Evidenz und Allgemeingültigkeit für menschliche Existenz schlechthin als Richtschnur einer grenzüberschreitenden Politik eignen".

1160 Vgl. BVerfGE 58, 1 (40). *Hofmann*, Grundrechte und grenzüberschreitende Sachverhalte, S. 101 f.

1161 *Hillgruber*, in: Epping/Hillgruber, Beck'scher Online-Kommentar zum Grundgesetz, Art. 1 Rn. 69.

mit privaten Akteuren beteiligt.[1162] Während von einem Teil der Lehre eine Grundrechtsbindung zum Schutz der privaten Anteilseigner in der Organisation abgelehnt wird,[1163] hat das BVerfG in dem Fraport-Urteil entschieden, dass eine privatrechtliche, gemischt-wirtschaftliche Organisation Grundrechtsbindungen unterliegen kann.[1164]

Ob diese Rechtsprechung auch bei ausländischen privatrechtlichen Organisationsformen Geltung beanspruchen kann, bedarf für die Zwecke der Untersuchung keiner Klärung. Das BVerfG geht von einer Grundrechtsbindung nämlich nur in den Fällen aus, in denen die deutsche Staatsgewalt einen beherrschenden Einfluss ausübt.[1165] Die Vereinbarung eines Beherrschungsverhältnisses durch den deutschen Staat erscheint in einer PPP wegen ihres zwischenstaatlichen Charakters und vor dem Hintergrund ihres Beitrages zur Abstimmung der internationalen Beziehungen jedoch nahezu ausgeschlossen.[1166]

c. Die Bindung der deutschen Staatsgewalt an Grundrechte

Dass die Organisationsform der PPP nicht selbst an die Grundrechte gebunden sein kann, bewirkt aber keine umfassende Freistellung der deutschen Staatsorgane von einer Grundrechtsbindung bei sämtlichen Handlungen im Umfeld der PPP. Die Grundrechte können möglicherweise Anforderungen an die deutsche Staatsgewalt bei der Ausgestaltung der Kompetenzen und Organisationsstrukturen enthalten. Des Weiteren kann der Beitrag der deutschen Vertreter an den Beschlüssen und Handlungen der PPP Anknüpfungspunkt für die Wirkung von deutschen Grundrechten sein.

aa. Anforderungen der Grundrechte an die Kompetenzen und Strukturen der PPP

Zum Teil wird aus der Bindung an die Grundrechte in ihrer Funktion als Schutzpflichten das strukturelle Gebot abgeleitet, dass die staatliche Gewalt

---

1162 Vgl. zum Streitstand *Hillgruber*, in: Epping/Hillgruber, Beck'scher Online-Kommentar zum Grundgesetz, Art. 1 Rn. 70.

1163 *Höfling*, in: Sachs, Grundgesetz, Art. 1 Rn. 104; *Ehlers*, in: Erichsen/Ehlers (Hrsg.), Allgemeines Verwaltungsrecht, § 3 Rn. 93.

1164 BVerfGE 128, 226 (244 ff.). Vgl. auch *Weiss*, Privatisierung und Staatsaufgaben, S. 285 f.

1165 BVerfGE 128, 226 (244 ff.), ein beherrschender Einfluss ist zumindest dann gegeben, wenn der Staat mehr als 50 % der Anteile hält (246 f.).

1166 Vgl. auch *Kluth*, in: Wendt, u.a. (Hrsg.), FS Friauf, S. 203, der in Bezug auf die Europäische Union anmerkt, dass die Handlungen der deutschen Vertreter nicht mit dem Organhandeln identisch seien.

grundsätzlich in öffentlich-rechtlichen Formen handeln müsse.[1167] Die Grundrechte würden u.a. Anforderungen an die Verfahrensgestaltung enthalten, da die Überprüfung der Einhaltung der Grundrechte in erster Linie den Verwaltungsgerichten vorbehalten sei. Diese Rechtslage untersage es zwar nicht generell, eine privatrechtliche Organisationsform zu wählen, für die Akzeptanz einer Ausnahme sei allerdings ein sachlich nachvollziehbarer Grund erforderlich. Diesem Ansatz wird entgegengehalten, die Wahl einer privatrechtlichen Organisationsform sei nur dann unzulässig, wenn sie zu einer Verringerung rechtsstaatlicher Standards führe.[1168] Allein durch die Wahl der Organisationsform entstehe für den Bürger allerdings noch kein Rechtsnachteil.[1169] Selbst wenn man vor diesem Hintergrund einen sachlich nachvollziehbaren Grund für die Beteiligung an einer PPP fordert, erscheint es denkbar, die Notwendigkeit der Wahl einer privatrechtlichen Organisationsform mit den Erfordernissen einer effektiven internationalen Zusammenarbeit zu rechtfertigen.

Zudem wird man der Schutzpflichtdimension der Grundrechte eine Vorgabe entnehmen können, die bei der ursprünglichen Beteiligungsentscheidung ansetzt. Die Grundrechte verpflichten den deutschen Staat nämlich nicht nur dazu, die Grundrechtsträger vor einer Verletzung durch Dritte zu schützen, sondern bereits im Vorfeld einem ausländischen Amtsträger überhaupt nicht erst die Möglichkeit zu einer Grundrechtsverletzung zu eröffnen.[1170] Eine Ermächtigung der PPP zur Ausübung von Hoheitsrechten kann dementsprechend nur unter Sicherstellung eines entsprechenden Niveaus an Grundrechtsbindung, wie sie das Grundgesetz für die deutsche Staatsgewalt normiert, vorgenommen werden.[1171] In diesem Zusammenhang ist aber erneut darauf hinzuweisen, dass eine Übertragung von Hoheitsrechten im Sinne des Art. 24 Abs. 1 GG aufgrund der Sperrwirkung der Vorschrift nicht zulässig wäre und eine PPP zur Ausübung von Hoheitsrechten somit nur im Rahmen einer funktionalen Eingliederung in die deutsche Staatsorganisation berechtigt werden könnte.[1172] Ist auf dieser Grundlage die Tätigkeit der PPP der deutschen Staatsgewalt zuzurechnen, erge-

---

1167 *Weiss*, Privatisierung und Staatsaufgaben, S. 278.

1168 *Krebs*, in: Isensee/Kirchhof, Handbuch des Staatsrechts, Band 5, § 108 Rn. 92.

1169 *Stober*, in: Wolff/Bachof/Stober/Kluth, Verwaltungsrecht, Band 2, § 92 Rn. 83.

1170 *Hecker*, AöR 127 (2002), S. 291 (317); vgl. allgemein zur Pflicht des Staates Grundrechtsverletzungen von Seiten Dritter zu verhindern BVerfGE 39, 1 (42); 88, 203 (251 f.).

1171 *Starck*, in: von Mangoldt/Klein/Starck, Grundgesetz, Band 1, Art. 1 Rn. 235. Siehe auch *Kluth*, in: Wendt, u.a. (Hrsg.), FS Friauf, S. 203 f., wonach die Verwendung einer Privatrechtsform dazu beitrage, dass das Schutzniveau der Grundrechte abgesenkt werde.

1172 Siehe oben unter I. 4.

ben sich keine Unterschiede zur staatlichen Grundrechtsbindung. Wird der PPP dagegen eine gewisse Autonomie bei der Erfüllung ihrer Aufgabe zugestanden,[1173] muss die deutsche Staatsgewalt sicherstellen, dass ein äquivalenter Schutzstandard gewährleistet wird.

bb. Bindung der deutschen Vertreter in den PPP an Grundrechte

Unabhängig von einer Grundrechtsverpflichtung bei der Gründung einer PPP können die deutschen Vertreter in den Organen der PPP einer Grundrechtsbindung unterliegen und auf dieser Grundlage verpflichtet sein, auf ein grundrechtskonformes Handeln der Organisation hinzuwirken. Prinzipiell tritt für staatliche Akteure immer dann eine Grundrechtsbindung ein, wenn sie entscheidende Bestimmungsmacht ausüben.[1174] Nach diesem Grundsatz könnte auch bei der Mitwirkung deutscher Repräsentanten an Entscheidungen zwischenstaatlicher Organisationen eine uneingeschränkte Bindungswirkung an die Grundrechte bestehen.[1175]

Unter Berücksichtigung des abgesenkten Schutzniveaus der Grundrechte bei internationalen Sachverhalten wird man für die Repräsentanten der Bundesrepublik Deutschland allerdings keine uneingeschränkte Bindung an die deutschen Grundrechte annehmen können, sondern diesen die notwendige Flexibilität und Kompromissbereitschaft einräumen müssen.[1176] Im Hinblick auf die internationalen Organisationen wird von einem Ermessensspielraum der deutschen Vertreter ausgegangen, die in den internationalen Verhandlungen keiner strengen Verfassungsbindung unterliegen sollen, sondern im Zweifel lediglich darauf hinwirken müssen, einen Rechtszustand herbeizuführen, der „näher am Grundgesetz liegt."[1177] Diesen Maßstab wird man auch bei den PPP fordern müssen.

1173 *Schenke*, in: Bonner Kommentar zum Grundgesetz, Art. 19 Abs. 4 Rn. 258, geht z.B. im Falle der Beleihung von einer entsprechenden Möglichkeit aus.

1174 *Wißmann*, in: Hoffmann-Riem/Schmidt-Aßmann/Voßkuhle, Grundlagen des Verwaltungsrechts, Band I, § 15 Rn. 5.

1175 *Herdegen*, in: Maunz/Dürig, Grundgesetz, Art. 1 Abs. 3 Rn. 90 f.

1176 *Randelzhofer*, in: Maunz/Dürig, Grundgesetz, Art. 24 Abs. 1 Rn. 165; vgl. auch *Herdegen*, in: Maunz/Dürig, Grundgesetz, Art. 1 Abs. 3 Rn. 90 f., eine Einschränkung der Bindungswirkung könne bei Hoheitsrechtsübertragungen nach Art. 24 Abs. 1 GG bzw. sonstigen Beschlüssen anzunehmen sein, soweit die Funktion der Organisation bzw. der Organe in besonderem Maße dem verfassungsrechtlich verankerten Interesse der Bundesrepublik Deutschland entsprechen würden.

1177 *Walter*, AöR 129 (2004), S. 39 (74 f.); *Randelzhofer*, in: Maunz/Dürig, Grundgesetz, Art. 24 Abs. 1 Rn. 165, unter Verweis auf die Rechtsprechung des BVerfG zur Regierungsbindung der auswärtigen Gewalt, siehe dazu BVerfGE 4, 157 (168 ff.); 9, 63 (71 f.); 15, 337 (348 ff.); 80, 74 (79 f.). Ebenfalls für eine Ausdehnung der „Annähe-

5. Rechtsschutzgarantie, Art. 19 Abs. 4 S. 1 GG

Das Rechtsstaatsprinzip gewährleistet als Kehrseite des staatlichen Gewaltmonopols die Existenz eines gerichtlichen Zugangs, sowie eine rechtliche Prüfung des Antrags und eine verbindliche Entscheidung (sog. allgemeiner Justizgewährleistungsanspruch).[1178] Das Erfordernis einer effektiven Rechtsschutzmöglichkeit gegen Akte der deutschen öffentlichen Gewalt findet eine spezielle Ausprägung in Art. 19 Abs. 4 S. 1 GG.[1179] Danach muss, soweit Hoheitsgewalt eingeräumt bzw. ausgeübt wird und zu einer Beeinträchtigung von Grundrechten führen kann, eine entsprechende Individualrechtsschutz gewährende Kontrolle durch unabhängige Gerichte vorgesehen sein.[1180] Bedient sich die deutsche Staatsgewalt zur Erfüllung ihrer Aufgaben einer privatrechtlichen Organisationsform nach nationalem Recht ist insoweit zwar anerkannt, dass der Bürger die rechtlichen Konsequenzen, wie z.B. eine Änderung des Rechtsweges oder der Haftung, in Kauf nehmen muss.[1181] Die Wahl einer privatrechtlichen Organisationsform darf allerdings nicht zu einem rechtsstaatlichen Defizit bzw. Minus gegenüber öffentlich-rechtlichen Organisationstypen führen.[1182]

Daraus ergibt sich die Frage, ob gegen die Akte der PPP eine Rechtsschutzmöglichkeit eröffnet sein muss. Der Art. 19 Abs. 4 S. 1 GG verlangt das Vorliegen eines Rechtsweges nur gegen Akte der „öffentlichen Gewalt“, gemeint ist die dem Grundgesetz unterworfene Hoheitsmacht.[1183] Darunter wird grundsätzlich nur die Ausübung von deutscher Staatsgewalt verstanden.[1184] Da die PPP nicht dem deutschen Grundgesetz unterworfen sind, erscheint eine Anwendung des Art. 19 Abs. 4 S. 1 GG zweifelhaft. Nach Ansicht von Rechtsprechung und Literatur können zwischenstaatliche Einrichtungen oder Private allerdings unter

---

rungstheorie“ *Geiger*, Grundgesetz und Völkerrecht, S. 133 f., soweit die Organisation Mindestanforderungen an Rechtsstaatlichkeit genüge.

1178 BVerfGE 54, 277 (292); 81, 347 (356). *Schulze-Fielitz*, in: Dreier, Grundgesetz, Band 2, Art. 20 (Rechtsstaat) Rn. 211.

1179 Vgl. *Schmidt-Aßmann*, in: Maunz/Dürig, Grundgesetz, Art. 19 Abs. 4 Rn. 16 f.; siehe zum Verhältnis des Art. 19 Abs. 4 GG zum allgemeinen Justizgewährleistungsanspruch auch *Schenke*, in: Bonner Kommentar zum Grundgesetz, Art. 19 Abs. 4 Rn. 58.

1180 BVerfGE 73, 339 (376).

1181 *Stober*, in: Wolff/Bachof/Stober/Kluth, Verwaltungsrecht, Band 2, § 92 Rn. 83.

1182 *Stober*, in: Wolff/Bachof/Stober/Kluth, Verwaltungsrecht, Band 2, § 92 Rn. 83.

1183 BVerfGE 58, 1 (26 ff.); 59, 63 (85 f.); *Ibler*, in: Friauf/Höfling, Berliner Kommentar zum Grundgesetz, Art. 19 Abs. 4 Rn. 51.

1184 *Schmidt-Aßmann*, in: Maunz/Dürig, Grundgesetz, Art. 19 Abs. 4 Rn. 46. Nach BVerfGE 107, 395 (401 ff.) bleibt lediglich das Handeln der Judikative, soweit es in richterlicher Unabhängigkeit vorgenommen wird, ausgenommen.

bestimmten Voraussetzungen zur Ausübung von öffentlicher Gewalt ermächtigt sein.[1185]

a. Möglichkeit der Ausübung öffentlicher Gewalt durch zwischenstaatliche Organisationen

Das Rechtschutzerfordernis könnte sich aufgrund einer Parallele zu der Rechtsprechung des BVerfG in Bezug auf zwischenstaatliche Organisationen ergeben. Das BVerfG nimmt bei Akten einer zwischenstaatlichen Einrichtung im Sinne des Art. 23 f. GG dann eine Ausübung von öffentlicher Gewalt an, wenn diese Hoheitsrechte übertragen bekommen haben, die sie zum Durchgriff gegenüber den Bürgern berechtigen.[1186] Dagegen hat es im Falle von Rechtsakten von internationalen Organisationen, bei denen das Durchgriffselement fehlte, eine Ausübung von öffentlicher Gewalt im Sinne des Art. 19 Abs. 4 S. 1 GG abgelehnt.[1187] Grundsätzlich erfasst Art. 19 Abs. 4 S. 1 GG somit nicht die Ausübung von Hoheitsgewalt durch internationale Einrichtungen, es sei denn, die Akte dieser Einrichtung haben direkte Auswirkungen auf die rechtliche Situation von Grundrechtsträgern im Inland.[1188]

Für die Organisationsform der PPP ergibt sich aus dieser Rechtsprechung, dass gegen ihre Akte nur dann eine Rechtsschutzmöglichkeit vorgesehen sein müsste, wenn sie zur Ausübung von Hoheitsrechten mit Durchgriffswirkung ermächtigt worden ist. Die Zulässigkeit einer solchen Ermächtigung ist aufgrund der Sperrwirkung des Art. 24 Abs. 1 GG allerdings ausgeschlossen.[1189]

b. Möglichkeit der Ausübung öffentlicher Gewalt durch Private

Grundsätzlich können Private, gleich ob es sich um natürliche Personen oder privatrechtliche Vereinigungen handelt, nicht Träger öffentlicher Gewalt sein.[1190] Von diesem Grundsatz wird nach verbreiteter Auffassung eine Ausnahme gemacht, wenn der Private im Rahmen einer funktionalen Eingliederung in die deutsche Staatsorganisation zur Wahrnehmung von staatlichen Hoheits-

---

1185 *Schenke*, in: Bonner Kommentar zum Grundgesetz, Art. 19 Abs. 4 Rn. 233 f., 254 ff.

1186 BVerfGE 89, 155 (174 f.); bestätigt in BVerfG NVwZ 2006, S. 1403. A.A. *Ibler*, in: Friauf/Höfling, Berliner Kommentar zum Grundgesetz, Art. 19 Abs. 4 Rn. 55, der in dem Unterschreiten eines Mindestmaßes an Rechtsschutz lediglich eine Verletzung des Art. 24 Abs. 1 GG sieht.

1187 BVerfG GRUR 2010, S. 1031 (1032).

1188 *Schenke*, in: Bonner Kommentar zum Grundgesetz, Art. 19 Abs. 4 Rn. 233, der zudem darauf hinweist, dass nicht der Akt selbst unmittelbar zum Gegenstand des Verfahrens gemacht, sondern vielmehr seine Anwendung im Inland unterbunden wird.

1189 Siehe oben unter I. 4.

1190 *Schenke*, in: Bonner Kommentar zum Grundgesetz, Art. 19 Abs. 4 Rn. 254.

rechten ermächtigt wurde, wie es insbesondere bei der Beleihung der Fall ist.[1191] Dafür wird angeführt, der Staat dürfe den verfassungsrechtlich garantierten Rechtsschutz nicht durch eine Ermächtigung Privater unterlaufen. Gerade in Situationen, in denen „der Staat sein spezifisches Machtinstrumentarium in die Hände Privater" lege, sei das Bedürfnis nach Rechtschutz in besonderem Maße gegeben.[1192]

Damit die PPP als privatrechtliche Organisationen nach diesem Verständnis öffentliche Gewalt ausüben, muss ihnen eine gewisse Eigenständigkeit bei der Aufgabenerfüllung vermittelt worden sein. Sollten sie nämlich auf der Grundlage deutschen Rechts tätig geworden und insoweit eine Zurechnung ihres Verhaltens an die deutsche Staatsgewalt begründet sein, kann das Rechtschutzverlangen direkt gegen die Akte der deutschen Staatsgewalt gerichtet werden.[1193]

c. Zulässigkeit der Vereinbarkeit einer ausländischen Gerichtsbarkeit

Ergibt sich auf der Basis der vorangegangenen Überlegungen eine Rechtsschutzverpflichtung gegen die Akte der PPP nach Art. 19 Abs. 4 S. 1 GG, muss der Rechtsschutz wirkungsvoll, also zweckgerichtet, geeignet, angemessen und insbesondere für den Rechtssuchenden zumutbar sein.[1194] Das lässt es aus der Sicht des deutschen Grundgesetzes problematisch erscheinen, wenn der Rechtsweg lediglich in dem Heimatstaat der Organisation eröffnet wurde und keine Zuständigkeit von deutschen Gerichten gegeben ist. Darin kann für den Einzelnen eine erhebliche Erschwerung des Zugangs zum Gericht liegen.

Dennoch akzeptiert es das BVerfG im Falle der supranationalen Organisationen, wenn gegen deren Rechtsakte zwar keine Rechtsschutzmöglichkeit durch deutsche Gerichte besteht,[1195] aber ein dem deutschen Standard im Wesentlichen vergleichbarer Rechtschutz durch die Gerichte eines anderen Mitgliedstaates

---

1191 Insoweit soll es aus funktionalen Gesichtspunkten genügen, wenn organisatorisch eine staatliche Stelle im weitesten Sinne handelt und diese unter Ausnutzung staatlicher Macht öffentliche Aufgaben erfüllt, vgl. *Ibler*, in: Friauf/Höfling, Berliner Kommentar zum Grundgesetz, Art. 19 Abs. 4 Rn. 51. Das trifft zwar auch auf die Verwaltungshelfer zu, deren Handlungen sind allerdings der Behörde unmittelbar zuzurechnen, für die sie als „verlängerter Arm" tätig werden, vgl. *Schenke*, in: Bonner Kommentar zum Grundgesetz, Art. 19 Abs. 4 Rn. 258.

1192 *Schenke*, in: Bonner Kommentar zum Grundgesetz, Art. 19 Abs. 4 Rn. 258.

1193 *Schenke*, in: Bonner Kommentar zum Grundgesetz, Art. 19 Abs. 4 Rn. 234. *Stober*, in: Wolff/Bachof/Stober/Kluth, Verwaltungsrecht, Band 2, § 90 Rn. 59.

1194 *Robbers*, in: Bonner Kommentar zum Grundgesetz, Art. 20 Abs. 1 Rn. 1991.

1195 BVerfGE 58 , 1 (28, 41).

gewährleistet wird.[1196] Begründet wird diese Rechtsprechung mit dem Erfordernis, die Vertragsfähigkeit der Bundesrepublik Deutschland nicht zu gefährden. Der Rechtsschutz im Ausland müsse allerdings ein Maß erreichen, das gewissen Mindestanforderungen an Rechtsstaatlichkeit, die insbesondere die institutionelle und verfahrensmäßige Ausgestaltung betreffen, entspricht.[1197] Wendet man diesen Gedanken auf die rechtliche Situation der PPP an, wäre den grundgesetzlichen Vorgaben entsprochen, wenn der Heimatstaat der PPP ein vergleichbares Rechtsschutzniveau gewährleistet.

d. Anforderungen der Rechtschutzgarantie für die Mitwirkung der Bundesrepublik Deutschland an einer PPP

Der Rechtsschutzgarantie des Art. 19 Abs. 4 S. 1 GG kommt nur in sehr geringem Umfang eine eigenständige Bedeutung für die rechtliche Ausgestaltung der PPP zu. Lediglich bei der Ermächtigung der PPP zur eigenständigen Wahrnehmung deutscher öffentlicher Gewalt muss eine gerichtliche Kontrollmöglichkeit vorgesehen werden. Um das Staatsziel der Förderung der internationalen Zusammenarbeit nicht zu gefährden, lässt es die deutsche Verfassung zu, dass ein effektiver Rechtsschutz gegen die Akte der PPP durch ein ausländisches Gericht, z.B. des Heimatstaates der PPP, sichergestellt wird. Der Heimatstaat der PPP muss, soweit eine entsprechende Ermächtigung erfolgen soll, allerdings über das notwendige Maß an gerichtlichen Strukturen verfügen.

Davon unabhängig sind in jedem Fall die Mitwirkungshandlungen der deutschen Staatsgewalt, z.B. bei der Umsetzung eines Beschlusses der internationalen Einrichtung, als öffentliche Gewalt im Sinne des Art. 19 Abs. 4 S. 1 GG einzuordnen. Gegen diese Akte muss zwingend innerhalb der deutschen Rechtsordnung eine Rechtschutzmöglichkeit eröffnet sein.[1198]

6. Zusammenfassung

Das Rechtsstaatsprinzip stellt für die Beteiligung der Bundesrepublik Deutschland an den PPP einen allgemeinen Rahmen auf. Geradezu selbstverständlich erscheint, dass die Bundesrepublik Deutschland sich nur dann an einer PPP beteiligen darf, wenn die Organisation mit der Wahrnehmung von Aufgaben be-

---

1196 BVerfGE 58, 1 (41 ff.); vgl. zu den notwendigen Elementen eines solchen Rechtschutzes BVerfGE 73, 339 (376). Ebenfalls davon ausgehend, dass Art. 19 Abs. 4 S. 1 GG es zulässt, einen ausländischen Rechtsweg zu eröffnen, soweit dieser hinreichend effektiv ist, *Hecker*, AöR 127 (2002), S. 291 (319).

1197 BVerfGE 63, 343 (374 f.).

1198 *Schenke*, in: Bonner Kommentar zum Grundgesetz, Art. 19 Abs. 4 Rn. 234; *Ibler*, in: Friauf/Höfling, Berliner Kommentar zum Grundgesetz, Art. 19 Abs. 4 Rn. 53.

traut wurde, deren Erfüllung im öffentlichen Interesse liegt. Der Gewaltenteilungsgrundsatz ordnet prinzipiell der Exekutive sowohl die Zuständigkeit für die Verhandlungen im Hinblick auf die Errichtung einer PPP als auch für die anschließende Wahrnehmung der Mitgliedschaftsrechte der Bundesrepublik Deutschland zu. In Analogie zu Art. 59 Abs. 2 S. 1 GG muss allerdings in den von der Vorschrift genannten Fällen eine Mitwirkung der Legislative bei der Gründung der PPP erfolgen. Demgegenüber lassen sich den Grundsätzen des Vorrangs und Vorbehalts des Gesetzes keine weiterreichenden Vorgaben für die Beteiligung der Bundesrepublik Deutschland an einer PPP entnehmen. Die eingeschränkten Mitwirkungsrechte der gesetzgebenden Körperschaften nach Maßgabe des Gewaltenteilungsgrundsatzes erfahren auch durch die Anwendung dieser Grundsätze keine Erweiterung.

Jede Ausübung von deutscher Staatsgewalt ist zudem an die Grundrechte gebunden. Einer solchen Bindung unterliegen die PPP als private Organisationsformen, die in aller Regel nicht vom deutschen Staat beherrscht werden, nicht. Dagegen muss die deutsche Staatsgewalt aufgrund der Schutzpflichtendimension der Grundrechte bei der Festlegung der Kompetenzen der PPP die Vorgabe einhalten, dass eine Ermächtigung der PPP zur Ausübung von deutscher Hoheitsgewalt nur erfolgen darf, wenn das Schutzniveau der Grundrechte durch diese Entscheidung nicht abgesenkt wird. Dabei ist zu beachten, dass der Schutzumfang der Grundrechte im Bereich der auswärtigen Beziehungen abgesenkt sein kann, um die außenpolitische Handlungsfähigkeit der deutschen Staatsgewalt nicht zu stark einzuschränken. Ein solcher Maßstab besteht auch für die Repräsentanten der Bundesrepublik Deutschland in den Organen der PPP, damit diese über die notwendige Flexibilität verfügen, um die Interessen der Bundesrepublik Deutschland bestmöglich vertreten zu können.

Die Rechtsschutzgarantie gem. Art. 19 Abs. 4 S. 1 GG kommt in Bezug auf die PPP nur zur Anwendung, wenn diese öffentliche Gewalt im Sinne der Vorschrift ausüben. Das kann nach Maßgabe der vorangegangenen Untersuchung nur dann der Fall sein, wenn die PPP, z.B. im Wege der Beleihung, zur Wahrnehmung von staatlichen Hoheitsrechten ermächtigt worden sind. In diesen Konstellationen muss allerdings unter Berücksichtigung der Rechtsprechung des BVerfG zu den supranationalen Organisationen nicht zwingend der Weg zu deutschen Gerichten eröffnet sein. Um die Fähigkeit der Bundesrepublik Deutschland zur internationalen Zusammenarbeit nicht zu gefährden, genügt es, wenn durch einen anderen Mitgliedstaat der PPP eine gerichtliche Rechtsschutzmöglichkeit gewährt wird, soweit dieser Staat ein dem deutschen Rechtsschutz vergleichbares Schutzniveau gewährleisten kann.

IV. Vorgaben des Demokratieprinzips

Das Demokratieprinzip ist in der Verfassung in den Art. 20 Abs. 1, 2 und 28 GG normiert und stellt ein grundlegendes Herrschaftsorganisations- und Legitimationsprinzip der deutschen Staatsgewalt dar.[1199] Durch Art. 20 Abs. 2 GG wird das Volk als Inhaber der Staatsgewalt und als Quelle der Legitimierung staatlicher Herrschaft festgelegt.[1200] Dementsprechend muss das Volk einen effektiven Einfluss auf die Ausübung von staatlicher Gewalt haben.[1201] Staatliches Handeln bedarf spiegelbildlich für seine Wirksamkeit einer fortdauernden Legitimation durch den Volkswillen.[1202] Die Errichtung und Organisation der politischen Herrschaftsgewalt und damit letztlich jedes Organ staatlicher Gewalt muss somit „auf das Volk selbst, d.h. eine von ihm verfasste und ausgehende Legitimation und Entscheidung rückführbar sein.“[1203] Eine ausdrückliche Festlegung dieser Rückanknüpfung und damit wesentliche Ausprägung des demokratischen Grundsatzes enthält für die Bundesebene Art. 38 Abs. 1 S. 1 GG,[1204] der für den Einzelnen das subjektive Recht gewährt, durch die Bundestagswahl an der Legitimation von Staatsgewalt teilzunehmen und auf deren Ausübung Einfluss zu gewinnen.[1205]

Allerdings löst nur dasjenige staatliche Handeln, das als Ausübung von Staatsgewalt im Sinne des Art. 20 Abs. 2 GG anzusehen ist, die Legitimations-

---

1199 *Kluth*, in: Wendt, u.a. (Hrsg.), FS Friauf, S. 205.

1200 Vgl. BVerfGE 123, 267 (348), wonach in der Europäischen Union „die Völker – das heißt die staatsangehörigen Bürger – der Mitgliedstaaten die Subjekte demokratischer Legitimation bleiben.“ *Badura*, in: Isensee/Kirchhof, Handbuch des Staatsrechts, Band 2, § 25 Rn. 27.

1201 BVerfGE 83, 60 (71 f.); 123, 267 (341).

1202 *Schmidt-Aßmann*, Das allgemeine Verwaltungsrecht als Ordnungsidee, S. 88; *Böckenförde*, in: Isensee/Kirchhof, Handbuch des Staatsrechts, Band 2, § 24 Rn. 1; *Kluth*, in: Wolff/Bachof/Stober/Kluth, Verwaltungsrecht, Band 2, § 80 Rn. 142, spricht von der „Leitungsgewalt“ des Volkes.

1203 *Böckenförde*, in: Isensee/Kirchhof, Handbuch des Staatsrechts, Band 2, § 24 Rn. 5; zustimmend *Badura*, in: Isensee/Kirchhof, Handbuch des Staatsrechts, Band 2, § 25 Rn. 27. Die grundsätzlich Rückanbindung der Staatsgewalt an das Staatsvolk wird vom BVerfG zu dem durch Art. 79 Abs. 3 GG geschützten und damit nicht antastbaren Kerngehalt des Demokratieprinzips gezählt, vgl. BVerfGE 89, 155 (182).

1204 *Magiera*, in: Sachs, Grundgesetz, Art. 38 Rn. 73; *Klein*, in: Maunz/Dürig, Grundgesetz, Art. 38 Rn. 37.

1205 BVerfGE 89, 155 (182); siehe auch *Klein*, in: Maunz/Dürig, Grundgesetz, Art. 38 Rn. 135. Unter Berufung auf das Wahlrecht als grundrechtsgleiches Recht kann der Bürger auch die Verletzung demokratischer Grundsätze mit der Verfassungsbeschwerde rügen (Art. 38 Abs. 1 Satz 1, Art. 20 Abs. 1 und Abs. 2 GG), siehe BVerfGE 123, 267 (340 f.); BVerfGE 129, 124 (167 f., 177).

pflicht aus.[1206] Darunter fällt zumindest jedes staatliche Handeln mit Entscheidungscharakter, dem eine unmittelbare Wirkung nach außen zukommt.[1207] Ebenso sollen nach Ansicht des BVerfG aber auch Entscheidungen erfasst sein, die behördenintern die Voraussetzungen für die Wahrnehmung von Amtsaufgaben schaffen,[1208] soweit sie eine gewisse Intensitätsschwelle überschreiten.[1209] Da das Gebot der demokratischen Legitimation nicht primär dem Schutz vor Eingriffen in die Freiheit der Bürger dient, sondern die Inhaberschaft und Steuerung der staatlichen Gewalt durch das Volk bezweckt, bedürfen sämtliche Tätigkeiten des Staates, gleich welcher Handlungs- oder Rechtsform, der demokratischen Legitimation.[1210] Es ist somit gleichgültig, ob das staatliche Handeln öffentlich-rechtlichen oder privatrechtlichen Charakters ist und in welcher Organisationsform der Staat tätig wird.[1211]

1. Das Erfordernis der effektiven demokratischen Legitimation bei der Ausübung von Staatsgewalt

Bevor der Blick darauf gerichtet wird, wie sich die Anforderungen des demokratischen Legitimationsgebotes auf die Betätigung des deutschen Staates in privatrechtlichen und zwischenstaatlichen Organisationen auswirken, soll kurz erläutert werden, in welchen Formen demokratische Legitimation vermittelt werden kann und wie weitgehend sie gewährleistet sein muss, damit eine Entscheidung mit dem Demokratieprinzip in Einklang steht.

a. Legitimationsformen

Nach der Vorstellung des Art. 20 Abs. 2 GG, konkretisiert durch Art. 38 Abs. 1 GG, wird die demokratische Legitimation durch Wahlen und Abstimmungen „als Nahtstellen zwischen Gesellschaft und verfasster Staatlichkeit" vermit-

---

1206 *Burgi*, in: Erichsen/Ehlers (Hrsg.), Allgemeines Verwaltungsrecht, § 7 Rn. 27; so auch *Kämmerer*, Privatisierung, S. 191: „Wo kein Staat ist, wirkt auch nicht das Demokratieprinzip."

1207 BVerfGE 47, 253 (272 f.); 83, 60 (73); 93, 37 (68); 107, 59 (87).

1208 BVerfGE 83, 60 (73); 93, 37 (68); 107, 59 (87).

1209 Siehe BVerfGE 47, 253 (274), wonach die Aufgaben nicht so „unwichtig" sein dürften, dass „sie nicht mehr unter den Begriff ‚Ausübung der Staatsgewalt„ fallen und deshalb auf Institutionen ohne ausreichende demokratische Legitimation übertragen werden könnten." Vgl. auch BVerfGE 91, 228 (244). Vgl. hierzu auch *Gersdorf*, Öffentliche Unternehmen im Spannungsfeld zwischen Demokratie- und Wirtschaftlichkeitsprinzip, S. 48 f.

1210 *Sommermann*, in: von Mangoldt/Klein/Starck, Grundgesetz, Grundgesetz, Band 2, Art. 20 Rn. 145 f.; *Böckenförde*, in: Isensee/Kirchhof, Handbuch des Staatsrechts, Band 2, § 24 Rn. 12 f.

1211 *Böckenförde*, in: Isensee/Kirchhof, Handbuch des Staatsrechts, Band 2, § 24 Rn. 12 f.; *Burgi*, in: Erichsen/Ehlers (Hrsg.), Allgemeines Verwaltungsrecht, § 7 Rn. 27.

telt.[1212] Durch seine Stimmabgabe insbesondere bei der Parlamentswahl übt der Bürger seine „legitimationsschaffende politische Freiheit aus".[1213] Der „akzeptanzsichernde Zweck" einer Organisation kann demgegenüber nicht zu einer demokratischen Legitimationsform aufgewertet werden,[1214] somit kann z.B. aus der Gemeinwohlorientierung der PPP keine demokratische Legitimation abgeleitet werden. Da die Exekutive nur in Ausnahmefällen direkt vom Volk legitimiert ist, wie z.B. bei der Direktwahl des Bürgermeisters oder der Wahl der kommunalen Vertretungskörperschaften,[1215] bilden die Parlamente in der Regel das Zentrum demokratischer Legitimität.[1216] Über einen Zurechnungszusammenhang kann die Legislative demokratische Legitimation an die Exekutive vermitteln, wobei diese Verknüpfung auf zwei Wegen herstellbar ist.[1217]

Nach der sog. organisatorisch-personellen Legitimation wird als Quelle demokratischer Legitimation auf den individuellen Bestellungsakt des mit der Wahrnehmung von staatlichen Aufgaben betrauten Amts- oder Organwalters abgestellt.[1218] Ein Amtsträger verfügt danach über eine uneingeschränkte personelle demokratische Legitimation, „wenn er verfassungsgemäß sein Amt im

---

1212 *Schmidt-Aßmann*, Das allgemeine Verwaltungsrecht als Ordnungsidee, S. 89; siehe auch *Klein*, in: Maunz/Dürig, Grundgesetz, Art. 38 Rn. 135.

1213 *Badura*, in: Isensee/Kirchhof, Handbuch des Staatsrechts, Band 2, § 25 Rn. 30. Vgl. auch BVerfGE 123, 267 (341): „Das Recht der Bürger, in Freiheit und Gleichheit durch Wahlen und Abstimmungen die öffentliche Gewalt personell und sachlich zu bestimmen, ist der elementare Bestandteil des Demokratieprinzips."

1214 *Schmidt-Aßmann*, Das allgemeine Verwaltungsrecht als Ordnungsidee, S. 100. Kritisch *Schliesky*, Souveränität und Legitimität von Herrschaftsgewalt, S. 281 ff., der sich für eine Einbeziehung von wertenden Aspekten, sog. „output-Legitimationsansätzen", wie der inhaltlichen Richtigkeit eines Gesetzes oder einer Berücksichtigung der Ergebnisse der konkreten Herrschaftsausübung ausspricht. Ebenso *Tietje*, Internationalisiertes Verwaltungshandeln, S. 658 ff.

1215 *Kluth*, in: Wolff/Bachof/Stober/Kluth, Verwaltungsrecht, Band 2, § 80 Rn. 152.

1216 *Schmidt-Aßmann*, Das allgemeine Verwaltungsrecht als Ordnungsidee, S. 89. Auf Bundesebene ist der Bundestag sogar das einzige unmittelbar vom Volk durch Wahlen legitimierte Verfassungsorgan, vgl. *Kretschmer*, in: Schmidt-Bleibtreu/Hofmann/Hopfauf, Grundgesetz, Art. 38 Rn. 3.

1217 In Rechtsprechung und Lehre wird mit der funktionellen und institutionellen demokratischen Legitimation noch eine dritte Form angeführt, vgl. nur BVerfGE 83, 60 (72) und *Maurer*, Staatsrecht I, § 7 Rn. 27. Diese bezieht sich auf eine Konstituierung von Organen und eine Ausstattung mit Kompetenzen durch die Verfassung selbst. Da weder privatrechtliche noch zwischenstaatliche Einrichtungen unmittelbar durch die deutsche Verfassung mit Kompetenzen ausgestattet werden, hat diese Form der demokratischen Legitimation im vorliegenden Fall keine Relevanz.

1218 *Böckenförde*, in: Isensee/Kirchhof, Handbuch des Staatsrechts, Band 2, § 24 Rn. 16; *Kluth*, in: Wolff/Bachof/Stober/Kluth, Verwaltungsrecht, Band 2, § 80 Rn. 153.

Wege einer Wahl durch das Volk oder das Parlament oder dadurch erhalten hat, dass er durch einen seinerseits personell legitimierten, unter Verantwortung gegenüber dem Parlament handelnden Amtsträger oder mit dessen Zustimmung berufen worden ist."[1219] Damit muss eine „ununterbrochene Legitimationskette vom Volk zu den mit staatlichen Aufgaben betrauten Organen und Amtswaltern" vorliegen.[1220] Sollte die Legitimationskette durch das Dazwischentreten eines nicht oder nicht hinreichend demokratisch legitimierten Hoheitsträgers unterbrochen werden, wird die Staatsgewalt hingegen nicht verfassungsgemäß ausgeübt.[1221]

Neben der organisatorisch-personellen Legitimation kann der Zurechnungszusammenhang auch sachlich-inhaltlich gewährleistet werden. Diese Form der Legitimation verlangt für die konkrete Ausübung der Staatstätigkeit eine rechtfertigende Grundlage, die insbesondere durch ein Gesetz als Ausdruck des „im Parlament repräsentierten und ausgedrückten Volkswillens"[1222] vermittelt werden kann.[1223] Soweit ein Gesetz die Staatstätigkeit nicht inhaltlich genau festlegt, z.B. um Handlungs- bzw. Ermessensspielräume für die Exekutive zu belassen,[1224] kann eine materielle Bindung auch über die Wahrnehmung von Kontrollrechten, insbesondere Aufsichts- oder Weisungsbefugnisse, erreicht werden.[1225] Auf diese Art kann „der Amtsträger im Auftrag und nach Weisung der

---

1219 BVerfGE 93, 37 (67); 107, 59 (88).

1220 BVerfGE 47, 253 (275); 68, 1 (88); 77, 1 (40); 83, 60 (72 f.); 93, 37 (66); 107, 59 (87). Vgl. auch *Klein*, in: Maunz/Dürig, Grundgesetz, Art. 38 Rn. 68. Vgl. zu der Überlegung, ob die demokratische Legitimation mit zunehmender Länge der Kette abnehme, *Schliesky*, Souveränität und Legitimität von Herrschaftsgewalt, S. 395, m.w.N.

1221 *Rauser*, Die Übertragung von Hoheitsrechten auf ausländische Staaten, S. 264. Der Beitrag von direkt von der Entscheidung Betroffenen oder anderen Interessengruppen wird in diesem Zusammenhang als Unterbrechung der Legitimationskette angesehen, weil sich diese nicht an dem Gemeinwohl orientieren müssen vgl. BVerfGE 93, 37 (67 ff.). Anders *Weiss*, Privatisierung und Staatsaufgaben, S. 332 ff., der davon ausgeht, dass eine Betroffenenpartizipation ein Element des Demokratieprinzips sei und daher demokratische Legitimation vermitteln könne. Von der Möglichkeit einer Vermittlung von demokratischer Legitimation über private Mitgliedschaftsrechte ausgehend auch *Kluth*, Funktionale Selbstverwaltung, S. 480.

1222 BVerfGE 83, 60 (72); 93, 37 (66). *Weiss*, Privatisierung und Staatsaufgaben, S. 318.

1223 *Maurer*, Staatsrecht I, § 7 Rn. 28.

1224 Die legitimationsstiftende Wirkung des Gesetzes wird umso schwächer, je größer die Spielräume sind, vgl. *Gersdorf*, Öffentliche Unternehmen im Spannungsfeld zwischen Demokratie- und Wirtschaftlichkeitsprinzip, S. 36 f.

1225 *Schmidt-Aßmann*, Das allgemeine Verwaltungsrecht als Ordnungsidee, S. 90; *Kluth*, in: Wolff/Bachof/Stober/Kluth, Verwaltungsrecht, Band 2, § 80 Rn. 157; vgl. auch *Schliesky*, Souveränität und Legitimität von Herrschaftsgewalt, S. 296. Siehe zu den

Regierung handeln und die Regierung damit in die Lage versetzen, die Sachverantwortung gegenüber Volk und Parlament zu übernehmen."[1226]

b. Das Legitimationsniveau

Beide Formen der demokratischen Legitimation sind nicht voneinander isoliert, sondern in ihrem Zusammenwirken zu beurteilen. Sie sind auf dasselbe Ziel bezogen, eine effektive demokratische Legitimation staatlichen Handelns zu gewährleisten. Das BVerfG spricht in diesem Zusammenhang auch von der Notwendigkeit, ein „bestimmtes Legitimationsniveau" zu erreichen.[1227] Solange im konkreten Fall das Legitimationsniveau gewahrt bleibt, kann zwischen den unterschiedlichen Legitimationsarten zu einem gewissen Grad eine wechselseitige Substitution erfolgen. Ein vollständiger Verzicht auf eine der beiden Formen ist dagegen nicht möglich.[1228]

In welchem Umfang die demokratische Legitimation hergestellt werden muss, ist nicht einheitlich vorgegeben, sondern variiert zwischen den verschiedenen Formen der Ausübung von Staatsgewalt.[1229] Allerdings muss in der Regel nicht das im konkreten Fall erreichbare Maximum angestrebt,[1230] sondern nur ein „hinreichender Gehalt" an demokratischer Legitimation gewährleistet werden.[1231] Dabei bestimmen insbesondere die Qualität und die Quantität der wahrgenommenen Aufgaben die Anforderungen an das erforderliche Legitimationsniveau.[1232] Je wichtiger die Entscheidung ist, desto höher ist das Legitimationsniveau ausgestaltet.[1233] Als maßgebende Kriterien wird es insbesondere auf die Bedeutung der Aufgabe und das Gewicht ihrer rechtlichen, politischen und faktischen Auswirkungen ankommen.[1234]

---

unterschiedlichen Kontrollmöglichkeiten des Parlaments, *Gusy*, ZRP 31 (1998), S. 265 (266).

1226 BVerfGE 93, 37 (67); 107, 59 (87 f.).

1227 BVerfGE 83, 60 (72); 93, 37 (66 f.); 89, 155 (182).

1228 *Schliesky*, Souveränität und Legitimität von Herrschaftsgewalt, S. 289; *Böckenförde*, in: Isensee/Kirchhof, Handbuch des Staatsrechts, Band 2, § 24 Rn. 23.

1229 BVerfGE 83, 60 (72); 93, 37 (67).

1230 *Schmidt-Aßmann*, Das allgemeine Verwaltungsrecht als Ordnungsidee, S. 99; *Mehde*, Neues Steuerungsmodell und Demokratieprinzip, S. 198 f.; *Schliesky*, Souveränität und Legitimität von Herrschaftsgewalt, S. 305.

1231 BVerfGE 83, 60 (72); 93, 37 (66); 107, 59 (87).

1232 Speziell auf den Umfang der Aufgaben abstellend, BVerfGE 89, 155 (181); vgl. auch *Schliesky*, Souveränität und Legitimität von Herrschaftsgewalt, S. 303.

1233 *Pieroth*, in: Jarass/Pieroth, Grundgesetz, Art. 20 Rn. 9; *Robbers*, in: Bonner Kommentar zum Grundgesetz, Art. 20 Abs. 1 Rn. 579.

1234 *Kluth*, in: Wolff/Bachof/Stober/Kluth, Verwaltungsrecht, Band 2, § 80 Rn. 145.

2. Die Zulässigkeit der Beteiligung der deutschen Staatsgewalt an privatrechtlichen Organisationsformen aus der Perspektive des Demokratieprinzips

Die Reichweite des Demokratieprinzips ist inhaltlich nicht beschränkt, es umfasst nach Art. 20 Abs. 2 GG „alle Staatsgewalt“. Demgemäß bedarf auch die privatrechtlich organisierte Staatsgewalt einer demokratischen Legitimation, wenn ihre Tätigkeit der Erfüllung staatlicher Aufgaben dient.[1235] Bei Kooperationen mit Privaten in gemischt-wirtschaftlichen Gesellschaften wird davon ausgegangen, dass die Legitimationsbedürftigkeit nicht nur auf den vom Staat erbrachten Beitrag bezogen ist, sondern sich auf sämtliche Tätigkeiten der Organisation erstreckt.[1236]

Im Hinblick auf die Verleihung einer sachlich-inhaltlichen demokratischen Legitimation besteht die Möglichkeit, den Handlungsbereich der privatrechtlichen Organisation gesetzlich zu regeln und zu umgrenzen bzw. Kontrollbefugnisse demokratisch legitimierter Instanzen vorzusehen.[1237] Dagegen wäre es mit dieser Legitimationsform nicht vereinbar, wenn die Legislative und die Exekutive privatrechtliche Organisationen bilden würden, deren Tätigkeiten weder einer strikten Gesetzesbindung noch einer effektiven Kontrollmöglichkeit durch ein stärker legitimiertes Organ unterliegen. Ansonsten bestünde die Gefahr, dass einer demokratischen Legitimation und Kontrolle entzogene Entscheidungsbereiche geschaffen werden.[1238]

Bei der organisatorisch-personellen Legitimationsform ist zunächst zu bedenken, dass sie sich nicht ausschließlich auf die Person des Amtswalters beschränkt, sondern sich die Legitimationswirkung auch auf die Organe erstreckt, in denen und für welche der Amtswalter handelt.[1239] Allerdings verbindet sich

---

1235 *Stober*, in: Wolff/Bachof/Stober/Kluth, Verwaltungsrecht, Band 2, § 92 Rn. 84; *Schliesky*, Souveränität und Legitimität von Herrschaftsgewalt, S. 256; *Kämmerer*, Privatisierung, S. 192.

1236 Insofern wird auch von einer „überwirkenden demokratischen Legitimationsverantwortung“ gesprochen, vgl. *Grzeszick*, in: Maunz/Dürig, Grundgesetz, Art. 20 (II) Rn. 98 ff., m.w.N.

1237 *Böckenförde*, in: Isensee/Kirchhof, Handbuch des Staatsrechts, Band 2, § 24 Rn. 23, vertritt die Auffassung, dass bei weniger bedeutenden Entscheidungen eine strikte inhaltliche Bindung eine nur eingeschränkt vorhandene personelle Legitimation ermöglichen könne.

1238 Vgl. *Böckenförde*, in: Isensee/Kirchhof, Handbuch des Staatsrechts, Band 2, § 24 Rn. 22, der als Ausnahmen das Vorliegen zwingender Gründe (z.B. bei Prüfungsentscheidungen) oder eine besondere verfassungsrechtliche Ermächtigung nennt.

1239 *Böckenförde*, in: Isensee/Kirchhof, Handbuch des Staatsrechts, Band 2, § 24 Rn. 16.

mit einer formellen Privatisierung unter Einbindung von privaten Akteuren tendenziell eine Schwächung der Einwirkungsmöglichkeiten der staatlichen Amtsträger auf das Organisationshandeln.[1240] Insbesondere in gemischtwirtschaftlichen Gesellschaften haben, im Gegensatz zu Organisationsformen mit dem Staat in der Stellung des Alleineigentümers, regelmäßig auch die privaten Anteilseigner Mitspracherechte.[1241] Als Lösungsmöglichkeit wäre zwar ein genereller Verzicht auf vollwertige private Stimmrechte denkbar,[1242] damit könnten aber oftmals die ursprünglichen Ziele der Zusammenarbeit nicht erfüllt werden.[1243] Folglich ist der Verlust an staatlicher Einflussnahme in gemischtwirtschaftlichen Gesellschaften grundsätzlich gewollt und kein „unerwünschter Nebeneffekt" der formellen Privatisierung.[1244] Deswegen stellt sich die Frage, ob eine personell-organisatorische Legitimation überhaupt vermittelt werden kann, wenn der Staat seine Aufgaben in einer privatrechtlichen Organisationsform unter Beteiligung von privaten Akteuren erfüllt.

Bei der Beantwortung dieser Frage kommt es entscheidend darauf an, ob das Volk über personell-demokratisch legitimierte Vertreter einen hinreichend effektiven Einfluss[1245] auf die Wahrnehmung der öffentlichen Aufgabe durch die Organisation in privater Rechtsform nehmen kann.[1246] Dafür soll es nicht erforderlich sein, dass die demokratisch legitimierten Vertreter die Alleinentscheidungskompetenz besitzen. Sie müssten allerdings über die letztentscheidende Einflussmöglichkeit verfügen, also in der Lage sein, auch ohne die Mitwirkung der demokratisch nicht legitimierten Organmitglieder eine positive Entschei-

---

1240 *Stober*, in: Wolff/Bachof/Stober/Kluth, Verwaltungsrecht, Band 2, § 92 Rn. 84; *Glauben*, ZG 12 (1997), S. 148 (151); *Weiss*, Privatisierung und Staatsaufgaben, S. 288, spricht gar von einem „vorprogrammierten Zielkonflikt".

1241 *Weiss*, Privatisierung und Staatsaufgaben, S. 288.

1242 Vgl. *Gersdorf*, Öffentliche Unternehmen im Spannungsfeld zwischen Demokratie- und Wirtschaftlichkeitsprinzip, S. 210 f.

1243 *Voßkuhle*, in: VVDStRL 62 (2003), S. 266 (321).

1244 *Schmidt*, ZGR 25 (1996), S. 345 (350); *Kämmerer*, Privatisierung, S. 192.

1245 Die Intensität der Bindung an das Demokratieprinzip hängt auch insofern davon ab, in welchem Umfang die privatrechtliche Organisation in die Erfüllung öffentlicher Aufgaben eingebunden ist, vgl. *Kämmerer*, Privatisierung, S. 194; *Grzeszick*, in: Maunz/Dürig, Grundgesetz, Art. 20 (II) Rn. 97.

1246 *Mayen*, DÖV 54 (2001), S. 110 (113); *Ehlers*, Verwaltung in Privatrechtsform, S. 124 ff.; *Dreier*, Hierarchische Verwaltung im demokratischen Staat, S. 143; *Kaiser*, in: VVDStRL 23 (1966), S. 1 (29). Wird die Ausrichtung auf den öffentlichen Zweck gefährdet, hat sich der Staat vollständig aus der Gesellschaft zurückzuziehen, siehe *Weiss*, Privatisierung und Staatsaufgaben, S. 288.

dung herbeiführen zu können.[1247] Das BVerfG fordert insofern bei entscheidungsbefugten Kollegialorganen die Beachtung des sog. „Prinzips der doppelten Mehrheit“.[1248] Danach sei die demokratische Legitimation einer Entscheidung nur dann gewahrt, wenn zum einen die personell-demokratisch legitimierten Mitglieder die Mehrheit des Organs bilden und zum anderen auch die konkrete Entscheidung von einer Mehrheit der ausreichend demokratisch legitimierten Mitglieder getragen werde.[1249]

3. Das Erfordernis demokratischer Legitimation bei internationalen Konstellationen

Dieser Maßstab kann allerdings bei der Beteiligung der deutschen Staatsorgane an internationalen Kooperationen nicht eingehalten werden. Denn an ihnen sind, wie insbesondere bei internationalen Organisationen, aus deutscher Sicht ausländische Amtsträger beteiligt,[1250] die in aller Regel nicht vom deutschen Staatsvolk personell-organisatorisch legitimiert sein werden. Eine direkte Bindung eines nicht-deutschen Hoheitsträgers an deutsche Rechtsnormen kommt zudem ebenfalls nicht in Betracht.[1251]

Zwar ist in Bezug auf die internationalen Organisationen anerkannt, dass das Zustimmungsgesetz zum Beitritt zu einer solchen Organisation gem. Art. 59 Abs. 2 S. 1 GG sowohl die Existenz der Organisation als auch ihre Befugnis zum Erlass von rechtlich bindenden Mehrheitsentscheidungen demokratisch legitimieren kann.[1252] Im operativen Bereich, also bei der Wahrnehmung der Mitgliedschaftsrechte der Bundesrepublik Deutschland, liegt die Zuständigkeit da-

---

1247 *Stober*, in: Wolff/Bachof/Stober/Kluth, Verwaltungsrecht, Band 2, § 92 Rn. 85 f.; *Gersdorf*, Öffentliche Unternehmen im Spannungsfeld zwischen Demokratie- und Wirtschaftlichkeitsprinzip, S. 166; *Böckenförde*, in: Isensee/Kirchhof, Handbuch des Staatsrechts, Band 2, § 24 Rn. 19. Kritisch gegenüber diesem Kriterium *Weiss*, Privatisierung und Staatsaufgaben, S. 319 ff., soweit die inhaltliche Entscheidungsbeherrschung aufgrund eines überlegenden Sachverstandes der Privaten fehle, werde die staatliche Entscheidungskompetenz zur Farce.

1248 BVerfGE 93, 37 (67 f., 72). Vgl. *Gersdorf*, Öffentliche Unternehmen im Spannungsfeld zwischen Demokratie- und Wirtschaftlichkeitsprinzip, S. 206, m.w.N. auf entsprechende Stimmen in der Literatur.

1249 BVerfGE 93, 37 (67 f., 72); siehe auch *Böckenförde*, in: Isensee/Kirchhof, Handbuch des Staatsrechts, Band 2, § 24 Rn. 19.

1250 *Schliesky*, Souveränität und Legitimität von Herrschaftsgewalt, S. 390.

1251 Vgl. *Hecker*, AöR 127 (2002), S. 291 (319), ausländische Hoheitsträger werden regelmäßig auf der Grundlage von materiellen Rechtsnormen ihres Heimatstaates tätig.

1252 BVerfGE 89, 155 (183 f.). Vgl. zur Legitimationswirkung des Art. 59 Abs. 2 S. 1 GG auch *Tietje*, Internationalisiertes Verwaltungshandeln, S. 612.

gegen bei der Exekutive.[1253] Da eine lückenlose inhaltliche Determinierung durch den parlamentarischen Gesetzgeber die Exekutive bei internationalen Verhandlungen zu stark einschränken würde, muss das Zustimmungsgesetz der Exekutive allerdings Spielräume belassen, womit sich die Rückbindung an den Volkswillen reduziert.[1254] Kann nun der deutsche Vertreter im willensbildenden Organ den Entscheidungsprozess nicht maßgeblich bestimmen, im Falle einer Vereinbarung von Mehrheitsentscheidungen eventuell sogar überstimmt werden, liegt eine Unterbrechung der Legitimationskette vor und die Entscheidung ist nicht mehr auf das deutsche Volk rückführbar.[1255] Eine Bindung der Bundesrepublik Deutschland an die Entscheidungen von internationalen Organisationen wäre nach dem oben genannten Maßstab nicht mit dem Demokratieprinzip vereinbar.

a. Das Spannungsverhältnis zwischen dem Demokratieprinzip und der internationalen Offenheit des Grundgesetzes

Das notwendige demokratische Legitimationsniveau kann somit in zwischenstaatlichen Konstellationen nicht in derselben Weise gewährleistet werden, wie bei rein innerstaatlichen Sachverhalten.[1256] Insofern steht das Demokratieprinzip im Spannungsverhältnis zur internationalen Offenheit des Grundgesetzes.[1257]

1253 *Kluth*, in: Wendt, u.a. (Hrsg.), FS Friauf, S. 209.

1254 *Di Fabio*, Das Recht offener Staaten, S. 101 f. Nach *Schliesky*, Souveränität und Legitimität von Herrschaftsgewalt, S. 296, hätte eine andere Auffassung einen Gewaltenmonismus zur Folge. Dementsprechend können ebenfalls die Bestimmtheit und Dichte von Vertragsregelungen im internationalen Bereich im Vergleich zu dem innerstaatlichen Maßstab reduziert sein, vgl. BVerfGE 90, 286 (361 ff.); 104, 151 (199 ff.); 118, 224 (258 ff.) und NJW 2008, 2018 (2020 f.).

1255 Vgl. *Schliesky*, Souveränität und Legitimität von Herrschaftsgewalt, S. 396.

1256 BVerfGE 89, 155 (182). Siehe auch die Aussage in der Lissabon-Entscheidung, BVerfGE 123, 267 (344): „Die grundgesetzliche Ausgestaltung des Demokratieprinzips ist offen für das Ziel, Deutschland in eine internationale und europäische Friedensordnung einzufügen. Die dadurch ermöglichte neue Gestalt politischer Herrschaft unterliegt nicht schematisch den innerstaatlich geltenden verfassungsstaatlichen Anforderungen und darf deshalb nicht umstandslos an den konkreten Ausprägungen des Demokratieprinzips in einem Vertrags- oder Mitgliedstaat gemessen werden."

1257 Das Spannungsverhältnis wurde vom BVerfG in seiner Lissabon-Entscheidung umschrieben, BVerfGE 123, 267 (357): „Föderale oder supranationale Verflechtungen schaffen Handlungsmöglichkeiten, die sonst auf praktische oder territoriale Grenzen stießen, und erleichtern den friedlichen Interessenausgleich. Sie erschweren aber zugleich die Bildung eines durchsetzungsfähigen Mehrheitswillens, der unmittelbar auf das Volk zurückgeht (Art. 20 Abs. 2 Satz 1 GG)." Siehe auch *Di Fabio*, Das Recht offener Staaten, S. 100 f., wonach das „Inklusionsprinzip Volkswahl und das Inklusionsprinzip Kooperation – innerstaatlich und überstaatlich – in Widerspruch zueinander geraten können."

Der Grundsatz der offenen Staatlichkeit hat nämlich zum Ziel, dass die Bundesrepublik Deutschland als gleichberechtigtes Glied in zwischenstaatlichen Einrichtungen mitwirkt und für Bindungen in der Völkerrechtsgemeinschaft und in dem engeren Rechtsverbund einer zwischenstaatlichen Gemeinschaft offen ist.[1258] Ein Ziel der Beteiligung an einer internationalen Organisation wird gewöhnlich sein, dass jeder Mitgliedstaat an deren Entscheidungen gebunden ist,[1259] um im Gegenzug Einflussmöglichkeiten zu gewinnen. Dieses Ziel setzt somit zwingend auch die Anerkennung der eigenen Bindung voraus.[1260]

Um das Spannungsverhältnis zwischen dem Demokratieprinzip und der internationalen Offenheit des Grundgesetzes aufzulösen, ist ersteres daher „im Lichte der Entscheidung des Grundgesetzes für die Eingliederung des von ihm verfassten Staates in die Völkerrechtsordnung der Staatengesellschaft“ zu sehen.[1261] Im Ergebnis führt bei internationalen Sachverhalten das gegenwirkende Verfassungsprinzip der offenen Staatlichkeit somit zu einer Relativierung der innerstaatlich geltenden Anforderungen des Demokratieprinzips.[1262] Diese Relativierung wird maßgeblich mit dem Kompensationsgedanken begründet, wonach als Ausgleich für die Kompetenzverluste der deutschen Staatsgewalt ein Gewinn an Einfluss- und Gestaltungsmöglichkeiten steht.[1263]

b. Die Vermittlung demokratischer Legitimation bei internationalen Kooperationen

Die auf der internationalen Ebene ausgeübte Hoheitsgewalt eines nichtdeutschen Hoheitsträgers ist allerdings nicht von dem Erfordernis demokratischer Legitimation vollständig befreit, soweit ihr Auswirkungen innerhalb des Geltungsbereiches des deutschen Grundgesetzes zukommen.[1264] Damit das Prin-

---

1258 BVerfGE 89, 155 (183). Siehe oben unter A. II. 2.

1259 BVerfGE 89, 155 (182 f.).

1260 BVerfGE 89, 155 (182 f.).

1261 BVerfGE 63, 343 (370); vgl. auch BVerfGE 123, 267 (344).

1262 Vgl. BVerfGE 123, 267 (345): „Es handelt sich vielmehr um freiwillige, gegenseitige und gleichberechtigte Bindung, die den Frieden sichert und die politischen Gestaltungsmöglichkeiten durch gemeinsames koordiniertes Handeln stärkt.“ Siehe auch *Hecker*, AöR 127 (2002), S. 291 (320); *Rauser*, Die Übertragung von Hoheitsrechten auf ausländische Staaten, S. 276.

1263 *Hecker*, AöR 127 (2002), S. 291 (320); *König*, ZaöRV 54 (1994), S. 17 (36). Diesen Gedanken formuliert auch *Steinberger*, in: VVDStRL 50 (1991), S. 9 (39 f.).

1264 BVerfGE 89, 155 (184 ff.); deutlich auch BVerfGE 123, 267 (343), das demokratische Prinzip sei „unantastbar“. Vgl. auch *Hecker*, AöR 127 (2002), S. 291 (320), das Grundgesetz wolle bei internationalen Sachverhalten keinen „demokratiestaatlichen Blankocheck“ ausstellen. Nach Ansicht von *Ruppert*, Die Integrationsgewalt, S. 218, ist Art. 20 Abs. 2 S. 1 GG dagegen ausschließlich auf die deutsche Staatsgewalt bezozip der Selbstregierung und Selbstbestimmung nicht außer Kraft gesetzt wird,[1265] muss auch innerhalb eines Staatenverbundes eine vom deutschen Volk ausgehende Legitimation und Einflussnahme gesichert sein.[1266] Welches Legitimationsniveau erreicht werden muss, wird maßgeblich vom Umfang und Gewicht der Kompetenzen der internationalen Einrichtung und vom Grad der Verselbständigung des Entscheidungsverfahrens abhängig gemacht.[1267] Damit ist zu prüfen, wie bei internationalen Kooperationen das notwendige Maß an demokratischer Legitimation gewahrt werden kann.

Einige Stimmen in der Literatur vertreten die Auffassung, das hinreichende Legitimationsniveau müsse bei internationalen Kooperationen nicht zwingend durch eine unmittelbare demokratische Legitimation der Ausübung von Hoheitsgewalt erreicht werden, sondern könne sich ebenfalls durch die Notwendigkeit staatenübergreifender Aufgabenerfüllung sowie aus den hinzugewonnenen Partizipationsmöglichkeiten der Bürger aller Partnerstaaten ergeben.[1268] Um den Bedingungen der Herrschaftsausübung auf der internationalen Ebene gerecht zu werden, müssten neue Legitimationsstrukturen erarbeitet werden.[1269]

Das BVerfG ist dieser Forderung jedoch nicht gefolgt, sondern hält auch bei internationalen Sachverhalten die Vermittlung demokratischer Legitimation über die nationalen Parlamente und Regierungen für entscheidend.[1270] Andere Formen der demokratischen Legitimation, wie z.B. im Falle der Europäischen Uni-

---

gen und enthält daneben keine Aussage, ob neben der deutschen Staatsgewalt ein fremder Hoheitsträger auf deutschem Staatsgebiet auftreten darf.

1265 *Rauser*, Die Übertragung von Hoheitsrechten auf ausländische Staaten, S. 67.

1266 BVerfGE 89, 155 (184).

1267 BVerfGE 123, 267 (364). Vgl. auch *Hecker*, AöR 127 (2002), S. 291 (321), als Faustregel könne gelten, dass „demokratiestaatliche Bedenken gegen horizontale Öffnungen umso geringer sind, je weniger die Befugnisse ausländischer Amtsträger ein hoheitliches Gebilde aufweisen oder als politisch bedeutsam anzusehen sind.“

1268 Siehe *Tietje*, Internationalisiertes Verwaltungshandeln, S. 507, 608, 610, der von einer „legitimierenden Kraft einer effektiven internationalen Aufgabenerledigung“ ausgeht. Dafür spreche letztlich, dass die „inhaltliche Ausrichtung des Prinzips internationaler Zusammenarbeit auf Gemeinwohlgesichtspunkte zurückzuführen ist.“ Vgl. auch *Kotzur*, Grenznachbarschaftliche Zusammenarbeit in Europa, S. 220. Kritisch gegenüber diesem Ansatz *Grzeszick*, in: Maunz/Dürig, Grundgesetz, Art. 20 (II) Rn. 105.

1269 So bereits *Badura*, in: VVDStRL 23 (1966), S. 34 (38 f.); siehe auch *Kokott*, in: VVDStRL 63 (2004), S. 7 (32 ff.).

1270 Das BVerfG spricht in diesem Zusammenhang auch von der Integrationsverantwortung der deutschen Verfassungsorgane, die auf eine Einhaltung des demokratischen Prinzips sowohl innerhalb des politischen Systems der Bundesrepublik Deutschland als auch des internationalen Hoheitsträgers achten müssen, vgl. BVerfGE 123, 267 (356).

on über das direkt gewählte Europäische Parlament, könnten dagegen lediglich „ergänzend“ und „stützend“ wirken.[1271] Dabei seien die nationalen Parlamente und Regierungen grundsätzlich in der Lage, ein hinreichendes Legitimationsniveau zu vermitteln, „solange und soweit das Prinzip der begrenzten Einzelermächtigung in einem Verbund souveräner Staaten mit ausgeprägten Zügen exekutiver und gouvernementaler Zusammenarbeit gewahrt bleibt“ und die „Schwelle zum Bundesstaat und nationalen Souveränitätsverzicht“ nicht überschritten werde.[1272]

c. Keine Erweiterung der parlamentarischen Zustimmungsrechte

Obliegt die Vermittlung demokratischer Legitimation nach der Konzeption des BVerfG infolgedessen gleichermaßen der Legislative und der Exekutive, stellt sich allerdings das bereits im Rahmen der Darstellung der Gewaltenteilung[1273] angesprochene Problem, dass die Mitwirkungsbefugnisse der Legislative als „Mitte der Demokratie“[1274] und damit insbesondere des Bundestages als Vermittler von „höherwertiger weil volksnäherer“ demokratischer Legitimation im auswärtigen Bereich grundsätzlich auf die verfassungsrechtlich vorgesehenen Fälle, insbesondere Art. 59 Abs. 2 S. 1 GG, beschränkt sind.[1275] Daneben besteht nur die Möglichkeit, über die Wahrnehmung von Kontrollrechten gegenüber der Exekutive einen Einfluss auf das Stimmverhalten des deutschen Repräsentanten auszuüben.[1276] Die Exekutive ist jedoch berechtigt, einen hinreichend weiten Handlungsspielraum bei der Wahrnehmung der auswärtigen Angelegenheiten in

---

1271 BVerfGE 89, 155 (184); 123, 267 (364). Ebenso *Rauser*, Die Übertragung von Hoheitsrechten auf ausländische Staaten, S. 68. Siehe zu der Begründung, warum selbst das Europäische Parlament kein Parlament „im Vollsinne“ ist, *Dreier*, DÖV 2002, S. 537 (540); so auch *Randelzhofer*, in: Maunz/Dürig, Grundgesetz, Art. 24 Abs. 1 Rn. 106.

1272 BVerfGE 123, 267 (364). Im Ergebnis ebenso bereits BVerfGE 89, 155 (182 ff.). Konkretere Anforderungen formuliert *Rauser*, Die Übertragung von Hoheitsrechten auf ausländische Staaten, S. 276: „Danach könnten wenigstens die Bindung an materiell-rechtstaatliche Vorgaben in Verbindung mit einer Fixierung von Inhalt, Zweck und Ausmaß des zulässigen sachlichen Regelungsgehalts im Übertragungsbereich das notwendige Maß an demokratisch-rechtstaatlicher Legitimation wahren helfen.“

1273 Siehe oben unter III. 2. a. bb. und cc.

1274 *Kirchhof*, in: Brenner, u.a (Hrsg.), FS Badura, S. 242.

1275 Vgl. BVerfGE 68, 1 (108 f.); *Tomuschat*, in: VVDStRL 36 (1978), S. 7 (27); *Kluth*, in: Wendt, u.a. (Hrsg.), FS Friauf, S. 209. Selbstverständlich kann auch in dem Gründungsvertrag der internationalen Organisation eine Beteiligung der nationalen Parlamente vorgesehen sein, vgl. für die Europäische Union Art. 12 EUV.

1276 Auf diese Möglichkeit wird in BVerfGE 68, 1 (109 f.) ausdrücklich hingewiesen.

Anspruch nehmen, so dass keine lückenlose inhaltliche Determinierung durch den parlamentarischen Gesetzgeber erfolgen kann.[1277]

Die Exekutive verfügt zwar ebenfalls über demokratische Legitimation.[1278] Aus diesem Grund können die deutschen Vertreter über ihre Stimmrechte in dem Beschlussorgan einer zwischenstaatlichen Organisation einen legitimierenden Einfluss auf die Entscheidungen der Organisation gewährleisten.[1279] Werden allerdings in zunehmendem Maße innenpolitisch wesentliche Entscheidungen bereits auf der internationalen Ebene determiniert, folgt aus diesem Begleitumstand der Internationalisierung die Gefahr eines Demokratiedefizits,[1280] weil „demokratische Akte wie Wahlen und Abstimmungen [...] jedenfalls mittelbaren Sinn und Überzeugungskraft [verlieren], wenn sie nicht länger mehr originäre Quellen der im Alltag tatsächlich ausgeübten politischen Macht wären."[1281]

Dieser Gefahr kann indes auch auf der Grundlage des Demokratieprinzips nicht durch einen Ausbau des parlamentarischen Zustimmungsrechts auf alle wesentlichen Entscheidungen begegnet werden.[1282] Die verfassungsrechtliche Regelung der Organkompetenzen bildet eine konkretisierende Entscheidung über die Ausgestaltung des Demokratieprinzips im Bereich der auswärtigen Angelegenheiten und muss grundsätzlich respektiert werden.[1283] Anstelle dessen entnimmt das BVerfG dem Demokratiegedanken des Grundgesetzes inhaltliche Grenzen bei der Ermächtigung einer internationalen Einrichtung.[1284] Der deutsche Staat bedürfe „hinreichend bedeutsamer eigener Aufgabenfelder" über die

---

1277 Siehe oben unter IV. 3.

1278 BVerfGE 68, 1 (108 f.). Das gilt insbesondere für die Exekutivspitzen, siehe *Di Fabio*, Das Recht offener Staaten, S. 100.

1279 *Pernice*, in: Dreier, Grundgesetz, Band 2, Art. 24 Rn. 38, hält es daher für zwingend erforderlich, dass sich die Bundesrepublik Deutschland Stimmrechte in einer internationalen Organisation erhält; a.A. *Tietje*, Internationalisiertes Verwaltungshandeln, S. 615.

1280 *Menzel*, Internationales Öffentliches Recht, S. 489 f.; *Calliess*, in: Isensee/Kirchhof, Handbuch des Staatsrechts, Band 4, § 83 Rn. 47; *Kluth*, in: Wendt, u.a. (Hrsg.), FS Friauf, S. 210.; *Zuleeg*, DÖV 30 (1977), S. 462 (465). Nach *Di Fabio*, Das Recht offener Staaten, S. 100, gerate mit der internationalen und insbesondere der europäischen Entwicklung „die Säule der demokratischen Inklusion" ins Wanken.

1281 *Di Fabio*, Das Recht offener Staaten, S. 5. Vgl. auch *Pernice*, in: Dreier, Grundgesetz, Band 2, Art. 24 Rn. 34, wonach dem Demokratiegedanken eine größtmögliche Bürgernähe politischer Entscheidungen zugrunde liegt.

1282 Deutlich BVerfGE 68, 1 (108 f.). Zu dem entsprechenden Gedanken im Rahmen des Gewaltenteilungsgrundsatzes siehe oben unter III. 2. a. bb.

1283 BVerfGE 68, 1 (108 f.). *Calliess*, in: Isensee/Kirchhof, Handbuch des Staatsrechts, Band 4, § 83 Rn. 48.

1284 BVerfGE 89, 155 (186); 123, 267 (358 f.).

er durch seine Organe einen „gestaltenden Einfluss auf die politische Entwicklung“ in der Bundesrepublik Deutschland behalte. Vor allem dem Deutschen Bundestag müssten „Aufgaben und Befugnisse von substantiellem Gewicht“ erhalten bleiben.[1285] Welche Aufgaben und Befugnisse in diesem Sinne als „substantiell“ anzusehen sind, ist zwar abstrakt schwer zu bestimmen,[1286] in jedem Fall dürfen aber nicht ganze Sektoren der nationalen Hoheitsgewalt und damit der nationalen Selbstbestimmung entzogen werden.[1287]

4. Die Anforderungen des Demokratieprinzips an die Beteiligung der Bundesrepublik Deutschland an den PPP

Aus den vorangegangenen Überlegungen ist zu schließen, dass die PPP, soweit sie zur Ausübung von Hoheitsgewalt innerhalb des Anwendungsbereichs des deutschen Grundgesetzes ermächtigt wurden, über eine demokratische Legitimation durch das deutsche Staatsvolk verfügen müssen. In einem ersten Schritt wird zu begründen sein, welcher Legitimationsmaßstab für die Beteiligung der deutschen Staatsgewalt an den PPP angelegt werden muss und auf welchem Wege eine demokratische Legitimation der Organisationsform erreicht werden kann. In einem zweiten Schritt erfolgt eine Auseinandersetzung mit dem Problem, das bereits im Rahmen der Prüfung des Art. 24 Abs. 1 GG angesprochen wurde, wie die Gefahr der einseitigen Einflussnahme von Amtsträgern aus dem Heimatstaat der privatrechtlichen Organisation zu beurteilen ist.

a. Die Notwendigkeit der Orientierung anhand des Maßstabs für internationale Sachverhalte

Eine Beteiligung der deutschen Staatsgewalt an einer privatrechtlichen Organisationsform kann unter Berücksichtigung der oben dargestellten Grundsätze eigentlich nur erfolgen, wenn die Vertreter der deutschen Staatsgewalt den Entscheidungsprozess maßgeblich beeinflussen können.[1288] Würde man diesen Maßstab allerdings auch für eine Beteiligung an den PPP fordern, wäre eine

---

1285 BVerfGE 89, 155 (186); 123, 267 (356 ff.); BVerfGE 129, 124 (168 f.). Siehe auch *Grzeszick*, in: Maunz/Dürig, Grundgesetz, Art. 20 (II) Rn. 105.

1286 In seiner Lissabon Entscheidung, BVerfGE 123, 267 (359), zählte des Gericht zu den zu erhaltenden Befugnissen insbesondere „Entscheidungen über das materielle und formelle Strafrecht (1), die Verfügung über das Gewaltmonopol polizeilich nach innen und militärisch nach außen (2), die fiskalischen Grundentscheidungen über Einnahmen und – gerade auch sozialpolitisch motivierte – Ausgaben der öffentlichen Hand (3), die sozialstaatliche Gestaltung von Lebensverhältnissen (4) sowie kulturell besonders bedeutsame Entscheidungen etwa im Familienrecht, Schul- und Bildungssystem oder über den Umgang mit religiösen Gemeinschaften (5)“.

1287 *Hecker*, AöR 127 (2002), S. 291 (321).

1288 Siehe oben unter IV. 2.

Mitwirkung der Bundesrepublik Deutschland an diesen Organisationsformen in der Regel ausgeschlossen. Der Zweck der PPP besteht gerade darin, eine gemeinsame Abstimmung von verschiedenen Staaten und Privatpersonen zu ermöglichen. Die Festlegung einer maßgeblichen Bestimmungsmacht eines Staates auf die Entscheidungen der Organisation ist mit dieser Zielsetzung nicht kompatibel. Die Funktionslogik der PPP erfordert daher, dass die Anforderungen des Demokratieprinzips, ebenso wie bei den internationalen Organisationen, aufgrund des entgegenwirkenden Verfassungsgrundsatzes der staatlichen Offenheit[1289] modifiziert sein müssen.

b. Die Möglichkeiten der Legitimationsvermittlung bei den PPP

Die Vermittlung demokratischer Legitimation an die PPP kann, analog zur Legitimationsvermittlung an internationale Organisationen, organisatorisch-personell über die Repräsentanten des deutschen Staates in den willensbildenden Organen der Organisation erfolgen, sowie sachlich-inhaltlich, indem die Aufgaben und Befugnisse der Organisation durch ein parlamentarisches Gesetz legitimiert werden. Andere Formen der demokratischen Legitimation, wie z.B. eine Direktwahl einzelner Mitglieder der Hauptorgane, können zwar das Legitimationsniveau erhöhen, sind aber nach der Konzeption des BVerfG für sich genommen nicht hinreichend, um ein ausreichendes Legitimationsniveau zu gewährleisten.[1290]

Für die PPP ist die organisatorisch-personelle Form der demokratischen Legitimation besonders relevant, da an dem Beschlussverfahren in den Hauptorganen der PPP üblicherweise deutsche Vertreter beteiligt sein werden. Welches Legitimationsniveau von den deutschen Repräsentanten vermittelt werden kann, steht in Abhängigkeit von der Zuständigkeitsverteilung innerhalb der Exekutive und damit von der Zielsetzung sowie den Kompetenzen der PPP.[1291] Bei PPP in politisch bedeutsamen Bereichen könnten die deutschen Repräsentanten z.B. im Wege eines individuellen Bestellungsaktes direkt von der Bundesregierung ernannt werden und damit in verhältnismäßig hohem Maße über eine demokratische Legitimation durch das deutsche Staatsvolk verfügen.[1292]

1289 Siehe oben unter IV. 3. a.

1290 Siehe oben unter IV. 3. b.

1291 Siehe oben unter IV. 3. c.

1292 Vgl. *Schliesky*, Souveränität und Legitimität von Herrschaftsgewalt, S. 395, der von der Vermittlung eines hohen Legitimationsniveaus durch die deutschen Vertreter bei der Europäischen Union ausgeht.

Bezüglich der sachlich-inhaltlichen Legitimation stellen sich bei den PPP dieselben Schwierigkeiten wie bei den internationalen Organisationen. Eine unmittelbare Bindung der PPP an deutsche Gesetze kann nicht hergestellt werden, da sie als Organisationsformen nach einer ausländischen Rechtsordnung nicht direkt Adressaten eines deutschen Parlamentsgesetzes sein können.[1293] Eine demokratische Legitimation kann durch eine parlamentarische Billigung der Aufgaben und Befugnisse im Wege eines Gesetzesbeschlusses zu dem Gründungsstatut der PPP vermittelt werden. Allerdings ist diese Möglichkeit nur in den Konstellationen gegeben, für die gem. Art. 59 Abs. 2 S. 1 GG analog ein Zustimmungsgesetz erforderlich ist.[1294] Schließlich wäre die Schaffung einer Kontrollbefugnis durch nationale Steuerungs- und Interventionsmöglichkeiten denkbar,[1295] allerdings wird eine Kontrollbefugnis in Konflikt mit der Zielsetzung der PPP geraten, dass alle an der Organisation beteiligten Partner an deren Beschlüsse gebunden sein sollen, um eine uneinheitliche Umsetzung der Entscheidungen zu verhindern.

c. Die demokratietheoretische Beurteilung der Beteiligung der deutschen Staatsgewalt an einer PPP

Die zentralen Unterschiede zwischen den internationalen Organisationen und den PPP liegen in der Beteiligung von nichtstaatlichen Akteuren sowie in der privatrechtlichen Organisationsform der PPP, die somit der Rechtsordnung eines aus deutscher Sicht ausländischen Staates unterliegen. Daher stellt sich die Frage, welche Auswirkungen aus dieser rechtlichen Einordnung folgen und ob die damit verbundenen Einschränkungen mit dem Demokratieprinzip in Einklang gebracht werden können.

aa. Bedenken gegen die Beteiligung

Im Rahmen der Prüfung des Art. 24 Abs. 1 GG wurde bereits auf die Bedenken gegen eine Übertragung von Hoheitsrechten auf eine PPP hingewiesen.[1296] Im Gegensatz zu den in der völkerrechtlichen Rechtsordnung inkorporierten internationalen Organisationen besitzt der Heimatstaat der PPP zumindest theoretisch die Option, in Ausübung seiner Gebietshoheit, insbesondere durch die Wahrnehmung seiner Legislativbefugnisse oder von Aufsichtsrechten, einen direkten

---

1293 Vgl. zu diesem Aspekt *Rauser*, Die Übertragung von Hoheitsrechten auf ausländische Staaten, S. 267.

1294 Siehe oben unter IV. 3. c.

1295 Hierin sieht *Hecker*, AöR 127 (2002), S. 291 (320 f.), eine Möglichkeit das demokratische Legitimationsniveau zu erhöhen.

1296 Siehe oben unter I. 2. c. dd. ccc.

Einfluss auf die Entscheidungen der Organisation nehmen zu können.[1297] Damit besteht die Gefahr der einseitigen Einflussnahme eines ausländischen Amtsträgers auf die Handlungen und Beschlüsse der PPP, der in keinerlei Hinsicht von dem deutschen Staatsvolk eine Legitimation erhalten hat. Weil diese Form der Einflussnahme die Organisation im Außenverhältnis betrifft, wären die innerorganisatorischen Beteiligungsrechte der Bundesrepublik Deutschland in der PPP insoweit ohne Belang. Damit wird man bei den PPP im Vergleich zu den internationalen Organisationen potentiell eine beträchtlich stärker verringerte Rückbindung an das deutsche Volk konstatieren müssen.[1298]

Ferner kann diese weitergehende Einschränkung des Demokratieprinzips in der Regel nicht unter Rückgriff auf den Kompensationsgedanken des BVerfG gerechtfertigt werden. Es erscheint kaum denkbar, dass der Heimatstaat der PPP zu so weitgehenden Beschränkungen seiner eigenen Hoheitsrechte bereit sein wird, dass die Einschränkung der Kompetenzen der Bundesrepublik Deutschland durch eine Erweiterung ihrer Partizipationsrechte ausgeglichen würde.[1299] Aufgrund der Verankerung der PPP in der Rechtsordnung eines fremden Staates ist die Gewährleistung eines hinreichenden demokratischen Legitimationsniveaus erheblich erschwert. Zudem kann eine Kompensation in Bezug auf die privaten Akteure in den PPP nicht erreicht werden, da diese keine Integrationsbeiträge im Gegenzug erbringen können.

bb. Lösung über einen völkerrechtlichen Vertrag?

Liegen die Bedenken gegen eine Beteiligung der Bundesrepublik Deutschland an den PPP aus demokratietheoretischer Perspektive somit vorrangig in der Möglichkeit der Einflussnahme des Heimatstaates, stellt sich die Frage, ob eine rechtliche Konstruktion entwickelt werden könnte, um diese Gefahr auszuschließen. Eine in diesem Zusammenhang interessante Überlegung formuliert *Rauser*, der eine Übertragung von Hoheitsrechten auf einen ausländischen Staat nur unter der Voraussetzung erlauben will, dass die verfassungsrechtlich einzuhaltenden Standards in einem völkerrechtlichen Vertrag detailliert festgelegt werden. Auf diese Weise sei eine Garantie dafür gegeben, dass nicht ein Staat mit der Öffnung seiner Rechtsordnung in Vorleistung trete und diese anschließend von dem anderen Staat nicht nachvollzogen werde. Somit könne die notwendige Reziprozität gewährleistet werden.[1300] Übertragen auf die Situation der PPP könnte eine Beteiligung der Bundesrepublik Deutschland vom Abschluss

1297 Siehe zu denkbaren Beispielen oben unter I. 2. c. dd. ccc.
1298 Siehe bereits oben unter I. 2. c. dd. ccc.
1299 Vgl. *Tomuschat*, in: Bonner Kommentar zum Grundgesetz, Art. 24 Rn. 44.
1300 *Rauser*, Die Übertragung von Hoheitsrechten auf ausländische Staaten, S. 291 f.

eines flankierenden völkerrechtlichen Vertrages abhängig gemacht werden, der u.a. eine einseitige Einflussnahme des Heimatstaates der Organisation untersagen würde.

Fraglich bleibt aber, ob durch die Vereinbarung eines völkerrechtlichen Vertrages das Ungleichgewicht der Vertragsparteien wirklich behoben werden kann. Ein völkerrechtlicher Vertrag bewirkt zwar eine Verpflichtung des Heimatstaates im Außenverhältnis zu den anderen Vertragsstaaten, hat aber nicht zwingend Auswirkungen auf dessen innerstaatliche Rechtsetzungsbefugnisse. Somit werden die Vertragspartner des Heimatstaates der PPP nicht in die Lage versetzt, einen Verstoß gegen die Vertragspflichten von vornherein zu verhindern. Während ein Verstoß des Heimatstaates für dessen Vertragspartner problematisch sein kann, drohen dem Heimatstaat dagegen umgekehrt keine direkten negativen Konsequenzen bei einer Suspendierung der Vertragspflichten durch die anderen Vertragsparteien. Dementsprechend gehen auch Zweifel und Unsicherheiten bei der Auslegung des Vertrages im Ergebnis zulasten der Vertragspartner des Heimatstaates. Mit Hilfe eines völkerrechtlichen Vertrages wird daher keine „gegenseitige und gleichberechtigte Bindung“ erreicht werden können, wie sie das BVerfG fordert.[1301]

d. Ergebnis

Die Vermittlung demokratischer Legitimation kann bei den PPP vergleichbar mit den internationalen Organisationen auf personell-organisatorischem oder sachlich-inhaltlichem Wege erfolgen. Die Bedürfnisse der internationalen Zusammenarbeit bewirken in diesem Zusammenhang, dass das erforderliche Legitimationsniveau gegenüber Inlandssachverhalten abgesenkt ist und insbesondere nicht der strenge Maßstab des Prinzips der doppelten Mehrheit, der bei Beteiligungen der deutschen Staatsgewalt an inländischen privatrechtlichen Organisationsformen gefordert wird, eingehalten werden muss.

Im Unterschied zu den internationalen Organisationen können dennoch nicht in demselben Umfang Entscheidungsbefugnisse auf eine PPP übertragen werden. Aufgrund der Möglichkeit einer einseitigen Einflussnahme durch den Heimatstaat der PPP kann nicht gewährleistet werden, dass das deutsche Staatsvolk einen hinreichend effektiven Einfluss auf die Entscheidungen der Organisation nehmen kann. Damit wird der dem Demokratieprinzip zugrunde liegende Kerngedanke der Selbstbestimmung und Selbstregierung durch das Volk[1302] nicht hinreichend rechtssicher gewährleistet. Dieses demokratische Defizit kann auch

1301 So BVerfGE 123, 267 (345) hinsichtlich der Europäischen Union.
1302 BVerfGE 123, 267 (341).

nicht durch den Abschluss eines flankierenden völkerrechtlichen Vertrags ausgeglichen werden. Unabhängig von der Sperrwirkung des Art. 24 Abs. 1 GG wird man daher eine so weitreichende Befugniserteilung, wie sie die Ermächtigung zur Ausübung von Hoheitsrechten darstellt, unter Berücksichtigung des Demokratieprinzips nicht durchführen können. Dagegen würden eine funktionale Eingliederung der PPP in die deutsche Verwaltungsorganisation sowie eine Übernahme der Verpflichtung durch die Bundesrepublik Deutschland, die Beschlüsse der Organisation umzusetzen,[1303] auf weniger starke Bedenken stoßen, soweit die deutschen Staatsorgane jederzeit die Letztentscheidungskompetenz behalten. Eine solche Kompetenz für die Staaten behindert allerdings die einheitliche Umsetzung der Entscheidungen der Organisation. Durch die Anforderungen des Demokratieprinzips sind einer effektiven internationalen Zusammenarbeit in der Organisationsform der PPP somit in erheblichem Umfang Grenzen gesetzt.

V. Vorgaben des Sozialstaatsprinzips

Das Sozialstaatsprinzip des Art. 20 Abs. 1 GG verpflichtet den Staat insbesondere dazu, die Mindestvoraussetzungen für ein menschenwürdiges Dasein seiner Bürger zu schaffen[1304] und für eine gerechte Sozialordnung zu sorgen.[1305] Diese sozialpolitisch wesentlichen Entscheidungen müssen von den deutschen Staatsorganen in eigener Verantwortung getroffen und dürfen nicht auf einen zwischenstaatlichen Hoheitsträger übertragen werden.[1306]

Bei dem Sozialstaatsprinzip handelt es sich um einen „besonders offenen Grundsatz", dessen Entfaltung und Umsetzung in erster Linie dem Gesetzgeber obliegt.[1307] Bei dieser Entscheidung verfügt der Gesetzgeber über einen weiten

---

1303 Auch die Übernahme der Verpflichtung zur Umsetzung von Entscheidungen einer zwischenstaatlichen Organisation ist demokratisch legitimationsbedürftig, weil „jede zu beachtende supranationale Vorgabe eine Einwirkung auf die bislang nationalstaatlich-isoliert betrachtete Willenskomponente" darstellt, vgl. *Schliesky*, Souveränität und Legitimität von Herrschaftsgewalt, S. 330 f.

1304 BVerfGE 1, 97 (105); 82, 60 (80); *Robbers*, in: Bonner Kommentar zum Grundgesetz, Art. 20 Abs. 1 Rn. 1455, 1509.

1305 BVerfGE 22, 180 (204). Vgl. auch *Huster/Rux*, in: Epping/Hillgruber, Beck'scher Online-Kommentar zum Grundgesetz, Art. 20 Rn. 197 ff.; *Zacher*, in: Isensee/Kirchhof, Handbuch des Staatsrechts, Band 2, § 28 Rn. 32 ff.

1306 Lediglich eine Koordinierung der Sozialpolitik sei zulässig, siehe BVerfGE 123, 267 (362 f.).

1307 *Maurer*, Staatsrecht I, § 8 Rn. 69; *Robbers*, in: Bonner Kommentar zum Grundgesetz, Art. 20 Abs. 1 Rn. 1436, m.w.N. Besonders den politischen Charakter der Sozial- und Gesellschaftspolitik betonend *Herzog/Grzeszick*, in: Maunz/Dürig, Grundgesetz, Art. 20 (VIII) Rn. 22.

Gestaltungsfreiraum, daher folgen nur in Ausnahmefällen konkrete Handlungspflichten für die staatlichen Organe aus dem Sozialstaatsprinzip.[1308] Dem Gesetzgeber kommt darüber hinaus die Auswahl der Mittel zur Erfüllung seiner Ziele zu.[1309] Er ist insbesondere nicht verpflichtet, ausschließlich die Verwendung von behördlichen Maßnahmen vorzusehen, sondern kann sich auch der Mitwirkung von privaten Organisationen bedienen.[1310]

Insofern steht das Sozialstaatsprinzip einer Beteiligung des deutschen Staates an einer PPP nur dann im Wege, wenn sich der deutsche Staat seiner Kompetenz über die sozialpolitisch wesentlichen Entscheidungen entledigen oder aus anderen Gründen jedwede Möglichkeit verlieren würde, „einen Existenz und Würde sichernden Mindeststandard"[1311] gewährleisten zu können. Dieser Fall erscheint aber nur sehr schwer vorstellbar.[1312]

VI. Weitere Verfassungsvorgaben

Neben den Grundprinzipien für den Aufbau und die Tätigkeit des Staates[1313] enthält das Grundgesetz noch eine Vielzahl an weiteren Vorgaben, denen Relevanz für die Beteiligung der Bundesrepublik Deutschland an der Organisationsform der PPP zukommen könnte. Diese sollen in einem gemeinsamen Abschnitt dargestellt werden.

1. Vorbehaltsbereiche für Verwaltungsträger, Art. 86 ff. GG

Soweit das Grundgesetz in den Art. 87 ff. GG bei der bundeseigenen Verwaltung ausdrücklich die Verwendung eines eigenen Verwaltungsunterbaus anordnet (sog. obligatorische unmittelbare Bundesverwaltung),[1314] wie z.B. für den Auswärtigen Dienst nach Art. 87 Abs. 1 S. 1 GG oder für das Bundesheer nach Art. 87b GG, muss der Bund durch eigene Organisationseinheiten ohne selb-

---

1308 BVerfGE 82, 60 (80); 123, 267 (362). Nach BVerfGE 1, 97 (105) wäre das Sozialstaatsprinzip z.B. verletzt, wenn der Staat willkürlich untätig bleiben sollte.

1309 BVerfGE 123, 267 (362).

1310 BVerfGE 22, 180 (204). *Robbers*, in: Bonner Kommentar zum Grundgesetz, Art. 20 Abs. 1 Rn. 1487.

1311 *Kirchhof*, in: Isensee/Kirchhof, Handbuch des Staatsrechts, Band 7, § 183 Rn. 61.

1312 Das soziale Staatsziel ist darüber hinaus nicht ausschließlich auf das Inland bezogen, sondern dient auch als „Auftrag gegenüber der Welt", vgl. *Zacher*, in: Isensee/Kirchhof, Handbuch des Staatsrechts, Band 2, § 28 Rn. 158. Die Beteiligung an einer PPP kann sich somit ggf. sogar als Erfüllung des sozialen Staatsziels darstellen.

1313 *Maurer*, Staatsrecht I, § 6 Rn. 5.

1314 *Burgi*, in: von Mangoldt/Klein/Starck, Grundgesetz, Band 3, Art. 86 Rn. 12 f.

ständige Rechtspersönlichkeit handeln.[1315] Das gilt zumindest für die Teilbereiche der Materien, die ihren „Kernbestand“[1316] bilden bzw. „typusprägend“[1317] sind. Zwar gehen Teile der Literatur davon aus, dass auch diese Aufgaben nach Art. 23 Abs. 1 und 24 Abs. 1 GG auf die Europäische Union bzw. zwischenstaatliche Einrichtungen übertragen werden können.[1318] Allerdings wurde bereits festgestellt, dass eine Übertragung von Hoheitsrechten auf eine PPP nach Art. 24 Abs. 1 GG nicht in Betracht kommt.[1319] Aufgrund der klaren Kompetenzzuteilung im Falle der obligatorischen unmittelbaren Bundesverwaltung, wird man auch unter Berücksichtigung des Grundsatzes der internationalen Offenheit des Grundgesetzes keine abweichende Auslegung annehmen können.

Eher theoretischer Natur ist schließlich die Frage nach der Zulässigkeit einer Einbindung der PPP in die Ausführung von Bundesgesetzen nach Art. 86 ff. GG. Ob im Rahmen der Art. 86 ff. GG eine Einbeziehung von privatrechtlichen Organisationsformen erfolgen darf, ist stark umstritten.[1320] Dieser Streit spielt für die PPP allerdings nur eine untergeordnete Rolle, da unter dem Begriff der „Ausführung von Gesetzen“ nur die verwaltungsmäßige Umsetzung von Gesetzen verstanden wird und somit die Handlungsbereiche der Gubernative aus dem Anwendungsbereich der Vorschrift ausgenommen sind.[1321] Zudem erscheint eine Einbindung der PPP, soweit sie Verwaltungstätigkeiten wahrnimmt,[1322] in den deutschen Gesetzesvollzug kaum denkbar. In diesem Zusammenhang wäre

---

1315 *Sachs*, in: Sachs, Grundgesetz, Art. 86 Rn. 13 und 87 Rn. 13; *Hermes*, in: Dreier, Grundgesetz, Band 3, Art. 86 Rn. 20 ff.; *Ibler*, in: Maunz/Dürig, Grundgesetz, Art. 86 Rn. 67.

1316 *Hermes*, in: Dreier, Grundgesetz, Band 3, Art. 86 Rn. 20.

1317 Vgl. *Burgi*, in: von Mangoldt/Klein/Starck, Grundgesetz, Band 3, Art. 87 Rn. 24, wonach die Aufgabenwahrnehmung durch privatrechtliche Organisationsformen unter drei Voraussetzungen in Betracht kommt: Neben dem Bestehen eines sachlichen Grundes müsse die Aufgabe als abgrenzbare, nicht typusprägende Teilaufgaben innerhalb des Verwaltungsbereichs qualifiziert werden können und drittens die fortdauernde Anbindung an den Staat gewährleistet sein.

1318 *Sachs*, in: Sachs, Grundgesetz, Art. 87 Rn. 23; zustimmend *Hermes*, in: Dreier, Grundgesetz, Band 3, Art. 86 Rn. 20.

1319 Siehe oben unter I. 2. c. dd. ccc.

1320 Vgl. zum Streitstand *Kämmerer*, Privatisierung, S. 207 ff. und *Ibler*, in: Maunz/Dürig, Grundgesetz, Art. 86 Rn. 83 ff.

1321 *Burgi*, in: von Mangoldt/Klein/Starck, Grundgesetz, Band 3, Art. 86 Rn. 34.

1322 Siehe zur Abgrenzung von Regierungs- und Verwaltungshandeln oben unter III. 2. a. dd.

es höchst fraglich, ob die notwendigen Kontrollrechte[1323] bei einer zwischen Staaten bestehenden PPP vereinbart werden könnten.

2. Funktionsvorbehalt für Beamte, Art. 33 Abs. 4 GG

Gem. Art. 33 Abs. 4 GG ist die Ausübung hoheitsrechtlicher Befugnisse als ständige Aufgabe in der Regel Angehörigen des öffentlichen Dienstes zu übertragen, die in einem öffentlich-rechtlichen Dienst- und Treueverhältnis stehen. Mit dieser Formulierung wird nach allgemeiner Ansicht auf das Beamtenverhältnis verwiesen,[1324] das im Grundsatz für die Wahrnehmung von hoheitsrechtlichen Befugnissen verfassungsrechtlich vorgesehen wird (sog. „Funktionsvorbehalt“).[1325] Der Funktionsvorbehalt für Beamte greift nicht nur dann ein, wenn der Staat durch öffentliche Träger handelt, sondern gilt auch für staatliches Handeln in privatrechtlichen Organisationsformen.[1326]

a. Ausübung hoheitsrechtlicher Befugnisse

Inwieweit Art. 33 Abs. 4 GG eine Schranke für die Wahrnehmung von hoheitsrechtlichen Aufgaben in privatrechtlichen Organisationsformen aufstellt, hängt zunächst davon ab, wie der Begriff der „hoheitsrechtlichen Befugnisse“ definiert wird.[1327] Allerdings wird man unabhängig vom Verständnis des Begriffes dem Art. 33 Abs. 4 GG kein prinzipielles Privatisierungsverbot entnehmen können.[1328] Die Norm setzt das Bestehen einer hoheitlichen Befugnis voraus „schreibt aber selbst keine staatlichen Aufgaben fest.“[1329] Damit der Art. 33

1323 So fordert etwa *Ibler*, in: Maunz/Dürig, Grundgesetz, Art. 86 Rn. 91 ff., dass sich der Bund die Direktionsmacht bzw. eine Führungsrolle erhalten müsse, die ihn in demselben Umfang zur Einwirkung auf die privatrechtliche Organisation in die Lage versetze, wie bei einer öffentlich-rechtlichen Körperschaft.

1324 *Masing*, in: Dreier, Grundgesetz, Band 2, Art. 33 Rn. 63; *Lecheler*, in: Friauf/Höfling, Berliner Kommentar zum Grundgesetz, Art. 33 Rn. 34.

1325 *Masing*, in: Dreier, Grundgesetz, Band 2, Art. 33 Rn. 58; *Jachmann*, in: von Mangoldt/Klein/Starck, Grundgesetz, Band 2, Art. 33 Rn. 29; *Badura*, in: Maunz/Dürig, Grundgesetz, Art. 33 Rn. 55, sieht in dieser Anordnung den folgerichtigen Bestandteil der institutionellen Garantie des Berufsbeamtentums (Art. 33 Abs. 5 GG).

1326 BVerfG NJW 2012, S. 1563 (1564); *Lecheler*, in: Isensee/Kirchhof, Handbuch des Staatsrechts, Band 5, § 110 Rn. 24; a.A. *Hense*, in: Epping/Hillgruber, Beck'scher Online-Kommentar zum Grundgesetz, Art. 33 Rn. 27.

1327 *Lecheler*, in: Friauf/Höfling, Berliner Kommentar zum Grundgesetz, Art. 33 Rn. 53; siehe auch *Kämmerer*, Privatisierung, S. 215.

1328 *Pieper*, in: Schmidt-Bleibtreu/Hofmann/Hopfauf, Grundgesetz, Art 33 Rn. 81; *Hense*, in: Epping/Hillgruber, Beck'scher Online-Kommentar zum Grundgesetz, Art. 33 Rn. 26.

1329 *Kämmerer*, Privatisierung, S. 215; *Di Fabio*, JZ 54 (1999), S. 585 (590 f.); *Voßkuhle*, in: VVDStRL 62 (2003), S. 266 (293).

Abs. 4 GG anwendbar ist, muss der Staat also entweder durch das Grundgesetz zur eigenständigen Erfüllung einer Aufgabe verpflichtet sein[1330] oder zulässigerweise eine Materie als Staatsaufgabe definiert haben. Die Vorschrift bezieht sich lediglich auf den „Modus der Erfüllung staatlicher Aufgaben, nicht auf deren Bestand."[1331] Für die PPP greift der Art. 33 Abs. 4 GG also nur dann ein, wenn der Staat im Vorfeld der Beteiligung an einer PPP eine Aufgabe als staatliche Aufgabe erfüllt hat und diese Tätigkeit dann durch eine privatrechtliche Organisationsform in Gestalt der PPP weiterführt.[1332]

Die Reichweite des Begriffes der „hoheitsrechtlichen Befugnisse" ist in der Literatur umstritten. Die Bandbreite der vertretenen Ansichten reicht von einer engen Auffassung, die nur die Eingriffsverwaltung gegenüber dem Bürger als hoheitliche Tätigkeit ansieht,[1333] bis zu einer weiten Auffassung, die alle Formen der Erfüllung öffentlicher Aufgaben erfasst.[1334] Vielfach vertreten wird eine vermittelnde Auffassung, die sich an dem Zweck des Funktionsvorbehalts orientiert.[1335] Der Regelung des Art. 33 Abs. 4 GG liege der Gedanke zugrunde, dass die Gesetzmäßigkeit und parteipolitische Neutralität der Verwaltung am besten durch Berufsbeamte gesichert werde, die strikt an Recht und Gemeinwohl gebunden seien und sich durch Sachwissen, fachliche Leistung und loyale Pflichterfüllung auszeichnen würden.[1336] Insofern erfasse der Funktionsvorbehalt zum einen „die notwendigen Staatsaufgaben i. S. v. notwendig mit der Staatlichkeit verbundene Aufgaben", wie z.B. die Außenvertretung des Staates oder die Aufrechterhaltung der inneren Sicherheit und Ordnung.[1337] Zum anderen müsse der

---

1330 *Thiele*, Der Staat 49 (2010), S. 274 (288).

1331 *Masing*, in: Dreier, Grundgesetz, Band 2, Art. 33 Rn. 62; *Thiele*, Der Staat 49 (2010), S. 274 (288).

1332 Vgl. BVerfG NJW 2012, S. 1563 (1564); *Kämmerer*, Privatisierung, S. 216 f.; *Thiele*, Der Staat 49 (2010), S. 274 (289).

1333 *Schuppert*, Alternativkommentar zum Grundgesetz, Band 1, Art. 33 Abs. 4, 5 Rn. 37.

1334 *Battis*, in: Sachs, Grundgesetz, Art. 33 Rn. 56 f.; *Pieper*, in: Schmidt-Bleibtreu/Hofmann/Hopfauf, Grundgesetz, Art. 33 Rn. 81 ff. m.w.N.; ausführlich *Leisner*, Legitimation des Berufsbeamtentums aus der Aufgabenerfüllung, S. 40 ff.

1335 *Jachmann*, in: von Mangoldt/Klein/Starck, Grundgesetz, Band 2, Art. 33 Rn. 32; *Badura*, in: Maunz/Dürig, Grundgesetz, Art. 33 Rn. 55 m.w.N.

1336 BVerfGE 119, 247 (260 f.). Vgl. auch *Badura*, in: Maunz/Dürig, Grundgesetz, Art. 33 Rn. 55 und *Thiele*, Der Staat 49 (2010), S. 274 (281).

1337 *Jachmann*, in: von Mangoldt/Klein/Starck, Grundgesetz, Band 2, Art. 33 Rn. 34; *Hense*, in: Epping/Hillgruber, Beck'scher Online-Kommentar zum Grundgesetz, Art. 33 Rn. 30.

Funktionsvorbehalt dann eingreifen, wenn der Staat „durch Befehl oder Zwang unmittelbar beschränkend auf grundrechtlich geschützte Freiheiten einwirkt."[1338]

b. Ausnahmemöglichkeiten

Selbst wenn eine Tätigkeit der PPP nach diesem Verständnis als „Ausübung hoheitlicher Befugnisse" gem. Art. 33 Abs. 4 GG angesehen werden kann, führt die Einordnung nicht zwingend zur verfassungsrechtlichen Unzulässigkeit der Aufgabenausübung durch Nichtbeamte.[1339] Denn der einschränkende Wortlaut „in der Regel" des Art. 33 Abs. 4 GG statuiert ein Regel-Ausnahme-Verhältnis.[1340]

Daraus folgt in quantitativer Hinsicht, dass der Einsatz von Nichtbeamten nicht das zahlenmäßige Übergewicht gewinnen darf.[1341] In qualitativer Hinsicht ist darüber hinaus zu prüfen, ob der Sicherungszweck des Funktionsvorbehalts den Einsatz von Beamten bei der Wahrnehmung der betreffenden hoheitlichen Aufgabe erfordert oder ob die Verwendung von Beamten aufgrund von funktionellen Besonderheiten nicht in gleicher Weise wie im Regelfall angezeigt erscheint.[1342] Nach einhelliger Auffassung in Rechtsprechung und Literatur sind demnach Ausnahmen von dem beamtenrechtlichen Funktionsvorbehalt verfassungsrechtlich zulässig, wenn ein besonderer sachlicher Grund die Abweichung vom Grundsatz rechtfertigt.[1343] Ein solcher Ausnahmegrund muss nach Ansicht des BVerfG unter Berücksichtigung des Zwecks des Funktionsvorbehalts auf die relevanten Besonderheiten der jeweiligen Tätigkeit Bezug nehmen.[1344]

Bei den PPP wäre es in diesem Sinne möglich, als Rechtfertigungsgrund auf die funktionellen Besonderheiten der internationalen Zusammenarbeit zu ver-

---

1338 BVerfG NJW 2012, S. 1563 (1565); *Masing*, in: Dreier, Grundgesetz, Band 2, Art. 33 Rn. 66; *Jachmann*, in: von Mangoldt/Klein/Starck, Grundgesetz, Band 2, Art. 33 Rn. 34; *Kämmerer*, Privatisierung, S. 214

1339 Vgl. für die Privatisierung im Allgemeinen *Hense*, in: Epping/Hillgruber, Beck'scher Online-Kommentar zum Grundgesetz, Art. 33 Rn. 30, der Art. 33 Abs. 4 GG scheide daher als globale Privatisierungsbremse weitestgehend aus.

1340 BVerfG NJW 2012, S. 1563 (1565); *Lecheler*, in: Friauf/Höfling, Berliner Kommentar zum Grundgesetz, Art. 33 Rn. 56.

1341 BVerfG NJW 2012, S. 1563 (1565); *Lecheler*, in: Friauf/Höfling, Berliner Kommentar zum Grundgesetz, Art. 33 Rn. 56.

1342 BVerfG NJW 2012, S. 1563 (1565).

1343 BVerfG NJW 2012, S. 1563 (1565 f.), innerhalb der Rechtfertigungsprüfung gilt dabei: Je intensiver der Eingriff, desto eher müssen Beamte eingesetzt werden (S. 1566). Siehe auch *Burgi*, in: Isensee/Kirchhof, Handbuch des Staatsrechts, Band 4, § 75 Rn. 21; *Jachmann*, in: von Mangoldt/Klein/Starck, Grundgesetz, Band 2, Art. 33 Rn. 34; *Badura*, in: Maunz/Dürig, Grundgesetz, Art. 33 Rn. 55.

1344 BVerfG NJW 2012, S. 1563 (1565 f.).

weisen, die eine Kooperation mit ausländischen Amtsträgern und privaten Akteuren erforderlich machen.[1345] Diesem Ausnahmegrund kommt durch den Grundsatz der offenen Staatlichkeit der Bundesrepublik Deutschland Verfassungsrang zu.[1346]

3. Vorgaben des Haushaltsverfassungsrechts

Die Beteiligung an einer PPP wird für die Bundesrepublik Deutschland im Regelfall mit der Aufwendung finanzieller Mittel verbunden sein. Daher soll an dieser Stelle darauf eingegangen werden, welche Rolle die Verfassungsvorschriften über das Haushaltsrecht bei der Beteiligung an einer PPP spielen.

a. Die Budgethoheit des Bundestages nach Art. 110 Abs. 2 GG

Der Bund darf gem. Art. 110 Abs. 1 und 2 GG grundsätzlich nur dann Ausgaben tätigen, wenn diese zuvor im Haushaltsplan von der Bundesregierung eingestellt wurden und der Gesetzgeber den Plan anschließend durch einen Gesetzesbeschluss abgesegnet hat. Rechtstechnisch wird dafür der Haushaltsplan inklusive aller Einzelpläne, Anlagen und Erläuterungen als Anlage im Haushaltsgesetz aufgenommen und damit zum integralen Bestandteil des Gesetzes.[1347]

Das Haushaltsgesetz stellt ein wesentliches Element demokratischer Legitimation dar, indem die Bundesregierung erst nach einer Ermächtigung durch das Parlament zur Leistung von Ausgaben und zur Eingehung von Verpflichtungen berechtigt ist.[1348] Neben der Ermächtigungsfunktion enthält das Haushaltsgesetz für die Bundesregierung weiterhin die Einschränkung, dass sie die Zweckbindung der Haushaltstitel beachten muss und nur bis zur Höhe der im Haushaltsplan bewilligten Ansätze Ausgaben tätigen darf.[1349] Mit seinem Budgetrecht kann das Parlament demnach das Regierungshandeln in einem gewissen Um-

---

1345 Siehe dazu oben Einleitung unter A. II. 3.

1346 Eine verfassungsrechtliche Fundierung des Rechtfertigungsgrundes fordert *Jachmann*, in: von Mangoldt/Klein/Starck, Grundgesetz, Band 2, Art. 33 Rn. 37.

1347 Rechtlich bilden der Haushaltsplan und das den Plan feststellende Haushaltsgesetz eine Einheit, vgl. BVerfGE 20, 56 (93); *Heintzen*, in: Isensee/Kirchhof, Handbuch des Staatsrechts, Band 5, § 120 Rn. 50.

1348 *Hillgruber*, in: von Mangoldt/Klein/Starck, Grundgesetz, Band 3, Art. 110 Rn. 56; vgl. auch *Pünder*, in: Friauf/Höfling, Berliner Kommentar zum Grundgesetz, Art. 110 Rn. 23, der Einsatz aller zur Verfügung stehender Ressourcen müsse auf das Volk zurückgeführt werden können.

1349 *Kloepfer*, Verfassungsrecht, Band 1, § 26 Rn. 247. Die Ausgabenansätze im Haushaltsplan müssen dabei hinreichend bestimmt sein, damit die Exekutive durch das Haushaltsgesetz hinreichend effektiv gesteuert wird, siehe *Hillgruber*, in: von Mangoldt/Klein/Starck, Grundgesetz, Band 3, Art. 110 Rn. 77.

fang determinieren[1350] und insbesondere in internationalen Zusammenhängen verlorengegangene Entscheidungskompetenzen ausgleichen.[1351]

Für die PPP folgt daraus allerdings nicht, dass das Parlament ausdrücklich über die Beteiligung der Bundesrepublik Deutschland befinden müsste. Die Umsetzung des Haushaltsplans fällt, wie jeder Gesetzesvollzug, in den Zuständigkeitsbereich der Exekutive.[1352] Im Rahmen der Zweckbestimmung der Haushaltstitel kann der Bundesregierung daher ein erheblicher Gestaltungs- und Beurteilungsspielraum bei der Verteilung der Gelder zukommen.[1353] Die Bundesregierung muss erst dann eine gesonderte Zustimmung des Parlaments einholen, wenn die im Haushaltsplan eingestellten Titel nicht zur Begleichung der vorgesehenen Beiträge ausreichen sollten.[1354]

b. Einhaltung des Gebots der Wirtschaftlichkeit, Art. 114 Abs. 2 S. 1 GG

Die Exekutive ist bei der Verteilung der Gelder allerdings nicht nur an die Zweckbestimmungen der Haushaltstitel gebunden, sondern muss insbesondere

---

1350 Nach BVerfGE 45, 1 (32) handelt es sich um einen „staatsleitenden Hoheitsakt in Gesetzesform"; so auch BVerfGE 129, 124 (178). *Zippelius/Würtenberger*, Deutsches Staatsrecht, S. 483, bezeichnen das Budgetrecht als ein wesentliches Instrument der Politikgestaltung. Vgl. in diesem Zusammenhang auch *Wißmann*, in: Hoffmann-Riem/Schmidt-Aßmann/Voßkuhle, Grundlagen des Verwaltungsrechts, Band 1, § 15 Rn. 37, wonach das Parlament mit dem Gesetzesbeschluss eine notwendige „verfassungsrechtliche Ausgangsbedingung" für die Ausübung der Organisationsgewalt auf Bundes- und Landesebene setze.

1351 *Tomuschat*, in: VVDStRL 36 (1978), S. 7 (34). Zugleich zwingt der Einfluss des Demokratieprinzips den Gesetzgeber dazu, seine Zustimmung zu verweigern, wenn die Ausgaben ein Ausmaß erreichen würden, das faktisch zu einem Kompetenzverlust des vom Volk gewählten Bundestages in diesem Bereich führt, vgl. *Maurer*, Staatsrecht I, § 21 Rn. 4.

1352 *Fastenrath*, Kompetenzverteilung im Bereich der auswärtigen Gewalt, S. 225; vgl. auch *Heintzen*, in: Isensee/Kirchhof, Handbuch des Staatsrechts, Band 5, § 120 Rn. 72, der Budgetvollzug zähle zum „Hausgut" der Exekutive. Die Legislative kann die Exekutive jedoch zur Tätigung der Ausgabe verpflichten, indem sie eine entsprechende Verpflichtung gesondert gesetzlich anordnet, siehe *Maurer*, Staatsrecht I, § 21 Rn. 69.

1353 *Schwarz*, in: von Mangoldt/Klein/Starck, Grundgesetz, Band 3, Art. 114 Rn. 88; *Stern*, Das Staatsrecht der Bundesrepublik Deutschland, Band II, S. 439.

1354 Vgl. *Fastenrath*, Kompetenzverteilung im Bereich der auswärtigen Gewalt, S. 224 ff., der z.B. von einer Zustimmungsbedürftigkeit ausgeht, soweit mit der Mitgliedschaft regelmäßige Beitragszahlungen verbunden sind und die Organisation für unbestimmte Zeit besteht. Von einer Zustimmungsbedürftigkeit ab dem Erreichen bestimmter Dimensionen ausgehend auch *Tomuschat*, in: Isensee/Kirchhof, Handbuch des Staatsrechts, Band 7, § 172 Rn. 39.

den Grundsatz der Wirtschaftlichkeit beachten.[1355] Die Bindung an diesen Grundsatz ergibt sich nach überwiegender Ansicht aus Art. 114 Abs. 2 S. 1 GG.[1356] Die Vorschrift enthält zwar nur den Auftrag an den Bundesrechnungshof, die Haushaltsführung auf ihre Wirtschaftlichkeit zu überprüfen, allerdings ist anzunehmen, dass die Kontrollbefugnis durch den Bundesrechnungshof nur dann Sinn ergebe, wenn der Grundsatz auch vom Kontrollierten beachtet werden müsse.[1357]

Der Grundsatz der Wirtschaftlichkeit verpflichtet den Staat dazu, ein „optimales Verhältnis zwischen dem Einsatz staatlicher Gelder und dem Nutzen für das Gemeinwohl" zu erreichen.[1358] Um dieser Verpflichtung nachzukommen, muss er mit einem zuvor festgelegten Betrag den größtmöglichen Nutzen erzielen (sog. Maximalprinzip) bzw. bei der Erfüllung eines vorgegebenen Ziels finanzielle Mittel in einem möglichst geringen Umfang einsetzen (sog. Minimal- bzw. Sparsamkeitsprinzip).[1359] Bezogen auf die Wahl einer Organisationsform wird aus diesem Grundsatz geschlossen, der Staat müsse diejenige Organisationsform wählen, die zugleich überflüssige Organisationskosten vermeide und den anvisierten Nutzen optimieren helfe.[1360]

Ob der Grundsatz der Wirtschaftlichkeit mehr als eine grobe Orientierungslinie bei der Beteiligung an einer PPP bilden kann, erscheint jedoch sehr fraglich. Die zuständigen Bundesorgane werden mit der Beteiligung an einer PPP in der Regel nämlich keinen wirtschaftlichen Gewinn anstreben, sondern politische Zwecke mit Gemeinwohlbezug verfolgen, bei denen die Formulierung einer ob-

---

1355 *Schwarz*, in: von Mangoldt/Klein/Starck, Grundgesetz, Band 3, Art. 114 Rn. 88. Nach h.M. gilt die Wirtschaftlichkeitsverpflichtung bereits bei der Aufstellung des Haushaltsplans und der Feststellung im Haushaltsgesetz und bindet somit auch den Gesetzgeber, vgl. zum Streitstand *Gröpl*, in: Bonner Kommentar zum Grundgesetz, Art. 110 Rn. 140.

1356 *Burgi*, in: Erichsen/Ehlers (Hrsg.), Allgemeines Verwaltungsrecht, § 7 Rn. 29; *Gersdorf*, Öffentliche Unternehmen im Spannungsfeld zwischen Demokratie- und Wirtschaftlichkeitsprinzip, S. 474. Daneben wird der Grundsatz auch aus den abgabenrelevanten Grundrechten hergeleitet.

1357 *Maurer*, Staatsrecht I, § 21 Rn. 83; *Stern*, Das Staatsrecht der Bundesrepublik Deutschland, Band II, S. 1251; *Engels*, in: Bonner Kommentar zum Grundgesetz, Art. 114 Rn. 107.

1358 *Heintzen*, in: von Münch/Kunig, Grundgesetz, Band 2, Art. 114 Rn. 24; abweichend *Kube*, in: Maunz/Dürig, Grundgesetz, Art. 114 Rn. 101, der nur ein angemessenes, vertretbares Verhältnis und kein Optimum verlangt.

1359 *Gröpl*, in: Isensee/Kirchhof, Handbuch des Staatsrechts, Band 5, § 121 Rn. 9.

1360 *Gersdorf*, Öffentliche Unternehmen im Spannungsfeld zwischen Demokratie- und Wirtschaftlichkeitsprinzip, S. 424.

jektiven Zielbestimmung und die Bewertung der Resultate naturgemäß erhebliche Schwierigkeiten bereitet.[1361] So wird sich die Beurteilung, ob die Beteiligung an einer PPP im Sinne einer Kosten-Nutzen-Relation das optimale Mittel zur Erfüllung des angestrebten Zweckes war, im Regelfall nicht anhand von objektiv messbaren Kriterien vornehmen lassen, sondern nur das Ergebnis einer wertenden Einschätzung bilden. Man wird daher allenfalls verlangen können, dass die Exekutive transparent und nachvollziehbar angibt, welche Zwecke sie mit der PPP erreichen will und überprüft, ob die Kosten der Beteiligung durch die erzielten oder erzielbaren Ergebnisse gerechtfertigt wird.[1362]

4. Achtung der Gebietshoheit des Heimatstaates der PPP gem. Art. 25 S. 1 GG

Theoretisch wäre es weiterhin denkbar, dass die Bundesrepublik Deutschland die territoriale Souveränität des Heimatstaates der PPP verletzen könnte, wenn sie die PPP im Wege der Beleihung oder auf sonstige Weise zur Ausübung von Hoheitsrechten ermächtigen würde. Kraft seiner territorialen Souveränität besitzt ein Staat nämlich grundsätzlich das ausschließliche Recht zur Ausübung von Hoheitsgewalt auf seinem Staatsgebiet (sog. „Grundsatz der Gebietsausschließlichkeit“).[1363] Dieses Recht ist in Art. 2 Ziff. 1 und 7 der UN-Charta enthalten[1364] und zählt zum Völkergewohnheitsrecht.[1365] Aufgrund des Art. 25 S. 1 GG[1366] ist die Bundesrepublik Deutschland daher zur Achtung der Gebietshoheit von ande-

---

1361 *Gröpl*, in: Isensee/Kirchhof, Handbuch des Staatsrechts, Band 5, § 121 Rn. 15; *Heintzen*, in: von Münch/Kunig, Grundgesetz, Band 2, Art. 114 Rn. 7. *Kloepfer*, Verfassungsrecht Band 1, § 26 Rn. 254, geht daher von einer begrenzten Rechtsrelevanz des Grundsatzes der Wirtschaftlichkeit aus.

1362 *Schwarz*, in: von Mangoldt/Klein/Starck, Grundgesetz, Band 3, Art. 114 Rn. 88; *Wintrich*, NVwZ 1988, S. 895 (897).

1363 *Hobe*, Völkerrecht, S. 96; *Kempen/Hillgruber*, Völkerrecht, § 18 Rn. 20; *Schorkopf*, Grundgesetz und Überstaatlichkeit, S. 110; *Geiger*, Grundgesetz und Völkerrecht, S. 295 f.

1364 *Fassbender/Bleckmann*, in: Simma (Hrsg.), The Charter of the United Nations, Vol. I, Art. 2(1) Rn. 54; *Menzel*, Internationales Öffentliches Recht, S. 323 f.

1365 *Herdegen*, Völkerrecht, § 23 Rn. 3.

1366 Das Völkergewohnheitsrecht zählt zu den allgemeinen Regeln des Völkerrechts im Sinne des Art. 25 S. 1 GG. Normenhierarchisch stehen die Regelungen nach ganz h.M. aufgrund des Wortlauts des Art. 25 S. 2 GG unterhalb der Verfassungsnormen aber über den Bundesgesetzen, vgl. nur *Streinz*, in: Sachs, Grundgesetz, Art. 25 Rn. 87 ff. m.w.N.; a.A. *Tietje*, Internationalisiertes Verwaltungshandeln, S. 217 ff., unter Hinweis auf die Entstehungsgeschichte der Vorschrift.

ren Staaten verpflichtet[1367] und darf nicht ohne die Zustimmung des anderen Staates auf dessen Gebiet hoheitlich tätig werden.[1368]

Für die PPP wird sich das Einverständnis in der Regel bereits aus der Beteiligung des Heimatstaates an der PPP und damit verbunden der Billigung des Gründungsvertrages, in dem die Aufgaben und Befugnisse der Organisation niedergelegt sind, ergeben. Demgegenüber erscheint der Fall kaum denkbar, dass eine PPP in der Rechtsordnung eines Staates verankert wird, wenn sich der Heimatstaat nicht im Vorfeld mit der Ausübung der Kompetenzen der PPP einverstanden erklärt hat.

5. Achtung der Identität des Grundgesetzes gem. Art. 79 Abs. 3 GG

Nachdem die bisherige Untersuchung ergeben hat, dass eine Übertragung von Hoheitsrechten auf eine PPP nach derzeitiger Verfassungslage nicht zulässig ist und eine Ausübung von Hoheitsrechten unterhalb dieser Schwelle nur in sehr geringem Umfang gestattet werden kann, soll abschließend darauf eingegangen werden, ob eine weitergehende Ermächtigung einer PPP mittels einer Verfassungsänderung vorgenommen werden könnte. Denkbar wäre z.B., dass sich der verfassungsändernde Gesetzgeber für die Einfügung eines Art. 24 Abs. 1b GG entscheidet, der eine Übertragung von Hoheitsrechten auf eine PPP ausdrücklich vorsieht.

Bei einer Änderung des Grundgesetztes ist allerdings die Vorschrift des Art. 79 Abs. 3 GG zu beachten. Diese Norm untersagt den zuständigen Verfassungsorganen bei einer internationalen Öffnung nicht nur die Übertragung von Hoheitsrechten auf eine zwischenstaatliche Einrichtung, sondern auch den Erlass von entsprechenden verfassungsrechtlichen Bestimmungen, soweit diese Akte zu einer Änderung der Grundstruktur der Verfassung führen, auf der ihre Identität beruht.[1369] Der Art. 79 Abs. 3 GG benennt selbst die Grundsätze, die zu den unaufgebbaren Essentialia des Grundgesetzes gehören.[1370] Danach sind jedenfalls „die Staatsstrukturprinzipien des Art. 20 GG, also die Demokratie, die Rechts- und die Sozialstaatlichkeit, die Republik, der Bundesstaat sowie die für die Achtung der Menschwürde unentbehrliche Substanz elementarer Grund-

---

1367 BVerfGE 63, 343 (372 f.); vgl. auch *Verdross/Simma*, Universelles Völkerrecht, § 456.

1368 *Koenig*, in: von Mangoldt/Klein/Starck, Grundgesetz, Band 2, Art. 25 Rn. 62; *Rojahn*, in: von Münch/Kunig, Grundgesetz, Band 1, Art. 24 Rn. 30. *Menzel*, Internationales Öffentliches Recht, S. 313 f.

1369 Vgl. BVerfGE 113, 273 (296); 123, 267 (343 f.). Siehe auch *Hain*, in: von Mangoldt/Klein/Starck, Grundgesetz, Band 2, Art. 79 Rn. 39.

1370 *Zippelius/Würtenberger*, Deutsches Staatsrecht, S. 518; *Hain*, in: von Mangoldt/Klein/Starck, Grundgesetz, Band 2, Art. 79 Rn. 43.

rechte in ihrer prinzipiellen Qualität jeder Änderung entzogen."[1371] Damit verhindert die Vorschrift im Ergebnis, dass die Staatsqualität der Bundesrepublik Deutschland durch eine internationale Öffnung in Zweifel gezogen werden kann.[1372]

Mit diesen Anforderungen erscheint es unvereinbar, wenn in das Grundgesetz eine ausdrückliche Ermächtigung zur Übertragung von Hoheitsrechten auf eine PPP, wie sie in Art. 24 Abs. 1 GG für zwischenstaatliche Einrichtungen besteht, eingefügt würde. Wie bereits gezeigt, bestehen maßgebliche Bedenken gegen die Übertragung von Hoheitsrechten auf eine PPP aufgrund der Vorgaben des Demokratieprinzips.[1373] Selbst wenn man berücksichtigt, dass bei Verfassungsänderungen tendenziell ein größerer Spielraum des Gesetzgebers als bei einfachgesetzlichen Ausgestaltungen besteht, Verfassungsprinzipien einschränken zu können, dürfen verfassungsändernde Gesetze ein Staatsstrukturprinzip lediglich „systemimmanent modifizieren",[1374] nicht aber den Grundsatz selbst nicht in Frage stellen.[1375] Der unverzichtbare Kern des Demokratieprinzips liegt in dem Prinzip der Volkssouveränität, wonach jede staatliche Personal- oder Sachentscheidung letztlich auf eine Willensentscheidung des Volkes zurückzuführen sein muss.[1376] Aufgrund der Möglichkeit der einseitigen Einflussnahme durch den Heimatstaat auf die Entscheidungen der PPP ließe sich jedoch auch auf der Grundlage einer ausdrücklichen Verfassungsvorschrift die Selbstbestimmung der Träger von Hoheitsgewalt durch das deutsche Volk nicht in hinreichendem Maße sicherstellen, so dass eine generelle Ermächtigungsnorm zur Übertragung von Hoheitsrechten auf die PPP gegen Art. 79 Abs. 3 GG verstoßen würde. Im Einzelfall könnte daher allenfalls die Einfügung einer Ermächtigung zur Wahrnehmung von in sachlichem Umfang begrenzten und für das Gemeinwesen wenig bedeutsamen Funktionen durch eine PPP zulässig sein.[1377]

C. Zusammenfassung

Das Grundgesetz lässt eine Beteiligung der deutschen Staatsgewalt an einer hybriden Organisation mit staatlichen und nichtstaatlichen Akteuren auf privatrecht-

---

1371 BVerfGE 123, 267 (343).

1372 *Kirchhof*, in: Isensee/Kirchhof, Handbuch des Staatsrechts, Band 7, § 183 Rn. 59 f.; vgl. auch *Dreier*, in: Dreier, Grundgesetz, Band 2, Art. 79 Abs. 3 Rn. 55 ff.

1373 Siehe oben unter IV. 4. c.

1374 Vgl. die Formulierung in BVerfGE 30, 1 (24 f.).

1375 *Sachs*, in: Sachs, Grundgesetz, Art. 79 Rn. 71.

1376 *Herdegen*, in: Maunz/Dürig, Grundgesetz, Art. 79 Rn. 127.

1377 Vgl. zu diesem Gedanken *Herdegen*, in: Maunz/Dürig, Grundgesetz, Art. 79 Rn. 128.

licher Grundlage, die einer ausländischen Rechtsordnung unterstellt ist, nur mit erheblichen Einschränkungen zu. Eine spezielle Normierung enthält das Grundgesetz zu dieser Frage nicht, so dass dieses Ergebnis aus einer Interpretation der Verfassung folgt. Der Grundsatz der Formenwahlfreiheit der Verwaltung hilft in diesem Zusammenhang nicht weiter, da er sich ausschließlich auf die Verwendung von privatrechtlichen Organisationsformen innerhalb der deutschen Rechtsordnung bezieht.

I. Positive Grundhaltung der Verfassung gegenüber den PPP

Aus der Präambel sowie den Vorschriften des Grundgesetzes mit auswärtigem Bezug ergibt sich der Grundsatz der offenen Staatlichkeit, der als Staatsziel eine Beteiligung der Bundesrepublik Deutschland an der internationalen Zusammenarbeit fordert. Dieser Grundsatz bewirkt eine Offenheit der Verfassung gegenüber neuen Formen der grenzüberschreitenden Kooperation, die regelmäßig auf einer völkerrechtlichen Grundlage basieren. Er will allerdings auch die Beteiligung an sonstigen Ausgestaltungen der Abstimmung zwischen Staaten ermöglichen.

Deswegen unterscheiden sich die Anforderungen für die Mitwirkung an den PPP wesentlich von den Vorgaben, die innerstaatlich für die Beteiligung des Staates an privatrechtlichen Organisationsformen anerkannt sind. Das zeigt sich besonders deutlich anhand der Untersuchung des Bundesstaats-, des Rechtsstaats- sowie des Demokratieprinzips. Bei der Aufteilung der Kompetenzen zwischen Bund und Ländern ist eine gegenüber innerstaatlichen Sachverhalten weiterreichende Wahrnehmungszuständigkeit des Bundes anzuerkennen, da in den PPP regelmäßig Belange des Gesamtstaats mit anderen Staaten und nichtstaatlichen Akteuren abgestimmt werden. Nach dem Gewaltenteilungsgrundsatz liegt die Zuständigkeit zwischen den Organen des Bundes vornehmlich nicht bei der Legislative sondern bei der Exekutive, die allein organisatorisch und personell dazu in der Lage ist, die Interessen der Bundesrepublik Deutschland adäquat vertreten zu können. Die Gefahr eines hierdurch bedingten Einbruchs der Exekutive in Kompetenzbereiche, welche eigentlich der Ausgestaltung durch die Legislative überantwortet sind, kann zwar durch eine analoge Anwendung des Art. 59 Abs. 2 S. 1 GG nicht vollständig gebannt werden, auf diesem Wege wird aber zumindest eine größtmögliche Beteiligung der Legislative sichergestellt. Die deutsche Staatsgewalt unterliegt des Weiteren bei der Mitwirkung an einer PPP einer Bindung an die Grundechte. Es muss daher sichergestellt werden, dass durch Entscheidungen der PPP das allgemeine Schutzniveau der Grundrechte nicht abgesenkt wird. Die Bindung kann jedoch eingeschränkt sein, da die deutschen Repräsentanten bei ihren Überlegungen auf das „außenpolitisch Machbare“ Rücksicht zu nehmen haben und in der Lage sein müssen, Entscheidungen mitzutragen, die zu einem näher am Grundgesetz liegenden Zustand führen. Als letzte Forderung des Rechtsstaatsprinzips muss gem. Art. 19 Abs. 4 S. 1 GG eine Rechtsschutzmöglichkeit gegen Akte der PPP bestehen, soweit es sich hierbei um eine Ausübung öffentlicher Gewalt im Sinne der Vorschrift handelt. Allerdings muss die Überprüfung nicht zwingend durch ein deutsches Gericht erfolgen, sondern kann auch durch ein ausländisches Gericht, das einen dem deutschen Rechtsschutz vergleichbares Niveau aufweist, gewährt werden. Aus dem Demokratieprinzip folgt schließlich, dass das bei der Beteiligung an gemischt-wirtschaftlichen Gesellschaften geltende „Prinzip der doppelten Mehrheit“, welches eine maßgebliche Einwirkungsmöglichkeit des Staates erforderlich macht, bei den PPP keine Anwendung finden kann, um die Fähigkeit der Bundesrepublik Deutschland zur internationalen Zusammenarbeit nicht zu gefährden. Im Ergebnis wird man insofern feststellen können, dass sich die Maßgaben eher an den Vorgaben orientieren, die für eine Beteiligung an internationalen Organisationen gelten.

II. Grenzen durch Art. 24 Abs. 1 GG und das Demokratieprinzip

Aufgrund der Vorschrift des Art. 24 Abs. 1 GG sowie dem Demokratieprinzip ergeben sich jedoch in erheblichem Umfang Unterschiede bei der Beteiligung an einer PPP im Vergleich zu der Mitwirkung an einer internationalen Organisation. Die Einschränkung durch Art. 24 Abs. 1 GG wird nicht auf den ersten Blick deutlich. Der Art. 24 Abs. 1 GG bildet eine Spezialvorschrift für die internationale Zusammenarbeit und bringt in besonderem Maße die Zielrichtung der deutschen Verfassung zum Ausdruck, eine Einbindung der Bundesrepublik Deutschland in die internationale Gemeinschaft fördern zu wollen. Unter den Wortlaut der Norm, der eine Übertragung von Hoheitsrechten auf eine „zwischenstaatliche Einrichtung“ ermöglicht, können die PPP als „auch zwischenstaatliche Organisationen“ subsumiert werden.

Der Art. 24 Abs. 1 GG hat jedoch auch die Funktion, die demokratische Legitimation der Ausübung von Hoheitsgewalt durch die zwischenstaatliche Einrichtung sicherzustellen. Deswegen müssen die Vorgaben des Demokratieprinzips bei seiner Auslegung beachtet werden. Das Demokratieprinzip erfordert, dass die Ausübung von Hoheitsgewalt nur durch vom deutschen Volk ermächtigte Hoheitsträger erfolgen darf. Bei den PPP ist aber sowohl durch die Einbeziehung von privaten Akteuren auf die Willensbildung in deren Hauptorganen als auch durch die Einwirkungsbefugnisse des Heimatstaates der privatrechtlichen Organisation eine Unterbrechung der Legitimationskette gegeben. Eine autonome, nicht von der deutschen Staatsgewalt kontrollierte Wahrnehmung von Hoheitsrechten durch die PPP mit unmittelbarer Wirkung innerhalb der deutschen Rechtsordnung ist daher nicht gestattet. Die deutschen Staatsorgane dürfen sich zudem nicht dazu verpflichten, die Rechtsakte der PPP umsetzen zu müssen. Die PPP können lediglich funktional in die deutsche Staatsorganisation eingegliedert werden, so dass jederzeit die Letztentscheidungsbefugnis der deutschen Staatsorgane erhalten bleibt. Durch diese Einschränkungen bleiben die potentiellen Befugnisse der PPP bei einer Beteiligung der Bundesrepublik Deutschland erheblich hinter den Möglichkeiten bei einer Mitwirkung an internationalen Organisationen zurück.

Fazit

Die Ergebnisse der Untersuchung sind abschließend in Thesen zusammengestellt (unter A.). Im Anschluss erfolgt eine Schlussbetrachtung (unter B.).

A. Zusammenfassung der Ergebnisse der Arbeit

Die Reihenfolge der Thesen orientiert sich an der Gliederung der Arbeit. Zunächst erfolgt ein Überblick über den Hintergrund der Entstehung der PPP auf internationaler Ebene (unter I.) sowie deren Definition und praktische Erscheinungsformen (unter II.), an den sich die Ergebnisse hinsichtlich des derzeitigen völkerrechtlichen Rechtsstatus der PPP (unter III.) sowie der Vorgaben des deutschen Grundgesetzes hinsichtlich einer Beteiligung der Bundesrepublik Deutschland an diesen Kooperationen anschließen (unter IV.)

I. Die Erscheinungsform der Public-Private Partnership auf internationaler Ebene

1. Die Erscheinungsform der PPP ist schon seit längerer Zeit im innerstaatlichen Bereich bekannt. Sie findet allerdings in zunehmendem Maße auch auf der internationalen Ebene Verbreitung. Diese Entwicklung ist zum einen maßgeblich auf die Verstärkung der grenzüberschreitenden Verflechtungen im Zuge der Globalisierung zurückzuführen, der die Staaten nur effektiv mit einer größeren Kooperationsoffenheit begegnen können sowie zum anderen auf den Bedeutungsgewinn von nichtstaatlichen Akteuren bei der Steuerung der internationalen Beziehungen, der sich insbesondere aus den verbesserten technischen Möglichkeiten zur Organisation gemeinsamer Aktionen sowie deren stärkerer Öffentlichkeitswirksamkeit ergibt. Als Folge lässt sich eine Interdependenz von staatlichen und nichtstaatlichen Akteuren erkennen, die die Bildung von Kooperationen fördert.[1378]

2. Mittlerweile finden sich in vielen Bereichen Kooperationen zwischen staatlichen und nichtstaatlichen Akteuren auf der internationalen Ebene, zu ihnen zählen u.a. der Klimaschutz, der Umweltschutz, der Arbeitnehmerschutz, die Regulierung des Internets sowie insbesondere der internationale Gesundheitsschutz. Die PPP nehmen in diesen Feldern ein weites Spektrum an unterschiedlichen Funktionen wahr, die vom gemeinsamen Austausch von Erfahrungen („coordination“) und der Erhöhung der Aufmerksamkeit der Öffentlichkeit („advocacy“) über die Erschließung finanzieller Ressourcen („finan-

1378 Siehe oben Einleitung unter A. I und II.

cing“), bis hin zur Aufstellung von harmonisierenden Regelungen („standard setting“) sowie der Unterstützung bei der Umsetzung völkerrechtlicher Verträge („implementation“) reichen.[1379]

3. Aufgrund des weiten Spektrums an Aufgabenfeldern und Zielsetzungen haben die PPP voneinander sehr unterschiedliche Strukturen erhalten. Die Mehrzahl der PPP beruht auf informellen Vereinbarungen, die keine rechtlichen Verpflichtungen für die Parteien begründen, sondern Verbesserungen auf freiwilliger Basis bewirken sollen. In verhältnismäßig wenigen Fällen sind die PPP dagegen auf einer formellen Grundlage mit rechtlicher Bindungswirkung für die beteiligten Parteien errichtet worden. In diesen Organisationen wurden institutionalisierte Organstrukturen entwickelt, die sich insbesondere durch eine gemeinsame Willensbildung von Vertretern des staatlichen und des nichtstaatlichen Sektors in den Hauptorganen mit einer gleichberechtigten Einflussnahme auf die Entscheidungen der Organisation auszeichnen.[1380]

4. Eine abschließende positive oder negative Bewertung der PPP ist derzeit nicht möglich. Optimistische Einschätzungen erwarten von den PPP eine Bündelung der gemeinsamen Stärken der einzelnen staatlichen und nichtstaatlichen Partner, so dass sie eine verbesserte Reaktion auf globale Herausforderungen bewirken würden. Kritische Stimmen befürchten dagegen eine Verstärkung der jeweiligen Defizite und sehen insbesondere die Gefahr, dass demokratisch gewählte Vertreter ihren Einfluss zugunsten von demokratisch nicht legitimierten elitären Interessengruppen aufgeben würden. Unabhängig von diesen Einschätzungen ist jedenfalls davon auszugehen, dass die PPP keine bloße Modeerscheinung bilden, sondern dauerhaft eine wesentliche Rolle bei der Gestaltung der internationalen Beziehungen einnehmen werden.[1381]

II. Definition und Erscheinungsformen

1. Es wird zwar eine Vielzahl an unterschiedlichen Definitionen für die Erscheinungsform einer grenzüberschreitend agierenden PPP verwendet, aber es hat sich keine allgemein anerkannte Definition durchgesetzt. Eine allgemeingültige Definition wird aufgrund der Offenheit des Begriffes auch nicht aufgestellt werden können, da die Bezeichnung einen großen Spielraum für verschiedene weite und enge Interpretationsformen gewährt. Diese Unbestimmt-

1379 Siehe oben Einleitung unter A. III.
1380 Siehe oben Einleitung unter A. IV.
1381 Siehe oben Einleitung unter A. V. und VI.

heit lässt es zweifelhaft erscheinen, ob der Begriff für die Zwecke einer rechtswissenschaftlichen Untersuchung Verwendung finden kann.[1382]

2. In der deutschen Verwaltungswissenschaft, für die sich dasselbe Problem hinsichtlich der innerstaatlichen PPP stellte, hat sich der Gebrauch des Begriffes aus pragmatischen Gründen weitestgehend durchgesetzt. Voraussetzung hierfür war jedoch zunächst die Entwicklung von Merkmalen zur Eingrenzung des Begriffes, um eine hinreichend präzise Festlegung und Abgrenzung vornehmen zu können, die zur Ableitung rechtlicher Zusammenhänge erforderlich ist.[1383]

3. Dieser Weg kann auch für die international agierenden PPP gegangen werden. Als internationale PPP wird für die Zwecke der Untersuchung in Anlehnung an ein enges Begriffsverständnis eine auf vertraglicher Grundlage bestehende, grenzüberschreitend agierende und auf Dauer angelegte Organisation mit eigener Rechtspersönlichkeit verstanden, die über mindestens ein handlungsbefugtes Organ verfügt, in dem alle beteiligten staatlichen und nichtstaatlichen Akteure zur aktiven Mitarbeit berechtigt sind, um gemeinsam ein komplementäres Ziel zu verfolgen.[1384]

4. Als praktische Erscheinungsformen einer internationalen PPP sind exemplarisch der Global Fund to Fight AIDS, Tuberculosis and Malaria (Global Fund) sowie die Welt-Anti-Doping-Agentur (WADA) zu nennen. Die Hauptaufgabe des Global Fund besteht in der Mobilisierung und Verteilung finanzieller Mittel zur Bekämpfung der drei weltweit verbreiteten Krankheiten AIDS, Tuberkulose und Malaria. Die WADA ist demgegenüber mit dem Ziel gegründet worden, die unterschiedlichen dopingrelevanten Verbandsvorschriften der internationalen Sportverbände zu vereinheitlichen, damit ein effektiverer Kampf gegen das Doping im Sport geführt werden kann. Aus diesem Grund liegt ihre vorrangige Aufgabe in der Erarbeitung von harmonisierten Regelungen, die für alle Sportarten Gültigkeit beanspruchen. Beide Organisationen haben den Rechtsstatus einer Stiftung schweizerischen Rechts erhalten.[1385]

5. Im Hauptorgan des Global Fund, dem Foundation Board, sind staatliche und nichtstaatliche Akteure dem Grunde nach zur gleichberechtigten Einflussnahme auf die Willensbildung befugt. Das Foundation Board setzt sich aus

1382 Siehe oben Kapitel 1 unter A I. und III.
1383 Siehe oben Kapitel 1 unter A. II.
1384 Siehe oben Kapitel 1 unter A. III. – V.
1385 Siehe oben Kapitel 1 unter B. I. und II.

insgesamt 20 stimmberechtigten Mitgliedern zusammen, von denen 8 Vertreter von den Industriestaaten, 7 Repräsentanten von Entwicklungsländern und 5 Vertreter von nichtstaatlichen Akteuren gestellt werden. Die Stimme jedes Mitglieds hat dasselbe Gewicht. Dabei ist irrelevant, ob die Stimme von einem staatlichen oder einem nichtstaatlichen Repräsentanten abgegeben wurde. Allerdings ist es theoretisch möglich, dass bei einer Abstimmung die nichtstaatlichen Akteure von den staatlichen Vertretern überstimmt werden können.[1386]

6. Im Hauptorgan der WADA, dem Foundation Board, ist dagegen eine vollständige Gleichberechtigung von staatlichen und nichtstaatlichen Akteuren gewährleistet. Die insgesamt bis zu 40 Mitglieder werden jeweils zur Hälfte von den Staaten und der Olympischen Bewegung gestellt, die über ihren Dachverband, das Internationale Olympische Komitee (IOC), handelt und eine NGO ist. Bei normalen Abstimmungen genügt grundsätzlich eine einfache Mehrheit der Mitglieder. Bei wichtigen Fragen ist dagegen eine qualifizierte Mehrheit erforderlich, die eine Zustimmung von Zwei-Dritteln der Gesamtzahl der Mitglieder des Foundation Boards, bei gleichzeitiger einfacher Mehrheit sowohl der Vertreter der Olympischen Bewegung als auch der Staatenvertreter erfordert.[1387]

III. Der völkerrechtliche Rechtsstatus der PPP

1. Als Völkerrechtssubjekte sind nur diejenigen Einheiten zu bezeichnen, die mit völkerrechtlichen Rechten und Pflichten ausgestattet sind. Anhand des Umfangs ihrer Rechte lassen sich unbeschränkte und beschränkte Völkerrechtssubjekte unterscheiden. Unbeschränkte Völkerrechtssubjekte sind nur solche, die über die Kapazität verfügen, sämtliche völkerrechtlichen Rechte und Pflichten innezuhaben. Diese Rechtsstellung besitzen allein die Staaten. Alle anderen Einheiten können nur eine beschränkte Völkerrechtssubjektivität erlangen, also nur in dem Maße völkerrechtlich rechtsfähig sein, wie sie mit völkerrechtlichen Rechten und Pflichten betraut wurden. Die beschränkte Völkerrechtssubjektivität wirkt nur gegenüber den Völkerrechtssubjekten, die die Völkerrechtssubjektivität der jeweiligen Einheit anerkannt haben. Für die Stellung als Völkerrechtssubjekt ist dabei irrelevant, ob eine Einheit über eine innerstaatliche Rechtspersönlichkeit verfügt oder nicht.[1388]

1386 Siehe oben Kapitel 1 unter B. I. 2.
1387 Siehe oben Kapitel 1 unter B. II. 2.
1388 Siehe oben Kapitel 2 unter A. I. 1.

2. Die Verleihung der Völkerrechtssubjektivität an eine Einheit kann ausdrücklich oder implizit erfolgen. Dafür genügt es, wenn die Einheit aufgrund einer völkerrechtlichen Norm über eine eigene völkerrechtliche Rechts- und/oder Pflichtenposition verfügt und somit nicht nur das bloße Objekt von Handlungen anderer Völkerrechtssubjekte bildet. Die Forderung, eine Einheit müsse ein bestimmtes Mindestmaß an völkerrechtlichen Rechten und Pflichten verliehen bekommen, um als Völkerrechtssubjekt anerkannt werden zu können, findet dagegen im Völkerrecht keine hinreichende Stütze.[1389]

3. Eine völkerrechtliche Norm vermittelt eine völkerrechtliche Rechtsposition, wenn eine Einheit durch sie Inhaberin eines subjektiv-völkerrechtlichen Rechts wird. In analoger Anwendung der Schutznormlehre aus dem deutschen öffentlichen Recht setzt ein subjektiv-völkerrechtliches Recht voraus, dass zumindest ein etabliertes Völkerrechtssubjekt auf der Grundlage einer völkerrechtlichen Norm und im Rahmen seiner rechtlichen Befugnis eine Verpflichtung übernommen hat, die dem Völkerrecht unterliegt. Diese Verpflichtung muss dem Recht der ermächtigten Einheit entsprechen. Die Norm darf zudem dem verpflichteten Völkerrechtssubjekt keinen Spielraum belassen und muss zum Schutz des Interesses der berechtigten Einheit erlassen worden sein, dieser also direkt und unmittelbar ein Recht gegenüber dem verpflichteten Völkerrechtssubjekt zusprechen. Im Gegensatz zur deutschen Schutznormlehre ist allerdings aufgrund des Fehlens einer obligatorischen Gerichtsbarkeit nicht erforderlich, dass ein subjektiv-völkerrechtliches Recht in einem völkerrechtlichen Verfahren durchgesetzt werden kann. Damit dem Charakter der Völkerrechtsordnung, die sowohl bei der Normentstehung als auch bei der Normanwendung maßgeblich von der faktischen Einflussnahme der Staaten geprägt ist, Rechnung getragen wird, muss die Norm allerdings ein Minimum an Beachtung finden oder zumindest die Chance der Beachtung versprechen.[1390]

4. Nach diesen Grundsätzen ist der völkerrechtliche Rechtsstatus der PPP zu bestimmen. Aufgrund des Fehlens einer übergreifenden völkerrechtlichen Rechtsnorm, können allgemeingültige Aussagen über die Völkerrechtssubjektivität der PPP allerdings nur empirisch aus der Untersuchung des Rechtsstatus von einzelnen Organisationen hergeleitet werden.[1391] Danach zeigen das Beispiel der WADA und des Global Fund, dass die PPP über die Kapazität verfügen, als eigenständige Rechtspersonen den Status eines beschränkten

1389 Siehe oben Kapitel 2 unter A. I. 2. b. bb.
1390 Siehe oben Kapitel 2 unter A. I. 2.
1391 Siehe oben Kapitel 2 unter A. II.

Völkerrechtssubjektes zu erhalten. Der WADA wurden nämlich in dem Unesco-Übereinkommen gegen Doping im Sport völkerrechtliche Rechtspositionen zuerkannt, deren Reichweite allerdings auf die Wahrnehmung einzelner begrenzter Befugnisse beschränkt ist.[1392] Eine entsprechende völkerrechtliche Stellung hat der Global Fund hingegen nicht erhalten.[1393] Die Verleihung einer Völkerrechtssubjektivität an die PPP ist daher zwar potentiell möglich, allerdings nicht zwangsläufig gegeben und muss somit im Einzelfall anhand der konkret verliehenen völkerrechtlichen Rechte und Pflichten beurteilt werden.

5. Die PPP unterscheiden sich hinsichtlich ihres völkerrechtlichen Rechtsstatus damit erheblich von den internationalen zwischenstaatlichen Organisationen. Bei den internationalen Organisationen kann ihre Völkerrechtspersönlichkeit in der Regel aus dem Gründungsvertrag abgeleitet werden, wobei diese Annahme im Einzelfall widerlegt werden kann.[1394] In der Praxis nehmen die internationalen Organisationen aber auch über eine ausdrückliche Ermächtigung im Gründungsvertrag hinaus in weitem Umfang am völkerrechtlichen Rechtsverkehr teil.[1395] Eine solche extensive Auslegung der völkerrechtlichen Kompetenzen ist für die PPP angesichts ihrer allenfalls eng begrenzten Befugnisse und ihrer Verankerung im innerstaatlichen Recht nicht möglich. In Bezug auf ihre Strukturen haben beide Organisationsformen gemeinsam, dass staatliche Repräsentanten einen wesentlichen Einfluss auf die Willensbildung innerhalb der Hauptorgane der Organisation nehmen können.[1396] Wie die Beispiele der Internationalen Arbeitsorganisation (ILO) und der Welttourismusorganisation (UNWTO) zeigen, ist eine Beteiligung von privaten Akteuren zudem auch in internationalen Organisationen nicht zwingend ausgeschlossen.[1397]

6. Der völkerrechtliche Rechtsstatus der PPP ist dagegen mit dem der NGOs vergleichbar. Beide Organisationsformen beruhen auf einem innerstaatlichen Gründungsdokument und haben nur in begrenztem Umfang völkerrechtliche Rechtspositionen erhalten.[1398] Sie unterscheiden sich allerdings in struktureller und funktioneller Hinsicht. Die NGOs zeichnen sich im Gegensatz zu den

1392 Siehe oben Kapitel 2 unter A. II. 1.
1393 Siehe oben Kapitel 2 unter A. II. 2.
1394 Siehe oben Kapitel 2 unter B. I. 2.
1395 Siehe oben Kapitel 2 unter B. I. 2.
1396 Siehe oben Kapitel 2 unter B. I. 3. a.
1397 Siehe oben Kapitel 2 unter B. I. 1. b. und c.
1398 Siehe oben Kapitel 2 unter B. II. 2.

PPP durch eine Freiheit von staatlichem Einfluss aus, um ihre Funktion als „kritische Interessengruppe“ und als Vertreter der „organisierten Zivilgesellschaft“ wahrnehmen zu können.[1399] Eine maßgebliche Beteiligung von staatlichen Repräsentanten ist hiermit nur schwer zu vereinbaren.[1400]

7. Die PPP bilden somit eine eigenständige Organisationsform, die neben die etablierten Organisationsformen in den internationalen Beziehungen, den zwischenstaatlichen internationalen Organisationen und den NGOs tritt. Eine stärkere Beteiligung von nichtstaatlichen Akteuren am völkerrechtlichen Rechtsverkehr ermöglichen sie jedoch nicht.[1401]

IV. Die verfassungsrechtlichen Vorgaben für die Beteiligung der Bundesrepublik Deutschland an einer ausländischen privatrechtlichen Organisation

1. Die deutsche Verfassung steht einer Beteiligung der Bundesrepublik Deutschland an ausländischen privatrechtlichen Organisationsformen zur Abstimmung der zwischenstaatlichen Beziehungen im Allgemeinen wohlwollend gegenüber. Diese Grundeinstellung ergibt sich allerdings nicht bereits aus einer Übertragung des Grundsatzes der Formenwahlfreiheit der Verwaltung. Denn eine Formenwahlfreiheit wird dem deutschen Staat nur dann eingeräumt, wenn er einen lenkenden Einfluss auf die privatrechtliche Organisation behält. Eine solche Forderung wird der deutsche Staat in einer international ausgerichteten PPP nicht durchsetzen können.[1402] Aus den Regelungen des Grundgesetzes in Bezug auf die internationalen Beziehungen der Bundesrepublik Deutschland lässt sich aber das Staatsziel der offenen Staatlichkeit entnehmen, das besagt, dass die Verfassung eine Einbindung in grenzüberschreitende Zusammenschlüsse zwischen Staaten prinzipiell fördern will.[1403] Das Staatsziel der offenen Staatlichkeit bezieht sich zwar vorrangig auf völkerrechtliche Kooperationsformen, es erfasst auch auf andere Arten der zwischenstaatlichen Zusammenarbeit.[1404]

2. Von den konkreten verfassungsrechtlichen Anforderungen für eine Einbindung der Bundesrepublik Deutschland in die PPP ist insbesondere Art. 24 Abs. 1 GG von Bedeutung. Die Vorschrift stellt eine Spezialnorm für die

1399 Siehe oben Kapitel 2 unter B. II. 1. c. dd sowie unter B. II. 3. c.
1400 Siehe oben Kapitel 2 unter B. II. 1. c. bb.
1401 Siehe oben Kapitel 2 unter C.
1402 Siehe oben Kapitel 3 unter A. I. 3. b.
1403 Siehe oben Kapitel 3 unter A. II.
1404 Siehe oben Kapitel 3 unter A. II. 3.

Einbindung der Bundesrepublik Deutschland in besonders intensive Formen der internationalen Zusammenarbeit dar.[1405] Sie ermöglicht eine Übertragung von Hoheitsrechten auf zwischenstaatliche Einrichtungen und damit eine Verleihung von weitreichenden Kompetenzen, die sogar eine Ermächtigung zur Ausübung von Hoheitsakten mit direkten Wirkungen innerhalb der deutschen Rechtsordnung beinhalten können.[1406] Damit geht eine erhöhte Effektivität der Akte der Einrichtung einher, da ihre einheitliche Umsetzung sichergestellt wird und nicht in Abhängigkeit von einer Übernahme durch nationale Stellen steht.

3. Die Anwendung der Vorschrift auf eine Beteiligung an den PPP ist jedoch nicht möglich. Der Art. 24 Abs. 1 GG muss sich im Einklang mit den weiteren Verfassungsvorgaben befinden, zu denen insbesondere das Demokratieprinzip zählt. Dieses schließt insbesondere die Übertragung von Hoheitsrechten an eine Einrichtung aus, die in eine ausländische Rechtsordnung eingebunden ist und damit verbunden der Herrschaftsmacht eines ausländischen Hoheitsträgers unterliegt.[1407] Aus demselben Grund ist auch eine analoge Anwendung der Vorschrift auf die Beteiligung an einer PPP ausgeschlossen.[1408]

4. Die Wirkung des Art. 24 Abs. 1 GG beschränkt sich aber nicht nur darauf, dass die Vorschrift keine Rechtsgrundlage für die Übertragung von Hoheitsrechten auf die PPP bildet. Die Norm entfaltet zudem eine Sperrwirkung, die eine Übertragung von Hoheitsrechten auf die PPP auch auf der Grundlage anderer Verfassungsbestimmungen prinzipiell untersagt. Weitere Vorgaben können der Vorschrift dagegen nicht entnommen werden. Sie untersagt insbesondere eine funktionale Eingliederung der PPP in die deutsche Staatsorganisation nicht.[1409]

5. Aus dem Bundesstaatsprinzip ergibt sich die Zuständigkeit der Organe des Bundes für die Entscheidung über die Beteiligung der Bundesrepublik Deutschland an den PPP. Diese Zuordnung folgt insbesondere aus der Grundaussage des Art. 32 Abs. 1 GG, dass der Bund auf internationaler Ebene in der Lage sein muss, mit einer Stimme zu sprechen. Zum Ausgleich für

1405 Siehe oben Kapitel 3 unter B. I.
1406 Siehe oben Kapitel 3 unter B. I. 1. und 2.
1407 Siehe oben Kapitel 3 unter B. I. 2. c. dd.
1408 Siehe oben Kapitel 3 unter B. I. 3.
1409 Siehe oben Kapitel 3 unter B. I. 4.

potentielle Kompetenzverluste der Länder müssen diese frühzeitig gehört werden und auf ihre Wünsche angemessen Rücksicht genommen werden.[1410]

6. In horizontaler Anknüpfung an das Bundesstaatprinzip ordnet der Gewaltenteilungsgrundsatz, der im Rechtsstaatsprinzip des Grundgesetzes verankert ist, der Exekutive sowohl die Zuständigkeit für die Verhandlungen im Hinblick auf die Errichtung einer PPP als auch für die anschließende Wahrnehmung der Mitgliedschaftsrechte der Bundesrepublik Deutschland zu. Denn nur die Exekutive ist in der Lage, adäquat die Mitwirkungsrechte der Bundesrepublik Deutschland wahrzunehmen. Um einer zu weitreichenden Verschiebung der Kompetenzen zulasten der Legislative entgegenzuwirken, muss in Analogie zu Art. 59 Abs. 2 S. 1 GG allerdings in den von der Vorschrift genannten Fällen eine Mitwirkung der Legislative bei der Gründung der PPP erfolgen.[1411] Die Notwendigkeit einer weiterreichenden Beteiligung der gesetzgebenden Körperschaften ist dagegen auch nach den Grundsätzen des Vorrangs und Vorbehalts des Gesetzes nicht geboten.[1412]

7. Die deutsche Staatsgewalt unterliegt bei einer Beteiligung an den PPP der Bindung an die Grundrechte. Eine Ermächtigung der PPP zur Ausübung von deutscher Hoheitsgewalt darf daher nur erfolgen, wenn das Schutzniveau der Grundrechte durch diesen Vorgang nicht abgesenkt wird.[1413] Allerdings kann der Schutzumfang der Grundrechte im Bereich der auswärtigen Beziehungen reduziert sein, um die außenpolitische Handlungsfähigkeit der Bundesorgane nicht zu stark einzuschränken.[1414] Dieser Maßstab gilt auch für die Repräsentanten der Bundesrepublik Deutschland in den Organen der PPP.[1415] Demgegenüber unterliegen die PPP als privatrechtliche Organisationsformen, die in aller Regel nicht vom deutschen Staat beherrscht werden, einer Bindung an die deutschen Grundrechte nicht.[1416]

8. Weitergehende Anforderungen des Rechtsstaatsprinzips folgen zum einen aus der Bindung des Staates an das Gemeinwohl. Danach darf sich die Bundesrepublik Deutschland nur dann an den PPP beteiligen, wenn die Organisation mit der Wahrnehmung von Aufgaben betraut wurde, deren Erfüllung im öf-

---

1410 Siehe oben Kapitel 3 unter B. II.
1411 Siehe oben Kapitel 3 unter B. III. 2.
1412 Siehe oben Kapitel 3 unter B. III. 3.
1413 Siehe oben Kapitel 3 unter B. III. 4. c.
1414 Siehe oben Kapitel 3 unter B. III. 4. a.
1415 Siehe oben Kapitel 3 unter B. III. 4. c. bb.
1416 Siehe oben Kapitel 3 unter B. III. 4. b.

fentlichen Interesse liegen.[1417] Zum anderen ist die Rechtsschutzgarantie gem. Art. 19 Abs. 4 S. 1 GG zu beachten, die allerdings in Bezug auf die PPP nur dann zur Anwendung kommt, wenn diese öffentliche Gewalt im Sinne der Vorschrift ausüben.[1418] Sollte eine PPP entsprechend ermächtigt worden sein, wie z.B. im Wege der Beleihung, muss eine gerichtliche Rechtsschutzmöglichkeit eröffnet werden. Die Gewährung von Rechtsschutz muss aber nicht zwingend durch deutsche Gerichte, sondern kann auch durch einen anderen Staat erfolgen, solange ein dem deutschen Rechtsschutz vergleichbares Schutzniveau erreicht wird.[1419]

9. Eine Wahrnehmung von Hoheitsrechten durch die PPP kann des Weiteren nur erfolgen, wenn eine hinreichende demokratische Legitimation erreicht wird. Die Vermittlung demokratischer Legitimation kann bei den PPP vergleichbar mit den internationalen Organisationen auf personell-organisatorischem oder sachlich-inhaltlichem Wege erfolgen.[1420] Das erforderliche Legitimationsniveau ist für die PPP gegenüber rein innerstaatlichen Sachverhalten abgesenkt, um den Bedürfnissen der internationalen Zusammenarbeit Rechnung zu tragen.[1421] Deswegen greift insbesondere nicht der Maßstab des „Prinzips der doppelten Mehrheit", der bei Beteiligungen der deutschen Staatsgewalt an inländischen privatrechtlichen Organisationsformen gefordert wird.[1422]

10. Dennoch können auf die PPP nicht in demselben Umfang Entscheidungsbefugnisse übertragen werden wie auf eine internationale Organisation. Aus der Möglichkeit der einseitigen Einflussnahme des Heimatstaates auf die PPP folgt, dass ein hinreichend effektiver Einfluss des deutschen Staatsvolks nicht sichergestellt werden kann.[1423] Das sich hieraus ergebende demokratische Defizit kann auch nicht durch den Abschluss eines flankierenden völkerrechtlichen Vertrags ausgeglichen werden.[1424] Aus diesem Grund ist lediglich eine funktionale Eingliederung der PPP in die deutsche Verwaltungsorganisation zulässig, bei der die deutschen Staatsorgane jederzeit die Letztentscheidungskompetenz behalten. Diese Einschränkung gefährdet die Effektivität der internationalen Zusammenarbeit innerhalb der PPP in erheblichem Umfang, da sich in der Regel auch andere Staaten eine entsprechende Kompe-

1417 Siehe oben Kapitel 3 unter B. III. 1.
1418 Siehe oben Kapitel 3 unter B. III. 5. a. und b.
1419 Siehe oben Kapitel 3 unter B. III. 5. c.
1420 Siehe oben Kapitel 3 unter B. IV. 4. a. und b.
1421 Siehe oben Kapitel 3 unter B. IV. 3.
1422 Siehe oben Kapitel 3 unter B. IV. 2.
1423 Siehe oben Kapitel 3 unter B. IV. 4. c. aa.
1424 Siehe oben Kapitel 3 unter B. IV. 4. c. bb.

tenz vorbehalten werden und eine einheitliche Umsetzung der Entscheidungen der Organisation somit nicht gewährleistet werden kann.[1425]

11. Aus dem Sozialstaatsprinzip folgt das Verbot, dass sich der deutsche Staat durch eine Beteiligung an den PPP seiner Kompetenz über die sozialpolitisch wesentlichen Entscheidungen entledigt oder aus anderen Gründen jedwede Möglichkeit verliert, einen Existenz und Würde sichernden Mindeststandard für seine Staatsbürger gewährleisten zu können.[1426] Des Weiteren darf eine Verwendung von PPP zumindest in den Kernbereichen derjenigen Materien nicht erfolgen, für die die Art. 87 ff. GG bei der bundeseigenen Verwaltung ausdrücklich die Verwendung eines eigenen Verwaltungsunterbaus anordnen.[1427] Zu beachten hat der deutsche Staat schließlich über Art. 25 S. 1 GG die Gebietshoheit des Heimatstaates der PPP. Eine Ermächtigung zur Übertragung von Hoheitsrechten darf daher nur mit dessen ausdrücklicher Zustimmung vorgenommen werden.[1428]

12. Dagegen steht Art. 33 Abs. 4 GG einem Einsatz von PPP prinzipiell nicht im Wege, da als Ausnahmegrund für den Nichteinsatz von Beamten auf die Erfordernisse der internationalen Zusammenarbeit verwiesen werden kann.[1429] Aus der Budgethoheit des Bundestages nach Art. 110 Abs. 2 GG ergeben sich in der Regel ebenfalls keine besonderen Anforderungen, da der Bundesregierung im Rahmen der Zweckbestimmung der Haushaltstitel ein erheblicher Gestaltungs- und Beurteilungsspielraum zusteht. Lediglich wenn die Mittel im Haushaltsplan nicht zur Begleichung der vorgesehenen Beiträge ausreichen sollten, muss eine gesonderte Zustimmung des Parlaments eingeholt werden.[1430] Dennoch ist der Staat im Rahmen der bewilligten Mittel nicht vollständig frei, sondern muss das Gebot der Wirtschaftlichkeit aus Art. 114 Abs. 2 S. 1 GG beachten. Insofern ist zu verlangen, dass transparent und nachvollziehbar angegeben wird, welche Zwecke mit den PPP erreicht werden sollen und eine Überprüfung erfolgt, ob die Kosten der Beteiligung durch die erzielten oder erzielbaren Ergebnisse gerechtfertigt werden.[1431]

1425 Siehe oben Kapitel 3 unter B. IV. 4. d.
1426 Siehe oben Kapitel 3 unter B. V.
1427 Siehe oben Kapitel 3 unter B. VI. 1.
1428 Siehe oben Kapitel 3 unter B. VI. 4.
1429 Siehe oben Kapitel 3 unter B. VI. 2.
1430 Siehe oben Kapitel 3 unter B. VI. 3. a.
1431 Siehe oben Kapitel 3 unter B. VI. 3. b.

B. Schlussbetrachtung und Ausblick

Sollte sich die von einigen Autoren aufgestellte Prognose bestätigen, wonach den Kooperationen zwischen staatlichen und nichtstaatlichen Akteuren in der Zukunft eine größere Bedeutung in den internationalen Beziehungen zukommen wird und sie sich zu einem wichtigen Bestandteil der internationalen Zusammenarbeit entwickeln werden,[1432] so stellt sich die Frage, ob diese Kooperationen einen sinnvollen rechtlichen Ordnungsrahmen vorfinden. Bezogen auf die Organisationsform der PPP hat die Untersuchung gezeigt, dass derzeit weder das Völkerrecht noch das deutsche Verfassungsrecht deren Tätigkeit funktionsadäquat erfassen.

Obwohl die PPP über ein grenzüberschreitendes Tätigkeitsfeld unter Beteiligung von staatlichen Akteuren verfügen, finden sie im Völkerrecht bislang nur eine marginale Beachtung. Ihre völkerrechtlichen Rechtspositionen sind auf eng begrenzte Befugnisse im Einzelfall beschränkt. Dabei zeigt das Beispiel der I-LO, dass eine Beteiligung nichtstaatlicher Akteure an einer Organisation auf völkerrechtlicher Grundlage nicht prinzipiell ausgeschlossen ist. Dem Völkerrecht fehlt somit nicht „die rechtstheoretische Basis, um die Wechselbeziehungen zwischen Staat und Gesellschaft, zwischen Staatenvielfalt und Globalgesellschaft nachzuvollziehen".[1433] Die Staaten sind lediglich in der Gewährung dieser Beteiligungsrechte sehr zurückhaltend geblieben.

Aus diesem Grund wurde die Organisationsform der PPP nicht in der völkerrechtlichen Rechtsordnung etabliert, sondern einer nationalen Rechtsordnung unterstellt. Für die in der Organisation vertretenen Staaten stellt sich wegen dieser rechtlichen Situation die Frage, welche Anforderungen ihre nationale Rechtsordnung, insbesondere ihr nationales Verfassungsrecht, für eine Beteiligung an einer solchen privatrechtlichen Organisation enthält. Bezogen auf die Mitwirkung der Bundesrepublik Deutschland setzt das Grundgesetz in erheblichem Umfang Schranken. Das ist wesentlich auf den Umstand zurückzuführen, dass die Verfassung – insofern besteht eine Parallele zum Völkerrecht – von dem Leitbild ausgeht, eine internationale Zusammenarbeit vollziehe sich allein im Verkehr zwischen Staaten. Die Möglichkeit der Kooperation mit nichtstaatlichen Akteuren ist zumindest nicht ausdrücklich vorgesehen.[1434] Insbesondere

1432 Siehe oben Einleitung unter A. VI.

1433 So aber *Kämmerer*, Privatisierung, S. 552.

1434 Insofern trifft die Aussage von *Voßkuhle*, in: VVDStRL 62 (2003), S. 266 (292), auch auf internationale Sachverhalte zu, dass die Verfassung schon vom Ansatz her nicht auf ein „Mixtum von Staat und Gesellschaft eingerichtet" sei.

mit dem Demokratieprinzip, dessen Wertungen auch bei der Auslegung des Art. 24 Abs. 1 GG zu berücksichtigen sind, wäre es nicht vereinbar, wenn den PPP die eigenständige und nicht von deutschen Staatsorganen kontrollierte Ausübung von Hoheitsgewalt innerhalb der deutschen Rechtsordnung zugestanden würde. Durch die Forderung nach dem Erhalt einer Letztentscheidungsbefugnis für die deutsche Staatsgewalt ergibt sich jedoch – unabhängig von den Vorgaben anderer staatlicher Rechtsordnungen – , dass die PPP zur Lösung grenzüberschreitender Probleme keine einheitlich alle staatlichen und nichtstaatlichen Mitglieder bindenden Rechtsakte erlassen kann. Daraus ergibt sich die Gefahr einer fragmentierten Umsetzung der Beschlüsse der PPP.

Eine Steigerung der Effektivität der PPP erscheint theoretisch auf zwei Arten erreichbar. Auf völkerrechtlicher Ebene könnte sich die Bundesrepublik Deutschland dafür einsetzen, die Gründungsverträge von internationalen PPP trotz der Beteiligung von nichtstaatlichen Akteuren der Völkerrechtsordnung zu unterstellen. Ein solches Vorgehen dürfte in naher Zukunft jedoch keinen großen Erfolg versprechen, da ein Konsens mit sämtlichen an der Errichtung der Organisation mitwirkenden Staaten erreicht werden müsste. Auf nationaler Ebene bestünde zudem die Option, durch eine Änderung der Verfassung, z.B. die Einfügung eines Art. 24 Abs. 1b GG, eine ausdrücklich Rechtsgrundlage für die Beteiligung an den PPP zu schaffen. Dabei müssten allerdings erneut die Anforderungen des Demokratieprinzips Berücksichtigung finden, dessen Kern über Art. 79 Abs. 3 GG sogar einer Grundgesetzänderung entzogen ist. Da aufgrund der Rechtsetzungsbefugnisse des Heimatstaates bei einer Beteiligung an den PPP der Kern des Demokratieprinzips – die Selbstbestimmung der Träger der Hoheitsgewalt durch das deutsche Volk – nicht gewährleistet werden kann, darf eine Ermächtigung zur Übertragung von Hoheitsrechten auf eine PPP im Gegensatz zu den internationalen Organisationen allenfalls in sehr engen Grenzen erfolgen.

Literaturverzeichnis

Abbott, Kenneth: Engaging the public and the private in global sustainability governance, in: International Affairs 88 (2012), S. 543 ff.

Achterberg, Norbert: Probleme der Funktionenlehre, München 1969.

Alvarez, José: Multilateralism and Its Discontents, in: European Journal of International Law 11 (2000), S. 393 ff.

Alvarez, José: International Organizations as Law-makers, Oxford 2005.

Amerasinghe, Chittharanjan Felix: International Legal Personality Revisited, in: Austrian Journal of Public and International Law 47 (1995), S. 123 ff.

Amerasinghe, Chittharanjan Felix: Principles of the Institutional Law of International Organizations, 2nd Edition, Cambridge 2003.

Anderson, Kenneth: The Ottawa Convention Banning Landmines, the Role of International Non-governmental Organizations and the Idea of International Civil Society, in: European Journal of International Law 11 (2000), S. 91 ff.

Archer, Clive: International Organizations, 3rd Edition, London 2001.

Aust, Anthony: Handbook of International Law, 2nd Edition, Cambridge 2010.

Aziz, Davinia: Global Public-Private Partnerships and International Law, in: AsianSIL Working Paper 2010/2, abrufbar unter: http://www.asiansil.org/publications/2010-2%20YSW%20-%20Davinia%20Aziz.pdf, letzter Abruf am 01.06.2013.

Aziz, Davinia: Privileges and Immunities of Global Public-Private Partnerships. A Case Study of the Global Fund to Fight AIDS, Tuberculosis and Malaria, in: International Organizations Law Review 6 (2009), S. 383 ff.

Bachof, Otto: Reflexwirkungen und subjektive Rechte im öffentlichen Recht, in: Bachof, Otto; Drath, Martin; Gönnenwein, Otto; Walz, Ernst (Hrsg.), Forschungen und Berichte aus dem Öffentlichen Recht. Gedächtnisschrift für Walter Jellinek, München 1955, S. 287 ff. (zitiert: *Bachof*, in: Bachof, u.a. (Hrsg.), GS Jellinek).

Badura, Peter: Bewahrung und Veränderung demokratischer und rechtsstaatlicher Verfassungsstruktur in den internationalen Gemeinschaften, in: Veröffentlichungen der Vereinigung der Deutschen Staatsrechtslehrer 23 (1966), S. 34 ff.

Bakker, Christine; Vierucci,Luisa: Introduction: a normative or pragmatic definition of NGOs?, in: Dupuy, Pierre-Marie; Vierrucci, Luisa (Hrsg.), NGOs in International Law. Efficiency in Flexiblity. Cheltenham 2008, S. 1 ff., (zitiert: *Bakker/Vierucci*, in: Dupuy/Vierrucci (Hrsg.), NGOs in International Law).

Baschab, Christian: Grenzüberschreitende Zusammenarbeit durch grenznachbarschaftliche Einrichtungen im Sinne des Art. 24 Abs. 1a GG. Zugleich ein Beitrag zum Umfang der Übertragungmacht des Bundes im Bereich der Länderhoheitsrechte, Osnabrück 2003.

Bederman, David: The Souls of International Organizations, in: Virginia Journal of International Law 36 (1996), S. 275 ff.

Benner, Thorsten; Reinicke, Wolfgang; Witte, Jan Martin: Multisectoral Networks in Global Governance, in: Government and Opposition 39 (2004), S. 191 ff.

Bennett, Alvin LeRoy; Oliver, James: International Organizations. Principles and Issues, 7th Edition, New Jersey 2002.

Benvenuti, Paolo: The Nature and Features of International Non-Governmental Organizations, in: The Italian Yearbook of International Law 4 (1978/79), S. 84 ff.

Bernhardt, Rudolf: Verfassungsrecht und internationale Lagen, in: Die Öffentliche Verwaltung 30 (1977), S. 457 ff.

Beyerlin, Ulrich: Rechtsprobleme der lokalen grenzüberschreitenden Zusammenarbeit, Berlin 1988.

Bleckmann, Albert: Allgemeine Staats- und Völkerrechtslehre. Vom Kompetenz- zum Kooperationsvölkerrecht, Köln 1995.

Bleckmann, Albert: Die Völkerrechtsfreundlichkeit der deutschen Rechtsordnung, in: Die Öffentliche Verwaltung 23 (1979), S. 309 ff.

Bleckmann, Albert: Nongovernmental Organizations, in: International Encyclopedia of Comparative Law, Volume XVII, Chapter 25 (1981), S. 75 ff.

Bleckmann, Albert: Zur Funktion des Art. 24 Abs. 1 Grundgesetz, in: Zeitschrift für ausländisches öffentliches Recht und Völkerrecht 35 (1975), S. 79 ff.

Bleckmann, Albert: Zur Funktion des Art. 24 Grundgesetz, in: Hailbronner, Kay; Ress, Georg; Stein, Torsten (Hrsg.), Staat und Völkerrechtsordnung. Festschrift für Karl Doehring, Berlin 1989, S. 63 ff. (zitiert: *Bleckmann*, in: Hailbronner, u.a. (Hrsg.), FS Doehring).

Böckenförde, Ernst-Wolfgang: Die Organisationsgewalt im Bereich der Regierung, Berlin 1964.

Böckstiegel, Karl-Heinz: Der Staat als Vertragspartner ausländischer Privatunternehmer, Frankfurt am Main 1971.

Böhm, Reinhard: Kompetenzauslegung und Kompetenzlücken im Gemeinschaftsrecht, Frankfurt am Main 1985.

Bothe, Michael: Die Stellung der Europäischen Gemeinschaften im Völkerrecht, in: Zeitschrift für ausländisches öffentliches Recht und Völkerrecht 37 (1977), S. 122 ff.

Bowett, Derek William: The Law of International Institutions, 4th Edition, London 1982.

Boyle, Alan; Chinkin, Christine: The Making of International Law, New York 2007.

Bräutigam, Frank: Der „Grenzüberschreitende örtliche Zweckverband“ nach dem Karlsruher Übereinkommen. Eine rechtsvergleichende Untersuchung, Baden-Baden 2009.

Breuer, Marten: Die Begründung individueller Rechte in völkerrechtlichen Verträgen nichtmenschenrechtlicher Art, in: Gornig, Glibert; Schöbener, Burkhard; Bausback, Winfried; Irmscher, Tobias (Hrsg.), Iustitia et Pax. Gedächtnisschrift für Dieter Blumenwitz, Berlin 2008, S. 87 ff. (zitiert: *Breuer*, in: GS Blumenwitz).

Brown, Garrett Wallace: Multisectoralism, Participation, and Stakeholder Effectiveness: Increasing the Role of Nonstate Actors in the Global Fund to Fight AIDS, Tuberculosis, and Malaria, in: Global Governance 15 (2009), S. 169 ff.

Brownlie, Ian: Principles of Public International Law, 7th Edition, Oxford 2008.

Brühl, Tanja: Public-Private-Partnerships: Ungleiche Partner? Neue Regulierungsformen auf dem Prüfstand, in: Schirm, Stefan (Hrsg.), Globalisierung. Forschungsstand und Perspektiven, Baden-Baden 2006, S. 169 ff. (zitiert: *Brühl*, in: Schirm (Hrsg.), Globalisierung).

Brugger, Winfried: Einführung in das öffentliche Recht der USA, 2. Aufl., München 2001.

Bryde, Brun-Otto: Sicherheitspolitik zwischen Regierung und Parlament, in: Juristische Ausbildung 1986, S. 363 ff.

Budäus, Dietrich; Grüning, Gernod: Public Private Partnership – Konzeption und Probleme eines Instruments zur Verwaltungsreform aus Sicht der Public Choice-Theorie, in: Budäus, Dietrich; Eichhorn, Peter (Hrsg.), Public Private Partnership. Neue Formen öffentlicher Aufgabenerfüllung, Baden-Baden 1997, S. 25 ff. (zitiert: *Budäus/Grüning*, in: Budäus/Eichhorn (Hrsg.), Public Private Partnership).

Bühler, Ottmar: Altes und Neues über Begriff und Bedeutung der subjektiven öffentlichen Rechte, in: Bachof, Otto; Drath, Martin; Gönnenwein, Otto; Walz, Ernst (Hrsg.), Forschungen und Berichte aus dem Öffentlichen Recht. Gedächtnisschrift für Walter Jellinek, München 1955, S. 269 ff. (zitiert: *Bühler*, in: Bachof, u.a. (Hrsg.), GS Jellinek).

Bühler, Ottmar: Die subjektiven öffentlichen Rechte und ihr Schutz in der deutschen Verwaltungsrechtsprechung, Berlin 1914.

Bull, Benedicte; McNeill, Desmond: Development Issues in Global Governance. Public-Private Partnerships and Market Multilateralism, Abingdon/Oxon 2007.

Bundesministerium für Verkehr, Bau und Stadtentwicklung: „Möglichkeiten und Grenzen des Einsatzes von Public Private Partnership Modellen im kommunalen Hoch- und Tiefbau“ (PPP-Schulstudie). Leitfaden I: „Chancen und Risiken von PPP in den neuen Bundesländern“. Abrufbar unter: http://www.bmvbs.de/cae/servlet/contentblob/32260/publicationFile/693/leitfaden-1.pdf, letzter Abruf am 01.06.2013.

Burci, Gian Luca: *Public/Private Partnerships in the Public Health Sector*, in: International Organizations Law Review 6 (2009), S. 359 ff.

Burgi, Martin: Kommunales Privatisierungsfolgenrecht: Vergabe, Regulierung und Finanzierung, in: Neue Zeitschrift für Verwaltungsrecht 2001, S. 601 ff.

Casini, Lorenzo: Global Hybrid Public-Private Bodies: The World Anti-Doping Agency (WADA), in: International Organizations Law Review 6 (2009), S. 421 ff.

Cassese, Antonio: International Law, 2nd Edition, Oxford 2005.

Charnovitz, Steve: Nongovernmental Organizations and International Law, in: American Journal of International Law 100 (2006), S. 348 ff.

Chiu, Hungdah: The Capacity of International Organizations to conclude Treaties, and the Special Legal Aspects of the Treaties so concluded, Den Haag 1966.

Cremer, Hans-Joachim: Der grenzüberschreitende Einsatz von Polizeibeamten nach dem deutsch-schweizerischen Polizeivertrag: ein Vorbild für die Kooperation der Mitgliedstaaten der Europäischen Union auf dem Gebiet der Verbrechensbekämpfung?, in: Zeitschrift für ausländisches öffentliches Recht und Völkerrecht 60 (2000), S. 103 ff.

Dahm, Georg; Delbrück, Jost; Wolfrum, Rüdiger: Völkerrecht, Band I/1, 2. Aufl., Berlin 1989; Band I/2, 2. Aufl., Berlin 2002.

Der Bundesminister des Innern, Der Bundesminister der Justiz (Hrsg.): Bericht der Sachverständigenkommission „Staatszielbestimmungen/Gesetzgebungsaufträge“, Bonn 1983.

Di Fabio, Udo: Das Recht offener Staaten,. Grundlinien einer Staats- und Rechtstheorie, Tübingen 1998.

Di Fabio, Udo: Privatisierung und Staatsvorbehalt. Zum dogmatischen Schlüsselbegriff der öffentlichen Aufgabe, in: JuristenZeitung 54 (1999), S. 585 ff.

Dittmann, Armin: Die Bundesverwaltung. Verfassungsrechtliche Grundlagen, grundgesetzliche Vorgaben und Staatspraxis ihrer Organisation, Tübingen 1983.

Doehring, Karl: Das Staatsrecht der Bundesrepublik Deutschland, 3. Aufl., Frankfurt am Main 1984.

Doehring, Karl: Völkerrecht, 2. Aufl., Heidelberg 2004.

Dolzer, Rudolf; Kahl, Wolfgang, Waldhoff, Christian; Graßhof, Karin (Hrsg.): Bonner Kommentar zum Grundgesetz, Loseblattsammlung, Heidelberg (zitiert: *Verfasser*, in: Bonner Kommentar zum Grundgesetz).

Dörr, Oliver: „Privatisierung" des Völkerrechts, in: JuristenZeitung (60) 2005, S. 905 ff.

Dreier, Horst: Die drei Staatsgewalten im Zeichen von Europäisierung und Privatisierung, in: Die Öffentliche Verwaltung 55 (2002), S. 537 ff.

Dreier, Horst (Hrsg.): Grundgesetz. Kommentar, Band 1, 2. Aufl., Tübingen 2004; Band 2, 2. Aufl., Tübingen 2006; Band 3, 2. Aufl., Tübingen 2008 (zitiert: *Verfasser*, in: Dreier (Hrsg.), Grundgesetz).

Dreier, Horst: Hierarchische Verwaltung im demokratischen Staat. Genese, aktuelle Bedeutung und funktionelle Grenzen eines Bauprinzips der Exekutive, Tübingen 1991.

Eckertz, Rainer: Atomare Rüstung im Verfassungsstaat. Das Raketenurteil des Bundesverfassungsgerichts, in: Europäische Grundrechte-Zeitschrift 12 (1985), S. 165 ff.

Ehlers, Dirk: Verwaltung in Privatrechtsform, Berlin 1984.

Eifert, Martin: Legitimationsstrukturen internationaler Verwaltung, in: Trute, Hans-Heinrich; Gross, Thomas; Röhl, Hans Christian; Möllers, Christoph (Hrsg.), Allgemeines Verwaltungsrecht – zur Tragfähigkeit eines Konzeptes, Tübingen 2008, S. 307 ff. (zitiert: *Eifert*, in: Trute, u.a. (Hrsg.), Allgemeines Verwaltungsrecht).

Epping, Volker; Hillgruber, Christian (Hrsg.): Beck'scher Online-Kommentar zum Grundgesetz, München (zitiert: *Verfasser*, in: Epping/Hillgruber, Beck'scher Online-Kommentar zum Grundgesetz).

Erichsen, Hans-Uwe; Ehlers, Dirk (Hrsg.): Allgemeines Verwaltungsrecht, 14. Aufl., Berlin 2010.

Evans, Malcolm (Hrsg.): International Law, 3rd Edition, Oxford 2010.

Fassbender, Bardo: Der offene Bundesstaat. Studien zur auswärtigen Gewalt und zur Völkerrechtssubjektivität bundesstaatlicher Teilstaaten in Europa, Tübingen 2007.

Faßbender, Bardo: Die Völkerrechtssubjektivität internationaler Organisationen, in: Österreichische Zeitschrift für öffentliches Recht und Völkerrecht 37 (1986), S. 17 ff.

Fastenrath, Ulrich: Kompetenzverteilung im Bereich der auswärtigen Gewalt, München 1986.

Flint, Thomas: Die Übertragung von Hoheitsrechten. Zur Auslegung des Art. 23 Abs. 1 Satz 2 und Art. 24 Abs. 1 GG, Berlin 1998.

Foster, Ken: Lex Sportiva. Transnational Law in Action, in: The International Sports Law Journal 2010/3-4, S. 20 ff.

Fourlanos, Gerasimos: Subjectivity in International Law and the Position of the Individual, in: Nordic Tidsskrift for International Ret 53 (1984), S. 9 ff.

Friauf, Karl Heinrich; Höfling, Wolfram (Hrsg.): Berliner Kommentar zum Grundgesetz, Loseblattsammlung, Berlin (zitiert: *Verfasser*, in: Friauf/Höfling, Berliner Kommentar zum Grundgesetz).

Fritzweiler, Jochen; Pfister, Bernhard; Summerer, Thomas: Praxishandbuch Sportrecht, 2. Aufl., München 2007.

Fuchs, Doris: Privatwirtschaft und Governance: Transnationale Unternehmen und die Effektivität privaten Regierens, in: Schirm, Stefan (Hrsg.), Globalisierung. Forschungsstand und Perspektiven, Baden-Baden 2006, S. 147 ff. (zitiert: *Fuchs*, in: Schirm (Hrsg.), Globalisierung).

Gareis, Karl: Institutionen des Völkerrechts, 2. Aufl., Giessen 1901.

Geiger, Rudolf: Grundgesetz und Völkerrecht, 5. Aufl., München 2010.

Gersdorf, Hubertus: Öffentliche Unternehmen im Spannungsfeld zwischen Demokratie- und Wirtschaftlichkeitsprinzip, Berlin 2000.

Ginther, Konrad: Die völkerrechtliche Verantwortung internationaler Organisationen gegenüber Drittstaaten, Wien 1969.

Ginther, Konrad: Mitgliedschaft in Internationalen Organisationen – Grundfragen, in: Berichte der Deutschen Gesellschaft für Völkerrecht 17 (1975), S. 7 ff.

Glaser, Markus: Internationale Verwaltungsbeziehungen, Tübingen 2010.

Glauben, Paul: Wirtschaftliche Betätigung der Kommunen in Privatrechtsform, in: Zeitschrift für Gesetzgebung 12 (1997), S. 148 ff.

Graf Vitzthum, Wolfgang (Hrsg.): Völkerrecht, 5. Aufl., Berlin 2010.

Grahl-Madsen, Atle: The status of refugees in international law, Vol. 1, Leyden 1966.

Gramm, Christof: Verfassungsrechtliche Grenzen der Zusammenarbeit mit auswärtigen Staaten im Hoheitsbereich – Insbesondere bei der polizeilichen Zusammenarbeit und beim Grenzregime –, in: Deutsches Verwaltungsblatt 114 (1999), S. 1237 ff.

Grande, Edgar; Pauly, Louis (Hrsg.): Complex Sovereignty. Reconstituting Political Authority in the Twenty-First Century, Toronto 2005.

Grande, Edgar; König, Markus; Pfister, Patrick; Sterzel, Paul: Politische Transnationalisierung: Die Zukunft des Nationalstaats – Transnationale Politikregime im Vergleich, in: Schirm, Stefan (Hrsg.), Globalisierung. Forschungsstand und Perspektiven, Baden-Baden 2006, S. 119 ff. (zitiert: *Grande/König/Pfister/Sterzel*, in: Schirm (Hrsg.), Globalisierung).

Griebel, Jörn: Internationales Investitionsrecht, München 2008.

Groß, Thomas: Das Kollegialprinzip in der Verwaltungsorganisation, Tübingen 1999.

Grzeszick, Bernd: Rechte des Einzelnen im Völkerrecht. Chancen und Gefahren völkerrechtlicher Entwicklungstrends am Beispiel der Individualrechte im allgemeinen Völkerrecht, in: Archiv des Völkerrechts 43 (2005), S. 312 ff.

Gusy, Christoph: Privatisierung und parlamentarische Kontrolle, in: Zeitschrift für Rechtspolitik 31 (1998), S. 265 ff.

Haas, Ulrich: Die rechtlichen und organisatorischen Grundlagen der Dopingbekämpfung in der Bundesrepublik Deutschland, Baden-Baden 2004.

Hecker, Jan: Grundgesetz und horizontale Öffnungen des Staates, in: Archiv des öffentlichen Rechts 127 (2002), S. 291 ff.

Held, David; McGrew, Anthony (Hrsg.): Governing Globalization. Power, Authority and Global Governance, Cambridge 2002.

Hempel, Michael: Die Völkerrechtssubjektivität internationaler nichtstaatlicher Organisationen, Berlin 1999.

Herdegen, Matthias: Internationales Wirtschaftsrecht, 9. Aufl., München 2011.

Herdegen, Matthias: Völkerrecht, 12. Aufl., München 2013.

Hesse, Konrad: Grundzüge des Verfassungsrechts der Bundesrepublik Deutschland, 20. Aufl., Heidelberg 1995.

Heydte, Friedrich August; Seidl-Hohenveldern, Ignaz; Verosta, Stephan; Zemanek, Karl (Hrsg.): Völkerrecht und rechtliches Weltbild. Festschrift für Alfred Verdross, Wien 1960 (zitiert: *Verfasser*, in: FS Verdross).

Hobe, Stephan: Der offene Verfassungsstaat zwischen Souveränität und Interdependenz. Eine Studie zur Wandlung des Staatsbegriffs der deutschsprachigen Staatslehre im Kontext internationaler institutionalisierter Kooperation, Berlin 1998.

Hobe, Stephan: Der Rechtsstatus der Nichtregierungsorganisationen nach gegenwärtigem Völkerrecht, in: Archiv des Völkerrechts 37 (1999), S. 152 ff.

Hobe, Stephan: Die Zukunft des Völkerrechts im Zeitalter der Globalisierung, in: Archiv des Völkerrechts 37 (1999), S. 253 ff.

Hobe, Stephan: Einführung in das Völkerrecht, 9. Aufl., Tübingen 2008 (zitiert: *Hobe*, Völkerrecht).

Hobe, Stephan: Individuals and Groups as Global Actors. The Denationalization of International Transactions, in: Hofmann, Rainer (Hrsg.); Geissler, Nils (Assistant Editor), Non-State Actors as New Subjects of International Law. International Law – From the Traditional State Order Towards the Law of the Global Community, Berlin 1999, S. 115 ff. (zitiert: *Hobe*, in: Hofmann (Hrsg.), Non-State Actors as New Subjects of International Law).

Hobe, Stephan; Plingen, Christian: Möglichkeiten der Privatisierung der DFS Deutsche Flugsicherung GmbH unter besonderer Berücksichtigung der Single European Sky Verordnungen, in: Zeitschrift für Luft- und Weltraumrecht 56 (2007), S. 349 ff.

Hoberman, John: Introduction: "Doping and Public Policy", in: Hoberman, John; Moller, Verner (Hrsg.), Doping and Public Policy, Odense 2004, S. 7 ff. (zitiert: *Hoberman*, in: Hoberman/Moller (Hrsg.), Doping and Public Policy).

Hoffmann-Riem, Wolfgang; Schmidt-Aßmann, Eberhard; Voßkuhle, Andreas (Hrsg.): Grundlagen des Verwaltungsrechts, Band 1, 2. Aufl., München 2012; Band 2, München 2008.

Hörtreiter, Isabel: Die Vereinten Nationen und Wirtschaftsunternehmen – zwischen Kooperation und Kontrolle. Steuerungsformen zur Stärkung menschenrechtlicher Unternehmensverantwortung unter dem Dach der Vereinten Nationen, Frankfurt am Main 2007.

Hofmann, Rainer: Grundrechte und grenzüberschreitende Sachverhalte, Berlin 1994.

Houlihan, Barrie: Harmonising Anti-Doping Policy: the Role of the World Anti-Doping Agency, in: Hoberman, John; Moller, Verner (Hrsg.), Doping and Public Policy, Odense 2004, S. 19 ff. (zitiert: *Houlihan*, in: Hoberman/Moller (Hrsg.), Doping and Public Policy).

Hummer, Waldemar: Internationale nichtstaatliche Organisationen im Zeitalter der Globalisierung – Abgrenzung, Handlungsbefugnisse, Rechtsnatur –, in: Berichte der Deutschen Gesellschaft für Völkerrecht 39 (2000), S. 45 ff.

Hurd, Ian: International Organizations, Cambridge 2011.

International Law Association: International Law Association, The Hague Conference 2010, Non-State Actors, First Report of the Committee, abrufbar unter: http://www.ila-hq.org/en/committees/index.cfm/cid/1023, letzter Abruf am 01.06.2013 (zitiert: ILA, Non-State Actors).

International Monetary Fund: Public-Private Partnerships, Publication prepared by the Fiscal Affairs Department, abrufbar unter: http://www.imf.org/external/np/fad/2004/pifp/eng/031204.pdf, letzter Abruf am 01.06.2013 (zitiert: IMF, Public-Private Partnerships).

Ipsen, Hans Peter: Europäisches Gemeinschaftsrecht, Tübingen 1972.

Ipsen, Knut: Völkerrecht, 5. Aufl., München 2004.

Isensee, Josef; Kirchhof, Paul (Hrsg.): Handbuch des Staatsrechts der Bundesrepublik Deutschland, Band 2, Verfassungsstaat, 3. Aufl., Heidelberg 2004; Band 4, Aufgaben des Staates, 3. Aufl., Heidelberg 2006; Band 5, Rechtsquellen, Organisation, Finanzen, 3. Aufl., Heidelberg 2007; Band 7, Normativität und Schutz der Verfassung – Internationale Beziehungen, Heidelberg 1992 (zitiert: *Verfasser*, in: Isensee/Kirchhof, Handbuch des Staatsrechts).

Jarass, Hans; Pieroth, Bodo: Grundgesetz. Kommentar, 12. Aufl., München 2012.

Jenks, Clarence Wilfred: International Immunities, London 1961.

Jennings, Robert; Watts, Arthur: Oppenheim`s International Law, 9th Edition, Volume 1, Peace, Introduction and Part 1, Harlow, Essex 1992.

Kahl, Wolfgang: Parlamentarische Steuerung der internationalen Verwaltungsvorgänge, in: Trute, Hans-Heinrich; Gross, Thomas; Röhl, Hans Christian; Möllers, Christoph (Hrsg.), Allgemeines Verwaltungsrecht – zur Tragfähigkeit eines Konzeptes, Tübingen 2008, S. 71 ff. (zitiert: *Kahl*, in: Trute, u.a. (Hrsg.), Allgemeines Verwaltungsrecht).

Kaiser, Joseph: Bewahrung und Veränderung demokratischer und rechtsstaatlicher Verfassungsstruktur in den internationalen Gemeinschaften, in: Veröffentlichungen der Vereinigung der Deutschen Staatsrechtslehrer 23 (1966), S. 1 ff.

Kämmerer, Jörn Axel: Privatisierung, Tübingen 2001.

Kaul, Inge; Conceicao, Pedro (Hrsg.): The New Public Finance. Responding to Global Challenges, Oxford 2006.

Kees, Alexander Oliver: Privatisierung im Völkerrecht. Zur Verantwortlichkeit der Staaten bei der Privatisierung von Staatsaufgaben, Berlin 2008.

Keller, Helen: Kulturelle Vielfalt und Staatsvolk: Gilt es den Begriff des Volkes zu überdenken?, in: Berichte der Deutschen Gesellschaft für Völkerrecht 43 (2008), S. 39 ff.

Kelsen, Hans: The Law of the United Nations. A Critical Analysis of Ist Fundamental Problems, London 1950.

Kempen, Bernhard: Die Formenwahlfreiheit der Verwaltung. Die öffentliche Verwaltung zwischen öffentlichem und privatem Recht, München 1989.

Kempen, Bernhard; Hillgruber, Christian: Völkerrecht, 2. Aufl., München 2012.

Kingsbury, Benedict; Casini, Lorenzo: Global Administrative Law Dimensions of International Organizations Law, in: International Organizations Law Review 6 (2009), S. 319 ff.

Kirchhof, Paul: Das Parlament als Mitte der Demokratie, in: Brenner, Michael; Huber, Peter; Möstl, Markus (Hrsg.), Der Staat des Grundgesetzes – Kontinuität und Wandel. Festschrift für Peter Badura, Tübingen 2004, S. 237 ff. (zitiert: *Kirchhof*, in: Brenner, u.a (Hrsg.), FS Badura).

Klabbers, Jan: An Introduction to International Institutional Law, 2nd Edition, Cambridge 2009.

Klabbers, Jan; Wallendahl, Asa (Hrsg.): Research Handbook on the Law of International Organizations, Cheltenham, UK 2011.

Klein, Eckart: Gesetzgebung ohne Parlament?, Berlin 2004.

Kleinwächter, Wolfgang: From Self Governance to Public-Private Partnership. The Changing Role of Governments in the Management of the Internet's Core Ressources, in: Loyola of Los Angeles Law Review 36 (2003), S. 1103 ff.

Kloepfer, Michael: Verfassungsrecht, Band 1, München 2011.

Kluth, Winfried: Die verfassungsrechtlichen Bindungen im Bereich der auswärtigen Gewalt nach dem Grundgesetz, in: Wendt, Rudolf; Höfling, Wolfram; Karpen, Ulrich; Oldiges, Martin (Hrsg.), Staat, Wirtschaft, Steuern. Festschrift für Karl Heinrich Friauf, Heidelberg 1996, S. 197 ff. (zitiert: *Kluth*, in: Wendt, u.a. (Hrsg.), FS Friauf).

Kluth, Winfried: Funktionale Selbstverwaltung. Verfassungsrechtlicher Status – verfassungsrechtlicher Schutz, Tübingen 1997.

Kluth, Winfried (Hrsg.): Handbuch des Kammerrechts, 2. Aufl., Baden-Baden 2011.

Kment, Martin: Grenzüberschreitendes Verwaltungshandeln. Transnationale Elemente deutschen Verwaltungsrechts, Tübingen 2010.

Kment, Martin: Die Einbindung Privater bei der Verwirklichung von Infrastrukturprojekten – Eine rechtsvergleichende Analyse zum Schutz von öffentlichen Interessen und Belangen Dritter bei Public Private Partnership-Vorhaben, in: Verwaltungs-Archiv 103 (2012), S. 63 ff.

Koechlin, Lucy; Calland, Richard: Standard setting at the cutting edge: an evidence-based typology for multi-stakeholder initiatives, in: Peters, Anne; Koechlin, Lucy; Förster, Till; Fenner Zinkernagel, Gretta (Hrsg.), Non-State Actors as Standard-Setters, Cambridge 2009, S. 84 ff. (zitiert: *Koechlin/Calland*, in: Peters, u.a. (Hrsg.), Non-State Actors as Standard-Setters).

Köck, Heribert Franz; Fischer, Peter: Das Recht der Internationalen Organisationen, 3. Aufl., Wien 1997.

Kokott, Juliane: Die Staatsrechtslehre und die Veränderung ihres Gegenstandes: Konsequenzen von Europäisierung und Internationalisierung, in: Veröffentlichungen der Vereinigung der Deutschen Staatsrechtslehrer 63 (2004), S. 7 ff.

Kopp, Ferdinand; Ramsauer, Ulrich: Verwaltungsverfahrensgesetz. Kommentar, 12. Aufl., München 2011.

Kotzenberg, Jochen: Die Bindung an private Dopingregeln und private Schiedsgerichte, Baden-Baden 2007.

Kotzur, Markus: Grenznachbarschaftliche Zusammenarbeit in Europa. Der Beitrag von Art. 24 Abs. 1 a GG zu einer Lehre vom kooperativen Verfassungs- und Verwaltungsstaat, Berlin 2004.

Kunig, Philip: Das Rechtsstaatsprinzip. Überlegungen zu seiner Bedeutung für das Verfassungsrecht der Bundesrepublik Deutschland, Tübingen 1986.

Kustec-Lipicer, Simona: Analysing the States's Role in Anti-Doping Policies, in: International Sports Law Review Pandektis 7 (2007), S. 138 ff.

Lehmkuhl, Dirk: Der lange Schatten staatlichen Rechts: Verrechtlichung im transnationalen Sport, in: Zürn, Michael; Zangl, Bernhard (Hrsg.), Verrechtlichung – Baustein für Global Governance?, Bonn 2004, S. 179 ff. (zitiert: *Lehmkuhl*, in: Zürn/Zangl (Hrsg.), Verrechtlichung – Baustein für Global Governance?).

Leisner, Walter: Legitimation des Berufsbeamtentums aus der Aufgabenerfüllung, Bonn 1988.

Lindblom, Anna-Karin: Non-Governmental Organizations in International Law, Cambridge 2005.

Macalister-Smith, Peter: Non-Governmental Organizations, Humanitarian Action and Human Rights, in: Beyerlin, Ulrich; Bothe, Michael; Hofmann, Rainer; Petersmann, Ernst-Ulrich (Hrsg.), Recht zwischen Umbruch und Bewahrung. Festschrift für Rudolf Bernhardt, Berlin 1995, S. 477 ff. (zitiert: *Macalister-Smith*, in: Beyerlin, u.a. (Hrsg.), FS Bernhardt).

Mahlmann, Matthias: Rechtsphilosophie und Rechtstheorie, 2. Aufl., Baden-Baden 2012.

Malanczuk, Peter: Akehurst`s Modern Introduction to International Law, 7th Revised Edition, London 1997.

Mann, Thomas: Die öffentlich-rechtliche Gesellschaft. Zur Fortentwicklung des Rechtsformenspektrums für öffentliche Unternehmen, Tübingen 2002.

Martens, Jens: Multistakeholder Partnerships. Future Models of Multilateralism?, Berlin 2007.

Martens, Kerstin: Examining the (Non-)Status of NGOs in International Law, in: Indiana Journal of Global Legal Studies 10 (2003), S. 1 ff.

Maunz, Theodor; Dürig, Günter (Begr.); Herzog, Roman; Scholz, Rupert; Herdegen, Matthias; Klein, Hans (Hrsg.): Grundgesetz. Kommentar, Loseblattsammlung, München (zitiert: *Verfasser*, in: Maunz/Dürig, Grundgesetz).

Maurer, Hartmut: Allgemeines Verwaltungsrecht, 18. Aufl., München 2011.

Maurer, Hartmut: Staatsrecht I, 6. Aufl., München 2010.

Mayen, Thomas: Privatisierung öffentlicher Aufgaben: Rechtliche Grenzen und rechtliche Möglichkeiten, in: Die öffentliche Verwaltung 54 (2001), S. 110 ff.

Meckling, Jonas: Netzwerkgovernance. Corporate Citizenship und Global Governance, Berlin 2004.

Mehde, Veith: Internationales Öffentliches Recht. Verfassungs- und Verwaltungsgrenzrecht in Zeiten Offener Staatlichkeit, Tübingen 2011.

Menzel, Jörg: Internationales Öffentliches Recht. Verfassungs- und Verwaltungsgrenzrecht in Zeiten Offener Staatlichkeit, Tübingen 2011.

Morrison, John; Wilde, Luke: The Effectiveness of Multi-Stakeholder Initiatives in the Oil and Gas Sector, Summary Report March 2007, abrufbar unter: http://graduateinstitute.ch/files/live/sites/iheid/files/shared/executive_education/EMINP/Multi-sakeholder%20initiatives_GC.pdf, letzter Abruf am 01.06.2013.

Mosler, Hermann: Die Erweiterung des Kreises der Völkerrechtssubjekte, in: Zeitschrift für ausländisches öffentliches Recht und Völkerrecht 22 (1962), S. 1 ff.

Mosler, Hermann: Internationale Organisation und Staatsverfassung, in: Schätzel, Walter; Schlochauer, Hans (Hrsg.), Rechtsfragen der internationalen Organisation. Festschrift für Hans Wehberg, Frankfurt am Main 1956, S. 273 ff. (zitiert: *Mosler*, in: Schätzel/Schlochauer (Hrsg.), FS Wehberg).

Müller, Rudhard Klaus: History of Doping and Doping Control, in: Thieme, Detlef; Hemmersbach, Peter (Hrsg.), Doping in Sports. Heidelberg 2010, S. 1 ff. (zitiert: *Müller*, in: Thieme/Hemmersbach (Hrsg.), Doping in Sports).

Müller, Nikolaus: Rechtsformenwahl bei der Erfüllung öffentlicher Aufgaben (Institutional choice), Köln 1993.

Müller-Terpitz, Ralf: Beteiligungs- und Handlungsmöglichkeiten nichtstaatlicher Organisationen im aktuellen Völker- und Gemeinschaftsrecht, in: Archiv des Völkerrechts 43 (2005), S. 466 ff.

Nelson, Jane: Building Partnerships. Cooperation between the United Nations system and the private sector, New York 2002.

Nelson, Jane: „The Future of Partnerships", Compact Quarterly 2007, abrufbar unter: http://www.enewsbuilder.net/globalcompact/e_article000977758.cfm?x=b11,0,w, letzter Abruf am 01.06.2013. (zitiert: *Nelson*, The Future of Partnerships).

Nettesheim, Martin: Subjektive Rechte im Unionsrecht, in: Archiv des öffentlichen Rechts 132 (2007), S. 333 ff.

Netzle, Stephan: Harmonisierung als wirksames Rezept gegen Doping, in: Sport und Recht 2003, S. 186 ff.

Neuhold, Hanspeter; Hummer, Waldemar; Schreuer, Christoph (Hrsg.): Österreichisches Handbuch des Völkerrechts, Band 1 – Textteil, 4. Aufl., Wien 2004.

Niedobitek, Matthias: Das Recht der grenzüberschreitenden Verträge. Bund, Länder und Gemeinden als Träger grenzüberschreitender Zusammenarbeit, Tübingen 2001.

Nolte, Martin: Staatliche Verantwortung im Bereich Sport. Ein Beitrag zur Abgrenzung von Staat und Gesellschaft, Kiel 2004.

Nowrot, Karsten: Legal Consequences of Globalization. The Status of Non-Governmental Organizations Under International Law, in: Indiana Journal of Global Legal Studies 6 (1998/1999), S. 579 ff.

Nowrot, Karsten: Normative Ordnungsstruktur und private Wirkungsmacht. Konsequenzen der Beteiligung transnationaler Unternehmen an den

Rechtssetzungsprozessen im internationalen Wirtschaftssystem, Berlin 2006.

Organisation für wirtschaftliche Zusammenarbeit und Entwicklung: Public-Private Partnerships, In Pursuit of Risk Sharing and Value for Money, abrufbar unter: http://www.oecd-ilibrary.org/governance/public-private-partnerships_9789264046733-en, letzter Abruf am 01.06.2013.

Pestalozza, Christian: Formenmißbrauch des Staates, München 1973.

Peterke, Sven: Der völkerrechtliche Sonderstatus der Internationalen Föderation der Rotkreuz- und Rothalbmondgesellschaften, Berlin 2006.

Peters, Anne: Privatisierung, Globalisierung und die Resistenz des Verfassungsstaates, in: Mastronardi, Philippe; Taubert, Denis (Hrsg.), Staats- und Verfassungstheorie im Spannungsfeld der Disziplinen, Tagung der Schweizerischen Vereinigung für Rechts- und Sozialphilosophie, Universität St. Gallen, 12./13. November 2004, München 2006, S. 100 ff. (zitiert: *Peters*, in: Mastronardi/Taubert (Hrsg.), Staats- und Verfassungstheorie im Spannungsfeld der Disziplinen).

Peters, Anne: Völkerrecht. Allgemeiner Teil, 3. Aufl., Zürich 2012.

Peters, Anne; Förster, Till; Koechlin, Lucy: Towards non-state actors as effective, legitimate, and accountable standard setters, in: Peters, Anne; Koechlin, Lucy; Förster, Till; Fenner Zinkernagel, Gretta (Hrsg.), Non-State Actors as Standard-Setters, Cambridge 2009, S. 492 ff. (zitiert: *Peters/Förster/Koechlin*, in: Peters, u.a. (Hrsg.), Non-State Actors as Standard-Setters).

Peters, Anne; Koechlin, Lucy; Fenner Zinkernagel, Gretta: Non-state actors as standard setters: framing the issue in an interdisciplinary fashion, in: Peters, Anne; Koechlin, Lucy; Förster, Till; Fenner Zinkernagel, Gretta (Hrsg.), Non-State Actors as Standard-Setters, Cambridge 2009, S. 1 ff. (zitiert: *Peters/Koechlin/Fenner Zinkernagel*, in: Peters, u.a. (Hrsg.), Non-State Actors as Standard-Setters).

Petritsch, Georg: Wada's "Whereabouts System" – Athletes' Price to pay?, in: International Sports Law Review Pandektis 8 (2009), S. 91 ff.

Pfeil, Florian: Globale Verrechtlichung. Global Governance und die Konstitutionalisierung des internationalen Rechts, Baden-Baden 2011.

Pfister, Bernhard: Die Rechtsprechung des Tribunal Arbitral du Sport (TAS) von 1986 bis 1988 – Teil 2, in: Sport und Recht 2003, S. 7 ff.

Portmann, Roland: Legal Personality in International Law, Cambridge 2010.

Ragazzi, Maurizio: The Concept of International Obligations Erga Omnes, Oxford 1997.

Rama-Montaldo, Manuel: International Legal Personality and Implied Powers of International Organizations, in: British Yearbook of International Law 44 (1970), S. 111 ff.

Randelzhofer, Albrecht: The Legal Position of the Individual under Present International Law, in: Randelzhofer, Albrecht; Tomuschat, Christian (Hrsg.), State Responsibility and the Individual. Reparations in Instances of Grave Violations of Human Rights, Den Haag 1999, S. 231 ff. (zitiert: *Randelzhofer*, in: Randelzhofer/Tomuschat (Hrsg.), State Responsibility and the Individual).

Rauschning, Dietrich: Organstreit zur Nachrüstung – BVerfGE 68, 1, in: Juristische Schulung 1985, S. 863 ff.

Rauser, Karl Theodor: Die Übertragung von Hoheitsrechten auf ausländische Staaten. Zugleich ein Beitrag zur Dogmatik des Art. 24 Abs. 1 GG, München 1991.

Reissinger, Fabian: Staatliche Verantwortung zur Bekämpfung des Dopings, Baden-Baden 2010.

Rengeling, Hans-Werner: Privatvölkerrechtliche Verträge. Zum Rechtscharakter eines Vertrages zwischen einem Staate und einer ausländischen Privatperson (oder einem nichtstaatlichen Verband), Berlin 1971.

Rensmann, Thilo: Internationale Organisationen im Privatrechtsverkehr, in: Archiv des Völkerrechts 36 (1998), S. 305 ff.

Reuterswärd, Reinhold: The Legal Nature of International Organizations, in: Nordic Tidsskrift for International Ret 49 (1980), S. 14 ff.

Richter, Judith: Öffentlich-private Partnerschaften und Entwicklungspolitik. Kommentierte Bibliographie, in: Schweizerisches Jahrbuch für Entwicklungspolitik 24 (2005), S. 197 ff.

Richter, Judith: „We the Peoples“ or „We the Corporations“? : Critical reflections on UN-business „partnerships“, Genf 2003.

Riedinger, Sonja: Die Rolle nichtstaatlicher Organisationen bei der Entwicklung und Durchsetzung internationalen Umweltrechts, Berlin 2001.

Röben, Volker: Außenverfassungsrecht. Eine Untersuchung zur auswärtigen Gewalt des offenen Staates, Tübingen 2007.

Rosenau, James; Czempiel, Ernst-Otto (Hrsg.): Governance Without Government. Order and Change in World Politics, Cambridge 1992.

Rossi, Ingrid: Legal Status of Non-Governmental Organizations in International Law, Antwerpen 2010.

Rudolf, Walter: Völkerrecht und deutsches Recht, Tübingen 1967.

Ruffert, Matthias; Walter, Christian: Institutionalisiertes Völkerrecht. Das Recht der Internationalen Organisationen und seine wichtigsten Anwendungsfelder, München 2009.

Ruppert, Andreas: Die Integrationsgewalt. Eine staatstheoretische und verfassungsrechtliche Studie zu Artikel 24 Absatz 1 des Grundgesetzes, Hamburg 1969.

Rüthers, Bernd; Fischer, Christian; Birk, Axel: Rechtstheorie mit Juristischer Methodenlehre, 6. Aufl., München 2011.

Ruthig, Josef; Storr, Stefan: Öffentliches Wirtschaftsrecht, 2. Aufl., Heidelberg 2008.

Sachs, Michael (Hrsg.): Grundgesetz. Kommentar, 6. Aufl., München 2011 (zitiert: *Verfasser*, in: Sachs, Grundgesetz).

Sachs, Michael: Verfassungsrecht II. Grundrechte, 2. Aufl., Berlin 2003.

Sands, Philippe; Klein, Pierre: Bowett`s Law of International Institutions, 5th Edition, London 2001.

Savas, E. S.: Privatization and Public-Private Partnerships, New York 2000.

Savigny, Friedrich Carl von: System des heutigen Römischen Rechts, Band 1, Berlin 1840.

Schachtschneider, Karl Albrecht: Staatsunternehmen und Privatrecht. Kritik an der Fiskustheorie exemplifiziert an § 1 UWG, Berlin 1986.

Schäferhoff, Marco; Campe, Sabine; Kaan, Christopher: Transnational Public-Private Partnerships in International Relations: Making Sense of Concepts, Research Frameworks, and Results, in: International Studies Review 11 (2009), S. 451 ff.

Schermers, Henry; Blokker, Niels: International Institutional Law, 3rd Revised Edition, The Hague 2001.

Schirm, Stefan: Analytischer Überblick: Stand und Perspektiven der Globalisierungsforschung, in: Schirm, Stefan (Hrsg.), Globalisierung. Forschungsstand und Perspektiven, Baden-Baden 2006, S. 11 ff. (zitiert: *Schirm*, in: Schirm (Hrsg.), Globalisierung).

Schliesky, Utz: Souveränität und Legitimität von Herrschaftsgewalt. Die Weiterentwicklung von Begriffen der Staatslehre und des Staatsrechts im europäischen Mehrebenensystem, Tübingen 2004.

Schmidt, Judith: Internationale Dopingbekämpfung. Grundlagen und nationalstaatliche Umsetzung, Stuttgart 2009.

Schmidt, Judith: Internationale Grundlagen der Dopingbekämpfung und ihre Umsetzung ins deutsche Recht, in: Vieweg, Klaus (Hrsg.), Facetten des Sportrechts. Referate der achten und neunten interuniversitären Tagung Sportrecht, Berlin 2009, S. 208 ff. (zitiert: *Schmidt*, in: Vieweg (Hrsg.), Facetten des Sportrechts).

Schmidt, Reiner: Der Übergang öffentlicher Aufgabenerfüllung in private Rechtsformen, in: Zeitschrift für Unternehmens- und Gesellschaftsrecht 25 (1996), S. 345ff.

Schmidt-Aßmann, Eberhard: Das allgemeine Verwaltungsrecht als Ordnungsidee. Grundlagen und Aufgaben des verwaltungsrechtlichen Systembildung, 2. Aufl., Heidelberg 2006.

Schmidt-Bleibtreu, Bruno; Klein, Franz (Begr.); Hofmann, Hans; Hopfauf, Axel (Hrsg.): Kommentar zum Grundgesetz, 12. Aufl., Köln 2011 (zitiert: *Verfasser*, in: Schmidt-Bleibtreu/Hofmann/Hopfauf, Grundgesetz).

Schöbener, Burkhard; Herbst, Jochen; Perkams, Markus: Internationales Wirtschaftsrecht, Heidelberg 2010.

Schorkopf, Frank: Grundgesetz und Überstaatlichkeit. Konflikt und Harmonie in den auswärtigen Beziehungen Deutschlands, Tübingen 2007.

Schröer, Friedrich: Zur Gewährung von Befreiungen und Vorrechten an eine internationale Einrichtung, in: Jahrbuch für Internationales Recht 12 (1965), S. 207 ff.

Schücking, Walther; Wehberg, Hans: Die Satzung des Völkerbundes, Band 1, 3. Aufl., Berlin 1931.

Schulev-Steindl, Eva: Subjektive Rechte. Eine rechtstheoretische und dogmatische Analyse am Beispiel des Verwaltungsrechts, Wien 2008.

Schuppert, Gunnar Folke: Die Rolle des Gesetzes in der Governancetheorie, in: Trute, Hans-Heinrich; Gross, Thomas; Röhl, Hans Christian; Möllers, Christoph (Hrsg.), Allgemeines Verwaltungsrecht – zur Tragfähigkeit eines Konzeptes, Tübingen 2008, S. 161 ff. (zitiert: *Schuppert*, in: Trute, u.a. (Hrsg.), Allgemeines Verwaltungsrecht).

Schuppert, Gunnar Folke: Grundzüge eines zu entwickelnden Verwaltungskooperations-rechts, Rechts- und verwaltungswissenschaftliches Gutachten erstellt im Auftrag des Bundesministeriums des Innern, Juni 2001, abrufbar unter: http://www.dhv-speyer.de/hill/Lehrangebot/Sommersemester-2004/Rechtsgestaltung/Dokumente/Gutachten-Prof.-Dr.-Schuppert.pdf, letzter Abruf am 01.06.2013.

Schuppert, Gunnar Folke: Verfassungsrecht und Verwaltungsorganisation, in: Der Staat 32 (1993), S. 581 ff.

Schwartmann, Rolf: Private im Wirtschaftsvölkerrecht, Tübingen 2005.

Schwarzenberger, Georg; Brown, Edward: A Manual of International Law, 6th Edition, Milton 1978.

Schweisfurth, Theodor: Völkerrecht, Tübingen 2006.

Schweitzer, Michael: Staatsrecht III, 10. Aufl., Heidelberg 2010.

Schweizer, Eva: Aktuelle Rechtsentwicklungen in der Dopingbekämpfung, in: Arter, Oliver (Hrsg.), Sport und Recht, Bern 2005, S. 235 ff. (zitiert: *Schweizer*, in: Arter (Hrsg.), Sport und Recht).

Seidl-Hohenveldern, Ignaz: Corporations in and under International Law, Cambridge 1987.

Seidl-Hohenveldern, Ignaz (Hrsg.): Lexikon des Rechts. Völkerrecht, 3. Aufl., Neuwied 2001.

Seidl-Hohenveldern, Ignaz: Rezension zu Michael Hempel: Die Völkerrechtssubjektivität internationaler nichtstaatlicher Organisationen, in: Archiv des Völkerrechts 39 (2001), S. 116 ff.

Seidl-Hohenveldern, Ignaz; Loibl, Gerhard: Das Recht der Internationalen Organisationen einschließlich der Supranationalen Gemeinschaften, 7. Aufl., Köln 2000.

Seiler, Christian: Der souveräne Verfassungsstaat zwischen demokratischer Rückbindung und überstaatlicher Einbindung, Tübingen 2005.

Seyersted, Finn: Common Law of International Organizations, Leiden 2008.

Shaw, Malcolm: International Law, 6th Edition, Cambridge 2008.

Simma, Bruno (Hrsg.): The Charter of the United Nations. A Commentary, 2nd Edition, Vol. II, München 2002.

Singer, Otto: Anti-Doping-Strategien im internationalen Vergleich, Infobrief der Wissenschaftlichen Dienste des Deutschen Bundestages, abrufbar unter: http://www.bundestag.de/dokumente/analysen/2010/Anti-Doping-Strategien.pdf, letzter Abruf am 01.06.2013.

Slaughter, Anne-Marie: A New World Order, Princeton, New Jersey 2004.

Sommermann, Karl-Peter: Staatsziele und Staatszielbestimmungen, Tübingen 1997.

Steiger, Dominik: Menschenrechte als subjektive Rechte. Unmittelbare Wirkung qua Ratifikation?, in: Binder, Christina; Fuchs, Claudia; Goldmann, Matthias; Kleinlein, Thomas; Lachmayer, Konrad (Hrsg.), Völkerrecht im innerstaatlichen Bereich, Baden-Baden 2010, S. 129 ff. (zitiert: *Steiger*, in: Binder, u.a. (Hrsg.), Völkerrecht im innerstaatlichen Bereich).

Stein, Torsten; von Buttlar, Christian: Völkerrecht, 13. Aufl., München 2012.

Steinberger, Helmut: Der Verfassungsstaat als Glied einer europäischen Gemeinschaft, in: Veröffentlichungen der Vereinigung der Deutschen Staatsrechtslehrer 50 (1991), S. 9 ff.

Steiner, Udo: Verwaltung durch Private, Hamburg 1975.

Stelkens, Paul; Bonk, Heinz Joachim; Sachs, Michael: Verwaltungsverfahrensgesetz. Kommentar, 7. Aufl., München 2008.

Stern, Klaus: Das Staatsrecht der Bundesrepublik Deutschland, Band I, 2. Aufl., München 1984; Band II, München 1980; Band III/1, München 1988.

Stoll, Jutta: Vereinbarungen zwischen Staat und ausländischem Investor. Rechtsnatur und Bestandsschutz, Berlin 1982.

Tauchmann, Stefanie: Die Immunität internationaler Organisationen gegenüber Zwangsvollstreckungsmaßnahmen, Baden-Baden 2005.

Tesner, Sandrine; with the Collaboration of Kell, Georg: The United Nations and Business. A Partnership Recovered, Houndmills 2000.

Tettinger, Peter: Public Private Partnership, Möglichkeiten und Grenzen – ein Sachstandsbericht, in: Nordrhein-Westfälische Verwaltungsblätter 2005, S. 1 ff.

Thiele, Alexander: Art. 33 Abs. 4 GG als Privatisierungsschranke. Zugleich Anmerkung zum Urteil des Niedersächsischen Staatsgerichtshofs vom 05.12.2008, in: Der Staat 49 (2010), S. 274 ff.

Tietje, Christian: Internationalisiertes Verwaltungshandeln, Berlin 2001.

Tietje, Christian (Hrsg.): Internationales Wirtschaftsrecht, Berlin 2009.

Tomuschat, Christian: Der Verfassungsstaat im Geflecht der internationalen Beziehungen, in: Veröffentlichungen der Vereinigung der Deutschen Staatsrechtslehrer 36 (1978), S. 7 ff.

Triponel, Anna: Global Fund to Fight AIDS Tuberculosis and Malaria. A New Legal and Conceptual Framework for Providing International Development Aid, in: North Carolina Journal of International Law and Commercial Regulation 35 (2009/2010), S. 173 ff.

Tunkin, Gregorij Ivanovic: Völkerrechtstheorie, Berlin 1972.

Uechtritz, Michael; Otting, Olaf: Das „ÖPP-Beschleunigungsgesetz“. Neuer Name, neuer Schwung für „öffentlich-private Partnerschaften“?, in: Neue Zeitschrift für Verwaltungsrecht 2005, S. 1105 ff.

Uerpmann-Wittzack, Robert: Principles of International Internet Law, in: German Law Journal 11 (2010), S. 1245 ff.

Van Asbeck, Frederik Mari: International Society in Search of a Transnational Legal Order, Leyden 1976.

Velten, Rainer: Die Anwendung des Völkerrechts auf State Contracts in der internationalen Schiedsgerichtsbarkeit, Berlin 1987.

Verdross, Alfred; Simma, Bruno: Universelles Völkerrecht. Theorie und Praxis, 3. Auflage, Berlin 1984.

Vogel, Klaus: Die Verfassungsentscheidung des Grundgesetzes für eine internationale Zusammenarbeit. Ein Diskussionsbeitrag zu einer Frage der Staatstheorie sowie des geltenden deutschen Staatsrechts, Tübingen 1964.

Volger, Helmut (Hrsg.): Lexikon der Vereinten Nationen, München 2000.

Von Arnauld, Andreas: Völkerrecht, Heidelberg 2012.

Von Bogdandy, Armin; Cruz Villalón, Pedro; Huber, Peter (Hrsg.): Handbuch Ius Publicum Europaeum, Band II, Heidelberg 2008.

Von Danwitz, Thomas: Der Grundsatz funktionsgerechter Organstruktur, in: Der Staat 35 (1996), S. 329 ff.

Von Danwitz, Thomas: Europäisches Verwaltungsrecht. Heidelberg 2008.

Von Mangoldt, Hermann; Klein, Friedrich; Starck, Christian: Kommentar zum Grundgesetz, Band 1, 6. Aufl., München 2010; Band 2, 6. Aufl., München 2010; Band 3, 6. Aufl., München 2010 (zitiert: *Verfasser*, in: von Mangoldt/Klein/Starck, Grundgesetz).

Von Münch, Ingo (Begr.); Kunig, Philip (Hrsg.): Grundgesetz. Kommentar, Band 1, 6. Aufl., München 2012; Band 2, 6. Aufl., München 2012 (zitiert: *Verfasser*, in: von Münch/Kunig, Grundgesetz).

Voßkuhle, Andreas: Beteiligung Privater an der Wahrnehmung öffentlicher Aufgaben und staatliche Verantwortung, in: Veröffentlichungen der Vereinigung der Deutschen Staatsrechtslehrer 62 (2003), S. 266 ff.

Wahl, Rainer: Der offene Staat und seine Rechtsgrundlagen, in: Juristische Schulung 43 (2003), S. 1145 ff.

Walter, Christian: Grundrechtsschutz gegen Hoheitsakte internationaler Organisationen. Überlegungen zur Präzisierung und Fortentwicklung der Dogmatik des Maastricht-Urteils des Bundesverfassungsgerichts, in: Archiv des öffentlichen Rechts 129 (2004), S. 39 ff.

Wassermann, Rudolf (Hrsg.): Kommentar zum Grundgesetz für die Bundesrepublik Deutschland. Reihe Alternativkommentare, Band 1, Neuwied 1989 (zitiert: *Verfasser*, in: Alternativkommentar zum Grundgesetz).

Wax, Andreas: Internationales Sportrecht. Unter besonderer Berücksichtigung des Sportvölkerrechts, Berlin 2009.

Wax, Andreas: Public International Sports Law – A „Forgotten" Discipline?, in: The International Sports Law Journal 2010/3-4, S. 25 ff.

Wedgwood, Ruth: Legal Personality and the Role of Non-Governmental Organizations and Non-State Political Entities in the United Nations System, in: Hofmann, Rainer (Hrsg.); Geissler, Nils (Assistant Editor), Non-State Actors as New Subjects of International Law. International Law – From the Traditional State Order Towards the Law of the Global Community, Berlin 1999, S. 21 ff. (zitiert: *Wegdwood*, in: Hofmann (Hrsg.), Non-State Actors as New Subjects of International Law).

Weilert, Katarina: Transnationale Unternehmen im rechtsfreien Raum? Geltung und Reichweite völkerrechtlicher Standards, in: Zeitschrift für ausländisches öffentliches Recht und Völkerrecht 69 (2009), S. 883 ff.

Weinzierl, Valerie: Zur Zusammenarbeit zwischen den Vereinten Nationen und der Privatwirtschaft. Die Partnerschaften und ihre nachhaltige und effiziente Entwicklung, Frankfurt am Main 2005.

Weiß, Norman: Kompetenzlehre internationaler Organisationen, Heidelberg 2009.

Weiß, Wolfgang: Privatisierung und Staatsaufgaben. Privatisierungsentscheidungen im Lichte einer grundrechtlichen Staatsaufgabenlehre unter dem Grundgesetz, Tübingen 2002.

Welten, Bernhard: Die unabhängige Antidoping-Agentur des IOK, in: SpuRt 2000, S. 37 ff.

Wenckstern, Manfred: Die Immunität internationaler Organisationen, Tübingen 1994.

Wintrich, Bernd: Rechtspflicht zur Erfolgskontrolle bei der Vergabe staatlicher Mittel, in: Neue Zeitschrift für Verwaltungsrecht 1988, S. 895 ff.

Witte, Jan Martin; Reinicke, Wolgang; Benner, Thorsten: Beyond Multilateralism: Global Public Policy Networks, in: Internationale Politik und Gesellschaft 2000, S. 176 ff.

Wolff, Hans; Bachof, Otto; Stober, Rolf; Kluth, Winfried: Verwaltungsrecht, Band 1, 12. Aufl., München 2007; Band 2, 7. Aufl., München 2010.

Wolfrum, Rüdiger: Kontrolle der auswärtigen Gewalt, in: Veröffentlichungen der Vereinigung der Deutschen Staatsrechtslehrer 56 (1997), S. 38 ff.

Wolfrum, Rüdiger (Hrsg.): Max Planck Encyclopedia of Public International Law, online edition, abrufbar unter: http://www.mpepil.com/, letzter Abruf am 01.06.2013. (zitiert: *Verfasser*, Beitrag, in: MPEPIL).

Yasuaki, Onuma: A Transcivilizational Perspective on International Law: Questioning Prevalent Cognitive Frameworks in the Emerging Multi-Polar and Multi-Civilizational World of the Twenty-First Century, Leiden 2010.

Zammit, Ann: Development at Risk. Rethinking UN-Business Partnerships, Genf 2003.

Zemanek, Karl: Das Vertragsrecht internationaler Organisationen, Wien 1957.

Zemanek, Karl: Über das dualistische Denken in der Völkerrechtswissenschaft, in: von der Heydte, Friedrich August; Seidl-Hohenveldern, Ignaz; Verosta, Stephan; Zemanek, Karl (Hrsg.), Völkerrecht und rechtliches Weltbild. Festschrift für Alfred Verdross, Wien 1960, S. 321 ff. (zitiert: *Zemanek*, in: von der Heydte, u.a. (Hrsg.), FS Verdross).

Ziekow, Jan: Verankerung verwaltungsrechtlicher Kooperationsverhältnisse (Public Private Partnerships) im Verwaltungsverfahrensgesetz, Wissenschaftliches Gutachten erstattet für das Bundesministerium des Innern, Juni 2001, abrufbar unter: http://www.dhv-speyer.de/hill/Lehrangebot/Sommersemester-2004/Rechtsgestaltung/Dokumente/Gutachten-Prof.-Dr.-Ziekow.pdf, letzter Abruf am 01.06.2013.

Zippelius, Reinhold; Würtenberger, Thomas: Deutsches Staatsrecht, 32. Aufl., München 2008.

Zuleeg, Manfred: Zum Standort des Verfassungsstaats im Geflecht der internationalen Beziehungen, in: Die Öffentliche Verwaltung 30 (1977), S. 462 ff.

Beiträge zum nationalen und internationalen öffentlichen Recht

Herausgegeben von Burkhard Schöbener

Band 1 Solveig Haß: Die Urteile des Europäischen Gerichtshofs für Menschenrechte. Charakter, Bindungswirkung und Durchsetzung. 2006.

Band 2 Angela Werner: Die Grundrechtsbindung der Bundeswehr bei Auslandseinsätzen. 2006.

Band 3 Florian Stork: Das Anti-Diskriminierungsrecht der Europäischen Union und seine Umsetzung in das deutsche Zivilrecht. 2006.

Band 4 Regine Gerards: Die Europäische Menschenrechtskonvention im Konstitutionalisierungsprozess einer gemeineuropäischen Grundrechtsordnung. 2007.

Band 5 Christian Baudewin: Der Schutz der öffentlichen Ordnung im Versammlungsrecht. 2007.

Band 6 André Scheidtmann: Wirtschafts- und berufsständische Kammern im europäischen Gemeinschaftsrecht. 2007.

Band 7 Marnie Silny: Die binnenmarktbezogene Rechtsangleichungskompetenz des Art. 95 EG. Reichweite und Grenzen der Harmonisierungskompetenz sowie ihre Stellung in der gemeinschaftsrechtlichen Kompetenzverfassung. 2007.

Band 8 Thomas Mösinger: Auswahlkriterien der Standplatzvergabe unter rechtlicher und ökonomischer Analyse. Staatliche Verteilungsentscheidungen als Gegenstand der ökonomischen Analyse des Rechts. 2007.

Band 9 Henning Schwier: Der Schutz der „Unternehmerischen Freiheit" nach Artikel 16 der Charta der Grundrechte der Europäischen Union. Eine Darstellung der tatsächlichen Reichweite und Intensität der grundrechtlichen Gewährleistung aus rechtsvergleichender Perspektive. 2008.

Band 10 Jens-Peter Eickhoff: Das Funktionsrecht des Europäischen Parlaments. 2008.

Band 11 Burkhard Schöbener (Hrsg.): Junge Rechtswissenschaft: Völker- und Europarecht. Bemerkenswerte Seminararbeiten aus dem Schwerpunktstudium. 2009.

Band 12 Maximilian Robert Jahn: Die Handelshemmnis-Verordnung (Verordnung EG Nr. 3286/94). 2009.

Band 13 Stefan Haeder: Die Neuordnung des Zugangs zum Anwaltsnotariat in Deutschland. 2009.

Band 14 Ursula Hoppe: Die Kunstfreiheit als EU-Grundrecht. 2011.

Band 15 Kathrin F. Baltes: Die demokratische Legitimation und die Unabhängigkeit des EuGH und des EuG. 2011.

Band 16 Sonja Bocek: Die völkerrechtlichen Wirkungen einseitiger Erklärungen der UN-Generalversammlung. 2011.

Band 17 Nadja Gaus: Materiell-rechtliche Gewährleistungen und verfahrensrechtliche Durchsetzbarkeit völkerrechtlich garantierter Menschenrechte. Zur rechtlichen Stellung des Einzelnen im Völkerrecht. 2011.

Band 18 Robin Falk Lengelsen: Aktuelle Probleme des Staatenimmunität im Verfahren vor den Zivil- und Verwaltungsgerichten. Unter besonderer Berücksichtigung des „UN-Übereinkommens über die Immunität des Staaten und ihres Vermögens von der Gerichtsbarkeit". 2011.

Band 19 Maike Friedrich: WTO und Klimaschutz. Konflikte und Synergien zwischen nationalen Klimaschutzmaßnahmen und dem WTO-Recht. 2012.

Band 20 Michael Rafii: Institutionalisierte Kooperationsformen zwischen staatlichen und nichtstaatlichen Akteuren im internationalen Bereich. Internationale Public-Private Partnerships und ihre rechtlichen Herausforderungen für das Völkerrecht und das deutsche Verfassungsrecht. 2013.

www.peterlang.com